民国政治与行政丛书

王向民　主编

中国省行政制度

施养成　著

上海人民出版社

目　录

总　序

相比以往，20 世纪的中国政治实践的复杂性为历代所无，也为各国少有，资料的丰富更为他国少见。随着中国国际地位的上升，中国政治与行政的研究必将成为世界性的学问。

假如说，这一世界性的学问是中国这一久远历史、大型社会的现代民族国家转型的经验研究，那么，我们不但要与现代西方政治研究搭建共同讨论的平台，更要对中国传统历史，尤其是近现代政制史达成“理解之同情”。中西碰撞肇端于晚清民初，晚清民初是中国转型的思想时代，中华民国则是中国转型的政制试验，国民政府是中国的第一个现代政府。孙中山的三民主义与五院制锻造了一个完整的现代国家的价值基础与政制结构。

尽管传统中国是一个政治非常发达的国度，理想政治模式、治国方略与施政方策也不输于西方先哲，但是近代中西碰撞却是“五千年未有之大变局”。现代国家的人性假设、权力属性、国家基础、社会动力、逻辑认识论等迥然不同于传统中国，传统中国的现代转向几近于凤凰涅槃、全新再造。在坚船利炮、“落后就要挨打”的国际丛林法则下，中国接受了主权国家的观念，工业商品也炸毁了自给自足的自然经济，同时，现代工业与商业引发的社会流动也消解了“属地”的家—国文化。与此同时，西方的自由、民主、平等、宪政等政治观念强势入驻，从某种角度说，中国的现代化转型就是“西方化”的过程，甚至有人把它叫做“全盘西化”，当然，这种说法失之偏颇。

中国国家建设所面临的任务，并不因政权更迭而改变。现代中国的价值基础、权力规范、制度设计、行政效率以及社会自治等现代国家的建设命题至今仍未敢说已经解决完毕。作为新中国的前史，民国时期的政治与行政实践因而为当下的政治发展提供了经验与教训。例如，
30 年代，国民政府就面临着党政分开、政党转型以及如何合法

权力等诸多挑战。因此，民国政治实践对于当下中国有镜鉴之意。

民国时期是中国现代政治与行政研究的奠基时期。政治学是西方外来之物，从学科史的角度看，在经历了“西方政治之学”、政治学本土谱系的初建、作为政治思想的政治学三个阶段之后，20世纪30年代建立起现代意义上的、完整的政治与行政研究学科。一是政治学系科在国立、省立及私立大学中日益取得牢固的“学院—系所”的学科地位，到1948年，全国已经有40多所高等院所设有政治学系或类政治学系的院系；二是课程设置的体系化程度不断提高，从1933年北京大学和1937年清华大学的课程目录中可以看出，除了公法民法、政治思想、政治制度三门主干课程外，政治学原理、行政学原理、比较政府、政党研究、外国政治、国际关系与组织、中国政府、市政学，甚至马克思学说等课程已经全面铺开，初步展现了学科的完整性；三是形成了三代政治学家，即：留学于日本、以北京大学为中心，服务于20世纪20年代的第一代政治学家；出身于清华学校，在欧美获得政治学博士学位，服务于20世纪30年代的第二代政治学家；在国内完成政治学本科专业、20世纪30年代末留学欧美并取得博士学位，服务于20世纪40年代的第三代政治学家。这些政治学家出版了一系列高质量的著作，例如比较政治与政治制度方面有钱端升的《法国的政府》、《德国的政府》、《中国的政府与政制》、《民国政制史》、《比较宪法》；政治思想史方面有高一涵的《欧洲政治思想小史》、张金鉴的《美国政治思想史》、浦薛凤的《西洋近代政治思潮》，其中萧公权的《中国政治思想史》可称得上经典之作，到现在还享有盛誉；政治史方面有李剑农的《中国近百年政治史》，该书至今仍被一些大学列为研究生的必读书目；张奚若的《主权论》、王亚南的《现代外交与国际关系》、王铁崖的《战争与条约》、刘达人的《外交学》都是国际关系与外交学方面的重要著作；在政治理论方面，高一涵、张慰慈、萨孟武、高希圣、李圣五、陈之迈、李剑农、杨幼炯、吕振羽等人均有不可忽略的良好建树。此外，民国政治与行政研究者还组建了“中国政治学会”，出版了专业刊物，如《中国社会与政治学评论》、《独立评论》等。

民国时期的政治与行政研究者大多负笈欧美，与欧美政治学保持着学术研究的“即时性”与“前沿性”。例如1932年清华大学政治学教授的留学背景相当吸引人的眼球，系主任浦薛凤是哈佛大学硕士，张奚若是哥伦比亚大学学士、硕士，钱端升是北达科他州立大学学士、哈佛大学硕士、博士，王化成是明尼苏达大学学士、芝加哥大学博士并在哈佛大学研究国际公法，陈之迈是哥伦比亚大学博士，萧公权是密苏里大学学士、硕士、康奈尔大学博士。而在当时的哥伦比亚大学拥有约翰·W.伯吉斯(John W.Burgess)、弗兰克·J.古德诺(Frank J.Goodnow)、约翰·B.摩尔(John B.Moore)、W.A.邓宁(W.A.Dunning)、查尔斯·比尔德(Charles Beard)、罗伯特·M.马季佛(Robert M.Maclver)等政治学家，哈佛大学拥有A.劳伦斯·洛厄尔(A.Lawrence Lowell)、乔治·威尔逊(George Wilson)、查尔斯·麦基温(Charles Mcllwain)、W.B.孟洛(W.B.Munro)等政治学、行政学名家。

民国政治学家不但在名校读书，而且学从名师。顾维钧曾经在古德诺和摩尔的指导下研究国际法和外交，并写作博士论文《外国侨民在中国的地位》。刘师舜和徐淑希师从摩尔，并于1925年取得博士学位。张忠绂决定选修远东国际关系后，慕古德诺和W.W.韦罗比(W.W.Willoughby)之名从哈佛大学转学至约翰斯·霍普金斯大学。潘大逵因为加州大学政治学“系主任为当时最有名的政治学教授格特尔(Gettell)”，“闻其名，读其书，向往其人，故于1926年的夏天去读这个暑期学校”。王化成和时昭瀛随奎因·莱特(Quineey Wright)从明尼苏达大学转学至芝加哥大学。杭立武说，“我这一生受伦大Harold Joseph Laski教授开创精神与威大Friderick. Ogg教授踏实任事态度的影响很大”。1928年进入哥伦比亚大学学习外交的沈惟泰师从帕克·托马斯·模恩(Parker Thomas Moon)和卡索恩·J.H.海斯(Carthon J.H.Hayes)。蒋廷黻的指导教授是海斯。萧公权的硕士论文指导教授则是大名鼎鼎的乔治·萨拜因(George Sabine)。

民国政治学人的问题意识和研究能力在很多方面都值得我们学习和借鉴。山河破碎、敏感焦灼使他们对中国问题的把脉有独到之处；负笈欧美、师从大师使他们对西方理论掌握得更为熟稔；而心无旁骛、经世致用则使他们保有相当的士大夫情怀。因此，从某种角度说，他们是一座座学术高峰。

如上所述，尽管民国政治对当前政治有借鉴意义，民国政治与行政研究也相当发达，但是，由于种种原因，民国政治与行政著作却并未得到重视。其中，一个重要的原因是，民国政治与行政著作在坊间难觅踪影。

公允地说，20世纪90年代以来，随着学术史意识的逐渐恢复，民国著作曾有再版。其中最为完整且有代表性的是上海书店以影印版的形式推出了五辑《民国丛书》，涵盖各个学科的代表性著作。之后，整理再版的民国著作多集中于文史方面，国学、史学著作逐渐得以再版。就法学类著述来说，何勤华教授曾主编一套《中国近代法学译丛》，再版收录近代法学译著近50部。

但是，由于各种原因，民国政治与行政类书籍少有再版，而其原著则相对流散，馆藏量少，坊间多不易得。笔者最初写作《民国政治与民国政治学》时，探访多所原国民政府时期国立大学的图书馆，深为民国政治与行政著作所折服，同时叹息这些著作纸质粗劣且年久变质，蒙尘几十年而字几不可辨。

上海人民出版社是学术出版的重镇，决定重新出版这些图书，并冠之以《民国政治与行政丛书》，是为国内政治与行政学界之幸事。《民国政治与行政丛书》大致分两个方向，一是民国时期的政治与行政制度研究，涉及民国政府总论、省政、县政、地方制度与地方自治等领域；一是民国时期的政治史研究，例如政党史、民国政治史、民国宪法与政治史等。

“旧书重刊”绝非“旧物利用”而是“重温历史”。俗语说，一切历史都是当代史。认知昨日就是资鉴历史，确立坐标，从而走向明天。此次再版印刷，基本上保持原著面貌，序跋、附录资料等一仍其旧，但是，为适应当今读者的阅读习惯，改竖排繁体为横排简体，并对于错讹漏缺文字做了修订，也对于一些明显不统一的格式、文字和标点重新做了编辑加工。鉴于最大可能的史料价值考虑，我们保留了原著的基本政治立场和时代痕迹，我们相信读者自会懂得用正确的分析态度去鉴别，取其精华，为我所用。

王向民

2012年9月

出版说明

《中国省行政制度》是一部民国时期中国行政学领域的经典著作。作者是民国时期著名行政学家施养成先生。他曾在国立西南联合大学行政研究室工作，以后就职云南省建设厅、民政厅，这些经历为本书的撰著奠定了厚实的基础。作者花费了五年多时光写就本书。

书的“导论”介绍了中国省行政制度的由来、变迁、历史沿革；第一章叙述了历代地方行政制度；第二、三章分述了省政府和省行政建议、咨询和协助机关；第四、五章对于省公务、省行政和省财政做了探析；第六章对省行政与中央关系进行了论述；附录罗列了民国时期各次公布的省政府组织法、省参议会组织条例、省参议会选举条例等。全书资料丰富，论述全面，研究深入，考据细致，本书既可以让读者从中了解民国时期国内外关于省行政制度的史料，也可以为现代行政制度研究和行政管理提供很有价值的参考与借鉴。

此次出版依据作者 1947 年版本重新校订，基本保留原著面貌，除校正讹误衍脱的文字外，亦修正了一些明显不统一的格式、文字和标点。原书本为繁体竖排，本版改为简体横排，以符合大陆读者的习惯。“左列”改为“下列”，“左表”改“下表”，“迳行”改“径行”，“部份”改“部分”，“份子”改“分子”，“贯澈”改“贯彻”，“澈底”改“彻底”，等等。

钱　序

《省行政制度》是施君养成历了五年多的功夫而写成的。在起先的一年半，他在行政研究室工作，进行尚快。以后他经过高考，先后服务于云南建设、民政两厅。以考试受训及服官的余暇，继续做研究的工作，进行免不了较慢。

这本书有甚多可以讨论、非议，甚或指摘的地方。就体裁而言，许多的概论——原则的讨论——不宜与初步的调查并列。如果要对原则有所讨论，则讨论的立脚又嫌太狭，致使所持的原则不易站稳。若干冗长的附注多半可从年鉴及法规丛编一类书中觅得，也没有附在这本书中的必要。至就本质而言，若干施君新创的名词及敷陈的理论，亦尚须斟酌推毂。经过斟酌推毂，不少的名词及论断势必在修正之列。又施君有时引用不正常的事件作为分类或分析的材料，由此而获得的分类或分析自然可以缺乏任何意义。

上面所说的我认为是本书的短处。欲求完善，本书宜有一番删正。但本书也有它的长处。就材料的丰富，牵涉的广度，立论的用心数者而言，本书盖远出一班论省制的著作之上，或者在一切论省政的著作之上。著书者每有著书的个性。细节的修正尚匪难事，而整个的重写每不易为。本书虽瑜、瑕互见，而瑕不掩瑜，因列为“行政研究室丛刊”之一，而以之问世。

民国三十四年十二月钱端升序于昆明西南联合大学

王　序

省在中国的政制上，已有七百余年的历史了。自产生以至现在，它的地位、组织和权限，虽经过了若干变化，但终不失为地方行政的枢纽。无论元朝的“行中书省”，明朝的“布政使司”，清朝的“行省”，以及现今的各省在政制上的效用，俱为“代表中央，监督地方”。近年来我国当局，因急于完成政治统一，对省加以严密控制，使其恢复到固有的地位。自从田赋改归中央，实行财政新系统以来，省的权限已大形减削了，现在中央有国家财政，县市有自治财政，而独省无独立之预算，因此，一切事业俱并归于中央，只代中央执行各项要政。再观“五五宪章”的条款，省所应有的权限，概无明文的规定，省长既由中央任免，其任期又决定三年，似此，省政府不过是中央驻省的分机关而已。

就历史的情形看，省固是中央行政区域，而非地方自治团体，然对于地方事业的推进，实有过极大的帮助。且我国地方既太大，情形亦不一，按实际的需要言，似应给予各省以相当自由裁量之权，否则推动国家行政，要感到十分掣肘，既监督地方自治，亦无从顺利进行。今后国家的要政之一，是在促进地方建设，而地方建设事业，虽应由各县、市负责办理，然统盘筹划却须赖乎各省。省府既有扶植自治之职责，自不能无比较独立的地位和比较宽大的权限。省在今后的国家中，要完成其艰巨的任务，应处着什么地位？应具有什么权限？是亟待我们研讨的一大问题。

施养成先生就这项大问题，决心研讨多年，撰成了这一部著作，足供关心省制者之参考。现得机会先阅一遍，特写出一些意见，以就教施君及读者。

民国三十四年十二月王赣愚序于西南联大

著者自述

（一）本书所叙事实及所用材料，均截至三十五年二月底为止。

（二）本书体系及大部分理论皆由著者试创，然亦归纳事实所得，不敢妄作空论。此著者一得之愚，亦本书些微价值所在也。幸祈中、外行政学、地方政府学及政府学、宪法学、行政法学各方面学者不吝教正。其幸可有助于行政学及地方政府学之建立，固深期望也。

（三）本书对于我国省行政制度之沿革及现实均用叙述方法，少有评判，得、失、利、病，请读者论断之。又省际关系因资料缺乏，不能论述；省、县关系，似宜属于县行政范围，故本书省之。

（四）本书承业师张奚若、钱端升、萧公权、罗隆基、王赣愚、浦薛凤、吴有训、沈乃正及长官张邦翰、李培天、周邦道、杨家麟、刘光华、侯绍文、蒋公亮诸先生指示、鼓励；并承业师陈之迈及学长赵章黼、李飞鹏、杨君劢、蒋天擎、吴兴周、王锡庚、薛培根、汪家谷、马肇彭、涂怀莹、吕恩莱、黄粹涵、许运鸿、朱国华、宋同福、李楚安、高昆峰、沈泽鑫、陈鹤声、汤匡澄、吴曙曦、朱法宽、张良珍、邓绶林、薛铨会、刘沅庆及同寅杨文定、沈啸霞、施传组、李肇和、周实丰、姚永和、郎伯舆诸先生惠给各项实际资料；又承国立云南大学图书馆主任彭元士及学长罗应荣、端木正、钟一均诸先生惠予借阅图书之特殊便利；再承学长吕恩莱、陈体强、何绵山、章煜然、胡正谒、马培均、蔡文清、邓衍林、孔繁藻、徐绥昌、邱名栋、臧振华、孙时敏切磋补益，使本书顺利完成，均敬志最深感谢。

三十五年三月一日南昌施养成述于昆明云南省政府民政厅

导　论

我国国体非单一，非联邦，实兼具单一与联邦之特色，其始盖于元代，元代以前我国固为单一国家也。自三代以降，中国向以“天朝”自居，外族皆为夷狄。夷狄或入乎天朝为臣民，或附于天朝为藩篱；入为臣民者即为中国之国民，与其他国民无异；附为藩篱者仍自存其国政治组织，不听中国之治而中国亦不屑治之焉。夷狄臣民于中国者置郡、县以治之，藩属之土则不入中国版图，故中国恒为单一也。元代政权操于蒙古族之手，其方起也本为夷狄，入主大统后中国传统之天朝观念仍维持之，然中国传统之夷狄观念则加以修正。中国之地直辖于天朝为单一，其原占有之地则析为若干汗国似联邦，并受制于元廷。元制与单一、联邦之别约可以下列三图示之：

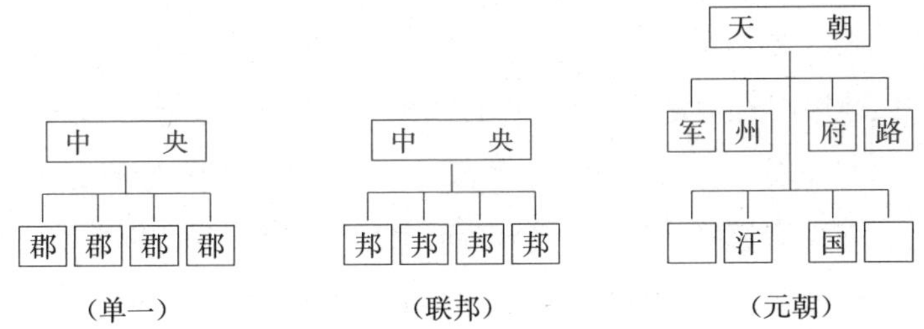

（单一）　（联邦）　（元朝）

元亡，其制历明、清以至今日不改，殆成我国政制之基本精神矣。于此精神之下“中国本部”之观念生焉。单一部分为天朝直辖地方，元以前所以代表中国者，因称“中国本部”；联邦部分元以前非中国所可属，故为本部以外之地也。

（附注——元代分治中国本部与诸汗国之意盖仿自北魏分治汉人与匈奴。）

省为我国单一部分最高行政区划之一种，并为最主要之一种。联邦地方则为蒙古[1]与西藏。故《中华民国训政时期约法》（二十年六月一日国民政府公布)第一条曰:“中华民国领土为各省及蒙古、西藏。我国领土总面积为46,250,329方市里(11,562,588方公里),蒙古占648,483方市里*(1,621,201方公里),西藏占4,863,151方市里(1,215,788方公里),则联邦区域,占24.53%,单一部分占75.47%,我国固以单一为主矣。单一部分现行两级地方行政制。第一级地方主要为省尚有直隶于行政院之市[2],第二级地方主要为县,尚有属于各省省政府之市[3]及设治局[4]。

省之名称始于唐代,为中央尚书、中书、门下三省,元于中国本部地方分区置行中书省,以代表中书省掌理区内政务,亦简称“行省”,实今日省之胚胎也。明废中书省,易以内阁,各行中书省并撤,另因其区域置布政使司及按察使司。行中书省若布政使司若按察使司均为官置之谓,其区域不另称也,不便;明遂以元之行省简明、清政府固只言布政使司及按察使司也,其数于清季凡二十二。民国鼎建,因而制为二十二行省或省[5],行省始正式为地方政区。行省之外又立川边、热河、察哈尔、绥远四特别区,以为建省准备,其地皆明、清我国联邦部分区域,今与行省同为第一级单一地方政区矣。

国民政府奠都南京后,于十七年六月二十八日改直隶省为河北省,并以京兆地方并之。十八年一月二十八日再改奉天省为辽宁省。十七年九月十七日于青海置省,并改热河、绥远、察哈尔、川边四特别区,分别为热河、绥远、察哈尔、西康四省(按西康省政府于二十三年始行成立);同年十月二十二日划甘肃省旧宁夏道地方别置宁夏省。三十四年八月三十一日收回台湾省,并将辽宁、吉林、黑龙江三省重划为辽宁、安东、辽北、吉林、松江、合江、黑龙江、嫩江、兴安九省。故今日共三十四省。

直隶于行政院之市初为特别市,十九年五月《市组织法》修正以后遂改称。先后所置特别市及直隶于行政院之市如下:

南京　十六年五月置。

上海　十六年七月置。

---

* 原书如此。——编者注

北平　十七年六月置。十九年六月为河北省会，改隶于省；同年十一月河北省会移天津，复为直隶。

天津　十七年六月置。十九年十一月为河北省会，改隶于省；二十四年六月河北省会移清苑，复为直隶。

武汉　十八年四月置。六月废。

汉口　十八年六月置。二十年十一月改隶湖北省政府。

广州　十九年一月置。八月为广东省会，改隶于省。

青岛　十九年四月置。

西京　二十二年一月置。

重庆　二十八年五月置。

大连　三十四年九月四日置。[6]

哈尔滨　三十四年九月四日置。

故现存之直隶于行政院之市凡有南京、上海、北平、天津、青岛、西京、重庆、大连、哈尔滨九地。

我国地方政制历代均为两级制，惟北京政府时代为省、道、县三级制。国民政府成立，各省先后自行废道，至十九年三月中国国民党中央执行委员会政治会议遂议决正式废除道制，旋由国民政府行政院内政部咨行各省，将所有道尹公署，或类似之特种行政机关，一律裁撤，而两级之制予以恢复。惟自秦立四十郡，至汉增至百余郡、国，降至元、明、清三朝第一级政区更趋三百而上，今省止二十八，较秦郡犹少，可谓骤变也。然前代第一级地方政区数虽一百至三百，其上别有监司临之，其数则止二十左右，省原为监司递演，其区域实相当也。低级地方区域为县，盖秦、汉以还未尝改易也。兹将各省中县、市、设治局之数目列举于后。

省别	县市数	省别	县市数
江苏	县六十一，市二。	湖北	县七十，市一。
浙江	县七十六，市一。	湖南	县七十六，市一。
安徽	县六十二。	四川	县百三十七，市二，设治局四。
江西	县八十三，市一。	西康	县四十六，设治局二。

续表

省别	县市数	省别	县市数
河北	县百三十，设治局二。	绥远	县十八，市一，设治局二。
山东	县百零七，市二。	宁夏	县十三，市一，设治局二。
山西	县百零五。	新疆	县五十九，设治局十一。
河南	县百十一。	青海	县二十四，市九。
陕西	县九十二，设治局一。	辽宁	县二十四。
甘肃	县六十四，市一，设治局二。	安东	县十四。
福建	县六十四，市二。	辽北	县十三。
广东	县九十八，市三。	吉林	县十九。
广西	县九十九，市一。	松江	县二十。
云南	县百十二，市一，设治局十六。	合江	县十七。
贵州	县七十九，市一。	黑江	县十四。
青海	县十七，市一，设治局二。	嫩江	县十六。
热河	县十六，设治局二。	兴安	县四，设治局一。
察哈尔	县十八，市一，设治局二。		

总计县一千九百七十八，市三十二，设治局四十九。

［参见三十二年四月《统计月报》第七十九及八十期合刊及三十四年十月内政部"东北新省区面积人口及县数统计表"（案此表不甚准确）。］

《县组织法》（十八年六月五日公布，同年十月十日施行，十九年七月七日修正）第四条云："各县县政府按区城大小，事务繁简，户口及财赋多寡，分为三等，由省政府编定，咨内政部呈行政院请国民政府核准公布之"；惟《县各级组织纲要》公布施行（二十八年九月十九日）以后"县按面积、人口、经济、文化、交通等状况分为三等至六等，由各省政府划分，报内政部核定之。"截止三十一年底，江西有一等县二十，二等县三十八，三等县二十五；福建有一等甲级县二十，一等乙级县七，二等甲级县十，二等乙级县十五，三等甲级县十五，三等乙级县十四；江苏有一等县十一，二等县十五，三等县二十七，四等县八；河南有一等县十四，二等县十六，三等县二十九，四等县二十四，五等县二十八；陕西有一等县六，二等县十七，三等县十八，四等县十三，五等县十九，六等县十九；余不备举。县之分等，自秦而后相沿不易为。惟省、市、设治局均不分等。

各省省政府所在地通称省会，各省省会如下：

江　苏——镇江县
江　西——南昌市
四　川——成都市
山　东——济南市
陕　西——长安县
广　东——广州市
贵　州——贵阳市
*吉　林——长春县
察哈尔——万全县
新　疆——迪化县
*辽　北——四平街
*嫩　江——齐齐哈尔
浙　江——杭州市
湖　北——武昌市
西　康——康定县
山　西——太原县
甘　肃——兰州市
广　西——桂林市
青　海——西宁县
黑龙江——北安县
绥　远——归绥市
台　湾——台北市
*松　江——哈尔滨
*兴　安——海拉尔
安　徽——怀宁县
湖　南——长沙市
河　北——青苑县
河　南——开封县
福　建——神州市
云　南——昆明市
*辽　宁——潘阳县
热　河——承德县
宁　夏——贺兰县(银川市)
安　东——安东县
合　江——佳木斯

(有＊者尚未确定。)

各省面积、人口均不一致。以面积言，各省平均面积约为 320,000 方公里，约拟绥远、西康或甘肃之面积，但浙江仅 104,037 方公里，江苏仅 108,926 方公里，均不及其三分之一下而新疆竟有 1,828,418 方公里，几达其六倍。次以人口言，山东一省人口较东北十省人口之和犹多。察哈尔、绥远、西康、青海、新疆、甘肃及宁夏七省面积总和几占二十八省面积总和之一半，然其人口总和仅约 164,000,000，不及河南、江苏、或山东一省人口二分之一。江西与湖北面积略等，其人口则为三与五之比，察哈尔或绥远之二十六倍。余见附各省土地面积表及各省户口表。

各省土地面积表

地　名	方市里	方公里	占全国百分比
江　苏	435,703	108,926	1.09
浙　江	614,148	104,037	1.04
安　徽	562,747	140,687	1.41
江　西	692,356	173,089	1.74
湖　北	745,454	186,364	1.87
湖　南	822,364	205,591	2.06
四　川	1,725,235	431,309	4.34
西　康	1,486,398	371,660	3.73
河　北	561,031	140,258	1.41
山　东	584,294	146,074	1.47
山　西	625,680	156,420	1.57
河　南	649,559	162,390	1.63
陕　西	749,635	187,409	1.88
甘　肃	1,566,024	397,506	3.99
青　海	2,788,776	697,194	7.02
福　建	474,953	118,738	1.19
广　东	885,229	221,307	2.22
广　西	875,694	218,924	2.20
云　南	1,614,720	403,680	4.06
贵　州	717,913	179,478	1.80
热　河	769,720	192,430	1.93
察哈尔	1,115,829	278,957	2.80
绥　远	1,390,116	347,529	3.49
宁　夏	1,099,638	274,910	2.76
新　疆	7,313,670	1,828,418	19.39
辽　宁	276,048	69,012	0.69
安　东	272,884	68,221	0.68
辽　北	316,088	79,022	0.79

续表

地　名	方市里	方公里	占全国百分比
吉　林	466,972	116,743	1.17
松　江	355,072	88,768	0.89
合　江	440,536	110,134	1.10
黑龙江	668,904	167,226	1.68
嫩　江	276,576	69,144	0.69
兴　安	996,708	249,177	2.50
台　湾	143,384	35,846	0.36
西　藏	4,863,151	1,215,788	12.22
全　国	39,777,464	9,944,366	100.00

各省户口表

地　名	户　　数	口　　数	每方公里人口
江　苏	7,537,174	36,469,321	334.81
浙　江	4,854,897	21,230,749	204.07
安　徽	3,466,206	23,354,188	166.07
江　西	3,055,219	15,884,623	91.31
湖　北	4,751,324	25,515,855	136.91
湖　南	5,002,125	28,293,735	137.62
四　川	9,727,174	52,706,210	122.20
西　康	249,782	968,187	2.61
河　北	5,108,921	28,644,437	204.23
山　东	7,042,328	38,099,741	260.82
山　西	2,170,606	11,601,026	74.17
河　南	5,838,896	34,289,848	211.16
陕　西	1,865,362	9,779,924	22.18
甘　肃	1,131,515	6,716,405	17.16
青　海	229,610	1,196,054	17.16
福　建	2,264,611	11,755,625	99.00
广　东	6,312,138	32,452,811	146.64

续表

地　名	户　数	口　数	每方公里人口
广　西	2,638,087	13,385,215	61.14
云　南	2,390,477	12,042,157	29.83
贵　州	2,001,579	9,918,791	55.26
热　河	554,724	2,184,723	11.35
察哈尔	409,934	2,035,957	7.30
绥　远	401,903	2,083,693	6.00
宁　夏	113,873	978,391	3.56
新　疆	902,448	4,360,020	2.38
辽　宁	待查	8,110,792	117.52
安　东	待查	5,347,550	80.74
辽　北	待查	3,864,321	48.90
吉　林	待查	6,096,021	52.21
松　江	待查	4,092,068	45.94
合　江	待查	1,808,824	16.42
黑龙江	待查	2,281,025	13.64
嫩　江	待查	2,426,174	35.24
兴　安	待查	213,037	0.85
台　湾	待查	5,872,000	163.87
西　藏	无统计	3,723,011	3.06
全　国	—	470,411,509	47.30

各省均有一字之简称，或取省名之字首、字尾，或取省内著名山川，或沿用古代地名。用字首者：浙江称浙，陕西称陕，甘肃称甘，察哈尔称察，绥远称绥，宁夏称宁，新疆称新，吉林称吉，黑龙江称黑，热河称热等。用字尾者：江苏称苏，四川称川，西康称康。用境内山川者：江西称赣，因赣江也；湖南称湘，因湘江也；福建称闽，因闽江也；安徽称皖，因皖山也。用古代地名者：湖北称鄂，因春秋楚都也；广东称粤，古百粤地也；广西称桂，秦桂林郡也；云南称滇，秦、汉滇国也；贵州称黔，战国古楚黔中地也；河北

称冀，三代冀州地也；山东称鲁，周鲁侯封土也；河南称豫，三代豫州地也；山西称晋，春秋晋国地也；省之简称，不止社会行之，公文之中亦往往可见焉。

注　释

[1] 三十四年八月十四日，我国外交部与苏联外交人民委员部互换照会一件，规定："兹因外蒙古人民一再表示其独立之愿望，中国政府声明，于日本战败后，如外蒙古之公民投票证实此项愿望，中国政府当承认外蒙古之独立，即以其现在之边界为边界"（第一段），"上开之声明，于民国三十四年八月十四日签订之《中苏友好同盟条约》批准后，发生拘束力"（第二段）。十月二十日外蒙古举行公民投票，四八四、七〇九票（投票人应为四九四、九六〇人）中无反对一致赞成独立，十一月十三日电告我国外交部，三十五年一月五日国民政府发表公告，承认外蒙古独立。

[2] 国民政府十九年五月二十日公布（三十二年五月十九日修正）《市组织法》第三条凡人民聚居地方具有下列情形之一者设市，受行政院之指挥监督：

一、首都；

二、人口在百万以上者；

三、在政治、经济、文化上有特殊情形者。

（按未修正前尚规定虽有二、三两款情形之一而为省政府所在地者应隶属于省政府。）

第三条　凡人民聚居地方具有下列情形之一者设市、隶属于省政府：

一、人口在三十万以上者；

二、人口在二十万以上其所收营业税、牌照费、土地税每年合计占该地总收入二分之一以上者。

[3] 三十四年十一月以前尚有东省特别区，原为中东铁路之附属区，民国十三年我国取得该路全部管理权，即以其地改建东省特别区，置行政长官一人治之；及威海卫行政区，该区于清光绪二十四年租借与英，民国十九年十月十日国民政府收回，次月即置行政区，直辖于行政院，以专员一人主治之。

[4] 国民政府二十年六月二日公布《设治局组织条例》第一条：

各省尚未设置县治地方得依本《条例》之规定暂置设治局，至相当时期应改设县治。

[5] 民国元年三月十一日公布《中华民国临时约法》第一条规定曰："中华民国领土为二十二行省，内、外蒙古、西藏、青海"（按蒙古、西藏、青海为联邦区域）。三年五月二十三日公布《省官制》，以"省"而不以"行省"名。十二年十月十日《中华民国宪法》第一二四条云："地方划分为省、县二级"，省之名称殆已确实矣。

[6] 三十四年八月十四日《中苏友好同盟条约》"协定"中规定大连为自由港。

第一章　历代地方行政制度概述

我国地方政治制度，唯乎信史，盖胚育于周而形成于秦。周天子畿方千里，分为四县，县分四郡(《史记·周本记》)；或曰："千里为县，县有四郡"(《逸周书》)。其后春秋列国，诸侯兼并，灭国者即以所取之地置郡，县以授之功臣、宗戚，《左传》所谓："上大夫受县，下大夫受郡"是也。战国则县、郡互易，而各国多以郡辖县矣。此郡、县地方制度之始也。秦一宇内，沿春秋、战国之策，并吞六国，郡、县天下，而郡、县制度于以确定。周代封建，郡、县之制行于王畿或诸侯，盖以郡、县辅封建也。秦以后封建废而郡、县尊矣。

一　上古三代地方行政制度

我国信史，莫知所自，传说以中华开国始于黄帝，姑据此论之。黄帝既平四夷，"得百里之国万区"(《夏书·禹贡》)，黄帝"置左、右大监，监于万国"(《史记·五帝本记》)，以统治之。至尧天下遭洪水之变，尧使禹治之，"水土治平，……列五服，任土作贡"[1](《禹贡》)。五服者列国之五等也，为甸服、倔服、绥服、要服、荒服，各以五百里为范围，并因距离远近而差。甸服最内，纳赋于朝，其额凡分五等：百里以内纳总，总禾藁总入也；二百里以内纳铚，铚禾穗也；四百里以内纳粟；五百里以内纳米。侯服分三种：百里以内称"采"，二百里以内称"男国"，余称"诸侯"。绥服分两种：三百里以内揆文教的，余奋武卫。所谓绥服，实有"绥靖或外围地带"之意。要服，荒服亦各分两种：要服三百里以内为"夷"，余为"蔡"；荒服三百里以内为"荒"，余为"流"。虞、夏俱尧臣，故因之不改。"殷因于夏，亡所变改"(《汉书·地理志》)。周始分各国为直辖与附庸两类。直辖国分公、侯、伯、子、男五等：公、侯百里，伯七十里，子、男五十里，《汉书》所谓："周爵五等而土二百五等"，是也。[2]直辖国与附庸国凡千八百[3]，不差今之一县也。"周室既衰，礼、乐、征伐自诸侯出，转相吞灭——按此情形周代以前恐亦难免——数百年间，列国耗尽。至春秋时尚有数十国，五伯迭兴，总其盟会。陵夷至于战国，天下分而为七国，合纵、连衡，经数十年秦遂并兼四海"（《汉书·地理志》）。夫至此时封建地方政制终，而单一地方政制立矣。

《汉书·地理志》曰："尧遭洪水，襄山襄陵，天下分绝为十二州，使禹治之，水土治平，更制九州[4]，列五服，任土作贡"。舜之时，复为十二州，《史记·五帝本纪集解》云："禹平水土，置九州，舜以冀州之北广大，分置并州，燕、齐辽远，分燕置幽州，分齐为营州；于是为十二州也。"十二州或九州者实监司之始也。盖三代属国万千，监理难周，分区督率，以救其弊也。州各置牧，以代表中央统辖一州之事，盖最早监司之职也。《史记·五帝本纪》称："于是舜乃立于文祖，谋于四岳，辟四门，明通四方耳目，命十二牧，论帝德行厚德，远佞人。……宾客远人，至十二牧行，而九州莫敢辟违"，略道州牧之任矣。[5]

国之组织及天子与各国之关系具无确证。《文献通考》记周代情形云："王制大国三卿，皆命于天子；下大夫五人；上士二十七人。次国三卿，二卿命于天子，一卿命于其君；下大夫五人；上士二十七人。小国二卿，皆命于其君；下大夫五人；上士二十七人。……诸侯之下士视上农夫，禄足代其耕也。中士倍下士（按指禄），上士倍中士，下大夫倍上士。卿四大夫禄，君十卿禄；次国之卿三大夫禄，君十卿禄；小国之卿倍大夫禄，君十卿禄。"又云："王制：诸侯之于天子也比年（每岁也）一小聘，三年一大聘，五年一朝。天子五年一巡守，岁二月东巡守至于岱宗，柴而望，祀山川，觐诸侯，问百年者就见之。命太师陈诗以观民风，命市纳贾以观民之所好恶志淫好辟。命典礼考时月定日，同律礼乐，制度衣服，正之山川神祇。有不举者为不敬，不敬者君削以地。宗庙有不顺者为不孝，不孝者黜以爵。变礼易乐者为不从，不从者君流（流，放也）。革制度礼乐者为畔，畔者君讨。有功德于民者加地进律。五月南巡守至于南岳，如东巡守之礼。八月西巡守至于西岳，如南巡守之礼。十有一月北巡守至于北岳，如南巡守之礼。归假于祖祢用特。”所言非尽事实，然略与事实近耳。唐、虞、夏、商之法益不可考，意与周相去不远，巡守、朝聘、征讨，或无缺也。

二　秦代地方行政制度

战国时代，各国类皆废封建而置郡、县，凡有兼并，即于所并之地置郡、县治之，以防其叛也。秦次第兼并六国，亡国之地遂先后夷为郡、县。秦所行者非秦独创之制，尽战国通例也。秦初统一时。凡三十六郡，后增置五郡，其名称如下：

(1) 陇西（秦故土）；

(2) 北地（昭襄王置）；

(3) 上（魏故土）；

(4) 汉中（楚故土）；

(5) 蜀（故蜀国惠文王后十四年置）；

(6) 巴（故巴国与蜀同时置）；

以上皆并六国以前原有之郡。

(7) 邯郸（始皇十九年）；

(8) 钜鹿（始皇二十三年）；

(9) 太原（庄襄王四年）；

(10) 上党（故韩国土）；

(11) 雁门；

(12) 代（故代国）；

(13) 云中；

以上七郡皆并赵所置。

(14) 河东（昭襄王二十一年）；

(15) 东（始皇五年）；

(16) 砀（始皇二十二年）；

以上三郡并魏所置。

(17) 三川(庄襄王九年);

(18) 颍川(始皇十七年);

(19) 南(昭襄王二十九年);

(20) 黔中;

(21) 南阳(昭襄王二十九年);

(22) 楚(始皇二十四年);

(23) 九江(同上);

(24) 泗水(同上);

(25) 薛(同上);

(26) 东海(同上);

(27) 会稽(始皇二十五年);

(28) 长沙(同上);

以上并楚所置。

(29) 齐(始皇二十六年);

(30) 琅琊(同上);

以上并齐所置。

(31) 渔阳;

(32) 上谷;

(33) 右北平;

(34) 辽西;

(35) 辽东;

(36) 广阳(始皇二十三年);

以上并燕所置。

(37) 南海(始皇三十三年);

(38) 桂林(同上);

(39) 九原(同上);

(40) 象(同上);

(41) 关中；

以上统一后所置。

京畿地方不设郡，置内史直隶于皇帝。九州与十二州监司之迹，至春秋诸侯争霸，战国列国兼并之时已荡焉无存，且秦郡只四十，亦无监司必要，故秦不另划分监司区域也。郡置守为最高行政长官，其下置丞及尉，分别佐典民政及典治兵狱。此外又置郡尉，掌管警卫，关险复置关都尉。以上守、丞、尉、都尉皆行政官员而总于守。此外每郡又置监御史一员，经受御史大夫之节制，代表皇帝监察一郡行政。其职实为监司，独无另外监司区域耳。《文献通考》卷一五六"郡国兵"云："秦始皇并天下，列为三十六郡郡，置材官"，材官意为中央征调民兵之官吏也。

三　两汉及三国地方行政制度

(1) 总论

秦分天下为郡、县，汉兴，因其制而另立诸王侯国以劳功臣而奖宗亲。《汉书·诸侯王表序》称汉"惩戒亡秦孤立之败，于是剖裂疆土，立二等之爵：功臣侯者百有余邑；尊王子弟；大启九国。"可谓三代封废建之部分恢复，实变可谓三代封建制之回光返照也。高祖时全国郡、国凡六十七区，文、景二帝各增六区，武帝增二十八区，昭帝增一区，讫于孝平总得百零三区[6]，三倍于秦初矣。汉又于县之外置侯国、邑、道；列侯所食为侯国，皇太后、皇后、公主所食曰邑，蛮夷地为道。孝平时凡县千三百四十四，邑十六，道三十，侯国百八十八。京师亦如秦制不置郡、国，别立京兆尹、左冯翊、右扶风分治之。[7]

王莽篡汉，"以长安为西都，雒阳为东都，更长安为常安，雒阳为义阳，以示不相袭。后分三辅为六'尉都'，以拱卫京师。六尉郡者：京尉、师尉、翊尉、光尉、扶尉、烈尉也。而东都保忠信（河南郡）之周围亦分置六'队郡'，以与西京。六队郡者：前队（南阳郡）、后队（河内郡）、左队（颍川郡）、右队（弘农郡）、北队（河东郡）、祈队（河南郡之一部分）也"（顾、史前书一一三页)。余仍汉旧。光武中兴,“唯官多役烦,乃命并合,省郡、国十,县、邑、道、侯国四百余所。……渐复分置,至于孝顺凡郡、国百五,县、邑、道、侯国千一百八十”(《后汉书》)。三国因两汉制度,唯邑、道两种区域似已废除,而曹魏别于县,侯国之外置县王国及县公国两种区域(顾、史前书一三五——一三七页)。王国、侯国虽为封建区域,其行政是与郡、县无异,皆由中央直接节制也。

唐、虞、三代所行之州监司制度至秦而废,汉复活之。“武帝攘却胡、越,开地斥境,改雍曰凉,改梁曰益,凡十三部,置刺史”(《汉书·地理志》),此元封五年事也。十三部包括十二州及司隶校尉察区域,其名称及所监察之区域如下:

豫州——郡国六;

冀州——郡国九;

兖州——郡国八;

徐州——郡国五;

青州——郡国六;

荆州——郡国七;

扬州——郡国六;

益州——郡国十二;

梁州——郡国十二;

并州——郡国九;

幽州——郡国十一;

交趾州——郡国七。

司隶校尉监察区域——郡七(京兆、左冯翊、右扶风、河东、河内、河南、弘农)。

(2) 郡国政府组织

秦于每郡置守及尉,共理郡政,汉兴,因之。守理民政,秩二千石,位同相臣。其佐有丞,边郡又有长史协助兵马,秩皆六百石。尉掌典武职甲卒,秩比二千石,亦有佐曰丞,秩六百石(《汉书·百官公卿表》)。《后汉书·百官志》言:“郡当边者丞为长史”,与《汉书》所称略差,意者边郡初丞与长史并设,后则只设长史耳。景帝中二年更守为太守,尉为都尉。遂成定称。秦有关都尉,汉留之。武帝又于诸郡置农都尉,以劝农桑;并于边郡添置属国都郡,以辑边黎而主拓殖。三国又有分治之都尉,即代表守、尉分治一区域。故各种都郡颇与明、清各省道员相似。

从汉中兴,于建武六年八月撤各郡都尉并其官职,遇有需要则临时置都尉,事讫罢之(《后汉书·百官志》,应劭注)。西汉之时已有太守兼都尉者,殆废都尉之前秦也。秦与西汉郡政分于守、尉,可称为“双头行政”;都尉废后,郡政则集中于太守矣。

陶希圣、沈巨鹿《秦汉政治制度》云:“郡守的属官甚多,……有诸曹掾,史多人。据《秦汉志》卷二八说:有功曹史,主选署功劳,有五官掾,署功曹及诸曹事;其监属县有五部督邮(每部书掾一人)曹掾一人;正门有亭长一人,主记室;史,主录记书,催期会。……郡尚有议曹,以备咨议;决曹,主刑狱;少府,掌度支;户曹,司钱谷;仓曹,司仓储;文学博士,敷文教。此外太守的属官仍多,其重要者如别驾,书佐(十人),贼曹掾,贼捕掾,门下掾,郡文学史,学经师,舍人,太守卒史,五经百石卒史,直符史,郡曹祭酒,狱史。……东汉太守亦有贼曹掾,仪曹掾等官。太守又可招聘名士参与郡政”(页一八零——一八四)。

王国设官,初如帝延。高帝初年诸侯王国有太傅辅王,内史治国民,中尉掌武职,丞相统众官,其余群卿、大夫、都官悉如汉朝。景帝遭七国之乱,五年始令:“诸侯王不得复治国,天子为置史。改丞相曰查,省御史大夫、延尉、少府、宗正、博士官,……(《汉书·百官公卿表》)武帝改太仆为仆,秩千石,郎中令亦千石。成帝绥和元年更省内史,以相治民事而统众官,更太傅为傅。“傅、相投笔从戎皆二千石,相有长史。汉初相位高于太守,元帝初元三年改居郡守下”(陶希圣、沈世鹿前书页一七一)。关、农、属国等都尉似与郡同。顾颉刚,史念海云:“郡之太守与诸侯王国之相,中尉皆谨一员,而都尉之多寡则因地而异,边围要塞往往多至四、五员(前书页一零四)。”[9]

郡守、国相“皆掌治民、进贤、劝功、决讼、检奸。常以春行所主县劝民农桑，振救乏绝；秋冬遣无害官吏案讯路囚，平其罪法，论课殿最；岁尽遣吏上计并举孝廉，郡口二十万举一人”(《汉书・百官志》)。太守有请，初径达于天子，武帝元狩元年诏，乃敕由丞相，御史(均秩万石)转致(《汉书・武帝纪》)。[10]

十二州监司驻在地称京都，不置太守，以尹治之[11]，秩二千石，其丞改称“臣”王莽建国初年，改太守为大尹，复都尉之职，改称太尉。六尉郡与六队郡之尹则称大夫，其尉为属正；保忠信之尹则曰卿(顾、史前书页一零三)。

(3) 各州监司组织

《后汉书・百官志》云：“秦有监御史，监诸郡；汉兴、省之，但遣丞相、史分判诸州，无常官。孝武帝初置刺史十三人，秩六百石；成帝更为牧，秩二千石；建武十八年复为刺史十二人，各主一州，其一州属司隶校尉。”《文献通考》卷六十一云：“一秦置监御史，汉兴省之。至惠帝三年又遣御史监三辅郡[12]，察词讼，所察之事凡九条，监者二岁更之，常以十月奏事，十二月还监。其后诸州复置监察御史。文帝十三年以御史不奉法，下失其职，乃遣丞相、史出刺，并督察监案御史。武帝元封元年御史止不复监。五年乃置部刺史。掌奉诏六条察州，凡十二焉。居部九岁举为守、相。成帝绥和元年以为刺史，位下大夫，而临二千石，乃更为州牧，秩真二千石，位次九卿，九卿缺以高第补。哀帝建平二年，复为刺史。元寿二年，复为牧。后汉光武建武十八年，复为刺史，外十二州各有一人，其一州属司隶校尉。……灵帝中平五年改刺史为州牧。”王莽柄政，仍称州牧。三国时代，或称刺史，或称牧，因时因地，互有不同(顾、史前书页一三八)。

“刺史班宣周行郡、国，省案治状，黜、陟能、否，断治冤狱，以六条问事。……一条，强宗豪右田宅逾制，以强凌弱，以众暴寡。二条，二千石不奉诏书，遵承典制，倍公向私，旁诏守利，侵渔百姓，聚敛为奸。三条，二千石不恤疑狱，风厉杀人，怒则任刑，喜则淫赏，烦扰苛暴，剥截黎元，为百姓所疾，山崩石裂，妖祥讹言。四条，二千石选署不平，苟阿所爱，蔽贤宠顽。五条，二千石子弟恃怙荣势，请托所监。六条，二千石违公下比，阿附豪强，通行货赂，割损正令也”（《汉书·百官公卿表》）。刺史“皆以朝臣卑职充之，其岁尽辄奏事京师，九岁称职方得为守、相”（同上）。《后汉书·百官志》又云：“诸州常以八月巡行所部郡、国，录囚徒，考殿、最。初岁尽诣京都奏事，中兴但因计吏。”大抵刺史为皇帝代表，牧为朝廷官职，故刺史必须“奉诏条”，否则无权也。至于牧之职务，实与刺史无异焉。刺史初无治所，改州牧始置之，后回改刺史，则因牧治所而驻焉。故《通考》云：“汉刺史乘传车周行郡、国，无适所治，中兴后所治有定处。”刺史属员有吏员，治中、别驾、诸部从事等，皆秩百石。王莽于州牧之下置监副，光武废之。

司隶校尉为中央监察官，兼管附畿诸郡监察。《汉书·百官公卿表》云：“司隶校尉周官，武帝征和四年初置，持节，从都中官，徒千二百人，捕巫蛊，督大奸猾。后罢其兵，察三辅、三河、弘农，元帝初元四年去节，成帝元延四年省。绥和二年哀帝复置，但为司隶，……属大司空，比司直。”王莽撤之，光武复置，并再改称司隶校尉。“司隶样尉有从事史十二人：都官从事主察举百官犯法者；功曹从事主州选署及众事；别驾从事，校尉行部则奉行录众事；簿曹从事主财谷簿书；兵曹从事主兵事（有军事则置）；郡国从事主督促文书，察举非法，每郡国一人。从事皆由司隶任、免，秩百石。……又有假佐二十五人，内有典郡书佐，主部文书，每郡一人，由郡吏充任。每岁一更；其余假佐则分主律令、祠祀、文书、选用等事”（陶、沈前书页一五七——一五八）。

刺史（或牧）及司隶校尉皆经常监司也。此外两汉及三国常有临时派遣监察郡、国之侍御史。据《历代职官表》称，西汉侍御史有绣衣，直指出讨奸猾，治大狱，武帝所制，不常置。[13]

四　两晋及南北朝地方行政制度

(1) 总论

两晋及南北朝地方行政制度，仍依汉旧，惟分区与前不同。《晋书·地理志》载：“武帝太康元年，既平孙氏，凡增置郡、国二十有三；省司隶置司州，别立梁、秦、宁、平四州，仍吴之广州，凡十九州。”十九州所监郡、国区域，据顾、史《中国疆域史》所记，如下：

司州—河南、荥阳、弘农、上洛、平阳、河东、汲、河内、广平、阳平、魏、顿邱十二郡；

兖州—济阳、泰山二郡，陈留、濮阳、高平、任城、东平、济北六国；

豫州—颍川、汝南、襄城、汝阴、谯、鲁、弋阳、安丰八郡、梁、沛二国；

冀州—渤海、常山二郡、赵、钜鹿、安平、平原、乐陵、章武、河间、高阳、博陵、清河、中山十一国；

幽州—北平、上谷、广宁、代、辽西五郡、范阳、燕二国；

平州—昌黎、乐浪、玄菟、带方四郡，辽东国；

并州—上党、乐产、雁门、新兴四郡，太原、西河二国；

雍州—京州、冯翊、扶风、安定、北地、始平、新平七郡；

凉州—金城、西平、武威、张掖、西、酒泉、敦煌、西海八郡；

秦州—陇西、南安、天水、略阳、武都、阴平六郡；

梁州—汉中、梓橦、广汉、新都、涪陵、巴、巴西、巴东八郡；

益州—蜀、犍为、汶山、汉嘉、江阳、朱提、越嶲、牂牁八郡；

宁州—云南、兴古、建宁、永昌四郡；

青州—济南、城阴、长广三郡，齐、乐安、东莱三国；

徐州—东海、东莞、广陵、临淮四郡，彭城、下邳、琅琊三国；

荆州—江夏、南、襄阳、顺阳、义阳、新城、魏兴、上庸、建平、宜都、南平、武陵、天门、长沙、衡阳、湘东、零陵、邵陵、桂阳、武昌、安城二十一郡，南阳国；

扬州—丹阳、宣城、淮南、庐江、毗陵、吴、吴兴、会稽、东阳、新安、临海、建安、晋安、豫章、临川、鄱阳、庐陵、南康十八郡

交州—合浦、交趾、新昌、武平、九真、九德、日南七郡

广州—南海、临贺、始安、始兴、苍梧、郁林、桂林、高凉、高兴、宁浦十郡。（页一四二——一四五）

惠帝元康初以荆州、扬州各一部分为江州，怀帝分荆州、广州各一部

分为湘州，故西晋监州凡二十一。东晋偏安江南，江北州、郡沦陷，于江南别立侨殖州以存其名，非新增州，郡也。郡分三等：五千户以下为下郡，五千户以上为中郡，万户以上为上郡。郡之下为县，县以三百户以下、三百户以上、五百户以上、千户以上、千行户以上别为五等。

北朝元魏、高齐、宇文周与南朝刘宋、萧齐、梁齐、萧陈相继递承晋朝治权，地方政治制度，均无重大改变。《魏书·地形志》称："永乐末年胡贼入洛，官司文簿，散弃者多，往时编户，全无追访；"而录武定时监州凡一百一十，郡五百，县千三百六十，自难确信。《中国疆城沿革史》引《资治通鉴》(胡三省注)称元魏太和十年凡三十八州："河南二十五州——青、南青、兖、齐、济、光、豫、洛、徐、东徐、雍、秦、南秦、梁、益、荆、凉河、沙，时又置华、陕、夏、歧、班、郢，凡二十五；河北十三州——司、并、肆、定、相、冀、幽、燕、营、平、安，时又置瀛、汾，凡十三州。"(页一六三)郡、县数目仍甚不详。州、郡、县各分上、中、下三等。《周书·武帝纪下》记高齐政区云："关东平，合州五十五，郡一百六十二，县三百八十五；"《隋书·地理志》称齐末有州九十七，郡一百六十，县三百六十五。宇文周于大象末凡有州二百二十一，郡五百零八，县千一百二十四。南朝州、郡之数较北朝为少，视汉、晋犹数倍之。《宋书·州郡志》云："宋世分扬州为南徐，徐州为南兖，扬州之江西悉属豫州，分荆为雍，分荆湘为郢，分荆为司，分广为越，分青为冀，分梁为南、北秦。"刘宋大明八年凡州二十二(上列各州加益、宁、江、交、兖)，郡二百三十八，县千一百七十九(《中国疆域沿革史》页一五九)。萧齐有州二十三(扬、南徐、豫、南豫、南兖、北兖、北徐、青、冀、江、广、交、越、荆、巴、郢、司、雍、湘、梁、秦、益、宁)，郡三百九十五，县千四百七十四(前书页一五九)。梁初仅有旧吴之地而天监十年有州二十三，郡三百五十，县千二百二十二，其后国土扩充，至大同间州已增至百零七，几与北朝相等[14](页一六零)。陈初有荆、扬之地，已分州四十二，郡百零九，县四百三十八，太建末年州增为六十四，郡百六十六，县六百左右(《隋书·地理志》一)。南北朝同时计有州二百余，郡几一千，而县达三千，较汉、晋大增矣。夫州原为监司区，今殆成行政区域矣。故南北朝表面虽仍汉、晋之旧，实成州、郡、县三级制度也。[15]

(2) 郡、国政府组织

各郡置太守一人[16]，河南郡京师所在则置尹，其属有主簿，主记室，门下贼曹，议生，门下史，记室史，录事史，书佐，循行干馆史，五官掾，功曹史，功曹书佐，循行小吏，五官掾等员。诸王国置内史，其属有郎中令，中尉，大农(大国置左、右常侍，省郎中)，侍郎(二人)，典书，典祠，典卫，学官令，典书丞，治书(四人)，中尉司马，世子，庶子，陵庙牧长，谒者(四人)，中大夫(六八)，舍人(十人)，典府；公国无中尉，常侍；侯国又无大农，侍郎；伯，子，男唯典书以下有之，并省学官令。郡、国户不满五千者置职吏五十人，散吏十三人；五千户以上职吏六十三人，散吏二十一人；万户以上职吏六十九人，散吏三千九人。郡、国皆置文学掾一人(《晋书·职官志》)。

南北朝制度不可详考，略与晋代近似。例如后齐清都郡置尹，丞，中正，功曹主簿，督邮，五官门，下督录事，主记议，功曹记室，户、田、金、租、兵、骑、贼、法等曹掾，中部掾等员；诸郡置太守、丞，中正光迎，功曹光迎，主簿，功曹主簿，五官省事录事，西曹、户曹、金曹、租曹、兵曹、集曹掾、佐，太学博士，助教、太学生，市长、仓督等员(《隋书·百官志》)。梁郡置太守及丞，国置内史，郡、国三万户以上置佐一人(同上)。元魏郡置太守三人、宗室一人、异姓二人(《魏书·官氏志》)。余无考焉。

(3) 州组织

州于晋为监司，南北朝实际演为各方面治区。晋诸州置刺史，别驾，治中从事，诸曹从事等员，于辖内各郡各有部从事一人，又置主簿门亭长，录事，记室书、佐，诸曹佐守从事，武猛从事等；边远隘险州另置弓马从事，徐州另置淮海从事，凉州另置河津从事，荆州另置监佃督(《晋书·职官志》)。两晋有司隶校尉，东渡罢之(同上)。后齐司州置牧，其属官有别驾从事、史，治中从事、史，州都主簿，西曹书佐、记室，户曹，功曹，金曹、租曹、兵曹、骑曹都官，法曹，部郡等从事，领西东市署令、丞等员；其余诸州皆置刺史，其僚佐有长史，司马，录事，功曹，仓曹，中兵等参军及掾、史，主簿，掾记室掾、史，外兵，骑兵长流，城局，刑狱等参军事及掾、史，参军事，法、墨、田、铠、集、士等曹行参军事及掾、史，右户掾、史，行参军长兼行参军督护，统府录事，统府直兵，箱录事等，其属官有别驾从事、史，治中从事、史，州都光迎主簿，主簿，西曹督护，统府录事，统府直兵，箱录事等，其属官有别驾从事、史，治中从事、史，州都光迎主簿，主簿，西曹书佐，市令及史；祭酒从事、史，部郡从事，早服从事，典签及史，门下督省事，都录事及史，箱录事及史，朝直刺奸，记室掾，户曹，田曹，金曹，租曹，兵曹，左户等掾、史等员（隋书·百官志）。梁诸州亦置刺史，其属有别驾，治中从事各一人，主簿，西曹、议曹从事，祭酒从事，部传从事，文学从事等员（同上）。魏诸州刺史并置三员，宗室一人，异姓二人，如郡太守（《魏书·官氏志》）。余不可备考。

五　隋代地方行政制度

南北朝州郡数增，二级制度，深受影响。隋文帝统一后遂于开皇三年废郡，以州、县为两级地方制度。炀帝大业三年复还州为郡，另于郡之上置监司之州或部。[17]汉、晋二级制度之精神，于以重振。《隋书·地理志》列大业年间郡凡百九十，县千二百五十五。诸郡名称如下：

京兆、冯翊、扶风、安定、北地、上、雕阴、延安、弘化、朔方、盐川、灵武、榆林、五原、天水、陇西、金城、抱罕、浇河、西平、武威、张掖、敦煌、鄯善、且末、西海、河源、汉川、西城、房陵、清化、通川、宕渠、汉阳、临洮、宕昌、武都、同昌、河池、顺政、義城、平武、汶山、普安、金山、新城、巴西、遂宁、涪陵、巴、巴东、蜀、临邛、眉山、苍阳、泸川、犍为、越巂、牂牁、黔安、河南、荥阳、梁、谯、济阴、襄城、颍川、汝南、淮阳、汝阴、上洛、弘农、淅阳、南阳、淯阳、淮安、东、东平、济北、武阳、渤海、平原、信都、清河、魏、汲、河内、长平、上党、河东、绛、文城、临汾、龙泉、西河、离石、雁门、马邑、定襄、楼烦、太原、襄国、武安、赵、恒山、博陵、河间、涿、上谷、渔阳、北平、安东、辽西、北海、齐、东莱、高密、彭城、鲁、琅琊、东海、下邳、江都、钟离、淮南、弋阳、蕲春、庐江、同安、历阳、丹阳、宣城、毗陵、吴、会稽、余杭、新安、东阳、永嘉、建安、遂安、鄱阳、临川、庐陵、南康、宜春、豫章、南海、龙川、义安、高凉、信安、永熙、苍梧、始安、永平、郁林、合浦、珠崖、宁越、交趾、九真、日南、比景、海阴、林邑、南、夷陵、竟陵、沔阳、沅陵、武陵、清江、襄阳、春陵、汉东、安陆、永安、义阳、九江、江夏、澧阳、巴陵、长沙、衡山、桂阳、零陵、熙平。

各郡数目、名称俱与后汉相若。州或部之名称无考。郡、县各以上、中、下分为九等。

“郡置太守，上郡从三品，中郡正四品，下郡从四品。京兆、河南则俱为尹，位正三品。罢长史、司马，置赞务一人以贰之。其后诸郡各加通守一人，位次太守，京兆、河南则谓之内史。又改郡赞务为丞，位在通守下”（《隋书・百官志》）。各郡属员如下：“京兆郡置尹，丞，功曹主簿，金、户、兵、法、士等曹佐等员，并佐、史合二百四十四人”（同上）。河南郡疑近之。其余各郡上上郡“置丞，尉，正光初，功曹光初，主簿，县正，功曹主簿，西曹、金、户、兵、法、士、曹，市令等员；并佐、史合一百四十六人。上中郡减上上郡吏属五人，上下郡减上中郡四人，中上郡减上下郡十九人，中中郡减中上郡六人，中下郡减中中郡五人，下上郡减中下郡十九人，下中郡减下上郡五人，下下郡减下中郡六人”（同上）。

监司职务总于司隶台而分于诸部或州刺史。“司隶台大夫一人（正四品，按位在上郡太守及京兆、河南二尹之下），掌诸巡察；别驾二人（从五品，按位在太守之下），分察畿内，一人案东都，一人案京师。刺史十四人，（正六品，按位在太守之下），察巡畿外诸郡；从事四十人，副刺史巡察。其所掌六条：一察品官以上理正能不；二察官人贪财害政；三察豪强奸猾侵害下人，及田宅逾制、官司不能禁止者；四察水、旱、虫灾不以实言，枉征赋役，及无灾亡触免者；五察部内贼盗不能穷逐，隐而不报者；六察德行、孝悌、茂才、异行、隐而不贡者。每年二月乘轺巡郡、县，十月入奏。置丞（从六品）、主簿（从八品）、录事（从九品）各一人。后又罢司隶台而留司隶从事之名，不为常员，临时选京官清明者权摄以行”（同上）刺史属吏上上州有“长史，司马，录事参军事，功曹、户、兵等曹参军事，法、士等曹行参军事，典签，州都光初，主簿，郡主正主簿，西曹书佐，祭酒从事，部郡从事，仓督，市令，丞等员；并佐、史合三百二十三人。上中州减上上州吏属十二人，上下州减上中州十六人，中上州减上下州二十九人，中中州减中上州二十人，中下州减中中州二十人，下上州减中下州三十二人，下中州减下上州十五人，下下州减下中州十二人”（同上）。

六　唐代地方行政制度（五代附）

（1）总论

唐代以州易郡为第一级地方政区，并另增同级之府，至第二级政区仍保留为县。府凡三种：曰京都府，曰都督府，曰都护府。州、府之上分道置监司。京都府为京畿之地；都督府为国内繁盛冲要地区，分大、中、下三等；都护府为沿边关隘之处，分大、上两种。太祖承祚，初沿袭隋之郡、县制，武德元年始改郡为州。府始于南北朝，称总管府，其辖区包括数州之地，实非普通地方政区而为中央军防区城。隋及唐初均仍之，武德七年始改称都督府，“掌督诸州兵马、甲械、城隍、镇戍、粮廪，总判府事”（《续通典·职官篇》），仍为军防区域，特兼理驻在地民政耳。军防区域广及数州，而民政区域只府治也。言府为第一级普通政区者，专指后一作用而言也。都护府太宗所制，其性质与都督府同。开元以后东、西、北各都并置府，其后皇帝驻跸之地概升为京都府。终唐之世，计有京兆、兴德、风翔、河南、兴唐、河中、太原、江陵、兴元、成都十京都府。都督府唐初甚多，景云二年并省为二十四，计大都督府四（扬、益、并、荆），中都督府十（汴、兖、魏、冀、蒲、秦、洪、润、越），下都督府十（齐、鄜、泾、襄、安、潭、遂、通、梁、夔）。既而以其权（按指挥权）重罢之。太极初年复置大府五，中府十五，下府二十。都护府自太宗至中宗先后共设六处，即安西、安北、单于、安东、安南、北庭。（以上事实部分均见《中国疆域沿革史》页一八五——一八八）。州分上、中、下三等，县分京、畿、上、中、下五等。《欧阳修唐书·地理志》载太宗十三年定簿，凡州、府三百五十八，县千五百五十一；开元二十八年户部帐籍，州、府凡三百二十八，县千五百七十三。

府、州、县之外，复有羁縻府、州、县，以治蛮夷内服者。《唐书·地理志》云："唐兴，初未暇于四夷。自太宗平突厥，西北诸番及蛮夷稍稍内属，即其部落列置州县。其大者为都督府，以其首领为都督、刺史，皆得世袭。虽贡赋版籍，多不上户部。……其后或臣、或叛，经制不一，不能详见。突厥、回纥、党项、吐谷浑、隶关内道者为府二十九，州九十；突厥之别部及奚、契丹、靺鞨、降胡、高丽隶河北者为府十四，州四十六；突厥、回纥、党项、吐谷浑之别部及龟兹、于阗、焉耆、疏勒、河西，内属诸胡，西域十六国隶陇右者为府五十一，州百九十八，羌、蛮隶剑南者为州二百六十一；蛮隶江南者为州五十一，隶岭南者为州九十三，又党项州二十四，不知其隶属：大凡府、州八百五十八，号为'羁縻'云"。

（2）府、州政府组织

京都府组织如下：

（一）西都、东都、北都各置牧一人，从二品；西都、东都、北部、凤翔、成都、河中、江陵、兴元、兴德各置尹一人，从三品。牧、尹俱掌宣德化，岁行属县，观风俗，录囚徒，恤鳏寡。亲王所典府则岁以上佐（按即少尹）巡县。

（二）少尹二人，从四品下，为牧、尹之副贰，岁终更次入计。

（三）各曹——(1)司录参军事二人，正七品上；录事四人，从九品上。(2)功曹，(3)仓曹，(4)户曹，(5)田曹，(6)兵曹，(7)法曹，(8)士曹，各置参军事二人，正七品下。(9)参军事六人，正八品下。司录掌正违失，莅符印。功曹掌考课、假使、祭祀、礼乐、学校、表疏、书启、禄食、祥异、医药、卜筮、陈设、丧葬。仓曹掌租调、公廨、庖厨、仓库、市肆。户曹掌户籍、计帐、道路、过所、蠲符、杂徭、逋负、良贱、刍藁、逆旅、婚姻、田讼、旌别孝悌。田曹掌园宅、口分、永业以荫田。兵曹掌武官选、兵甲、器仗、门禁、管钥、军防、烽候、传驿、畋猎。法曹掌鞠狱丽法、督盗贼、知赃贿没入。士曹掌津梁、舟车、舍宅、工艺。参军事掌出使赞道。参军、录事之下又有佐、史。

（四）文学一人，从八品上，掌以五经授诸生；下置助教二人，学生八十人。

（五）医学博士一人，从九品上，掌疗民疾；下置助教一人，学生二十人。

大都督府组织如下：

（一）都督一人，从二品，掌督诸州兵马、甲械、城隍、镇戍、粮廪、总判府事。

（二）长史一人，从三品；司马二人，从四品下，为都督副贰。

（三）录事参军事一人，正七品上；录事二人，从九品上；功曹、仓曹、户曹、田曹、兵曹、法曹、士曹参军事各一人，正七品下；参军事五人，正八品下。

（四）市令一人，从九品上，掌交易、禁奸非、通判市政。

（五）文学一人，正八品下；助教一人，学生五十人。

（六）医学博士一人，从八品上；助教一人，学生二十人。

中都督府组织如下：

（一）都督一人，正三品。

（二）别驾一人，正四品下；长史一人，正五品下；司马一人，正五品下。

（三）录事参军事一人，正七品下；录事二人，从九品上，功、仓、户、田、兵、法、士等曹参军事各一人，从七品上；参军事四人，从八品下。

（四）市令一人，从九品上。

（五）文学一人，从八品上；学生五十人。

（六）医学博士一人，正九品上；助教一人；学生二十人。

下都督府组织如下：

（一）都督一人，从三品。

（二）别驾一人，从四品下；长史一人，从五品上；司马一人、从五品下。

（三）录事参军事一人，从七品上；录事二人，从九品上，功、仓、户、田、兵、法、士等曹参军事各一人，从七品下；参军事三人，从八品下。

(四) 文学一人，从八品下；学生四十人。

(五) 医学博士一人，正九品上；助教一人；学生二十人。

大都护府组织如下：

(一) 大都护一人，从二品，掌统诸蕃、抚慰、征讨、叙功、罚过，总判府事。

(二) 副大都护二人，从三品；副都护二人，正四品上。

(三) 长史一人、正五品上；司马一人，正五品下。

(四) 录事参军事一人，正七品上；录事二人，从九品上；功、仓、户、兵、法等曹参军事各一人，正七品；参军事三人，正八品下。

上都护府置上都护(正三品)，副都护(二人，从四品上)，长史(正五品上)，司马(正五品下)，录事参军事(正七品下)，功、仓、户、兵、各曹参军事(从七品上)，参军事(从八品上)。上州置刺史(从三品)，别驾(从四品下)，长史(从五品上)，司马(从五品下)，录事参军事(从七品上)，录事(从九品下)，功、仓、户、田、兵、法、士各曹参军事(从七品下)，参军事(四人，从八品下)，市令(从九品上)、丞(从九品下)，文学(从八品下)、助教、学生(五十人)，医学博士(从九品下)、学生(二十人)。中州置刺史(正四品下)，别驾(正五品上)，司马(正五品下)，录事参军(正八品上)，录事(从九品上)，功、仓、户、田、兵、法、士各曹参军事(正八品下)，参军事(三人、正九品下)，医学博士(从九品下)、助教、学生(十人)。下州置刺史(正四品下)，别驾(从五品上)，司马(从六品上)，录事参军事(从八品上)，录事(从九品下)，仓、户、田、法各曹参军事(从八品下)，参军事(二人，从九品下)，医学博士(从九品下)、学生(十人)。

(3) 监司组织

唐代地方监司，可分为法定的与事实的两种。法定的监司如下：

(一) 经常的：观察使及采访使(初为临时的)——贞观初遣大使十三人，巡省天下诸州，水、旱则遣，有"安抚"、"巡察"、"存抚"等称，神龙二年以五品以上二十人为十道巡察使，道各一人。开元二年复改十道按察采访使，并设处治事，四年罢；八年又置十道按察使，秋、冬巡视州、县，十年又罢(十道为关内、河南、河东、河北、山南、陇右、淮南、江南、剑南、岭南);十七年复置十道及京都、两畿按察使;二十年改称采访使,设处,并益为十五道(分山南、江南各为东、西两道,增黔中、京畿、都畿三道)。天宝末各道采访使兼黜陟使。乾元元年改采访处,使为观察处,使,其数后增至十八,唐末达四十余。开元采访使以御史中丞兼任,下属判官二人,事繁则设支使。又开元以还采访,观察除任监司外复兼传驿(盖因监司须用之巡行之故),故大历十四年至有馆驿使之称。

(二)临时的:两台(初为经常的)——武后初置两台,每年春、秋发使,春曰"风俗",秋曰"廉察",遂令尚书韦方质为条例,删定为四十八条,以察州、县。载初以后,奉敕乃巡,不每年出使,则为临时监司矣。

事实的监司为节度使。节度使"掌总军旅,颛诛杀",军防之吏也,渐以军力干预地方行政,遂成事实上州、府之监司。节度使初置于边疆,自武德至天宝边防城镇皆有使,道有大将一人,曰"大总管",已而又曰"大都督",至太宗时行军征讨为"总管",驻防本道为"都督"。高宗永徽以后都督带使持节者谓之节度使,尚非正官。景云元年以薛讷为镇守经略节度大使,次年以贺延嗣为河西节度使,疑为节度使之始。开元间置河西、河东、陇右、朔方、安西、北庭、范阳、平卢、剑南、岭南十节度使。安、史乱起,节度使渐置于内地,至德上元间有节度使四十四,元和间达四十七。节度使多兼安抚、营田、度支、招讨、经略等使,且兼观察,都督、刺史,与今日行营、绥靖主任、省政府主席等互兼者极仿佛焉。

(附)五代地方行政制度

大凡乱世制度,多因前代,因朝廷劳于戎马,百姓疾于干戈,未遑致力于革新也。三国、两晋、六朝因循汉法,固矣;五代乱犹甚也,沿袭唐制,殆必然之势也。《旧五代史》列五代区域仍为唐之十道,其下为府、州。《新五代史·职方考》云:"梁初天下别为十一,南有吴、浙、荆、湖、闽、汉,西有岐、蜀,北有燕、晋,而朱氏所有七十八州,以为梁。庄宗起,并代,取幽、沧,有州三十五,其后又取梁魏博等十有六州,合五十一州,以灭梁,岐王称臣,又得其州七,同光破蜀,已而复失,惟得秦、凤、阶、成四州,而营、平二州陷于契丹，其增置之州一，合一百二十三州，以为唐。石氏入立，献十有六州于契丹，而得蜀金州，又增置之州一，合一百九州，以为晋。刘氏之初秦、凤、阶、成复入于蜀，隐帝时增置之州一，合一百六州，以为汉。郭氏代汉十州入于刘旻，世宗取秦、凤、阶、成、瀛、漠及淮南十四州，又增置之州五而者三，合一百一十八州，以为周。宋兴因之，此中国之大略也。"州、府及监司组织俱无考，意与唐代略同也。

七　宋代地方行政制度(辽、金附)

(1) 总论

宋代以州、府、军、监为第一级政区，以县为第二级政区，于诸路(初称道)置监司，大体沿依唐旧也。张荫麟言："府是经济上或军事上最重要的区域，其数目最少，其面积却最大。通常州所管辖的县数较府为少；军次之，至多只三县；监则皆只占一县。设监的地方必定是矿冶工业或国家铸钱工厂等所在的地方，监的长官兼管这些工业的课税和工厂的事务"(《宋朝的开国和开国规模》,《思想与时代》第四期，三十年十一月一日出版)。府分京府与散府两种，京都所在地为京府，故府不独为经济与军事中心，实亦政治中心也。边疆荒旷之地则置军。《宋史》记宋代有京府四，散府三十，州二百五十四，监六十三，县千二百三十四。《中国疆域沿革史》称北宋元丰末年计府十四，州二百四十二，军三十七，监四，县千二百三十五(页二一九)，南宋府三十六，州百二十六，军四十，监二(页二三五)。路因时增、损，太宗初因唐十道整理为河南、关西、河东、河北、剑南西、剑南东、江南东、江南西、淮南、山南西、山南东、陇右、岭南十三道，至道三年改十三道为京东、京西、河北、河东、陕西、淮南、江南、荆湖北、两浙、福建、四川、峡、广南东、广南西十五路。天圣间析为十八路，后增为二十一，已减为十九，已再减为十七，元丰间为二十二，曰京东东、京东西、京东南、京东北、河北东、河北西、永兴、秦凤、河东、淮南东、江南西、两浙、江南东、江南西、荆湖南、荆湖北、成都、福建、梓州、利州、夔州、广南东、广南西。崇宁四年增京畿路，大观元年增黔南路，三年并黔南入广南西，名黔南广西，四年仍旧为广南西。后又建燕山、云中两路，故终北宋凡二十六路。南宋渡江后，版图顿缩，所存仅京西南、两浙、淮南东、淮南西、江南东、江南西、广南东、广南西、荆湖南、荆湖北、成都、梓州、利州、夔州、福建十五路。散府分辅、望、紧、上、中、中下、下七等，州分辅、雄、望、紧、上、中、中下、下八等，县分赤、畿、次赤、次畿、望、紧、上、中、中下、下十等，京府、军、监则不分等云。

(2) 府、州、军、监政府组织

府、州、军监组织如下：

(一) 长官——通常为太守，但京官兼领者原职二品以上或带中书、机密院宣徽使衔称“判某府、州、军、监”，余为“权知军、州事”(军为兵，州为民)。太守，判或权知军州事总断治内一切军、民、财、农事务，为府、州、军、监之最高行政领袖。重要府、州守、判例兼中央特殊行政职务，如：河南、应天、大名三府兼留守府公事；太原、延安二府及庆、渭、熙、秦四州兼经略安抚使及马步军都总管；京兆、真定、大名三府及定、瀛二州兼安抚使及马步军都总管；沪、潭、广、桂、雒五州兼安抚使及兵马钤辖；颍昌府及青、郓、许、邓四州兼安抚使及兵马巡检；其余大蕃府或沿边诸州或当一道冲要府、州除兼兵马钤辖及巡检都监外又兼沿边安抚，提辖兵甲、沿边峒都巡检等职。盖宋代立于外患侵凌之下，故多军民集权也。守、判之下置尹(其助理为少尹)为之副贰，阙则以知事代之。后守、判、尹每阙(疑因权重兵众之故)，知事遂居领道地位。

(二) 通判(或称同判)——太祖毖于五代藩镇之弊，南游江南，始置各府、州、军、监通判。通判性质上为皇帝代表，非守、判属官。初府、州、军、监大者，置两员，小者一员，不满万户者不置，然武臣或京中大员兼领导者不满万户亦置一员；后悉设一员，凡军、监小者不置(广南小州有试秩通判兼知州)。通判职务有二，即通签(亦称同签)与刺举。签犹今言副署，凡守、判一切命令、处分，必通判通签而后生效(建始四年诏知府公事并须长史通判签议、连书才许行下)。又通判于诸府、州、军、监、守、判以下(守、判除外)旷职败纪者皆可弹劾举于朝廷。故通判实兼具秦监御史职权。其选任皆以京官简放,亦与秦监御史同。时久通判渐难行使职权,宣和二年诏以茶盐香矾行政委之,则为守、判属佐矣。[18]

(三) 幕僚官——有签书判官厅公事、两使防团军事推判官、节度掌书记、观察支使等职,其额视州、府大、小与政务烦、简而定。

(四) 诸曹——有录事参军,掌州院庶务,纠诸曹稽违;户曹参军,掌户籍赋税,仓库受纳;司法参军,掌议法断刑;司理参军,掌讼狱勘鞠。乾道以后户、法间兼。

(五) 教授——"庆历四年诏诸路、州、军、监各令立学,学者二百人以上许更置县学,自是州、郡无不有学。始置教授,以经术行义训道诸生。……元丰元年州、府学官共五十三员,诸路惟大郡有三,军、监未尽置。元祐元年……列郡各置教官。建炎三年教授亦罢,绍兴三年复置四十二州。十二年诏无教授官州、军令吏部申尚书省选差"(《宋史・职官志》)。

各部佐属约仿唐制,从略。

(3) 路监司组织

路监司职司如下:

(一) 经略安抚使司(简称帅司)——置官如下:(1)经略安抚使或安抚使,"掌一路兵、民之事,皆帅其属而听其讼狱,颁其禁令,定其赏罚,稽其钱谷甲械出、纳之名籍而行以法。若事难专决,则具可、否具奏。……帅臣任河东、陕西(按包括永兴、秦凤两路)、岭南(按即广南)诸路,职在绥御戎夷,则为经略安抚使兼都总管,以统制军旅。……河北及近地则使事止于安抚而已(按二品以上称安抚大使,余称安抚使)"(《宋史・职官志》)。(2)走马承受,为使副臣,"无事岁一入奏,有边警则不时驰驿上闻。……(熙宁六年)七月改为廉访使(而不隶帅臣),……靖康初罢之,依祖宗旧制复为走马承受"(同上)。

(二) 都转连司(简称漕司),置都转连使、转连使、副使、判官,"掌经度一路财赋而察其登耗,有以足上供及郡、县之费。岁行所部,检察储积,稽考帐籍,凡吏蠹、民瘼,悉条以上达;及专举刺官吏之事。……诸路事体当合一则置都转运使以总之(例如江东、江西两路分置三帅,置都转运使一员;江浙、荆湖、广南、福建诸路有都转运使一员;四川诸路一员),……正使不废。若副使,若判官,皆随资之浅深称焉”(同上)。[19]

(三)提点刑狱司(简称宪司),“掌察所部之狱讼而平其曲、直,所至审问囚徒,详覆案牍,凡禁系淹延而不决,盗窃逋鼠而不获,皆劾以闻,及举刺官吏之事。……宣和初诏江西、广东增置武提刑一员。……中兴以盗贼未衰,诸路无武臣提刑处权添置一员,建炎四年罢。……乾道六年诏诸路分置武臣提刑一员,须选差公廉晓习法令民事之人,如无听阙。”(同上)

(四)提举常平司(简称仓司),“掌常平义仓、免役、市易、坊场、河渡、水利之法(按此为中央行政),视岁之丰、歉而为敛、散,以惠农民;……平物价;……仍专举刺官吏之事(按此为监司职务)。熙宁初先遣官提举河北、陕西路常平,未几诸价悉置提举官。元祐初罢之,并其职于提点刑狱司,绍圣初复置,元符以后因之”(同上)。

以上四司为主要监司,宋人称之为“四监司”。此外尚有下列各司:

(五)提举茶盐司,“掌摘山、煮海之利,以佐国用,皆有钞法,视其岁额之登、损以诏赏、罚。凡给之不如期,鬻之不如式,与州、县之不加恤者皆劾以闻。政和改元,诏江、淮、荆、浙六路共置一员,既而诸路皆置。中兴以后通置提举常平茶盐司(即与仓司合并)。……建炎元年常平职事并归提刑司(按又再并入宪司,并仓司俱废),钱归行在。二年始复置常平官,还籴本,未几复罢,绍兴二年复置主管(按系于提刑司内添置通判,或委幕职充任,仍未恢复仓司)。……十五年……诏诸路提举茶盐官改充提举茶盐公事,如四川无茶盐去处,仍以提刑兼充,主管官改充常平司干办公事。是年冬诏提举官依旧法为监司,与转运判官叙官,岁举升改;官员不职则按以闻”(同上)。

(六)提举学司,“掌一路州、县学政。岁巡所部,以察师儒之优劣,生员之勤惰,而专举刺之事,崇宁二年置,宣和二年罢”(同上)。

(七)提举保甲司,“掌什伍其民,教之武艺,视其优劣而进退之。元祐初置于开封府界,遂下其法河北、河东、陕西三路,既而悉置”(同上)。

以上各司，分别监察地方行政之一部分，皆直隶于中央而互不统属，可名之为多元监司制，盖前代所无，宋之创制也。各监司中央视之，固行政外署组织也，以“司”以“使”称之，即含此意。[20]

（附）辽、金地方行政制度

《辽史·百官志》称：“太宗兼制中国，官分南、北：以国制治契丹，以汉制待汉人。……官制分南、北院：北面治宫、帐、部、族属国之政，南面治汉人州、县租赋、军马之事。”其汉制地方行政区域，亦沿中华传统二级之旧，制为州、县两级制，州之外仍有平行之“府”，县之外则新置同等之“城”。此外又有“节度州、军”，“观察州、军”，“团练州”，“防御府、州”等各种特殊行政区域[21]，以防其侵害普通州、府。监司区域为上、东、中、南、西五京道（或称路）。府分两种，曰留守，曰大蕃。留守每道一府，大蕃仅黄龙、兴中二府。州凡七十一，计上京道五，东京道三十七，中京道十三，南京道与西京道各八。五京留守府各置留守使兼府尹，副留守，知留守府事，少尹，同知留守事，同签留守事，留守判官，留守推官各一员；属署有虞候司，警巡院，处置司，博士、助教等。黄龙、兴元二大蕃府各置知府事，同知府事，判官，博士、助教等。州置刺史，同知州事，录事参军，博士、助教等。诸道监司有度支使，盐铁使，户政使，三司使，转运使，上京道另有城隍使，东京道安抚使，中京道巡逻使。各道又有临时监司，如分决诸道滞狱使（统和五年），按察诸道刑狱刑狱使（开泰五年），采诸使（会同三年）等。再五京各置宰相府，则非监司而为中央相府分支矣。辽丞相分置于五京，实元代行中书省之先河也。

金“袭辽制，建五京，置十四总管府，是为十九路[22]，其间散府（按即总管府以外之府）九，节镇（按即节度使治州）三十六，防御郡（按即防御使治州）二十二，刺史郡（按即普通州）七十三，军十有六，县六百三十二。后复升军为州，或升城、堡、寨、镇为县，是以金之京府、州凡七十九，县加于旧五十一”（《金史志》第五：地理上）。故知金第一级地方政区为京府、总管府、散府、州，第二级为县，路为监司区域，而节度州、防御州为特殊政区也。京府置留守兼摄府尹总管，总管府置府尹兼都总管，散府置府尹，州置刺史，诸路监司为转运使及提点刑狱使。

八　元代理地方行政制度

(1) 总论

元代地方行政制度，仍为两级制，惟少数地处有一级制及三级制，上都路又有四级制存在。元代地方政区主为路、府、州、县[23]：路为最高级政区，县为最低级政区，府为第一级或第二级政区，州为第一级或第二级或第三级政区。路、府、州均或统州、县，或不统州、县。路、府、州、县之外，边地又有安抚司、军、千户等。兹将分区情形表列于下(《元史·地理志》)：

第一级政区

(一) 路 { 统州、县者:150；不统州、县者:37 } 187

(二) 府 { 统州、县者:17；不统州、县者:8 } 25

(三) 州 { 统州、县者:42；不统州、县者:63 } 105

(四) 安抚司 { 统县者:2；不统县者:6 } 8

(五) 军(统县):3

共计:328

第二级政区

(一) 州 { 统县者:116；不统县者:138 } 254

(二) 县:708

(三) 府 { 统州、县者:6；不统州、县者:2 } 8

(四) 军(不统县):1

(五) 千户(不统县):1

共计:972

第三级政区

(一) 州(统县)(上都路):2

(二) 县:385

共计:387

第四级政区

县(上都路):6

观乎上表,县居第二级者为 708,居第三级者为 385;又第一政区共 328,其无统属者只 114:故元代地方政制实以两级为主,而附以一级,三级及四级也。《元史·地理志》称元代地方制度"大率以路领州、领县,而腹里或有以路领府,府领州,州领县者",亦谓此也。

元代地方行政监司为道。元初立提刑按察司,至元六年兼劝农事,二十八人,改按察司为肃政廉访司,其后遂为二十二道。二十二道又分别总于中央御史台及其江南与陕西行台。隶于中央御史台者为"山东、山西","河东、山西","燕南、河北","江北、河南"、"山南、江北","淮西、江北","江北、淮东","山北、辽东"八道;隶于江南行台者为"江东、建康","江西、湖东","江南、浙西","浙东、海右","江南、湖北","岭北、海南","岭南、广西","海北、广东","海北、海南","福建、闽海"十道;隶于陕西行台者为"陕西、汉中","河西、陇北","西蜀、四川",云南诸路四道。道为定制的监司,此外尚有"奉使宣慰,询民疾苦,体察官吏而黜陟之,偶一遣使,非设官常制"(《历代职官表》)。

辽分五京,分治天下,其作用有二,曰任地方行政监司,曰为中枢相府分署。元人因其意而立行中书省。远自魏、晋、六朝,朝廷台部辄因征伐防御之需于各地权置行台,事寝则废,隋,唐均时设置。元初莅中国,军役浩繁,亦权置各地行中书省,事靖而撤。中统至元间始分立十一行中书省，各有固定辖区，惟各行省设官则因事而置，不必尽备（见下）。十一行省者，曰河南、河北等处行中书省，曰江浙等处行中书省，曰江西等处中书省，曰湖广等处行中书省，曰陕西等处行中书省，曰四川等处行中书省，曰辽阳等处行中书省，曰甘肃等处行中书省，曰岭北等处行中书省，曰云南等处行中书省，曰征东等处（高丽）行中书省，而征东行省时置时废。至元时增置淮南、江北等处行中书省，既又增福建、山东、广西、胶东四行省。元初设行中书省（临时），魏、晋、六朝、隋、唐遗意也；既普遍分设行中书省，辽、金遗意也。

行中书省代表中书省主持一方中央政务，凡管区内钱粮、兵甲、屯田、漕运、军国重事，无所不辖。行中书省积久渐成分治之局，而所理多地方性事务矣。

边陲行中书省之下复分道置宣慰使，以为行中书省之分署。全国凡十一道，曰山东东西道，曰河东山西道，曰淮东道，曰荆湖北道，曰四川南道，曰浙东道，曰湖南道，曰广西道，曰海北海南道，曰福建道。

《元史·百官志》称："行中书省……秩从一品（按中书省秩正一品），掌国庶务（按即国家公务），统郡、县，镇边鄙，与都省为表里。……每省丞相一员，从一品；平章一员，从一品；右丞一员，左丞一员，正二品；参知政事二员，从二品，甘肃、岭北各减一员；郎中二员，从六品；都事二员，从七品；……掾、史各省设员有差。"后丞相每阙，则以平章主之。行中书省所属单位如下：（一）检校所，置检校一员，从七品，书吏二人。（二）照磨所，置熙磨一员，正八品。（三）架阁库，置管勾一员，正八品。（四）理问所，置理问二员，正四品；副理问二员，从五品；知事一员；提控案牍一员。（五）都镇抚司，置都镇抚，副都镇抚各一员。（六）儒学提举司，置提举一员，从五品，副提举一员，从七品；吏目一人；司吏二人。

（2）路、府、州政府及诸道监司组织

路置总管府，以掌一路之政，至元初年置。二十年定十万户以上为上路，十万户以下为下路，当冲要者虽不及万户亦为上路。上路置达鲁花赤（又名达鲁噶齐或达鲁合臣）及总管各一员，并正三品（下路从三品），兼管劝农事，江北则兼诸军；奥鲁、同知、治中、判官各一员。下路不置治中。至元二十三年上路置推官二员，专治刑狱，下路一员。此外又有经历一员或二员，照磨兼承发架阁一员，司吏若干员，译史、通事各一员。

府置达鲁花赤一员，知府或府尹一员，并正四品，领劝农；奥鲁与路同。同知、判官、推官、知事、提控案牍各一员。上都、大都为京府，俱不置尹；上都置留守兼总管府事一员；大都置留守，都总管府各一员（分掌宫卫及民政）；余与散府略同（以上各节并见《元史·百官志》）。

"中统五年，并立州、县，未有等差。至元三年定一万户之上者为上州，六千户之上者为中州，六千户之下者为下州。江南既平，又定其地五万户之上者为上州，三万户之上者为中州，不及三万者为下州。于是升县为州者四十有四县。户虽多，附路、府者不改。上州达鲁花亦、州尹（各一员），秩从四品；同知、秩正六品，判官、秩正七品。中州达鲁花赤、知州（各一员）并正五品，同知、从六品；判官、从七品。下州达鲁花赤、知州（各一员），并从五品，同知、正七品，判官、正八品。……参佐官上州知事，提控案牍各一员，中州吏目，提控案牍各一员，下州吏目，或二员"（《元史·百官志》）。

路、州、府政府之下尚有其他行政单位。主要者为录事司，掌城中户民之事。"中统二年诏验民户，定为员数，二千户以上设录事司候、判官各一员，二千户以下者判官不置。至元二十年置达鲁花赤一员，省司候，以判官兼捕盗之事，典史一员，若城市民少则不置，归之倚郭县。在两京则为警巡院，独杭州置四司，后省为左、右两司"（同上）。此外尚有儒学教授、蒙古教授、医学教授、阴阳教授，司狱司司狱及丞，平准行用库提领大使及副使，织染局大使及副使，杂造局大使及副使，仓大使及副使，惠民药局提领，税务提领，大使及副使等（同上）。

诸道肃政廉防司置廉防使（正三品）、副使（正四品）各二员，佥事（正五品）四员（两广、海南各止一员），经历（从七品）一员，知事（正八品）一员，照磨兼管钩（正九品）一员，书吏十六人，译史、通事各一人，奏差五人，典史二人。每岁二月副使、佥事分巡所辖，十月而还（同上）。

九　明代地方行政制度

（1）总论

明代地方政区为府、县二级，惟府、县之外复有州。州凡两种，其一为直隶州，平行于府；其一为属州，平行于县，明又仿唐代于边远蛮夷地区设羁縻府、州、县，其职官皆由土人世袭。《明史·地理志》称明代凡有“府百四十，州百九十三，县千一百三十八；羁縻之府十九，州四十七，县六”。

明之监司，依元制之意，为二元制。辽、金、元以前监司皆统于御史台，其职为消极的纠举弹劾，而非积极的指挥监督；易言之，只为监察的监督而非执行的监督也（我国古代治权分执行、监察、军事三种，各对天子负责）。辽、金分设五京，而执行的地方监司以起。元代并设诸道廉访司与诸行中书省，分掌监察的监督与执行的监督，是为二元制监司制之滥觞。明兴，因元之制，保留诸道监司及诸省之区域，改于诸行省区内置布政使司及按察使司，精神上实元代二元监司制之延长也。《明史·职官志》称：“初太祖下集庆，自领行中书省，戊戌置中书分省于婺州，后每略定地方置行省，其官自平章政事以下大略与中书省同。……洪武九年改浙江、江西、福建、北平、广西、四川、山东、广东、河南、陕西、湖广、山西诸行省俱为承宣布政使司（按《明史·职官志》序称：‘自洪武十三年罢丞相不设，析中书省之政为六部，以尚书任天下事，侍郎贰之’），罢行省平章政事，左、右丞等官，改参知政事为布政使，……寻增左、右布政使各一人。十五年置云南布政司，……永乐元年以北平布政司为北京（按即北直隶中央直隶），五年置交趾布政司，十一年置贵州布政司（止设使一人）。宣德三年罢交趾布政司，除两京（南京北京）外定为十三布政司。初置藩司（布政司之简称）与六部均重（按足征布政司为中央机构）：布政使入为尚书，侍郎、副都御史每出为布政使，宣德、正统间犹然，自后无之。”又称：“明初置提刑按察司，吴元年置各道按察司。……寻罢。十四年复置，并置各道按察分司。十五年又置天下府、州、县按察分司，……十六年尽罢。二十九年改置按察分司为四十一道。三十年始置云南按察司(先是命布政司兼理)。建文时改为十三道肃政按察司，成祖初复旧。永乐五年置交趾按察司。……十二年置贵州按察司。宣德五年革交趾按察司(称两京不设共十三按察司)”。

(2) 府、州政府组织

应天府(南京)与顺天府(北京)为京府，各置府尹一人(正三品，与尚书同秩，丞二人(正四品)，治中一人，通判应天府三人(嘉靖以前六人)，顺天府二人，推官一人，儒学教授一人，训导一人，其属经历司经历一人(从七品)，知事一人(从八品)，照磨所照磨一人(从九品)，检校一人。散府置知府一人(正四品)，同知(正五品)、通判(正六品)俱无定员，推官(正七品)一人(推官洪武三年始设)，其属经历司经历一人(正八品)，知事一人(正九品)，照磨所照磨一人(从九品)，检校一人，司狱司司狱一人。“知府掌一府之政，宣风化、平狱讼、均赋役，以教养百姓。每三岁察属吏之贤、否，上、下其考，以达于省上吏部，凡朝贺吊祭视布政使司，直隶府得专达，凡诏赦，例令勘。剳至，谨受之，下所属奉行。所属之政，皆受约束于府，剂量轻重而令之；大者白于抚按、布按，议允乃行。凡宾与科贡，提调学校，修明祀典之事咸掌之。若籍帐、军匠、驿递、马牧、盗贼、仓库、河渠、沟防、道路之事，虽有专官，皆总领而稽核之。同知、通判分掌清军、巡捕、管粮、治农、水利、屯田、牧马等事，无常职，无定员(按同知、通判又通称府贰，清军、巡捕等皆以职事分，又有以区域分者，名曰厅。)推官理刑名，赞计典。经历、照磨、检校受、发上、下文移，磨勘六房宗卷。”“洪武六年分天下府三等：粮二十万石以上为上府，知府秩从三品；二十万石以下为中府，知府正四品；十万石以下为下府，知府从四品。已并为正四品。七年……六月罢各府照磨，二十七年复置”(俱见《明史·职官志》)。

州无论平行于县抑平行于府俱设知州一人(从五品)，同知(从六品)及判官俱无定员，吏目(从九品)一人。州不及三十里而无属县者并裁同知及判官，其有属县者止裁同知。

此外，府、州政府尚有多种直属专管机关，列举于下：

（一）儒学——府设教授一人（从九品），训导四人；州设学正一人，训导三人；俱掌教诲所属生员，其额廪膳、增广府学四十人，州学三十人；附学生无定数。

（二）巡检司——设巡检及副巡检各一人（俱从九品），设于府州关津要害（掌警卫治安）。

（三）驿——每驿置丞一人，典邮传送迎之事。

（四）税课司——置大使一人（从九品），掌征收赋税。

（五）仓——大使（府从九品，州不入流）及副使各一人。掌积谷。

（六）库（州不设）——大使一人，掌库用出纳。

（七）染织杂造局——置大使（府从九品，州不入流）及副使各一人。

（八）河泊所——设河泊官掌收鱼税；闸官、坝官、掌启闭蓄泄。洪武十五年定天下河泊所凡二百五十二，岁课粮伍千石以上至万石者设官三人，千石以上二人，三百石以上一人。

（九）批验所——设大使、副使各一人，掌验茶盐引。

（十）递运所——设大使、副使各一人，掌运递粮物，洪武九年始置。

（十一）铁冶所——设大使、副使各一人，洪武七年始置，天下凡十三所。

（十二）医学——府设正科一人（从九品），州设典科一人，亦洪武十七年置，设官不给禄。

（十三）阴阳学——府设正术一人（从九品），州设典术一人，亦洪武十七年置，设官不给禄。

（十四）佛教——府设僧纲司，置都纲（从九品），副都纲各一人，州设僧正司，置僧正一人。

（十五）道教——府设道纪司，置都纪（从九品），副都纪各一人，州设道正司，置道正一人。

(3) 监司组织

（一）诸道监司——“洪武十年七月诏遣监察御史巡按州、县。寻罢御史台，十五年更置都察院。……分监察御史为浙江、河南、山西、陕西、湖广、福建、江西、广东、四川十二道，各道置御史或五人，或三、四人。……（建文）二年……改十二道为左、右两院，止设御史二十八人，成祖复旧制。永乐元年改北平道为北京道，十九年罢北京道，增设云南、贵州、交趾三道。……宣德十年罢交趾道，始定为十三道。……十三道监察御史一百十人：浙江、江西、河南、山东各十人；福建、广东、广西、四川、贵州各七人；陕西、湖广、山西各八人；云南十一人。其在外加都御史或副佥都御史（秩均高于监察史）衔者有总督，有提督，有巡抚，有总督兼巡抚，提督兼巡抚，及经略、总理、赞理、巡视、抚治等员（《历代职官表》）”。“十三道监察御史主察纠内、外（按即中央、地方）百司之官邪，或露章面劾，或封章奏劾。在内两京刷卷，巡视京营，监临乡、会试及武举，巡视光禄，巡视会场，巡视内库、皇城、五城，轮值登闻鼓。在外巡按（北直隶二人，南直隶三人，宣大一人，辽东一人，甘肃一人，十三省各一人），清军提督学校（两京各一人，万历末南京增设一人），巡监（两淮两浙长芦河东各一人），茶马（陕西），巡漕，巡关，攒运，印马，屯田，师行则监军纪功，各以其事专监察。而巡按则代天子巡狩，所按藩服大臣、州、县官诸考察，举劾尤专，大事奏裁，小事立断。所至必先审录罪囚，吊刷案卷，有故出入者理辩之。诸祭祀坛场，省其墙宇，祭器；存恤孤老；巡视仓、库，查算钱粮；勉励学校；表扬善类，剪除豪蠹，以正风俗，振纲纪。凡朝会、纠仪；祭祀，监礼。凡政事得失，军民利病，皆得直言无避；有大政，集阙廷预议焉。……都御史复劾其称职、不称职以闻”（《明史·职官志》）。

（二）承宣布政司——设左、右布政使（从二品）各一人，左、右参政（从三品）及左、右参议（从四品）俱因事而设，而不拘定额。其下设经历司、照磨所、理问所及司狱司。经历司置经历（从六品）、都事（从七品）各一人；照磨所置照磨（从八品）、检校（正九品）各一人；理问所置理问（从六品）、副理问（从七品）及提控案牍各一人；司狱司置司狱（从九品）一人。“布政使掌一省之政（按省俗称，非法定名称也），朝廷有德泽、禁令、承流宣播以下于有司，凡僚属满秩，廉其称职、不称职，上、下其考，报抚、按以达于吏部、都察院。三年率其府、州、县正官朝觐京师，以听察典。十年会户版以登民数、田数。宾舆贡合省之士而提调之。宗室、官吏、师生、军伍以时班其禄俸、廪粮。祀典神祇，谨其时祀。民鳏、寡、孤、独者养之，孝、悌、贞、烈者表扬之。水、旱、疾疫、灾祲则请于上蠲、振之，凡贡、赋、税视府、州、县土地、人民丰、瘠、多、寡而均其数。凡有大兴革及诸政务会都按议，经划定而请于抚、按若总督。其国庆、国哀，遣僚朝贺、吊祭于京师；天子即位则左布政使亲至。”“参政、参议分守各道（地域的分署）[24]及派管粮储（按各司通设督粮道一员），屯田、清军、驿传、水利、抚民等事（职事的分署，亦‘道’名，视需要而设）。”无论分守、分职诸道参政、参议悉可通置，只品秩有差耳（参政从三品，参议从四品）。“经历、都事典受、发文移，其详巡按、巡监、御史文书用经历印。照磨、检校典勘理卷宗。理问典刑名。”布政司属署有库、仓、杂造局、军器局、宝泉局等机关，各设人使（从九品）及副使一员，惟各省或置或省，甚不一致（俱见《明史·职官志》）。

（三）提刑按察司——设按察使（正三品）一人，副使（正四品）及佥事（正五品）俱无定员，其下分置经历司、照磨所及司狱司。经历司置经历（正七品）、知事（正八品）各一人，照磨所置照磨（正九品）、检校（从九品）各一人，司狱司置司狱（从九品）一人。“按察使掌一省刑名按劾之事，纠官邪，戢奸暴，平狱讼，雪冤抑，以振扬风纪而澄清其吏治（按即司法，包括普通诉讼及行政诉讼）。大者暨都、布司会议告抚、按以听于部、院。凡朝廷庆、吊之礼具如布政司。副使、佥事分道巡察（称分巡道，为地域的分署）[25]，其兵备、提学、抚民、巡海、清军、驿传、水利、屯田、招练（职事的分司，并名为‘道’）各专事置。”事实上提督学道，清军道及驿传道十三按司俱各一员（惟湖广提学二员，浙江、山西、陕西、福建、广西、贵州清军兼驿传，江西右布政使兼清军），他如协书道、水利道、屯田道、管河道、盐法道、抚治道、监军道、招练道，各司所置，互有参差。以上诸项皆纯粹行政事务，则按察司实司法而兼行政也。布政司亦审理诉讼，见于稗官传史者甚多，可谓行政而兼司法矣。

除御史、布政使、按察使外，尚有总督、巡抚、巡按、巡漕等职，初为临时监司[26]，其后普遍设置，而总督、巡抚成为统辖布、按二司之总监司矣。[27]

十　清代地方行政制度

(1) 总论

清代地方制度，几与明代相同，谓为明代制度之延长可也。监司区域与府、州、县二级地方制度均完全与明代相同。《清史稿·职官志》称清代有府二百十五，直隶州四十八，州四十八，县千三百五十八。惟《清史稿·地理志》则列有府二百零一，直隶州七十八，直隶厅六十二，县千三百四十二。[28]厅原为府同知分治地，犹如现代(今日已废)之县佐为县之分治地然，实非独立地方行政区域也。府必有属县，惟直州、直厅则或有或无也。又县必有其所属之府或州，独黑龙江大通、汤厚二县隶于行省之与东道为例外耳。诸道监司凡二十。行省为元行中书省之简称，元亡，行省遂于俗间流为布、按二司管辖区域之名称，然犹未获政府承认也。康熙初宣布行省为督、抚、布、按辖区之名，始以确定矣。初顺治因明十三布政(按察)司之旧，改南直隶为江南布政司，北直隶为直隶(不置司)。康熙即以其区域定为十五行省。康熙二年分陕西行省为陕西、甘肃二省，六年分江南行省为江苏、安徽二省，分湖广行省为湖北、湖南二省，合共十八行省。光绪九年，平定回疆，即以天山南北路地方建新疆行省；十三年又于台湾设省，甲午之役，台湾丧焉。光绪三十三年于东北设吉林、奉天、黑龙江三省，故清末全国凡二十二行省。

诸府、州、县之外另有内蒙古、外蒙古、青海、西藏、察哈尔、札萨克(满洲)诸封建地方，直隶于朝，各分部、旗二级封建单位，计内蒙古有部二十四，旗四十九；外蒙古有部四，旗八十六；青海部四，旗二十九，土司四十一；西藏有康、卫、藏、拉里四部，卫部属城二十八，拉里部属土司三十九，藏部属三汛；察哈尔有旗八；札萨克有部二十五，旗五十一。

(2) 府、州政府组织

府置知府一人(初秩正四品,乾隆十八年改从四品),同知(正五品)、通判(正六品)无定员。其属有经历司、照磨所、司狱司,江苏诸府又有检校司,贵州有长官司。经历司置经历(正八品),知事(正九品),照磨所置照磨(从九品),司狱司置司狱(从九品),俱各一人;江苏检校司及贵州长官司各置吏目二人(是否二省各府通置抑或一部分无考)。州置知州一人(初从五品,乾隆三十五年改直隶州知州为正五品),州同、州判无定员。府、州所属有儒学、巡检司、驿、仓、税课司、牐官(一人,未入流、掌潴泄启闭)、河泊所(大使一人,未入流,掌征鱼税)、医学、阴阳学、佛教、道教,其设官与明同。知府、知州以下各级职官所掌并悉与明同。

顺天府为京师所在地,奉天府为清廷发祥地,其行政组织异于散府。顺天府置兼管府尹事大臣(汉大学士、尚书、侍郎内特简、名誉职)、尹(正三品)、丞(正四品)各一人,其属有治中(正五品)、通判(正六品)、经历司经历(从七品)、照磨所照磨(从九品)、司狱司司狱(从九品)各一人,限以汉人充任。属署有儒学教授(正七品)、训导(从八品)满、汉各一人。奉天府置兼管府事大臣(由盛京五部侍郎内特简后归将军节制,名誉职)、尹(限满人)、丞(限汉人)(光绪三十一年省)各一人,其属有治中围场、通判、库大使、经历、司狱(或兼巡检),府学教授各一人。尹总一府政务,丞掌学校政令,治中佐贰府事,通判主牙税,余职所司与散府同。

(3) 监司组织

(一) 常设之监司

(1) 监察的监司:二十道监察御史——清初成立十五道,曰京畿、河南、江南、浙江、山西、山东、陕西、湖广、江西、福建、四川、广东、云南、贵州。河南、江南、浙江、山东、山西、陕西六道监察御史授印信,名“掌道”;余无印信,名“协道”。掌河南道兼理福建道,掌江南道兼理江西道及四川道,掌浙江道兼理云南道,掌山东道兼理广西道,掌山西道兼理广东道及贵州道,掌陕西道兼理湖广道。乾隆十四年各道并掌印信,并各置掌印监察御史,汉、满各一人。掌印监察御史之外又置监察御史,其额江南道满、汉各三人，山东道满、汉各二人，京畿、河南、浙江、山西、陕西、湖广、江西、福建八道满、汉各一人。光绪三十二年增设辽沈道，置掌印监察御史满、汉各一人，及监察御史满、汉各一人，又析江南道为江苏安徽二道，湖广道为湖北、湖南二道，并增甘肃、新疆二道，各置监察御史满、汉各一人，是为二十道。御史“访求利病，长司纠察”，兼理地方刑名（《清史稿·职官志》）。“诸道御史除任地方监司外，并兼监察中央政府各机关：例如京畿道分理河南刑名，照刷部、院诸司卷宗，稽查吏部詹事府、步军统领、五城；江南道分理江南刑名，稽察户部、宝泉局、右左翼督监、在京十二仓，总督漕运，磨勘三库月终奏销之籍；浙江道分理浙江刑名，稽察礼部都察院……”（《历代职官表》）等。

（2）行政的监司：督、抚、布、按——顺治初置天津、宣大、福建、两江、浙江、湖广、陕西、四川、广东、云贵诸总督；顺天、天津、正保、宣化、山东、登莱、山西、河南、江西、庐凤、安徽、陕西、延绥、甘肃、宁夏、浙江、郧阳、南赣、湖广、偏沅、广东、广西、云南、贵州、福建诸巡抚。其后时有损、益，至乾隆时有直隶、两江、闽浙、两湖、陕甘、两广、云贵、四川八总督；除直隶、四川、甘肃三总督兼巡抚外，其他各省悉制巡抚一人，遂为定制。其间二三总督，与巡抚同驻一城时有观循掣肘之病，光绪二十四年七月遂撤湖北、广东、云南三省巡抚，十月复置。光绪三十年再撤湖北、云南二省巡抚，广东巡抚，亦裁。三十二年增东三省总督，共总督九，巡抚十六。[29]总督、巡抚俱为中央官称，故除以上总督外尚有漕运总督（一人），河道总督（江南、山东、河南各一人）。督、抚监理地方行政者例有御史乃兵部兼衔。[30]宣统二年停督，抚兼衔，并以之为地方行政长官，则监司之意失矣，亦政治上之变态耳。督、抚官称，各处不一（亦与元、明同），从其称，皆非地方官吏也。兹列于下：

甲、总督（内不兼巡抚者只一人）

（一）总督东三省等处地方，兼管东三省将军、连天巡抚事；

（二）总督直隶等处地方，提督军务、粮饷、管理河道兼巡抚事；

（三）总督两江等处地方，提督军务、粮饷、操江、统辖南河事务；

（四）总督陕、甘等处地方，提督军务、粮饷、管理茶、马、巡抚事；

（五）总督闽、浙等处地方，提调军务、粮饷、兼巡抚事；

（六）总督湖北湖南等处地方，提督军务、粮饷、兼巡抚事；

（七）总督四川等处地方，提督军务、粮饷、兼巡抚事；

（八）总督两广等处地方，提督军务、粮饷、兼巡抚事；

（九）总督云、贵等处地方，提督军务、粮饷、兼巡抚事。

乙、巡抚

（一）巡抚江苏等处地方，提督军务、兼理粮饷；

（二）巡抚安徽等处地方，提督军务、节制各镇兼理粮饷；

（三）巡抚山东等处地方，提督军务、粮饷兼理营田；

（四）巡抚山西等处地方，提督军务、兼理粮饷；

（五）巡抚河南等处地方，提督军务、粮饷兼理河道屯田；

（六）巡抚陕西等处地方，提督军务、节制各镇兼理粮饷；

（七）巡抚新疆等处地方，提督军务兼理粮饷；

（八）巡抚浙江等处地方，提督军务、节制水、陆各镇兼理粮饷；

（九）巡抚江西等处地方，提督军务、节制各镇兼理粮饷；

（十）巡抚湖南等处地方，提督军务、节制各镇兼理粮饷；

（十一）巡抚湖北等处地方，提督军务兼理粮饷；

（十二）巡抚广东等处地方，提督军务兼理粮饷；

（十三）巡抚广西等处地方，提督军务、兼理粮饷加节制通省兵马衔；

（十四）巡抚云南等处地方，提督军务兼理粮饷；

（十五）巡抚贵州等处地方，提督军务、兼理粮饷，加节制通省兵马衔；

（十六）巡抚台湾等处地方，提督军务兼理粮饷。

总以上官职观之，督、抚均非地方官吏至明也。总督之属有副将、参将等官，巡抚之属有参将、游击等官。副将、参将、游击皆置署专事，非与督、抚合衙也。

督、抚于晚清虽成定制，较之布政、按察，究为临时监司也。顺治三年布政使司置左、右布政使各一人，但贵州止设布政使一人，直隶不设。康熙六年定各司通置布政使一人，惟陕西二人，八年置直隶守道一人，雍正二年改直隶守道为布政使，乾隆二十五年以江南钱谷繁剧，增设布政使一人，析江、淮、扬、徐、通、海六府隶之，苏、松、常、镇、太五府仍隶苏州布政使，另有安徽布政使驻安庆。光绪十年新疆建行省，乃于甘肃布政司增设新疆布政使一人，驻乌鲁木齐。十三年台湾建行省，于福建布政使司增置台湾布政使一人，驻台北。"布政使掌宣化承流，帅府、州县官，廉其录职能否，上、下其考，报督、抚上达吏部。三年宾舆，提调考试事，升贤能，上达礼部。十年会户版，均税役，登民数、田数，上达户部，凡诸政务，会督、抚议行"(《清史稿·职官志》三)。其属有参政、参议，俱无定员(见后)；经历司经历(正六品)，都事(从七品)，照磨所照磨(从八品)，理问所理问(从六品)，库大使(正八品)，仓大使(从九品)，俱各一人。宣统二年又设财政公所或度支公所。

提刑按察司置按察使一人(正三品)，顺治三年于江南按察使司增置江宁按察使一人，康熙三年又于江南按察使司增置江北按察使一人(六年改安徽按察使)，于湖广按察使司增置长沙按察使一人，于甘肃按察使司增置巩昌按察使一人。康熙八年置直隶巡道一人，并改巩昌按察使为兰州按察使。雍正二年改直隶巡道为按察使。"按察使掌振扬风纪，澄清吏治，所至录囚徒，勘辞状，大者会藩司(即布政使司)议以听于部、院。兼领阖省驿传。三年大比，充监视官，大计充考察官，秋审充主稿官(按大比文科监临官及武科主试官由巡抚充任)(同上)。其属有副使、佥事，俱无定员(见后)；经历司经历、知事，照磨所照磨，司狱司司狱，俱各一人，然安徽、湖南、甘肃、贵州不置经历，照磨仅安徽、福建、浙江、湖南、甘肃、贵州六省设置。康熙六年江西、福建、山西、陕西四省按司经历司各置检校一人，三十九年罢。光绪三十三年改东三省按察使为提法使，宣统二年各省并改焉。提法使掌司法行政，另有高等审判厅(从省一厅)，地方审判厅及初级审判厅(各级审判厅又附设检察厅)，掌司法审判。提法使司置总务、民刑、典型三科，各置科长一人(正五品)，一等科员一人(正六品)，二等科员无定额(正七品)。

布政使司参政(从三品)、参议(从四品)暨按察使司副使(正四品)、佥事(正五品),亦仿明制分道治事,道有职事的及地域的两种,并如前代。初参政、参议诸道与副使、佥事诸道,沿袭明例,所辖各不相同。顺治十六年谕各道兼带布、按二司衔,分守(布司)、分巡(按司),遂合而为一。乾隆十八年复罢参政、参议、副使、佥事诸衔[31],概名为"道",各道悉秩正四品。诸道省,置无常,职、区无定,在分区者每兼分职。各省分职之道,初止粮、河、学三道,清季俱省,另设巡警、劝业二道。

清末改制,颇多兴革。光绪三十一年裁各省学道[32],设提学使以代之。提学使司分置总务、专门、普通、实业、图书、会计六科,各置科长、科员;别置学务公所以资咨询,公所有议长、议绅,俱无品秩。三十三年东三省各增置民政使(从二品)、交涉使(正三品)及度支使(正三品)各一人。宣统元年省黑龙江度支使,其职务兼并于民政使。二年于直隶、江苏、浙江、福建、湖北、广东、云南七省增置交涉使。新增各司俱置佥事(从四品)及科员(自正七品至从五品)。

(二)临时的监司

《清史稿·职官志》称顺治初有巡按御史,每省一人,十七年省;视江南上下两江御史二人,六年省;雍正间置巡察各省御史江宁、安徽一人,湖北、湖南一人,山东、河南一人,巡视吉林、黑龙江科道二人(限满人),稽察奉天文武衙门御史一人,巡视山东、河南工务御史一人,直隶巡查御史顺天、永平、宣化二人,保定、正定、河间二人,顺德、广平、大名二人等等,先后俱省。凡此皆临时的监司也。

行省于清为监司区,实则含有地方政区之意。光绪三十三年敕颁《各省官制通则》,乃正式以省为高级政区矣。《通则》规定省设巡抚一人,其总督驻在处不设,即以总督兼领其事,其幕僚秘书员一人,交涉、吏、民、度支、礼、学、军政、法、农工商、邮传各科,每科置参事员一人,助理员若干人;政务清简时参事员一人得兼管三科事务。秘书员及参事员俱"不作官缺",不入官等,由督、抚自行辟用,每年呈报吏部备案一次。督、抚之外设布政、提学、提法三司及劝业、巡警两道，必要时并得加设监运司（或盐法道或盐茶道）、关道、河道。新官制定先于东三省、直隶、江苏试行，十五年内通行全国；然十五年之期未届而清社已屋，故省于清代法律中终未成为地方行政区域也。

十一　北京政府时代地方行政制度

（1）总论

民国肇建，承认“行省”为地方行政区域[33]，夷府、厅、州与县平行，为严格的二级制度。民国二年废府、州、厅，悉以为县，并于行省（简称省）与县之间增设道一级，而成省、道、县三级制度，而监司不置焉。以法制论，配合中央监司之两级地方行政制度易以无监司之三级地方行政制度，可谓大变也。然究实论之，两级地方政府益以监司于行政上实构成三次阶层，与三级政府之行政程序无二致也。谓三次行政为我国地方制度之基本特色，非误言也。

民初行省数目、区域与名称，并沿逊清之旧，惟京师附近别立京兆地方，与行省并行。又二年十一月置绥远特别区域，三年一月置热河特别区域，六月置川边特别区域，六月置察哈尔特别区域，其地位皆比于行省而为行省之准备也。奉天、山西、安徽、湖南、陕西、贵州各有三道；直隶、吉林、黑龙江、山东、河南、云南、江西、福建、浙江、湖北各有四道；江苏、四川各有五道；广东、广西，各有六道；甘肃七道；新疆八道；川边两道；绥远、热河、察哈尔而各止一道；全国凡百道，与西汉郡、国之数相拟焉。行省特别区域[34]与京兆地方为单一部分，外蒙古（内蒙古分置绥远、热河、察哈尔三特别区域）、西藏（其康部置川边特别区域）、青海为联邦部分。

各道名称如下：

直隶——津海、保定、大名、口北；

奉天——辽沈、东边、洮昌；

吉林——吉长、滨江、延吉、依兰；

黑龙江——龙江、黑河、绥兰、海满；

山东——济南、济宁、东临、胶东；

河南——开封、河北、河洛、汝阳；

山西——冀宁、雁门、河东；

江苏——金陵、沪海、苏常、淮阳、徐海；

安徽——安庆、无湖、淮泗；

江西——豫章、庐陵、赣南、浔阳；

福建——闽海、厦门、汀漳、建安；

浙江——钱塘、会稽、金华、瓯海；

湖北——江汉、襄阳、荆宜、施鹤；

湖南——湘江、衡阳、辰沅；

陕西——关中、汉中、榆林；

甘肃——兰山、渭川、泾东、宁夏、西宁、甘凉、安肃；

新疆——迪化、伊犁、塔城、阿山、阿克功、喀什噶尔、马耆、和阗；

四川——西川、东川、建昌、永宁、嘉陵；

广东——粤海、岭南、潮循、高雷、琼崖、钦廉；

广西——南宁、苍梧、桂林、柳江、田南、镇南；

云南——滇中、蒙自、普洱、腾越；

贵州——黔中、镇远、贵西；

川边——边东、边西；

热河——热河；

察哈尔——兴和；

绥远——绥远。

(2) 行省或省政府组织

辛亥鼎革之后，地方新制，一时难以树立，各省拥兵割据，中央亦无节制，故民初省制，至为纷乱。江苏、江西、福建、湖北、山西、四川六省政务，由大总统任命民政长治之，并以内务、财政、教育、实业四司为之属，每司置司长一人，并由大总统任命。其余各省非中央控驭所及，皆由都督自立制度，若独立政府然。例如四川置都督府，设都督及副都督为全省最高政务机关，其下设总政处及陆军、参谋、民政、财政、司法、教育、外交、实业、交通、盐政十部，此外尚有参赞；总政处之下又有秘书、法制、铨叙、庶务四局。各部、处、局各置长、副，参赞无定额，其组织堪与中央政府相比也（二十九年三月考试院编制《党政建制图表》）。二年一月十日大总统令各省一律设置民政长，与都督实行军、民分治。令行而大多数省份均以都督兼任民政长，另置民政辅助人员，其名称、数额各不相同，有置布政使及提法使者，有置民政、度支、提学诸使者；其都督不兼民政长者民政长实亦听其支配：徒有分治之名耳。三年五月二十三日大总统公布《省官制》（始确定"省"之名称），规定省设巡按使，综理一省之政务。巡按使设公署，署内设政务厅，置厅长一人，下分总务、内务、教育、实业四科，六年九月八日废教育及实业两科，十一月十三日政务厅改分第一、第二、第三、第四四科，各科职业及员额并由巡按使自定后呈报中央注册。五年七月六日大总统复申令改巡按使为省长，巡按使之名称犹存古代监司之意，省长则纯为地方行政长官也。巡按使或省长亦多由都督、督军或总司令等兼任或听其支配。巡按使或省长之职权凡分两类：曰中央行政权，以中央政府代表之资格行使之；曰地方行政权，以地方行政首长之资格行使之。前类职权主有两种。第一为监督道、县行政权，又分对人与对事两方面。"巡按使于所辖地方官吏之命令，或处分认为违背法令、或妨害公益、侵越权限时得停止或撤销之"（《省官制》第三条），此对事的监督权也。其对人监督：道、县行政人员之考核、奖惩悉由巡按使列具事实呈请大总统定之（第四条、第五条），省内各县县知事由巡按使提请大总统任命之（第六条）。第二为监督在省行政官员之权。省官制授权巡按使监督省司法及财政（皆中央行政）。举凡司法财政人员之考核、奖惩悉由巡按使主持之，收入赋税及司法经费由巡按使稽核之，各县承审及管狱人员由高等审判厅厅长呈请巡按使核转司法部定夺之（第八条、第九条）。初中央分设于各省之机关止财政厅及高等审判厅。四年三月加设水上警察厅，六年九月加设教育厅及实业厅，皆分别直隶于中央主管各部，惟沿例受省长或巡按使之监督。

今日省政府内设各厅处，直接受省政府委员会之指挥，惟于主管事务分受中央部、会之监督，正与北京政府时代相反也。[35]

省长或巡按使之地方行政权亦可分为两项：曰军事权，曰民政权。巡按使管辖全省巡防及警备部队(《省官制》第一条)，并于"非常事变之际需用兵备时得咨请驻扎邻近之军队及军舰长官派兵会同处理"(第十二条)，此其军事权也。其民政权复可总于两端：其一，"……巡按使管辖全省民政各官……"(第一条)，实为人事权，其二，"巡按使为执行法律、教令、或依法律、教令之委任，得发布省单行章程"，即命令权是也。《省官制》规定政务厅厅长由巡按使荐任(第十三条)，各科佐理人员由巡按使自行委任(见前)(第十四条)，"巡按使于所辖各官吏查有贪劣款迹得径行撤任后再请大总统依法惩戒(第七条)，巡按使对所属员吏办事成绩每六个月密报大总统考核(第十条)，凡此皆巡按使或省长享有之人事权也。

政务厅为省长(巡按使)之幕僚机关，十年六月二十三日大总统公布《省参事会条例》，于各省设参事会，以为省长之审议、咨询及筹划机关，盖仿欧陆之制也。省参事会以省长及参事十二人组织之(《条例》第一条)。参事十二人中"省长委任三人，以省公署所属各厅处长(按此时各厅、处已衍为省长所属机关)为限；聘任三人，以本省人为限；省议会选举六人，但省议会议员当选者不得过半数"(第二条第一款及第二款)。"省参事会以省长为会长，省长有事故时得指定参事员中一人代行会长职务"(第二条第三款)。省参事会之职权如下："(一)筹划关于省地方应行兴、革及一切行政事项；(二)筹划整理省有之不动产、营造物、公有设备及其他财产事项；(三)审议省长提交省议会之预算、决算案及其他议案；(四)审议省议会建议案之可否执行；(五)审议省长答复省议会之质问案；(六)受省长之委托出席省议会说明提案之旨趣或陈述意见；(七)处理各级自治之纷争及疑杂事项；(八)审议省议会议决案之执行方法；(九)对于国家行政的建议及答复省长之咨询；(十)其他依法令未规定归中央管理之省地方各事项(第八条)。省参事会处理上列各项事务自以合议行之，其议决事件由省长执行之"(第十一条)。

省长尚有若干直属机关，如三年九月设地方警察厅(但与道尹同驻一地者隶于道尹)，三年十二月设水利委员会(由巡按使派员组织)，(七年一月地方警察厅改为警务处，直隶于内务部)皆非重要机关也。故北京政府时代省本身实无公务，仅有一形式上之政府耳，可谓仍保留古代监司之意味也。

“京兆地方置京兆尹一人，为京兆地方行政长官，依法律、命令执行该管区域内行政事务，指挥监督所属各县知事，管辖河工及巡防警备部队；并受政府之特别委任，监督财政暨其他特别官署之行政事务”(三年十月四日公布《京兆尹官制》第一条第一项)。“京兆尹公署设总务、内务、教育、实业各科，科长一人，由京兆尹呈请大总统任命。各科科员由京兆尹委任，详报内务部分别叙等，注册，其员额由京兆尹按事务之繁、简拟具相当人数呈请大总统核定之”(《官制》第十二条)。道京都警察、财政等事务另有京师警察厅、京师财政分厅等机关治理，皆属于中央主管各部，即上称之“财政暨其他特别官署”，非京兆尹所属机关也。

又北京政府尚派有巡阅使、经略使等职，皆六年以后法统破坏后产物。每使管辖数省之地，如两广，长江，两湖，直、鲁、豫，东三省，苏、皖、赣，及闽、浙等巡阅使及副使，川、粤、湘、赣四省经略使，蒙、疆经略使，四川查办使，西北筹边使，西北边防总司令，边防督办，苏、皖宣抚使等，皆临时位置，军阀而设，与唐代节度使，盖出一辙也。

注　释

[1]《史记·周本纪》:“夫先王之制；邦内甸服，邦外侯服，侯卫宾服，蛮夷要服，戎翟荒服。甸服者祭，侯服者祀，宾服者享，要服者贡，荒服者王(韦昭曰:‘王，王事天子也’)。日祭，月祀，时享，岁贡，终王先王之顺祀也。有不祭则修意，有不祀则修言，有不享则修文，有不贡则修名，有不王则修德。序成而有不至则修刑。于是有刑不祭，伐不祀，征不享，让不贡，告不王。于是有刑罚之辟，有功伐之兵，有征讨之备，有威让之命，有文告之辞。”

[2]“王制:凡四海之内九州，州方千里。州建百里之国三十，七十里之国六十，五十里之国百有二十，凡二百一十国，名山大川不以封；其余以为附庸，间田八州。州二百一十国”(《文献通考》卷二六〇“封建考一”)。

[3]“禹承唐、虞之盛，涂山之会诸侯执玉帛者万国；及其衰也，有有穷、孔甲之乱，遭桀

行暴，诸侯相兼，逮汤受命，其能存者三千余国。方于涂山，十损其七；其后纣作淫虐，周武王致商之罪，一戎衣而天下治，定五等之封，凡千百七十三国，多减汤时千三百国”（同上）。

[4]《吕氏春秋·有始览》云：河、汉之间为豫州，周也；两河之间（按两河为黄河，淮河）为冀州，晋也；河、济之间为兖州，卫也；东方为青州，齐也；泗上为徐州，鲁也；东南为扬州，越也；南方为荆州，楚也；西方为雍州，秦也；北方为幽州，燕也。”吕氏先幽后燕，与《史记》适反。

[5]“王制：千里之外设方伯。五国以为属，属有长；十国以为连，连有帅；三十国以为卒，卒有正；二百一十国以为州，州有伯。八州八伯，五十六正，百六十八帅，三百三十六长。八伯各以其属属于天子之老二人，分天下以为左、右，曰二伯。天子使其大夫为三监，监于方伯之国，国三人”（《文献通考》卷二六一“封建考二”）。

[6] 其名称如下：(1)京兆尹；(2)左冯翊；(3)右扶风；(4)弛农郡；(5)河东郡；(6)太原郡；(7)上党郡；(8)河内郡；(9)河南郡；(10)东郡；(11)陈留郡；(12)颍川郡；(13)汝南郡；(14)南阳郡；(15)南郡；(16)江夏郡；(17)广江郡；(18)九江郡；(19)山阳郡；(20)济阴郡；(21)沛郡；(22)魏郡；(23)钜鹿郡；(24)常山郡；(25)清河郡；(26)涿郡；(27)渤海郡；(28)平原郡；(29)千乘郡；(30)济南郡；(31)泰山郡；(32)齐郡；(33)北海郡；(34)东莱郡；(35)琅琊郡；(36)东海郡；(37)临淮郡；(38)会稽郡；(39)丹阳郡；(40)豫章郡；(41)桂阳郡；(42)武陵郡；(43)零陵郡；(44)汉中郡；(45)广汉郡；(46)蜀郡；(47)犍为郡；(48)越嶲郡；(49)益州郡；(50)牂牁郡；(51)巴郡；(52)武都郡；(53)陇西郡；(54)金城郡；(55)天水郡；(56)武威郡；(57)张掖郡；(58)酒泉郡；(59)敦煌郡；(60)安定郡；(61)北地郡；(62)上郡；(63)西河郡；(64)朔方郡；(65)五原郡；(66)云中郡；(67)定襄郡；(68)雁门郡；(69)代郡；(70)上谷郡；(71)渔阳郡；(72)右北平郡；(73)辽西郡；(74)辽东郡；(75)元菟郡；(76)乐浪郡；(77)南海郡；(78)郁林郡；(79)苍梧郡；(80)交趾郡；(81)合浦郡；(82)九真郡；(83)日南郡；(84)赵国；(85)广平国；(86)真定国；(87)中山国；(88)信都国；(89)河间国；(90)广阳国；(91)留川国；(92)胶东国；(93)高密国；(94)成阳国；(95)淮阳国；(96)梁国；(97)东平国；(98)鲁国；(99)楚国；(100)泗水国；(101)广陵国；(102)六安国；(103)长沙国。

[7] 顾颉刚、史念海合著《中国疆域沿革史》云：“秦分天下为郡、县，而畿辅之地独称内史，以别于他郡，即以内史治之。汉初分其地为三郡：中曰渭南，左曰河上，右曰中地（按由此可见秦畿之大），虽为京师所在，而其地位则与他郡等。高帝末年复因秦制合之为一，其官吏亦如秦旧。稍后复分左右。……武帝太初元年，更右内史为京兆尹，左内史为左冯翊，后以主爵都尉为右扶风，帅治内史右地，是为‘三辅’，后世遂为定制。三辅首吏虽有专名，究其实际固无异郡守，国相，特以其为京师重地，故有斯称耳”（一〇三页）。

[8] 胡焕庸、童承康称十三部为豫、冀、兖、徐、青、扬、荆、益、凉、并、幽、朔、方、交趾，惟东汉无朔方（《历代疆域区分之沿革》）。

[9] 此外王国政府尚有其他官吏。“中尉秩比二千石，主盗贼。郎中如中央的光禄勋，掌大夫，郎中，宿卫及少府所属各事。仆如太仆，主车及驭。大夫秩六百石，无定员，职为出使中央及诸国。治书秩六百石，职如尚书。谒者十六人，后减，秩各比四百石。此外有礼乐长，卫士长，医工长，永巷长（宦者），祠祀长，秩皆比四百石。郎中秩比二百石，无定员。西汉尚置有宗师官”（陶，沈前书页一七一——一七二）。“按《西汉会要》卷三所载，王国官职尚多，最要者如相掾，内史掾，侍御史，郎等，宫内则有夫人，美人，人子，材人，秩皆比六百石。外此尚有孺子，家人子等（前书页一七二）。王国重要官吏虽由皇帝任命，其经皇帝特许者则可由诸侯王自委，至低级人员则诸侯王径自任用也（前书页一七二——一七三）。

[10]《汉书·楚元王传》：（刘）歆由是忤执政大夫臣为众儒所讪，惧诛，求出补吏，为河

内太守，以宗室不宜典三河，徙守五原。……”

[11]“莽法：典郡者公为牧，侯称卒正，伯称连率，其无封爵者为尹也”（陶、沈前书页一七五）。则王莽似废王国，以封建附入于诸郡矣。

[12]《玉海》卷六五称：“唐《六典》：惠帝三国相国奏，御史监三辅不法事，词讼，盗贼，铸伪钱，狱不直，繇赋不平，吏不廉，奇刻逾侈及弩力十石以上，作非当服，凡九条。”

[13] 侍御史不止监察地方，又直接办理皇帝委派事务。王贺为武帝绣衣御史，逐捕魏郡群盗。三国魏黄初七年遣治书侍御史荀禹慰劳边方；景初元年冀、兖、徐、豫四州遇水，遣侍御史循行没溺，开仓赈救之。

[14] 宋、齐于边地有“左郡”与“左县”。齐更于“左郡”之外更于益州、越州地置“狸郡”与“獠郡”（《中国疆域沿革史》页一六六——一六九）。

[15] 甚多郡无属县，故郡殆与县同，实隋、唐实行州、县两级制之先声也。又有两郡结为双头郡者，如《南齐书·州郡志》青州有东莞琅琊二郡，共领三县。

[16] 两晋太守多加将军衔，梁、陈加号都督，以兼理兵政。

[17]《隋书·地理志》：“炀帝嗣位，既而并省诸州，寻改州为郡，乃置司隶、刺史，分部巡察。”

[18] 隋有“通守”，见前。

[19] 王安石上杜学士书：“道数千里，而转运使独一二人。其在部中，吏无崇、卑皆得按举。虽将、相、大臣，气势煊赫，上所尊宠，文书指挥，势不得恣。一有罪过，纠诘、按治，遂行不请（按不请谓便宜而行也）。政令有大施舍，常咨而后定。生民有大利害，得以罢而行之。金钱、粟帛、仓庾、库府、舟车、漕引，凡上之人，皆赖我主出。信乎是任之重也!”

[20] 又有都大提举茶马司，掌榷茶，以国茶易夷马，初全国只设一司，嘉定间分置成都（主茶），兴元（主马）二司；提举坑冶司，掌矿业铸币，初亦止置使一员，元丰增为二员，分驻饶、虔两司，元祐复并为一；提举市舶司，掌对外贸易，元祐初置泉州一司，大观元年增为两浙、广东、福建三司，建炎初罢闽、浙二司，已而复置；尚无其他使司，时置时废。

[21] 节度州、军计上京道十二，东京道六，其官有节度使、副使，同知节度使等事，马、步军都指挥使及副指挥使，马军指挥使及副使，步军指挥使及副使等。观察州、军计中京道三，东京道四，其官有观察使，副使，判官等。团练州仅东京道安州一处，设有团练使，副使，判官等。又东京道防御府一，州三，各设使，副使，判官等。

[22] 后增为二十三路，为上京、蒲与、合懒、恤品、胡里改、咸平、东京、北京、西京、中都、南京、河北东、河北西、山东东、山东西、大名府、河东北、河东南、京兆府、凤翔、鄜延、庆原、临洮。

[23] 例如山东分守道，为济南、东衮、海右；浙江为杭嘉湖、宁绍台、金衢岩、温处；江西为南瑞、湖东、湖西、饶南、九江、赣南。

[24] 例如江西分饶南、九江、湖西、南昌、湖东、岭北；浙江分杭岩、宁绍、嘉湖、金衢；山东分衮州、济宁、青州、海防、济南、海右、海、登莱、辽海。

[25] 余继登谓：“仁宗尝命广西布政使周干巡视直隶浙江。宣宗即位，干还，言有司多不得人，土豪肆虐，良民苦之，乞命廷臣往来巡抚庶民，安田里，下吏部会户部二部议，遂命广西按察使胡概为大理寺卿，同西川参政叶春巡抚直隶及浙江诸郡，此巡抚之始”（《典故纪闻见》九）。

[26]《明史·职官志》列总督十四，巡抚二十余。

[27] 广西、云南、四川、贵州四行省内共有土司百四十五处，属于府、州。

[28] 康熙七年定山、陕督抚专用满员，雍正元年准参用蒙古、汉军、汉人。又雍正年间

西安有同署巡抚，山东、山西有协办巡抚，均临时权设，非定制。

[29] 初沿明制，有右都御史、右副都御史、右佥都御史等称。康熙三十一年乃定总督由各部左、右侍郎授者改兵部左、右侍郎，由巡抚授者升兵部右侍郎兼都察院右副都御史。乾隆十三年复定大学士兼管总督者仍带原衔，明年改授右都御史衔，其兵部尚书衔由吏部请旨定夺，嘉庆十四年定以二品顶戴授总督者兼兵部侍郎衔，升秩再加尚书衔，雍正元年定巡抚由侍郎授者改兵部右侍郎兼右副都御史衔，由学士、副都御史、鄉员、布政使等官授者俱为右副都御史，由左佥都御史或四品京堂、按察使等官授者俱为右念都御史，乾隆十四年定巡抚不由侍郎授者俱兼右副都御史，其兵部侍郎衔由吏部奏请决定。光绪三十二年兵部改称陆军部，各兼衔当然照改。

[30] 由京堂等官补授者为参政，掌印给事中、知府补授者为副使，由科道补授者为参议，由郎中、员外郎、主事、同知补授者为佥事。

[31] 民国元年三月十一日《中华民国临时约法》第一条："中华民国领土为二十二行省，内、外蒙古、西藏、青海。"

[32] 特别区域，或可名为"准单一部分"，因其为联邦至单一之津渡也。

[33] 此种省长与各厅同属中央之情形亦可称之为"分散式"省政府组织，以别于今日"集中式"省政府组织。惟严格论之，各厅□直属中央各部，实非省行政机关而为各部分署也。

第二章　省政府

一　总　论

省政府有三种功能。省政府主要功能为执行省公务；易言之，因有省公务之存在乃成立省政府。故各次《省政府组织法》第一条均规定省政府综理全省政务，或处理全省政务，或管理全省政务；政务者即公务是也。省政府第二种功能为监督县、市行政。此一功能殆基于地方分级行政之原理，即高级地方政府有代表国家指导、监督低级地方政府之义务是也。虽低级地方行政不必全部由高级地方政府指导、监督，然必有一部分并主要一部分受高级地方政府之监督、指导，以维持整个国家行政系统为一体，则不容置疑也。《县组织法》（十八年六月五日公布，同年十月十日施行，十九年七月七日修正）第三条云："县设县政府，于省政府指挥、监督之下处理全县行政，监督地方自治事务。"《县各级组织纲要》第七项第一段云：

（一）受省政府之监督办理全县自治事项[1]；

（二）受省政府之指挥执行中央及省委办事项[2]。

《政治局组织条例》（国民政府二十年六月二日公布，三十三年七月十九日修正）第四条云："设治局置局长一人，受省政府之指挥，监督办理管辖区内行政事务。……"至于市原分两种：其一直属中央，其一属于省政府；既称属于省政府，自更受省政府之监督矣。《省政府组织法》第五条列举省政府委员会讨论及决议事项中有"三、关于地方行政区划之规定及变更事项"及"七、关于地方自治监督事项"；第十条列举民政厅职掌有"一、关于县、市行政长官之提请任、免事项"及"二、关于县、市所属地方自治及其经费事项"；盖已默认省当然监督县、市行政矣。省政府之第三种功能为代理中央行政。此一功能可谓附带的功能，盖以上述二种功能为基础也(见第六章)。省代理中央行政约有委任行政、委托行政、代监督及传达政令四种；前三种以省政府第一种功能为基础，最后一种以省政府第二种功能为基础。凡中央行政由省政府代理者不外基于两种动机：其一，就经济之立场为省费；其二，就行政之立场为便捷。但无论如何，不能妨害省行政本身，则为最大前提也。此三种功能不独省政府具有，盖任何时代任何国家中之高级地方政府莫不如此，即联邦国家中之邦政府亦无例外(质实言之，联邦与单一之区分并无甚大意义)，特其形式互异耳，谓之为地方政府学一基本原理焉非不可也。

省政府之功能有三种，而其任务则止两种，即执行省公务及监督县、市行政，谓任务者其应办之事务也。而其中心最大任务厥为执行省公务，即省行政是也。为完成其任务，省政府乃设立各种必要之机构，以资处理。自《省政府组织法》最初公布以还，省政府之组织恒有一定之形式。省政府恒分为两部分：(一)审议、决策及协调机关；(二)实际处理事务机关。第(一)类机关为省政府委员会(最早称省务会议，今俗称仍为省务会议)，其日常事务由省政府主席督率秘书处理。第(二)类机关包括：(1)各厅；(2)专管机关。专管机关有隶属于省政府(委员会)者，有隶属于各厅者，亦有隶属于其他专管机关者。有分职的专管机关，有分区的专管机关。有经常的专管机关，有临时的专管机关。[3]各厅厅长恒为省政府委员，即恒为第(一)类机关之构成分子。通常称“省政府”，盖有广狭不同之三义。第一义，省政府指第(一)类机关。第二义，省政府包括第(一)及第(二)两类机关。第三义，省政府指第(一)类机关及各厅，即“合署办公”(见后)中之省政府。《省政府组织法》中之省政府即有时属于第一义，有时属于第二义。词义繁复，要须慎别耳。

省政府为完成其每一任务必须具有必须之工具与方便，此工具与方便即为其完成每一任务之权力。权力之对象因任务之性质而不同。省政府第一任务，即执行省公务，其对象为人民；第二任务，即监督县、市行政，其对象为县、市政府。省政府行使权力，目的在完成其任务，则权力之运用，必须积极完成任务，消极防止其不作完成任务之用。为达此目的，省政府于行使权力时必须遵循若干规范，此规范即其责任。省政府执行省公务时一方面对人民负责任，一方面对国家负责任。省政府监督县、市行政只须对国家负责任。责任为权力之最后限度或最后制裁。至于如何使省政府善用其权力，使之不逾越其限度而受制裁，则为监督。于极端自治制度下，地方政府执行地方公务，由地方人民执行监督；于极端全能制度下，地方政府执行地方公务，由中央政府执行监督。我国省政府执行省公务由中央政府执行监督。至于高级政府代表国家监督低级地方政府时，在严格联邦制度下由宪法监督（实即不受监督），在单一制度下由中央政府监督。我国省政府监督县、市行政时受中央政府之监督。监督与任务本身有别。我国省政府及任何地方政府之任务莫不由宪法及法律创造，此任务本身之创造或修正，不可视为监督。地方公务，于全能制度下，由宪法及法律直接创造或修正；于自治制度下，除由宪法及法律直接创造或修正外，并由宪法及法律授权地方人民创造或修正，而以授权之程度别自治之大小。我国省公务，完全由法律（包括补充法律之命令）创造或修正。本篇专论省行政制度，除讨论省政府之组织外，省政府监督县、市行政一部分不加论列。

省政府之任务本身在完全由法律及补充法律之命令、规程创造或修正。法律中除《省政府组织法》外，尚有其他法律。补充命令、规程除中央政府制定外，省政府本身尚可制定。《省政府组织法》第二条规定："省政府于不抵触中央法令范围内对于省行政事项……得制定省单行条例及规程；但关于限制人民自由、增加人民负担者，非经国民政府核准不得执行。"即授权省政府制立此项命令、规程也。惟依此规定，省政府之补充命令、规程之效力，不独低于法律，抑且低于中央之补充命令、规程；其涉及人民自由及负担者并须经国民政府核准。省政府之补充命令、规程，可由省政府委员会制立，亦可由各厅及各专管机关制立，惟后者制立，仍须前者许可，此实际情形也。除《省政府组织法》概括的授权外，中央特殊法令复有特殊的授权规定。例如二十五年九月九日教育部公布《实施失学民众补习教育办法》，其第六条第一项规定："……得由各省、市订定强迫入学办法。"《水利法》（三十一年七月七日公布，未施行）第九条规定："省、市、县各级主管机关为办理水利事业，于不抵触本法范围内得制定单行章则。……"三十二年一月二十八日行政院公布《战时管制工资办法》，于第十五条规定："本办法之补充章则得由各省、市制定，……"等等。惟凡此规定暨《省政府组织法》之规定性质上均为许可的而非委任的，即省政府依其规定有制立补充规程、章则之能力而无制立补充规程、章则之义务也。五年三月十二日前内务部公布《传染病预防条例》，其第三条第二项云："传染病院、隔离病舍、隔离所及消毒所之设备及管理方法由地方行政长官以单行章程定之。"《森林法施行细则》（二十四年二月四日前实业部公布）第十四条规定："公有林之经营、管理，应由各省（市）政府依据中央法令参酌地方情形制定管理规则。……"三十一年一月二十三日财政、经济二部会同制定《非常时期管理牙业行纪办法》，其第十二条第一项规定："各省政府应依本办法之规定参酌地方习惯详定管理牙业行纪章则。……"凡此及其他种种类似规定皆属委任的性质，即赋予省政府制立补充规程、章则之义务是也。凡特殊法令授权省政府制立补充规程、章则，无论为许可的抑为委任的，皆同时规定所制立之补充规程、章则须经主管院、部、会备案或批准，故此类规定不但不能增加或扩充省政府制立补充规程、章则之能力，反予以限制也。

二　省政府委员

十四年原公布《省政府组织法》规定："省政府各厅各设厅长一人，联合组织省务会议。……"省政府凡设七厅（第二条），故省务会议之分子为七人。十五年修正后省务会议始改为省政府委员会，其分子称委员。十五年第一次修正，规定委员人数为七人至十一人，十六年七月第二次修正增为九人至十五人，同年十月第三次修正改为九人至十三人，十九年二月第五次修正减为七人至九人，遂为定额。其增、减意若以厅之数目为标准。第一及第二次修正时列举应设之厅六，可增设之厅至少四，故委员人数达最高额。第三次修正列应设之厅三，可增设之厅至少四，较前为少，故委员人数随之减少。第五次修正列应设之厅四，可增设之厅一，较前厅数大减，故委员人数亦随之大减。此一原则实十四年原始以厅长为省务会议分子之遗留也。二十八年十月中国国民党中央执行委员会国防最高委员会第十六次常务会议议决战区[4]各省省政府委员人数可增加二人或四人，十月十一日由行政院训令施行。意者战区省政府有行署之设置，其主任规定由委员兼任，因此委员之需要增加，故其人数增加；且扩充委员名额又可奖赏抗战功勋。然此仅临时性质，并未影响原则(见后)。

我国政务官之任、免须经中国国民党中央执行委员会政治委员会(原称政治会议)议决(国防最高委员会成立后代行该会职权)，并不受《公务员任用法》之限制。关于政务官之解释，十八年十二月三十一日考试院据铨叙部呈请呈奉国民政府指令，应照中央政治会议第一九八次会议决议案规定，凡经政治会议议决任命之官吏为政务官。其时依《政治会议组织条例》第五条戊项之规定，应经该会议议决任用之官吏为“国民政府委员，各院院长、副院长及委员[5]，各部部长，各委员会委员长，各省政府委员、主席及厅长，特别市市长，驻外大使、特使、公使、特派官吏”。此时省政府委员、主席及厅长俱为正式政务官。十九年三月前项《条例》修正，修正后依其第四条己项之规定，须经该会议议决任命之官吏为“国民政府主席及委员，各院院长、副院长及委员，及特任、特派官吏”[6]，而将省政府委员、主席、厅长取消。惟同年五月七日国民政府复训令规定省政府委员、主席、厅长均须经政治会议之议决方可任命，但彼等是否即因此而保留正式政务官之资格尚难确定。盖二十一年八月十二日国民政府准政治会议议决，规定国民政府及五院所各部，各委员会政务次长、副部长、副委员长视为政务官，其任命亦须经政治会议之议决，则经政治会议议决任命军官官吏不必尽为正式政务官，而必经政治会议议决任命之官吏亦非全为正式政务官。省政府委员、主席及厅长于官阶不高于中央部会之次长或副委员长，于职务委员、厅长自更不若后者重要。中央部会之次、副尚不得列入正式政务官，则省政府委员、主席、厅长更无待论（此或为修正动机之一），故省政府委员、主席及厅长至多亦不过法律上视为政务官而已。然此乃纯为法理问题，实际视为政务官者即与政务官无异也。政务官任用时不经铨叙审查，省政府委员、主席、厅长亦然。委员之任用，法律上无年龄、性别、籍贯之限制。惟衡诸实际，四十岁以下任省政府委员者盖未之闻；女性从无简任此职者；又每一省政府之委员绝大多数为本省省民。省政府委员之提请任命，法制上应属于行政院，但实际亦不然。“民国成立以来，各省在军阀割据之下，各自为政。早已为中央政令所不及。国民政府统一全国，形式上虽历有改进，而实质上还有不少地方仍旧保留着封建色彩。中央对于地方用人仅能做到极少省份的上层组织，就是省政府委员的任命，有一大部分（行）省，连此也不能办到，必须与旧有军阀磋商委员人选，得其同意，始可发布命令，这无异任命各国的使节，须先经各该国政府的同意一样”（杨端六：《地方自治与行政官吏》，《地方自治》第一卷第八期，二十九年八月十五日）。语虽稍过，抗战以前，若干省确实如此。抗战以后，省政府主席虽仍由军人充任，惟有力军人，数量大增，谋一省主席，往往竞争甚烈，中央因此可加操纵而得等分委员人选也。又省内具有实力人士，中央与主席均不得不予笼络者，亦往往任为委员，惟其数甚少耳。就其人选观之，省政府委员盖虽非政务官而实际为政务官也。

《省政府组织法》于十六年七月八日第二次修正时规定：“省政府委员不得兼任他省行政职务”（第四条），十九年二月三日第五次修正时复规定：“现任军职者不得兼省政府主席或委员”（第四条第五项），均迄今有效。为此规定，盖或先有事实后为禁止，惜不能考证。省政府委员兼任他省行政职务者，尚未寻得一例，或无其事。惟省政府委员为现任军职者则甚多。十九年江西国、共战争阵亡之一湘籍师长即为湖南省政府委员，同时并兼江西南昌卫戍司令。二十一年时云南、四川两省政府各有委员三人为在职军人，河南省政府有委员一人为在职军人。二十七年九月三十日国民政府任命一在职军人为山东省政府委员。三十二年三月二十五日国民政府令免山东省政府一委员职，四月十日再令免同该员陆军少将官。

其例实甚多也。二十八年十月十一日行政院增加战区省政府委员人数之训令称:“省府委员……或身兼军职,或分区领导……”盖中央政府已不忌言军人兼任省政府委员矣。至于曾任军职人员出任省政府委员,法令既无限期,实例指不胜屈。又十九年三月二十五日国民政府公布《限制官规兼职案》,规定中央官吏不得兼任地方官吏,二十八年四月二十九日并重申遵照。依此规定,省政府委员自不能兼任中央行政职务。但亦不无例外。抗战军兴,江西省政府一委员即任军事委员会西南物资进出口运输总经理处副主任,直至二十九年六月二十九日国民政府始免除其省政府委员原职。若更推及第六章所述兼职情形,上述规定,事实上殆亦形同具文。

省政府委员以此资格之职务厥为参加省政府委员会之会议,包括讨论、表决及审查提案。《省政府组织法》于此至为重视,十七年四月二十七日第四次修正后即规定“省政府委员会集会时省政府委员不得派代表出席”(第五条第二项):盖省政府委员而得不出席省政府委员会会议,实严重之失职也。惟事实上省政府委员会为一形式机关,一切权力集中主席一人,委员会会议,除联络感情外别无作用。因此,委员对于出席会议多不感兴味,而乐于在主席命令与指示之下从事实际行政工作。故从法律之观点言之,省政府委员一职,已形同虚设。

省政府委员从事之实际工作,可分两类,即临时的工作及永久的工作。临时的工作主要者为代表省政府出巡各地方。二十二年十月行政院制定《各省政府主席及委员出巡通则》,规定省政府主席或委员奉中央政府之命令或省政府委员会之议决应出发县、市巡察,以检举官吏不法及考察行政兴、革。惟事实上省政府委员出巡者亦至少,盖数年一度又非全体出动也。此外临时工作则为代表省政府或主席参加社会活动,然此非有关行政也。永久的工作即为兼任机关首长,复可分为两种,即法定的兼职与非法定的兼职是也。《省政府组织法》规定省政府主席及各厅厅长由省政府委员兼任,又省政府行署主任亦须省政府委员兼任(均见后),此法定的兼职也。非法定的兼职主要为省政府秘书长(见后)及各专管机关长官。任何时期任何省政府所属各专管机关长官均有省政府委员兼任，殆为大众周知之事实。此外，省会设市者其市长一职每由省政府委员兼任，例如江西南昌、湖北汉口、浙江杭州及贵州贵阳市市长均一度由省政府委员兼任。省政府委员兼任行政督察专员者殊不多见，然尚有几例。二十七年十月十五日国民政府任命山东省第六区行政督察专员范筑先为山东省政府委员，惟一月后该员即死于战守。二十八年六月十日复任命湖北省第二区专员程汝怀为湖北省政府委员，惟该员于十二月十五日即免去原专员职而改任鄂东行署主任。三十二年十二月三十一日再任命江西省第四区行政督察专员蒋经国为江西省政府委员，至三十四年六月六日亦免兼职。然此三员皆有特殊成绩，任为省政府委员如同奖励，而终于免兼职，至于一般行政督察专员不能由省政府委员兼任，似成固定原则也。[7]省政府委员之兼职，实成为其主要事务，无兼职之委员与退休无异矣。

省政府委员无一定之任期，依法理推测，应为终身职务，顾又不然。今已形成一项法例，即省政府委员之最大任期为省政府主席之任期。凡省政府主席免职，全体委员必随之免职，纵有实际连任者，免职之后，重新任命。每每省政府一委员免除原职与重任原职同日发表。间亦有主席及少数委员免职而其余委员不免职者，以其稀少，可称例外。抗战军兴至三十四年五月底止，七年又十一个月当中，全国省政府主席之更动凡有四十次，其全体委员不随之去职者仅有二十次，然此二十次之中有十四次只主席一人更调，其他全部委员均未更动。故前言可稍加修正，即省政府委员有一集体性，代表此集体性者或为全数委员或为省政府主席一人。省政府委员之任期，即为此项集体性之存延期间，此集体性存延一年，则任期一年，存延十年，即任期十年也。但前言不加修正亦可，何者，依照《省政府组织法》，先有委员后有主席；顾实际则先有主席后有委员。故省政府主席对于委员人选，除另有政治牵制力外，殆能完全控制。省政府主席对于委员人选既能完全控制，则代表省政府委员集体性之第一项因素实制服于第二因素之下，谓省政府委员之集体性由省政府主席代表，实无不可也，则委员之最大任期为主席之任期矣。[8]

省政府委员非政务官而具有一集体性，是以此另一理由，亦可称其为半政务官。又其集体性由省政府主席代表，则省政府委员实际为主席之僚属矣。三十四年十二月国民政府任命江西省政府一委员，并任兼该省政府秘书长，该员原任秘书处秘书，由秘书、科长职升任委员者著者尚无他例。

三　省政府委员会

法律上省政府委员会为省政府首脑，并代表狭义的省政府。《省组织法》第四条第一项云："省政府设委员，……组织省政府委员会行使职权。"准此，第一节所述省政府各项任务实由省政府委员会以其名义负责执行，其余省政府各机关皆从役于省政府委员会也。同法第二条规定："省政府于不抵触中央法令范围内对于省行政事项得发省令并得制定省单行条例及规程；但关于限制人民自由，增加人民负担者，非经国民政府核准不得执行。"又第三条规定："省政府对于所属各机关之命令或处分认为有违背法令，逾越权限，或其他不当情形，得停止或撤消之。"凡此及省政府其他行为均由省政府委员会执行也。省政府委员会执行职务之方式，厥为会议，会议以外之行为则责成于省政府其他机关。为明确其行为之类别计，《省政府组织法》第五条特列举应经省政府委员会议决之事如下：

（一）关于本法第二条、第三条规定事项；

（二）关于增加或变更人民负担事项；

（三）关于地方行政区划之确定及变更事项；

（四）关于处省公产或筹划省公营业事项；

（五）关于执行国民政府委托事项；

（六）关于地方自治监督事项；

（七）关于省行政设施或靖更事项；

（八）关于咨调省内国军及督促所属军、警、国防绥靖地方事项；

（九）关于省政府所属全属官吏任、免事项；

（十）其他省政府委员会认为厅议决事项。

惟此项规定纯属说明性质，而非概括性质，盖省政府委员会为省政府最高机关，除上列各项应行议决之事项外，其他凡属于省政府掌理事项无不可加审议决策，末款所云："其他省政府委员会认为应该议决事项"，即属此意也，省政府委员会必须审议之事项除上列外，同法第十八条规定："各厅间或与专管机关间发生职权争议时由省政府呈请行政院裁决之"，依第四条第一项之规定实为省府委员会之职权。又第十九条末项规定："各厅于必要时得设技正、技士、技佐及视察员，其名额由各该厅长提出省政府委员会议定之。"再第二十条规定："各厅、处辨事细则由省政府委员会议定之。"此外，中央法令亦可指定若干事项须经省政府委员会议决。[9]

《省政府组织法》第六条第一项列举省政府主席之职权，其第一款云："召集省政府委员会，于会议时为主席"；又同条第二项云："前项省政府委员会除例会外有委员三人以上之提议或主席认为必要时应召集临时会。"然例会会期无明文规定，事实上各省省政府委员会之例会恒为每周两次或一次。例会频繁，故临时会少有举行。临时会纵即举行，依现实各省省政府主席与委员之关系观之，盖可断定完全由主席一意召集，委员请求不为多事便违纪律矣。省政府委员会会议法定人数如何？是否必须过半数委员出席？法律上无明文规定。江西省政府委员会第一一二五（二十七年十一月八日）、一一四零（二十八年一月六日）、一一四四（二十八年一年十七日）、一一四七（二十八年一月二十七日）各次会议均仅有委员四人出席，而有五人缺席；第一一四二（二十八年一月十日）、一一四三（二十八年一月十三日）、一一四五（二十八年一月二十日）、一一四六（二十八年一月二十四日）各次会议仅有三人出席而有六人缺席。广西省政府委员会第四四八（二十八年十二月二十七日）、四四九（二十九年一月三日）两次会议出席与缺席均各为五人；第四五八（二十九年二月二十三日）、四六二（二十九年三月二十二日）两次会议出席五人而缺席七人。由此观之，似无法定人数之规定，亦无过半数出席之必要。惟福建、西康、浙江等省省政府委员会于正常例会及临时会之外尚有谈话会，依通常习惯未满法定人数之会议可改为谈话会，则法定出席人数（通常为过半数）又属必要矣。总之，省政府委员会为省政府最高权力机关，无事不可决定，即使决定停开会议，于法亦无不合也。况乎省政府委员实际为主席僚属，委员会实际由主席操纵，会议本身已无价值，会期与法定人数亦不必研究耳。三十年十二月五日第三次全国内政会议内政部政务次长报告云："……战区各省交通阻塞，军书旁午[10]，以致省府会议，常不克依法举行，委员制已呢名无实，……"盖可想见一般矣。

省政府委员会会议除省政府委员出席外，尚有其他人员列席。出席有发言权，并有表决权；列席则有发言权而无表决权。惟省政府委员会会议本身既不拘形式，实际出席与列席亦无甚区别。列席人员，约有三类，即：（一）法定列席人员；（二）邀请列席人员；（三）指派列席人员。法定列席人员为法令规定有列席权之人员，以省政府秘书长最为重要。《省政府组织法》第九条列举省政府秘书处之职掌，其第一项为"一切权要及省政府委员会会议事项"，依此规定，秘书长实有列席之必要，事实上各省秘书长无不列席省政府委员会会议。此外，尚有其他法定列席人员。例如十六年十一月二十二日《国民政府外交部特派各省交涉员及各埠交涉员服务条例》第三条规定："各省特派交涉员列席省政府会议，有发言权，无表决权。"二十六年七月《各省市会计处组织及办事通则》第七条规定："会计长得出席有关其职务之各项会议"，若省政府委员会会议讨论有关会计或预算事项，省政府会计长自可列席。二十七年四月中国国民党中央执行委员会通过《改进党务并调整党政关系案》，其（乙）（三）规定各省省党部主任委员可列席省政府委员会会议。二十八年九月二十二日行政院训令规下各省地政局局长就地政事项应准列席省政府委员会会议。同年十月国民政府修正公布之《军管区司令部组织条例》第六条规定："省政府会议有关兵役事项参谋长得列席。"二十九年六月二十一日行政院公布之《省卫生处组织大纲》第三条规定："省卫生处处长得列席省政府委员会议。"同年十二月二十三日行政院令行之《省（市）统计处组织规程》第十三条规定:“统计长得出席省(市)政府有关其职务之各项会议”,同时令行之《省(市)统计室组织规程》第十三条对于统计主任(见后专管机关)亦有同样之规定。三十年八月八日行政院公布之《省粮政局组织大纲》第三条规定:“本局局长得出席省务会议,……”所谓“出席”,自为列席也。同年九月五日行政院公布《省社会处组织大纲》,其第三条规定:“省社会处处长得列席省政府委员会议。”同年十一月五日行政院又公布《省合作事业管理处组织大纲》,其第三条规定:“省合作处处长于省政府委员会开会讨论有关其执掌之事项时得列席会议。”三十一年十月十七日考试院制定《人事管理机构办事规则》其第三条规定:“人事主管人员得出席所在机关有关其职掌之各种会议”,准此,省政府人事处长或人事室主任可列席省政府委员会会议矣。第二类列席人员为省政府委员会邀请列席之人员。自实行合署办公后,保安处地位[11],列与秘书处及各厅平行,因此保安处长经常被邀列席省政府委员会会议。省预算未并入中央以前,各省司法经费系入省预算而非入中央预算,故各省高等法院院长亦常被邀列席。各专管机关(无论直属省政府或各厅)长官无法定列席权者于省政府委员会讨论有关其职掌之事项时亦恒被邀列席。此外,省政府额外人员如参事、参议、顾问等,有时亦可邀请列席。上述第一类及第二类人员中有由省政府委员兼任者,则已有出席权,自不必列席。《省政府组织法》规定省政府委员会开会时委员不得派代表出席。惟事实上会议已为形式,则不兼行政职务之委员本人不克出席时实无派代表之需要,其兼行政职务者本人不克出席而会议事项有关其职务时,则往往指派所兼机关之秘书或科长等代表列席。又有列席权之人员不克或不愿列席时亦可指派代表。此皆第三类列席之人员也。参加省政府委员会之份子,尚不止于省政府委员及列席人员。省政府委员会为一形式,于此形式之团体中,会议尤为一形式,较为实际者尚为审查。任审查工作者除委员及列席人员外,尚有其他机关,例如二十九年四月十九日江西省政府第一二六六次会议《议事录》称:“……关于本省经济建设会……订正之本省经济建设计划纲要草案,除经第一二四九次省务会议决议交全体委员及廖处长审查外，并经本府另函送请省临时参议会，省党部，中正大学筹备委员会审查各在案，……”则临时参议会及国立大学均可参与省政府委员会工作矣。

省政府委员会会议中理论上各委员应有同等之提案权，即任何委员可就任何事项提案。惟事实上一切议案皆由主管长官草拟，各该长官为省政府委员，即可直接提出，如非省政府委员，则呈请省政府主席交议。有时为促使通过，纵然该长官为委员，亦请主席交议，盖主席交议之案照例不讨论通过也。是故单纯以委员资格实无提案权也。今日省政府之委员制，确乎有名无实矣。

四　省政府主席

省政府主席一方面为省政府委员会（决策者）之主席及代表，一方面又为各厅及各专管机关（执行者）之长官，盖法制上已为省政府之中心。十四年七月一日《省政府组织法》原初公布时于第三条规定：“省政府各厅各设厅长一人，联合组织省务会议，并举一人为主席。……”十五年十一月十日第一次修正，同条规定：“委员会设常务委员三人至五人，由省政府委员会推选之，并由常务委员互推一人为主席，常务委员会按照省政府委员会议决执行日常事务。”主席与常务委员实合并执行今日省政府主席职务或可谓常务委员协助主席执行其职务。十六年七月八日第二次修正，又于同条规定：“省政府委员会设主席一人，由委员互选之，每日以委员二人轮流值日协助主席执行日常政务。”凡此规定中省政府主席皆由委员选举，可谓控制于委员，实委员制之基本精神之表现。十六年十月二十五日《省政府组织法》第三次修正，规定：“省政府委员会设主席一人，由国民政府就省政府委员中指定之”（第四条），并规定：“省政府委员主席执行省政府委员会之决议案并处理常务。”依前一规定，主席为委员会之领袖；依后一规定，主席为省行政之长官；益以主席由国民政府指定，则主席始成为省政府之中心，委员会始有名无实。惟主席仍称“省政府委员会主席”而非“省政府主席”，形式上尚以委员会为主体。十七年四月二十七日第四次修正，乃规定：“省政府设主席一人，由国民政府就省政府委员中指定之”（第十七条）；并规定（第十八条）：

省政府主席之职权如下：

（一）执行省政府委员会之决议案；

（二）处理省政府日常事务；

（三）召集省政府委员会之例。

有委员三人以上之提议或主席认为有必要时应由主席召集特别会。“省政府主席”之名称确立而主席超乎委员会之上矣。以后《组织法》各次修正，仅有文字上之修改，实际未变此次之规定。惟此次规定中，省政府主席地位与职权虽超乎委员会之上，从法制外表上观察，主席实未能代表省政府，而代表省政府者为委员会，是则委员会虽为一空虚之外表，尚不失为一正规之代表。十九年二月三日第五次及二十年三月二十三日第六次修正规定省政府主席之职权如下（第六条）：

（一）召集省政府委员会于会议时为主席；

（二）代表省政府执行省政府委员会之议决案；

（三）代表省政府监督全省行政机关职务之执行；

（四）处理省政府日常及紧急事务。

前项省政府委员会除例会外有委员三人以上之提议或主席认为必要时应召集临时会。

省政府主席至此已直接代表省政府，殆为正式独任制矣。而今日省政府制度有甚于独任制者，因独任制下长官只支配执行部门，决策或议事部门执行长官不但不能支配，反受其牵制，但省政府主席不但为省之执行首长，又为省政府委员会中享有实际控制权之领袖[12]，实最大限度之集权制度也。省政府主席“处理日常及紧急事务”，若云非日常及紧急事务当由省政府委员会处理者，然委员会既亦为主席控制，则任何事务可为日常及紧急事务，亦可非日常及紧急事务，原规定实无甚意义也。

十九年二月三日第五次修正《省政府组织法》始规定：“现任军职者不得兼省政府主席或委员。”惟实际民国元年迄至今日，连年战事，各省省政府主席实以军人兼任为最习见，而非由军人兼任反而例外。二十四年三月六日行政院训令内政部规定各省保安司令阶级及制服云："……(一)省主席为文人而兼保安司令者不定阶级，不着陆军制服；(二)省主席为陆军军官，……"盖中央法令亦不讳言军人兼主席也。又用兵之时，高级地方行政职务即为军人之最大荣赏，此我国历史铁则，然则军人兼主席于今日亦自然之事耳。

《省政府组织法》，对省政府主席兼任各厅厅长及各专管机关长官未加禁止。三十四年一月二十八日中央社兰州电讯记国民政府某故委员简历称："……任宁夏省主席兼民政厅长。……"二十六年十一月九日国民政府派浙江省政府主席兼建设厅长。二十七年九月十六日国民政府令江西省政府主席免兼建设厅长，十二月二十三日复令广东政府主席免兼民政厅长。二十八年二月二十五日任命广东省政府主席兼建设厅长。三十二年《国民政府年鉴》记录宁夏省政府主席兼农林处长，青海省政府主席兼保安处长。事实上省政府主席可自由兼任各厅厅长及各专管机关长官，惟此种兼任，只为临时性质，经常以不兼为原则也。又若干采用合议制之专管机关规定由省政府主席兼领(见后)，然亦仅名义而已，多不实际负责。

《省政府组织法》原公布时省政府即为各厅长，主席只一名义。第一次修正后省政府委员会重心在常务委员。第二次修正后有值日委员之规定，主席地位仍未见重要。主席既不重要，则其执行职务与否，自无关大旨。自第三次修正规定主席由国民政府指定并规定主席职权，主席已为省政府之中心，其能否行使职权，关系至大，故始同时规定："省政府委员会主席因故不能执行职务时得由该委员会互选一人暂行代理主席职务，但须呈报政府核示。"(第七条)第四次修正后更规定代理主席，以一个月为限，逾期须国民政府特许(第十九条第二项)。第五次及第六次修正均于第七条规定："省政府主席因故不能执行职务时得由省政府委员互推一人暂行代理主席职务，其期间以一月为限。"如超过一月之期限，则非省政府自身所能作主。事实上，代理主席并非由省政府委员互推，而由省政府主席指定。《西康省政府主席出巡办法》(二十八年四月二十一日制定)直规定:"主席出巡时应派员代行其职务"(第二项),实反映今日通例也。其代理期间超过一个月者则由国民政府派定代理主席。代理主席,多由民政厅长充任,但亦有以兼秘书长之委员或其他厅长充任者[13],亦有以不兼职而资望较高之委员充任者。《省政府组织法》规定代理主席由委员互推,实际不但非为互推,且有时代理者并非以其委员本职而以其厅长兼职派为代理主席,例如国民政府二十八年二月四日派湖北省政府民政厅长代理主席,二十一日派河南省政府政府民政厅长代理主席,二十九年十二月二十日派察哈尔省政府民政厅长代理主席,均未注明其委员资格,纯以厅长之资格代理主席,亦可表示委员制之名存实亡也。

省政府主席事实上已成为超乎委员之上之一优越职位,而为委员之长官。此一事实,今日表现达于极点,以至省政府主席或代理主席均可不由委员充任。二十七年三月十六日国民政府派第二战区司令长官兼代山西省政府主席,该员并非委员;二十七年四月二十七日至八月二日四川省政府代理主席亦非委员。二十八年九月十九日至二十九年十一月十四日四川省政府主席由军事委员会委员长兼理,二十九年十一月十五日至今日改由军事委员会成都行营主任兼理,二氏均非委员,而故称"兼理主席",以示不同平常。三十三年八月二十九日国民政府更调新疆省政府主席,时情势迫急,特同日令于新任主席未到前派第八战区司令长官暂行兼代。以上各员亦均非原省政府委员。凡此事例,国人视之毫无奇异,良以国人已默体省政府主席为超乎委员之独任省长官也。

依法省政府主席仅以委员为本职,主席为兼职,而今日事实上主席为主席,委员为委员,又有另一证明。即各省省政府主席绝少为原省政府委员,易言之,国民政府绝少于各省省政府原委员中选任省政府主席,主席之人选与委员之人选判然为两系,此实与《省政府组织法》精神不合也。国民政府于二十八年十月十三日将江苏省政府委员兼民政厅长兼代主席调任主席,三十三年十二月三十日将山东省政府委员兼民政厅长调任主席,三十四年十月六日调任云南省政府一委员为主席,凡此皆可谓例外也。惟调任手续为先将原委员兼厅长职或委员职免除，再任命为委员兼主席，就法律之形式观之，仍非自委员中选主席也。此种情形与内阁国家先有总理后有阁员而非先有阁员后有总理约略相似。然外国内阁虽先有总理后有阁员，究其内阁总理必为久任数次内阁阁员者。我国省政府主席几乎全部于受任主席之前不仅未曾充任原省省政府委员，且未曾充任任何省省政府委员。故无论从形式抑从实质观察，省政府主席与省政府委员殆为两种不同之阶级，殊非委员制之本色也。

五 各　厅

厅之设置，始于北京政府时代，时有财政、教育、实业、警察等厅。然其时各厅皆直属于中央主管部，不过同时受省长之监督。虽然，各厅直属各部，只属形式，实际省长与各厅均受地方军阀之统制。省长所理者纯为民政事务，与今日民政厅长相同，故今日民政厅长相同，故今日民、财、教、建四厅早胚育于北京政府时代矣。北京政府时省长及各厅厅长均听命于都督或总司令等，今日四厅听命于省政府主席，此亦形式上之改变，都督与主席固无差别也。

国民政府于十四年初公布《省政府组织法》，即根据北京政府之实际情形规定："省政府以民政、财政、教育、商务、农工、军事各厅组成之"（第二条）。北京政府已有财政、教育二厅今沿之不改；民政厅即旧日省长公署；旧日实业厅则析为建设、商务、农工三厅；而军事厅实旧日都督府或总司令部，尚兼警察厅也。十五年第一次修正，规定："省政府下分设民政、财政、建设、教育、司法、军事各厅，于必要时得增设农工、实业、土地、公益等厅分管行政事务"（第七条）。北京政府地方司法机关，于各省有高等审判厅，直属中央司法部。高等审判厅为司法机关，不受省长之监督，与财政、教育、实业各厅不同。虽然，都督视高等审判厅，仍若属衙，其地位事实上仍无异其他各厅。今所添司法一厅，实旧日高等审判厅也。十六年七月第二次修正为："省政府下分设民政、财政、建设、军事、司法各厅，于必要时得增设教育、农工、实业、土地等厅,分管省行政事务(第五条第一项)。除将教育厅列为自由设置及取消公益厅外余无更动。"十六年十月第三次修正又规定:"省政府下分设民政、财政、建设各厅,于必要时得增设教育、农工、实业、土地等厅,分管省行政事务"[14],(第九条第一项),而将军事、司法二厅取消;并规定:"各厅之设置、废止由国民政府决定行之"(同条第二项)。此时国民政府甫行统一,行政尚未安定,故前此规定,均可谓属于过渡性质。于此过渡期中,国民政府有一企图,即将北京政府之实业厅化为数厅,以示励行建设,转移风气之意;然此一企图,十七年以后之事实证明未曾成功,今日之民、财、教、建四厅即旧省长与财、教、实三厅也。十七年四月《省政府组织法》第四次修正,于第六条规定云:

省政府下设下列各厅处:

秘书处,民政厅,财政厅,建设厅。

除试行大学区制之省区外省政府之上设教育厅[15]。

省政府于必要时得增设农矿厅、工商厅。

省政府各厅始以民、财、教、建为主干。十七年五月三日国民政府修正公布《大学区组织条例》[16],"全国依各地之教育、经济及交通状况定为若干大学区,每大学区设大学一所,大学设校长一人,总理大学区内一切学术与教育行政事项"(第一条),因是,又设有大学区之省自无设立教育厅之必要。惟大学区制施行地区极为有限。上述条例第七条云:"本条例经国民政府核准后暂在浙江、江苏等省试行之。"事实上,只江苏浙江两省试行。九月二十一日增设北平大学区,包括河北热河两省及北平、天津两市。未几,各大学区尽撤,各省仍设教育厅。十九年二月《省政府组织法》第五次修正,其第八条规定:

省政府设下列各厅处:

秘书处,民政厅,财政厅,教育厅,建设厅。

省政府于必要时得增设农矿厅、工商及其他专管机关。在未设农矿厅或工商厅之省关于各该厅事务由建设厅掌理之。

依末项之规定民、财、教、建四厅之制度殆已完全确立。设置农矿厅及工商厅之省无考，实限于极少省区。二十三月第六次修正则规定：

省政府设下列各厅处：

（一）秘书处；

（二）民政厅；

（三）财政厅；

（四）教育厅；

（五）建设厅。

省政府于必要时得增设实业厅及其他专管范围。

在未设实业厅之省关于该厅事务由建设厅掌理之。

设有实业厅省计有云南、贵州、辽宁、吉林、黑龙江诸省，惟二十三年均撤，各省均只民政、财政、教育、建设四厅。

各厅职掌，《省政府组织法》有列举规定。然其规定，表面似为列举，实际仍为概括，列举各款，以说明而已。每款均冠有“关于”二字，“关于”云者，实无确定范围也。且各款之后尚有“其他……事项”，已完全表现概括之性质。且省政府执掌既为概括式规定，则各厅职掌必不能列举也。又列举各厅职掌中，亦不必尽由所属之厅掌理，而可由其他专管机关管理。事实上各省地政局、警务处、社会处、赈济会（三十四年九月起撤销）、卫生处等机关皆分理《组织法》中之民政厅事务也。自三十一年省财政拨归中央后，财政厅固有执掌已不存在，其事务可谓完全属于国家行政，与北京政府时代之财政厅无异。三十四年六月十三日财政部制定《财政部战时授权各省财政厅长处理国家财政办法》，规定（第二条）战时各省财政厅长承财政部长之命处理下列各项国家财政事务：（一）关于国库行政之处理；（二）关于国有财产之情理；（三）关于国税稽征之协助；（四）关于金属管理之协助；（五）关于县银行之监督管理；（六）关于公债捐、献之劝募，（七）其他部令交办事项。凡此诸项今日已为财政厅主要职掌矣。[17]总之省政府各厅职掌，并无确定内容，随时可以变更也。

《省政府组织法》规定：“各厅设厅长一人，由行政院就省政府委员中提请国民政府任命之，总理各该厅事务，指挥、监督所属职员及所辖机关。”（第十六条）厅长职务，为半政务官（见前节），故国民政府任命前须经中国国民党中央执行委员会政治委员会通过。厅长须由委员兼任，为我国省制一项特色，但亦不无例外。三十二年六月三十日及二十四年九月三十日刊行之《云南省政府职员录》所载民政厅长及财政厅长，俱非省政府委员。二十七年九月十六日至二十八年十月二十日江西省政府建设厅长，二十九年二月二日至三十二年七月八日云南省政府财政厅长，三十二年七月八日至三十四年十一月二十一日云南省政府财政厅长及建设厅长亦均非省政府委员。国民政府对于非由委员兼任之厅长，形式上派为代理而非正式任命。通常公务员代理期间有一定限制，然厅长属于政务官，不受此项约束，故事实上代理与正式任命并无分别。代理厅长只能列席省政府委员会会议，而不能出席，惟出席与列席实际亦无分别（见前）。因此，委员兼任厅长之原则，可以避免生效。然此种避免，并不多见耳。新疆省政府各厅曾设副厅长，江西省政府各厅曾设参事，等同副厅长，俱各一人，于各省省政府组织中，堪称特殊。

“各厅、处各设秘书一人至三人，承各该长官之命办理机要事务”（第十九条第一项）。事实上，各省省政府各厅秘书之中，常指派一人为主任秘书，遇厅长不克处理职务时即代为处理之。“各厅处视事务之繁简分科办事，每科设科长一人，荐任；科员四人至十二人，委任，承长官之命办理各该科事务”（同条第二项）。各省每厅约分五科，或略有增损。又科之下例皆分股，每科约分三股，每股设股长或主任一人，由高级科员兼任之。兼任股长或股主任之科员每有支荐任待遇者，三十二年十二月三日国民政府公布中央及地方机关设置荐任科员原则（国防最高委员会制定），始正式准许科员得叙荐任，惟有限制。原则五项，均为限制，照录于下：

（一）各机关设置荐任科员数额，应订入组织法内。

（二）设置荐任科员机关，以职权范围校大，其科长为固定荐任以上者为限（按全国各机关科长只有荐与委任两种，实无荐任之上者）。

（三）荐任科员名额不得超过该机关科员总名额十分之一。

（四）荐任科中之叙补依下列顺序：

甲、依照考绩应予升等人员；

乙、分发之高等考试及格人员；

丙、分发之相当高等考试之特种考试及格人员。

（五）前条各款人员不止一人时应按人数配置轮叙。

综观上列五项，凡有机关之限制、员额之限制与人选之限制三种，故科员仍以委任制为原则也。惟观其人选之限制，注意对象并非股长或股主任，惟事实上股长或股主任多为所列三种人员，因此荐任科员无一非股长或股主任。“各厅于必要时得设技正、技士、技佐及视察员，其名额由该厅长提出省政府委员会议定之”（同条第三项）。技正为荐任，技士、技佐皆为委任，三者均为技术人员，所任皆技术工作，如测量、绘图、工程、农艺、矿冶等等，多于建设厅设置之。视察员工作非各厅本身之工作，其职务为代表各厅考察所属机关及地方长官之工作。二十六年一月七日行政院规定：“省政府（指秘书处）及各厅视察员分置荐任及委任两等，由各省政府及所属各厅规定荐、委名额呈院备案。”抗战期间各省省政府紧缩组织，各厅多不设视察员，而将视察员集中于省政府秘书处。

各厅设科数目及各科职掌暨科长科员，技术人员等工作分配自应规定于办事细则内。《组织法》规定：“各厅处办事细则由省政府委员会议定之”（第二十一条），然草案拟制，自仍属各本厅也。但中央政府尚可以特殊法令加以限制或约束。二十年一月十六日教育部制定《推行社会教育之三项重要设施》，其第三项云：“各省、市教育厅、局应一律设置掌理社会教育之专科。……”二十五年六月十六日教育部又制定《各省市教育厅局办理统计暂行办法》，其第一项云：“各省、市教育厅、局应依照《地方行政机关统计组织暂行规则》第三条、第四条、第六条之规定设置统计股或专办统计人员。”同年八月二十二日又公布《各省实施电影教育办法》，其第二项规定：“为普遍实施教育电影起见，各省、市教育厅、局应于主管社会教育之科、股指定职员一人，掌理电影教育行政事宜（得兼办播音教育事宜）。……”二十九年九月二十八日又公布《推行家庭教育办法》，其第二条规定：“各省（市）教育厅（局）于主管社会教育之科、股指定职员一人办理家庭教育行政事宜。”三十年九月九日国民政府修正公布《国民体育法》，其第四条规定：“中央及地方各级教育行政机关应各设专管体育之人员，负责办理及考核体育之责。”是年四月三十日国民政府令颁《确定省(市)县(市)政府主管社会行政机构案》(中国国民党中央执行委员会常务委员会通过)，其第一项云：“在省政府之下，得设置社会处，主管关于人民组训、社会运动、社会救济、社会福利等事宜；其未设处之省，由民政厅设科主管。……”[18]内政部为发展地方户籍行政，曾制定《省市县各级户政机构充实办法草案》，依其第一项第一款之规定：“各省民政厅设户政科。”三十一年五月五日行政院指令该部规定：“各省户政科有无设置必要应由各省政府自行酌定。”惟事实上各省多设有户政科。[19]三十一年十二月三十一日代电各省省政府，规定各省建设厅应设立专股办理营建行政。三十三年一月《国民政府统计月报》第八十九号云：“年来经内政部商请各省政府一律于建设厅内指定专科、或专股负责掌理地方营建行政，……除苏、冀、鲁、晋、察、辽、吉、黑、热等九省情形特殊暂缓设置外，其余各省营建行政机构均已设置。”又国防最高委员会会议决(日期无考，惟在三十一年以前，又该委员会成立于二十八年)凡未设地政局之省厅于民政厅内设地政科。[20]又无警务处之省多于民政厅设科或股办理警政。[21]凡此皆中央法令指示各厅内部组织也。

又各厅组织，除上述《组织法》所规定之员额，尚有其他职员，其设置或基于中央法令之规定，或由各省自作主张。由中央法令规定者例如二十年六月六日教育部公布《省市督学规程》，规定：“省教育厅设督学四人至八人，荐任，视察各级学校及地方教育。”督学职务，实与《组织法》规定之视察员重复，然各省均遵照设置，并有于督学之外，再设视察员者(如江西、云南等省)。《各省实施电影教育办法》第二项规定：“……各省(并)应就全境划分教育电影巡回放映区，分区设置放映人员办理教育电影放映事宜”，惟此项规定未克普遍实行。二十六年三月二十六日行政院制定《设置各级地方机关会计人员办法》，其第二项规定：“省、市政府所属之各厅、局处及其直属机关由各该省、市会计处视其需要分别设置会计室，依法呈请任会计主任，或会计员（按指不设会计室者）办理岁计、会计事务，……”《省、市、县各级户政机构充实办法草案》第二项规定民政厅户政科之员额云：“户政科设科长、技正，荐任；督导员，荐任或委任；科员、技士，委任；办事员、书记，委任或雇用：其名额由民政厅……按实际需要定之，但须呈报省（市）政府核转内府部备案，……”所规定之职名，除科长、技正、科员、技士外，均为《组织法》所无。三十一年十一月经济部咨湘、黔、陕、桂、甘、康、各省省政府请于建设厅内组织矿物测绘机构，以解决各种矿业纠纷。各省自行设置者以特务秘书、额外秘书或助理秘书，办事员或助理员及书记最为普遍，几无厅无之。特务等秘书职或协助厅长个人处理事务，或协助秘书事务，或不作任何事务，均非正式官职，但例案荐任支薪。[22]办事员或助理员位于科员之下，多委任，少数雇用，其委任者仍须为正式官职。书记均雇用，办理缮写、庶务、校对等事务。近年各省厅有设专员、督导员及编审者，亦相当普遍，皆荐任或高级委任，其荐任者国民政府亦予承认任命，形式上皆正式职官。又三十二年六月二十三日国民政府任命河南民政厅军事征用室主任，故该厅有军事征用室。三十三年十一月五日中央社兰州电讯载有甘肃建设厅矿业指导主任一职。就事实观察各厅设员，只须不越预算，极为自由也。荐任人员与委任人员之分别不仅为官职之高、下，且为任命权之所自。依法委任人员可由省政府或各本厅任用，荐任人员则须省政府呈请国民政府任用。惟事实上各厅一切荐任、委任人员皆由各本厅长决定，法律规定，形式而已耳。

“各厅于不抵触中央法令或省政府委员会议决之范围内，对于主管事务，得发厅令”（《组织法》第十七条）。厅令与省令当属同一性质。从《组织法》第二条观察，省令并不包括单行条例、规程，故厅令当不能包括条例、规程等。此就外表而论。从实质言，省令与厅令为纯粹行政的，条例、规程、规则等则为半立法的。省政府委员会本有半立法功能，故可制立各项补充法规之规章；各厅完全为行政机关，故不能制立。然事实上各厅除发布厅令外亦能制立半立法性之规章，此类规章有时呈送省政府主席核准，有时径行公布。其实立法与行政性质上既难划分，即使性质上互异，其行使并非绝对隔离不可，故理论上各厅实无不可制立补充法规之规章。形式上，厅令原无固定内容，则规章为厅令之内容于《组织法》之规定亦无违反也。

六 秘 书 处

秘书处为省政府委员会之幕僚或参谋或总务机关，不独其事务属于间接行政，抑且无对外资格。各厅之中亦有处理间接行政者，此即财政厅，但财政虽为间接行政，仍以人民为对象，故财政厅仍为一完整之行政单位，有对外行为之能力。各厅为行政单位，秘书处则否，此唯一分别也。《省政府组织法》第九条规定省政府秘书处之职掌如下：

（一）关于一切机要及省政府委员会会议事项；

（二）关于撰拟、保存、收发文件事项；

（三）关于会计、庶务事项；

（四）关于编制统计及报告事项；

（五）关于记录省政府各厅处职员之进、退事项；

（六）关于典守印信事项；

（七）其他不属于各厅事项。

凡此各项皆机关事务也（见第四章：省公务）。

十四年原公布之《省政府组织法》规定：“省政府设秘书处，承省政府令掌理秘书处事务”（第七条），惟未规定秘书处之组织。十五年第一次修正始规定：“省政府设秘书处，由省政府任命秘书三人组织之，秉承省政府委员会之命分任秘书事务”（第九条），关于秘书之佐属仍未规定，但云：“省政府秘书处组织条例另定之”（第十二条），此项条例由中央抑由各省订定今无考。十六年七月第二次修正规定：“省政府设秘书长一人，秘书若干人，组织秘书处，承委员会之命办理秘书事务”（第十一条），始设秘书长，惟详细组织仍另有补充规定，今亦无考。十七年四月第四次修正后秘书处之组织始与各厅相仿，而秘书处虽属于省政府（委员会），秘书长则受省政府主席之指挥。秘书处之组织与各厅同样，设秘书一人到三人，分科设科长科员，但视察员及技术人员，依《组织法》之规定，限于各厅设置，故秘书处当不能设之。顾《组织法》所规定，殊多变通，秘书之中有主任秘书，其外有特务秘书，助理秘书等，科员之下有办事员或助理员及书记等，皆与各厅实际情形相同。惟秘书名额，各省多加扩充。例如《福建省政府合署办公施行细则》第九条规定秘书处设秘书二人至四人；《陕西省政府合署办公施行细则》第九条规定秘书处设荐任秘书八人，委任秘书六人；《西康省政府合署办公施行细则》第九条规定秘书处设秘书四人至六人；以上细则皆经行政院核准。又《甘肃省三十一年全省行政会议汇刊》载甘肃省政府秘书处有秘书八人，三十四年二月《云南省政府职员录》载秘书处有秘书四人等。此风原始自合署办公（见后）实行后秘书处事务增加，行政院特准各省政府秘书处有事实上之需要时得增设助理秘书或由各厅调用秘书，其后则衍为扩充秘书处秘书名额之事实也。各省秘书处多设两科或三科，每科均分股办事。二十三年七月军事委员会委员长南昌行营制定《省政府合署办公办法大纲》，规定秘书处得设立下列各室：

（一）技术室。凡农、工、商、矿、水利、土木及其他各项事业为各该省现在应行急办者依其种类应沿用适当之技术专家分任调查、设计，即各主管厅处提出之技术事项亦概交其审核，并负指导、督率之责。

（二）法制室。凡省政府或各厅处所拟发布之法令及现行法令之修正、废止应沿用确有专长者集中于法制室分任调查章拟、审核之责。

（三）统计室。置统计专门人员，凡各机关应行搜集之材料概交统计室依照划一之规定，编成各项统计报告。

（四）公报室。置编译及印铸专员，凡各机关发行之定期或不定期刊物概交公报室统一办理一切法令尤应逐日送公报室公布，以节缮写、递寄之烦劳。

此项大纲定于江西、福建、安徽、河南、湖北五省先行实施，其他各省经行政院许可后亦可采用。二十五年十月二十四日行政院公布《省政府合署办公暂行规程》，将前项大纲废止，重新规定各省秘书处得酌设下列各室：

（一）技术室。掌理关于各种专门技术事业之调查、设计、审核及指导事项。

（二）法制室。掌理关于法制之搜集、整理、草拟、修订、审核及解释事项。

（三）统计室。掌理关于统计之编制及报告、年鉴之编拟及各种表格之调整事项（按二十三年五月十六日行政院曾训令各省、市政府应早日完成统计组织）。

（四）编译室。掌理关于公报及其他刊物之编译事项。

仍与大纲实质无异。规定各室，虽非强制，各省殆一致全部或部分设置。[23]各室组织，皆设主任一人，并分股办事，至主任之佐理人员，法制室多设编审员，统计室设统计员，编译室设编译员，技术室则设技正、技士、技佐等，此外各室仍有科员、办事员或助理员及书记等。技术室成立者较少，主因我国各级行政多以公牍为主，尚少思及为国为民服务立业者。湖北及福建两省政府仍设公报室而不设编译室。西康省政府原拟分设法制室及编译室，经行政院合并为编审室。[24]抗战以后，尤以实行行政三联制以后，秘书处多添设视察室，置视察员，其经费困难者则裁各厅视察员以抵之。三十二年六月二十二日国民政府任命河北省政府秘书处宣传室主任，故知该省有宣传室。又最近二三年中央推行人事制度（见后节），各省又多添设人事室。[25]再各省省政府未设会计处者均于秘书处设置会计室。[26]近年中央机关多设专员，以安插诸求职人员，各省政府亦多仿效，除各厅外，秘书处各室内亦有设专员者。

各厅厅长为半政务官，并须由省政府委员兼任；省政府秘书长既非属政务官，亦不须由省政府委员兼任。然秘书长虽非属政务官，依《公务员任用法》以第十四条之规定，不受任用资格之限制，故仍异于通常公务员。再自实行合署办公后，秘书长地位较前重要，因此多由省政府委员兼任。就二十五年以后事实而论，各省秘书长每年常有半数以上由省政府委员兼任。

二十三年六月广西省政府曾将秘书处取消，另设主席办公室，职掌秘书处原掌机要事务，及总务处，职掌秘书处原掌其他事务。主席办公厅由秘书长主持，总务处另设处长。二十九年四月又将此二机关撤销，恢复秘书处以代总务处，加设总办公厅，以代主席办公室。斯为特殊变革，不足为例。又抗战期间陪都成立之辽、吉、黑、热四省，省政府只设主席及秘书处，秘书处不设秘书长，设简任主任秘书一人主持之，亦特殊权变。

七 专管机关

每省省政府所处理之事务，恒在演变之中，且各省环境互异，放任何时间之中，各省省政府所处理之事务，恒不一致；是故言及省政府所处理之事务，实无固定之内容。省政府内各机关，其目的端在处理各项事务；今省政府事务亦不确定，则省政府究应包括若干机关，以应多变之事务，殆难预测也。虽然，省政府必有若干事务，经相当长久之时间，涉相当普遍之区域，而变化参差甚少者，可称为省政府之基本事务。其余变化较大，参差较多，而难以预测或定型者可称为省政府之辅翼事务。基本事务，性质固定，自可各省一致设固定机关经常处理之。辅翼事务，性质不定，则立法者不能预设机关以待其起而处理之。各厅一，处理基本事务者也；专管机关，处定辅翼事务者。此各厅与专管机关之别也。有虽属基本事务，因事务数量上之扩大，而不得不分设专管机关以减各厅负担而增行政效率。故专管机关实包括两种：其一处理性质上不属于各厅之事务，即辅翼事务；另一处理性质上仍属于各厅之事务，即基本事务。前一种专管机关均应与各厅地位平行，而直属于省政府。后一种专管机关可视其事务之繁、简或直属于省政府，或属于各厅。又各厅事务数量上扩大，可另设专管机关以分其任；各专管机关亦然，故尚可有一种专管机关属于其他专管机关者。

《省政府组织法》原规定省政府以民政等七厅组成，第一次修正规定省政府经常设民政等六厅，必要时得增设农工等四厅，盖已承认省政府各机关有固定与不固定之原则。第二、第三、第四三次修正只将经常设立与必要增设之各厅名称、数目改换，至第五次修正始有专管机关之规定。《组织法》中列举厅之数目益多，则专管机关之需要益少。除民、财、教、建四厅相同外，第五次修正规定必要增设之厅有农矿厅与工商厅二厅，第六次修正只一实业厅。又必须经常设立之厅其数目亦渐趋减少。再《组织法》最初公布时各厅均为经常设置，后分经常设置及必要增设两种，最后添专管机关。故就《组织法》之历次修正观之，专管机关实在促渐成长之中也（以上见前第五节）。再从实际方面观之，《组织法》中所列实业厅事务，各省均有多数专管机关管理（见后）而无一省设有实业厅，可见在厅与专管机关同样设立之情形下，专管机关实际较厅为优先，则专管机关今后尚须进占上风，可断言也。惟省政府所处理事务虽属多变，要在多变之中必求安定，而多变之后亦势必安定，则专管机关性质上永为各厅之过渡组织，犹若设治局为县政府之过渡组织者然，故专管机关发展至于极点，厥为改变为厅。若此，则专管机关之发展虽暂时似若胜于各厅，然长期观之，专管机关之发展即为各厅之发展也（此处所谓之厅即代表党设机关之意，日后或可能更易他名）。兹将各省设置专管机关之实际情形分析于后。

（甲）直属于省政府之专管机关

（子）基于中央法令设立者

一、处理直接行政者（见第四章）

（一）卫生处——卫生行政，原由民政厅掌管，多设有专科办理。十七年十二月十七日国民政府公布《全国卫生行政系统大纲》（时卫生部始成立），其二条规定："各省设卫生处，隶属于民政厅，兼受卫生部之直接指挥、监督。"各省之中有遵照设立者，亦有保留设科者。二十三年以后，各省又有将卫生处直属省政府者。又卫生部撤销后，省卫生处有改称卫生实验处者。兹将二十八年底止各省卫生机关列表于下：

（甲）仍保留于民政厅内设科者

省别	设立时期	省别	设立时期
安徽	十六年十一月	江苏	十七年
察哈尔	十七年六月	河南	二十三年九月
绥远	十七年七月	湖北	二十六年
河北	十七年七月	山东	无考
山西	十七年十月	广西	无考

（乙）改设专管机关直属于民政厅者

省别	设立日期	名称
湖南	二十三年一月	卫生实验处
浙江	二年四年七月	同上
云南	二十五年八月	同上

（丙）改设专管机关直属于省政府者

省别	设立日期	名称
江西	二十三年六月	全省卫生处
甘肃	二十三年九月	卫生实验处
宁夏	二十三年十二月	同上
陕西	二十六年九月	卫生处
福建	二十七年二月	全省卫生处
贵州	二十七年三月	卫生委员会
广东	二十七年	卫生处
四川	二十七年	卫生实验处，兼受民厅指挥

二十九年六月二十一日行政院乃公布《省卫生处组织大纲》，规定："省设卫生处，隶属于省政府，掌理全省卫生事务"（第一条）。"省卫生处设置处长一人，简任或简任待遇"（第二条）……"设置科长、科员、技正、技士，其名额、官等、俸给及编制由省政府依事务需要及财政状况拟定，报由卫生署转呈行政院核定之"（第五条）。"省卫生处得设省立医院、卫生试验所、初级卫生人员训练所、卫生材料厂及其他卫生机关"（第六条）。除完全沦陷省区处，各省均遵照设立或改设、改组卫生处，直属于省政

府[27]，惟云南、广西二省卫生处仍属于民政厅，福建卫生处于三十一年五月改隶民政厅。

（二）禁烟委员会——二十四年十月国民政府军事委员会禁烟总监令各省、各市及各县均设立禁烟委员会，协助政府执行禁烟事宜。二十五年六月三日国民政府公布《各省市县禁烟委员会组织通则》（二十八年五月一日修正），规定各省应一律设置禁烟委员会，其原已存在者应重新改组（第十六条）。该会设委员七人至九人，由省政府聘请地方热心禁烟之公正人士充任，委员中推定三人为常务委员，或指定一人为主任委员，处理日常事务（第三条第一项），均为无给职（第十三条）。其职员以向省政府各机关调用为原则，必要时得酌用雇员（第十四条）。该会职掌如下：（一）关于禁烟禁毒之督促、考核事项；（二）关于协助缉私及处理烟、毒人犯案件之考查事项；（三）关于禁烟经费之筹划、稽核事项；（四）关于办理禁烟、禁毒人员奖、惩之审议事项；（五）关于没收烟、毒犯财产一切收、支稽核事项；（六）关于推行禁令之设计及宣传、文告、插画之拟订暨审查事项；（七）关于禁烟、禁毒文件及议案、报告之撰拟、编辑事项。

二、处理间接行政者

关于财政者：

（一）会计处——二十六年七月行政院制定《各省、市政府会计处组织及办事通则》，规定各省（及各直辖市）政府均应设立会计处，掌理下列各项事务（第三条）：

（一）关于筹划省、市预算所需事实之调查事项；

（二）关于省、市各机关岁入、岁出概算书之核算及总概算之编造事项；

（三）关于预算内款项依法流用之登记事项；

（四）关于省、市各机关岁入、岁出决算书之核算及总决算书之编造事项；

（五）关于省、市财务上增进效能及减少不经济支出之研究、建议及其报告事项；

（六）关于省、市会计制度之拟订事项；

（七）关于省、市各机关会计报告之综核记载及总报告之汇编事项；

（八）关于省、市各机关会计人员之任、免、迁、调、训练及考绩事项；

（九）关于省、市各机关会计事务所之指导、监督事项；

（十）其他有关岁计、会计事项。

"会计处设会计长一人，简任；科长二人或四人，荐任；科员若干人，委任：其名额由国民政府主计处会同所在政府决定之"（第五条）。[28]三十四年九月以前先后于省政府内设立会计处者计有川、粤、闽、陕、浙、皖、甘、桂、赣、湘、鄂、豫、黔、滇、宁、青等省。《预算法施行细则》（二十七年九月二十三日国民政府公布）第五十九条规定："……省政府……尚未设立主计机关者其岁计职务暂由财政厅……执行"（参见前秘书处会计室）。各省会计处成立日期如下：

省　名	成立日期	省　名	成立日期
江　苏	抗战前，日期不详，但二九年二月一日改会计室	甘　肃	二八年七月一日
		贵　州	三一年四月一日
江　西	二七年八月二九日	河　南	三一年六月一六日
湖　北	二七年九月十六日	云　南	三二年四月一日
湖　南	二七年十月一日	福　建	不详
四　川	二八年一月一日	浙　江	不详

下列各省会计处成立日期不详，其奉主计处饬设日期如下：

省　名	成立日期	省　名	成立日期
广　西	二六年四月二六日	青　海	三一年五月二六日
广　东	二六年八月十二日	西　安	三一年十月二六日
陕　西	二七年十一月十七日	宁　夏	三一年十二月二二日
安　徽	二八年十月七日	绥　远	三二年十一月五日

其无会计处又无会计室之省岁计则由财政厅执行。惟三十四年九月后，各省均设会计处。

（二）水利经费保管委员会——二十二年五月十三日行政院公布《省水利经费保管委员会组织规程》，规定该会在省政府之指导、监督下（第一条)办理下列各项事务:(一)关于水利经费之筹备及保管事项;(二)关于水利经费用途之监督事项;(三)关于水利经费预、决算之审核事项(第六条)。该会设委员五人至九人,任期两年之。(一)省教育会;(二)省商会;(三)经省政府认可与水利有关之省民众团体(第二及第三条)。委员互推委员长及副委员长各一人,任期一年(得连任),执行日常事务(第四条),并负保管经费之责及会同财政厅长决定存储银行与核定支付(第七条)。

(三) 保管中央协助教育款项委员会——二十八年一月十六日行政院公布《各省市保管中央协助教育款项委员会组织规程》,规定:“各省、市受领中央协助教育款项(义务教育经费除外)应设保管中央协助教育款项委员会”(第一条),保管该款,监督并稽核其用途与支付(第四条)。该会设委员九人至十一人,其人选如下:

(一)省政府指派高级职员一人;(二)省教育厅长;(三)省会计长或会计主任;(四)省财政厅高级职员一人;(五)国家发行银行省分行(其不止一行者,成立最早之一行)经理;(六)教育厅主管教育经费科长(办理特种教育省份加主管股长);(七)本省教育专家三人至五人(第七条),以教育厅长、会计长或会计主任及教育专家一人为常务委员,并以教育厅长为主席(第八条)。

(四) 禁烟专款管理委员会——二十八年一月行政院制定《各省市县禁烟专款管理通则》,其第四条第一项规定:“省禁烟专款管理委员会设委员七人,民政厅长,财政厅长均为当然委员,并由省政府另推省府委员一人暨聘任省党部委员一人,省禁烟委员会委员一人,公正士绅二人组织之,以民政厅长为主任委员”,负责保管省禁烟专款。

(三) 特种专管机关

(一) 委任职公务员铨叙委托审查委员会——二十五年二月二十一日考试院公布《各省委任职公务员铨叙委托审查办法》,其第一项规定:“铨叙部在各省叙述分机关未成立前得将委任公务员之任用、考绩暨登记事宜委托各省政府组织铨叙委托审查委员会依本办法办理之。”该会设委员七人至九人,“由省政府委员,秘书长,厅长,高等法院院长,审计处处长组织之,以省政府主席为主席……”(第二项)。“又该会得酌用科员、办事员分股办事,其人选就省政府或各厅职员中调充,不另支薪”(第十二项)。该会所司,为中央行政而非省行政。

(二)地方行政干部训练团——十五年十月二十日(时国民政府尚未统一国内)中国国民党中央及各省党部职席会议“省党部与省政府之间关系问题决议案”第二项云:“由省党部与省政府合办一党权,以训练地方行政人才,先训练行政与财政人员,再依其需要,训练其他人员”,惟事实上各省并未设立。二十年以后各省均设立县政人员训练所(河南省称地方行政人员训练所)[29],乃遵照行政院所颁《县行政人员训练办法大纲》(日期无考)办理者,抗战以后,有易其他名称者,例如江西于二十七年五月改称地方政治讲习院,又湖南改称地方行政干部学校,福建省改称公务人员训练所,其改称动机不外将训练范围自县行政人员扩充兼括省行政人员,惟事实上,仍以县政人员为主。二十八年十二月十三日行政院公布《县各级干部人员训练大纲》,其第三条规定:“地方行政干部训练委员会为省训练之计划及考核机关,设委员十五人至十九人,省政府主席,秘书长,各厅厅长,保安处处长,军管区司令部国民军训处处长,省政府委员二人,省党部委员二人,当地公立大学校长为当然委员,其余委员由省政府聘任之;置主任委员一人,由省政府主席兼任。地方行政干部训练团为省训练之执行机关,设团主任、教育长各一人,下设教务、训导、总务三处及军训总队,团主任由省政府主席兼任。”除山西、新疆二省外,各省均遵照设立地方行政干部训练委员会及地方行政干部训练团。嗣因紧缩经费,将委员会撤销,只留训练团。该团实以训练县政人员为主,所谓“地方行政干部”,专指县行政人员而言也。该团虽为省专管机关,其事务则不属省行政也。三十二年八月二十七日中国国民党中央执行委员会常务委员会制定《训练机关管理办法》,十月一日由国民政府公布施行,其第七条云:“各省地方行政干部以外之人员之训练应由其主办机关尽可能商请地方行政干部训练机关设班办理”,此项规定,显就省行政人员而言,惟弹性极大,不能强制,即使可以强制,其设班训练省行政人员不过为附带的,故地方行政干部训练团实为一项特种专管机关也。

（三）其他——二十三年九月一日行政院公布《补充县长任用资格实施办法》，其第二项规定："各省应自即日起组织县长检定委员会，举行县长检定，委员会之组织与检定办法由各省省政府定之，咨报内政部查核备案"，惟该会任务完毕随即裁撤，非经常机关。三十年三月十五日农林部公布《各省粮食增产督导办法大纲》，其第三项规定："各省各设总督导一人，由建设厅长兼任，秉承农林部与省政府之命令负责督导推行该省粮食增产事宜（按为县公务）之总责任；副总督导二人，其中一人由各该省农业改进机关主管人员兼任，其余一人由农林部指派人员充任，共同协助总督导推行全省粮食增产事宜。如农业改进机关直属省政府者，总督导由省政府主席兼任，商同农林部主持该省粮食增产事宜。"此项总副督导均以县行政为对象，亦为特种专管机关。三十四年三月九日行政院会议议决将各省粮食增产督导裁撤。又抗战期间有粮政局（原称粮食管理局）[30]、驿运管理处[31]、物价管理制委员会[32]、图书杂志审查处等机关[33]，均于胜利后裁撤（粮政局胜利前即已裁撤）[34]。

（2）非强制设立者[35]

一、处理直接行政者

（一）警务处——清季于各省设巡警道，鼎革以后各省巡警道有改为军事巡警总厅者，有改为省会警察厅者，有改为巡警局者，有改为警务公所者。二年一月八日大总统颁《地方警察官厅组织令》，规定各省于省会及商埠设地方警察厅，旧称一概废除。四年七月内务部拟订《各省整顿警政办法大纲》，呈请大总统明令各省酌设全省警务处，是为警务处之始。七年一月二十三日该部复公布《各省警务处组织章程》，规定各省一律设警务处。事实上各省警务处长皆由省会警察厅长兼任，职员亦多互兼。十四年七月广东省首将该处取消，以后国民政府克复各省亦多相继效颦。惟国民政府统一后，即于十七年十一月电令内政部云："各县警察，应统归各该省警务处整顿训练，有处者仍旧保留，无处者应即设立。"次年六月二十七日国民政府乃公布《省警务处组织法》，其第一条规定："省设警务处，秉承民政厅长之命，掌理全省水、陆警察事务。”河南省首先遵照于是年七月设置，惟十九年十月即撤。甘肃省于十九年四月设置，至二十年十一月亦撤。东三省原设警务处，并未裁去，今仍保留，但直属于省政府。十九年冬河北省设公安管理局，山西察哈尔两省设公安管理处，均属省府；河北省于二十一年十月，山西省于二十二年一月，察哈尔省于二十二年八月，依照《省警务组织法》改组。热河省于二十年四月遵照设立。其余各省均请求缓设。各省设置警务处者既少，二十六年十一月四日国民政府仍将《省警务处组织法》修正，规定各省得设警务处，直属于省政府。处设处长一人，简任，由内政部长选员提请任命；分设三科或四科，每科设科长一人，科员三人至六人；此外又设秘书一人至三人，视察二人至四人，办事员六人至十人，并得酌用雇员。秘书、科长及视察均由省政府咨请内政部呈请荐任，科员由处长呈请省政府委用，办事员由处长委用。三十四年九月以前成立省警务处者只有云南、湖南、新疆三省[36]，云南省警务处长兼省会警察局长，处、局重要职员，亦皆互兼；良以除省会以外，以他地处警务事务甚为简单也。此种情形，各省皆然。

（二）社会处——社会事务原由中国国民党办理，中央党部有社会部[37]，为全国社会事业之最高机关，各地方党部及其他分、支党部多设立社会服务处。二十九年十一月中国国民党中央执行委员会决议将社会部改隶行政院，社会事务，始为国家公务。三十年九月五日行政院公布《省社会处组织大纲》，规定：“各省政府得设置社会处，主管关于人民组训、社会运动、社会救济、社会福利等事宜”（第一条）。“省社会处置处长一人，简任”（第二条）。“省社会处置秘书、科长、视导、科员、办事员，其名额、官等、俸给及编制由省政府依事务需要拟订报由社会部核转行政院决定之”（第五条）。旋行政院训令滇、川、黔、甘、陕、浙、闽、桂、粤、湘、赣十一省设社会处；鄂、鲁、豫、皖、晋、康、青、宁八省于民政厅内设社会科；苏、冀两省社会行政由民政厅兼管，但暂不设科；辽、吉、黑、热、察、绥六省暂委托各该省党部办理。但事实上察哈尔省于民政厅内设科，冀、苏两省改托省党部办理，其设社会处与社会科者亦互有更动。兹将各省社会处成立时期列举于下：

省　名	成立日期	省　名	成立日期
广　东	三十一年一月	湖　南	三十一年四月
福　建	三十一年二月	湖　北	三十一年七月
江　西	三十一年二月	四　川	三十一年三月
陕　西	三十一年二月	云　南	三十一年三月
广　西	三十一年三月	河　北	三十四年十一月
甘　肃	三十一年三月	青　海	三十二年九月
浙　江	三十一年三月	山　西	三十四年十一月
贵　州	三十一年四月		

（三）河川管理局——十九年三月国民政府公布《河川法》，其第四条规定：凡地方境内之河川，或流经境内河川之一段，地方政府应负保管之责。……地方政府管理河川得酌量情形设置河川管理局。而各省境内河川较多或较大者皆有水利专管机构，即兼管理河川；高原少水之省无水利专管机关，亦不另设河川管理局。

此外，《非常时期难民移垦规则》（二十七年十月行政院公布）及《非常时期难民移垦条例》（二十八年五月六日国民政府公布）第三条均规定："各省得设垦务委员会，办理难民移垦事宜，并得由中央主管垦务机关派员参加。"后方各省，多依照设立此会，直属于省政府。[38]惟三十四年九月抗战胜利，此类战时机关，即告撤销。

二、处理间接行政者

（一）统计处——二十二年六月二十四日行政院公布《地方行政机关统计组织暂行规则》，依其第五条之规定，省政府得设统计委员会。二十三年四月二十四日国民政府公布《统计法施行细则》，其第三条第二项规定主办统计人员分下列三等：（一）统计长，简任；（二）统计主任，荐任；（三）统计员，委任。三十九年八月三十一日行政院准主计处代电训令江西、福建、四川、湖南、广西五省设置统计长，成立统计处。同年十二月二十三日行政院公布（主计处制定）《省市政府统计处组织规程》，规定省政府“统计处依事务之需要分三科，每科设科长一人，科员五人至十人，均由国民政府主计长分别荐、委”（第四条），并“……得设雇员十五人至二十四人，助理计算、缮写等事务”（第九条），又“……于必要时得呈请国民政府主计长聘任相当于荐任职之专员一人或二人，办理设计、视察等事务”（第八条）。统计处之设置，依法属于国民政府主计处，故何省应设与否，概由该处决定。兹将各省统计处成立日期表列于后：

省名	成立日期
广西	三十年一月一日（三二年十一月十三日改设统计室）
福建	三十年一月十五日（三二年五月一日改设统计室）
四川	三十年四月一日
江西	三十年十二月一日
广东	三一年六月十六日（以后无考）

（二）人事处——二十九年十二月二十日国民政府公布《各机关人事管理暂行办法》（三十二年六月十一日废止），其第二项规定：“各机关人事管理，应视事务之繁、简，就原有经费及人员中设置人事处、司、科、股，或指定专任人员负责专办，其组织法规中已有规定者从其规定。”三十一年九月二日国民政府再公布《人事管理条例》，其第二条规定“五院及其直属之各部会署各省政府及院辖市政府人事处或人事室”，“人事处设处长，简任；人事室设主任，荐任或委任……”（第五条第一项）；“人事处得分科[39]，人事室得分股办事，科长荐任，科员、助理员均委任”（同条第二项）。省政府设立之人事处自然直属省政府，其设立之人事室只能属于秘书处，虽未明文规定，实法例如此也。惟该《条例》第十一条规定：“本条例施行日期及实施机关以命令定之。”同年十月二十日即开始施行规定“先就中央机关办理地方可自行采行”。三十四年九月以前设立人事处者凡有陕西（三十二年十二月二十一日）、广东（三十三年七月二十二日）及湖北（三十四年四月六日）三省。

（三）考核机构——三十年六月二十五日国民政府公布《党政工作考核办法》，其第十一条规定：“各级机关为实施考核，得于本机关内组织考核机构，以不增加人员、经费为原则”，各省政府多遵照设立考核委员会，或设计考核委员会，兼办设计工作。

(三) 特种专管机关

(一) 地政局——《省政府组织法》第一及第二两次修正中均规定省政府得设土地厅，惟第四次修正(十七年四月)即将土地厅废除而以土地行政归属民政厅管理。惟设立土地厅者只广东、浙江两省，前者于十五年设立，十七年裁撤；后者于十六年设立，同年裁撤。惟土地厅虽少设立，各省仍多成立土地局或其他地政专管机关。设有土地局者为：(一)安徽，十六年设，次年裁，二十三年复设；(二)广东，十七年设，隶财政厅，次年撤；(三)江西，十七年设，十九年裁，二十三年复设；(四)江苏，十九年设，隶民政厅，次年改隶省政府，二十二年复改隶民政厅，同年再改隶省政府；(五)浙江，十八年设，二十二年裁；(六)青海，二十二年设；(七)福建，二十五年设。设立其他土地专管机关有：(一)广西，十七年至二十二年财政厅清理田亩总局，二十二年至二十四年清理田亩总局；(二)江苏，十七年土地整理处，同年至十九年土地整理委员会；(三)安徽，十七年至十八年土地管理局，十八年至十九年及二十年八月至十月土地整理委员会，二十一年一月至四月及三十一年九月至二十二年土地整理筹备处，二十二年至二十三年土地整理处；(四)云南，十八年至二十年财政厅清丈总局，二十年至三十年财政厅清丈处；(五)广东，十九年至二十一年田亩陈报处；(六)青海，十九年至二十二年清垦总局；(七)十九年至二十二年财政厅田赋清丈处，二十二年至二十三年土地整理处；(八)贵州，二十一年清查局(不知何时裁撤)；(九)福建，二十二年至二十四年民政厅土地整理处；(十)济南，二十二年至二十三年试办土地清丈办事处，二十三年至二十五年地政筹备处；(十一)四川，二十五年地政筹备处及同年地政委员会。其无专管机关之省则例于民政厅内设一专科。[40]行政院为统一各省地政机关计乃于二十五年三月十四日公布《省地政局组织通则》，规定各省得设地政局，直属于省政府，置局长一人，简任，但得由民政厅长兼任。局长之下设秘书一人，荐任，助理局长处理全局事务；并分二科或三科，每科置科长一人，荐任；科员二人至六人，委任。此外并得设技正一人至三人，荐任；技士二人至六人，委任；技佐十人以内，调查员八人以内，雇员十六人以内。局长及荐任人员之任命由省政府咨请内政部（按地政署成立后为该署）审核后转呈国民政府行之。《通则》公布后各省或将原有地政机关改组，或另行组织地政局，兹将其成立时期列举于后：

省　名	成　立　时　期
江　西	二十五年
河　南	二十五年
广　东	二十五年
福　建	二十五年（三十一年改隶民政厅）
江　苏	二十五年
浙　江	二十六年（三十二年裁撤，于民政厅设科办理）
四　川	二十七年
湖　南	二十七年（三十年改隶民政厅）
贵　州	三十年
云　南	三十二年十月*

*其余各省于民政厅内设地政科。又三十四年九月以后不详。

三十二年七月国民政府列举各省地政局局长人名中，仅陕西、浙江二省由民政厅长兼任，余皆专任，土地行政为县、市行政而非省行政，故省地政局非省行政机关而为县、市行政之指导与监督机关。

（二）合作事业管理处——合作专业亦为县、市政府所管理，省中机关，属于指挥、监督与统筹性质。自二十三四年中央注意合作事业，各省多成立合作管理机构，然不统一，或设合作事业管理委员会、合作事业指导委员会等直属于省政府，或设合作事业管理处直属于建设厅。三十年十一月五日行政院乃公布《省合作事业管理处组织大纲》，规定“各省政府得设置合作事业管理处，主管全省合作事业”（第一条），“……置处长一人，荐任或简任”（第二条）；又“……置秘书、科长、视察员、督导员、技术专员、科员、办事员，其名额、官等、俸给及编制由省政府依事务需要拟订报由社会部核转行政院决定之”（第五条）。自是各省先后遵照就原有机关改组或另行成立，计设合作事业管理处直属于省政府者有陕、黔、鄂、豫、闽、滇、康、绥、赣、川、浙、粤、桂、甘、青等十五省，至湘、皖、苏、鲁、晋、宁各省仍由建设厅主管。三十一年五月福建省合作事业管理处裁撤，改科暂归社会处管理，又广西管理处属建设厅，均一时权变，非制也。[41]

（三）行政督察专员——行政督察专员为地域的专管机关，其职务为就一定区域内协助省政府监督区内各县行政。今日专管机关之称，与两汉都尉及明、清道相同。都尉与道均有专职与分区两种，专职之都尉与道即前述各种专管机关之类，分区之都尉与道则行政督察专员是也。明、清之道实起于元。元以版图辽阔，边远地区，政情梗阻，遂于其地分道置宣慰使司，上承行省，以监诸府。凡置十一道，即（一）山东；（二）河东山西；（三）淮东；（四）荆湖北；（五）四川南；（六）浙东；（七）湖南；（八）广东；（九）广西西江；（十）海北海南；（十一）福建。各道“宣慰司掌军民之务，分道以总郡、县，行省有政令则布于下，郡、县有请则为达于省。有边陲军旅之事则兼都元帅府，其次则止为元帅府（按与今日行政督察专员兼保安司令正相似），其在远服又有招讨、安抚等使”（《元史·百官志》）。此实分道滥觞也。然元之宣慰道及明、清之分守、分巡道为行省之别署，行省当时为监司区域而非地方区域；两汉分区都慰为最高地方政府之别署，其时郡之区域又不等今日省区。要之，均与行政督察专员相近而立意皆一也。

鼎革以后，北京政府遂参酌清代分区各道将各省概行分道治理，而以道为省、县中间之地方行政区分，制度上大异元、明、清之道与行政督察专员，然实质亦无大异。省、道、县虽三级地方行政区域，而道之任务实止于承转省、县政事。行政督察专员虽非独立地方政府，然因其存在已造成省、县二级政府之三层行政。制度形式互异，行政实况则同。国民政府成立，将道废除，由省会直接监督各县。惟新疆地区辽阔，情形特殊，设道不久即改将全省分为迪化、伊犁、塔城、阿山、焉耆、阿克苏、喀什、和阗八行政区，每区设行政长，代表省政府监督各县及各设治局行政、司法及外交事务，经十八年中国国民党政治会议第一八一次会议议决“准暂保留”。十四年广东省政府成立时曾设南路行政委员，旋又增设东江、琼州二行政委员，未几均裁。云南于废除道尹后，以西部及南部边疆情形特殊，于十八年十一月设置第一及第二两殖边督办公署，并于十九年十月经政治会议核准。第一殖边督办公署辖西部十二县及十设治局，第二殖边督办公署辖南部十三县及两设治局。公署设督办与会办各一人，下设秘书一人，科长三人，科员十五人，视察员及技术员各若干人。公署除监督县、局行政外，并可直接办理界务、垦殖、防守、交通、实业、文化、教育、卫生等事务（实际未办）。二十年七月南昌行营设置党政委员会，并于江西有关战事之四十三县设置九分会，总会设委员长一人及委员三人，各分会设委员长一人及委员二人。分会承总会之命办理区内党、政各事务并监督各县行政，分会委员长即兼任所在地县长。党政委员会及其分会原非江西省政府机关，然其职务仍与上述行政长、行政委员等相似。同年十二月该会及九分会均裁撤。次年四月军事委员会委员长于南京召集江苏、浙江、安徽三省省政府主席商研分区监督县政办法，决定试行“首席县长”办法。五月三省即分别制定《安徽省首席县长暂行规程》（其第八条规定：“本规程施行期，暂定为六个月，但得延长之”），《江苏省各行政区监督暂行组织规程》及《浙江省县政督察专员章程》。皖制，划全省为十区，于每区冲要之县设首席县长（《规程》第一条），“……考查区内各县行政成绩，视察地方状况，促进自治，及指挥调遣区内各县团防，并负监督清乡之责”（第三条）。“首席县长得召集区内各县间联防会议，讨论清乡规则”（第六条），“并……于不抵触省法令范围内，得定区清乡规则”（第七条）。苏省分十五区，每区置行政监督一员（《规程》第一条），简任待遇（第二条），承省政府及各主管厅之命，指挥、监督区内各县政府（第四条），并兼首县县长（第三条）。“行政监督对于所辖各县行使职权以命令行之”（第六条）。行政监督除一般的行使指挥、监督外，尚有下列四种权力。第一，“行政监督对于所辖各县县长之命令或处分认为违法或失当时得停止或撤销之，仍分报省政府及主管厅”（第七条）。其次，“行政监督有考核所辖各县县长成绩之权，以每三个月为一结，一年为一总结，呈请省政府民政厅分设奖、惩”（第八条）。第三，“行政监督因治安之需要对所辖各县之警察、保卫团得节制、调遣之”（第九条）。最后：“行政监督因推行政治，对于所辖各县县长，得召集行政会议”（第十条）。行政监督署设秘书一人，署员四人，事务员、录事各若干人（第五条）。浙江全省分为十二区，每区置县政督察专员一人，“由省政府任命，承省政府及各厅、处之命，考察区内各县政治状况，督促、辅导、推进之”（章程第二条），专员行文县长，以命令为之（第十四条）。县政督察专员除一般督导外，亦有若干其他权力。第一为巡视权，至少第三个月巡视辖县一次（第四条）；其次为考核权，即考核各县政府办事人员工作，随时呈报主管厅、处奖、惩（第十一条）；第三为“调遣、指挥区内各县之军、警、团队”（第十条）；第四为每四个月召集区内县长行政会议，必要时召集临时会议（第九条）。专员办事处置秘书、助理秘书、事务员各一人及书记二人（第三条）。同年六月，江西省政府再制定《行政长官公署暂行规程》，分全省为十三区，各置长官一人（第一条），简任（第三条），“于省政府指挥、监督之下综理辖区内行政及保安事宜”（第四条），兼任驻在地县长（第二条）。其职权有五。第一，“区长官对于其辖区内各县及保安部队，水、陆公安警察队，保卫团队等有指挥、监督之权”（第六条）。第二，“区长官得考核辖区各县县长之成绩，一年分为四期，以三个月为一期，年终为总结，胪列事实，呈报省政府分别奖、惩；但遇所辖县长有渎职行为时，得随时呈请省政府撤惩”（第七条）。第三，“区长官对于辖区各县长之命令或处分认为有违法或失当时得停止或撤销之，仍呈报省政府备查暨知照主管厅、处”（第八条）。第四，“区长官每年至少二次亲赴辖区各县巡视一周，将所得情形，呈报省政府考核”（第九条）。第五，“区长官因推行政治，对于辖区各县长，得召集行政会议”（第十条）。长官公署置秘书主任及保安主任（荐任）各一人，署员（委任）、事务员（委任）及雇员各若干人（第五条）。皖、苏、浙、赣四省实行分区监督县政后，内政部旋即参酌四省办法拟县统一施行之《各省行政监察专员暂行条例》，呈经行政院于二十一年八月六日修正核定，行政督察专员乃由此产生。《暂行条例》规定各省边远地区，因特殊事件如剿匪、清乡等之需要（第一条），得由省政府指定地区，开明事由，并绘具图说，咨请内政部转呈行政院核准，设置行政督察专员（第二条），即由区内资历较深之县长中指定一人兼任（第三条）。行政督察专员之职责，主为秉承省政府及主管厅考察监督及指导区内各县行政，其执行以命令行之（第一及第十条）。此外尚有以下各项特殊权力：（一）对于区内县行政应兴、应革事项随时呈报省政府及主管厅核办（第七条）；（二）对于区内地方行政人员，认为应加奖、惩者可随时开明事由，密报省政府及主管厅核办（第八条）；（三）关于区内各县共同应兴、应革事项，得随时召集各县长及县府各局长（按当时县府各局尚未改科）举行行政会议商讨后呈请省政府及主管厅核办（第九条）；（四）定期轮流巡视区内各县行政实况（第十条）；（五）因维持治安之需要，得节制区内各县之警卫队及保卫团（第十一条）。行政督察专员支县长原薪或简任初级薪俸（第四条）（按县长由荐任六级至简任八级支薪，今按荐任六级至简任六级支薪），并于原县政府内设置办事处或于区内流动设置之（第五条）。办事处置秘书一人，由专员荐呈民政厅派充，得以荐任待遇，并事务员及书记各二人由专员径行委用（第五条）。惟同年同月，国民政府豫鄂皖三省剿匪总司令部鉴于战事区内情形特殊，另制定《剿匪区内各省行政监察专员公署组织条例》，经中央政治会议核准并行政院备案后令颁豫、鄂、皖三省施行。该《条例》规定三省由总司令部“依各该省面积、地形、户口、交通、经济状况、人民习惯划为若干区，各设行政监察专员公署”（第二条）。此项《条例》精神上为延续并完成南昌行营党政委员会及南京会商决定后之分区监督办法，其动机为军事的。至行政院公布之《暂行条例》，其基础则为行政的。前者欲加强专员之权力，以利军事；后者则欲制止专员之发展，以维持现行省、县两级行政制度，二者恰相对立。依照《组织条例》之规定，“行政督察专员公署直隶于本部（即总司令部）并受省政府之指挥、监督，综理辖区内各县、市行政及剿匪、清乡事宜”（第三条）。专员非由县长兼任，并由总司令部派充，简任待遇（第四条），但另由“省政府加委兼任驻在地之县长”（第十一条）。行政监察专员除指挥、监察区内县、市行政外，享有下列各项权力：(一)随时考核辖区各县、市长及其所属员、兵之成绩，每三月一次，半年一总核，结果报请总司令部及该管省政府并知照省政府主管厅、处分别惩、奖，县长渎职者并可先行派员代理；(二)对于区内各县、市长之命令处分认为违法或失当时得停止或撤销之(第十四条)；(三)每三个月巡视区内县、市一周(第十五条)；(四)随时召集辖区内各县、市长及其所属局长或科长(必要时并可邀请办理地方保安人员及地方团体代表列席)举行行政会议，讨论应兴、应革事宜，或宣示政府法令之实施(第十六条)。此外，行政督察专员兼本区保安司令，承全省保安处(或民政厅)之命统辖区内各县之"保卫队，保卫团，水、陆公安警察队及一切武装自卫之民众组织"，必要时并可指挥区内驻军(第九条)。又依原《组织条例》所附《组织系统表》之规定，行政督察专员公署设保安司令一人，秘书、参谋各一人，署员四人，事务员六人，副官二人，录事五人至九人。《暂行条例》与《组织条例》同时施行，惟后者限于三省，故只可视为前者之修改或变例。

河南、安徽、湖北三省即遵照《组织条例》分区设立行政督察专员公署。安徽分十区，至二十六年九月改为八区；湖北分十一区而汉口市除外，二十五年三月改为八区；河南分十一区，二十七年九月改为十二区，同年十一月再改为十三区。江西、浙江、江苏于二十一年九月就原有分区办法改设行政督察专员。次年八月河北省设置滦渝及蓟密两区行政督察专员，九月广东分全省为九区设置专员。表面上，赣、浙、苏、冀、粤五省之专员系遵照《暂行条例》而设立。然除冀省外，均全省普遍分区设置，已大违《暂行条例》之精神而符合《组织条例》之规定。二十三年一月南昌行营令江西省政府依《组织条例》改组各区专员公署，同时该省将原分十三区改为十一区。三月南昌行营召集各省高级行政人员商讨专员制度之改进，会后于四月二十三日通令各省规定各行政督察专员概设公署，公署分甲、乙、丙三等，以专员兼县长为甲等，不兼县长而有直辖保卫团队者为乙等，余为丙等。各等公署设员有差，规定如下表：

职　别	甲　等	乙　等	丙　等
专　员	一	一	一
秘　书	一	一	一
署　员	四	二	二
技　士	二	二	二
事务员	六	四	四
保安司令	一	一	一
参　谋	二	二	二
副　官	二	二	一
雇　员	六	六	三
录　事	八	六	五
值　探	六	四	四
卫　士	八	六	六
传令兵	八	六	六
工　役	一二	一零	九
马　伕	三	三	三
伙　伕	六	六	五

此项规定完全依《组织条例》之规定，无异将《组织条例》压倒《暂行条例》。同年七月南昌行营又制定《各省行政督察专员职责系统划分办法》，继续发扬军事的专员制度精神，其重要规定如下：(一)各县应编之预算、决算及预算中所列预备费之动支及一切财政整理之办法，除呈请省政府核办外并应分呈该管专员公署，后者认为有应分别准、驳或修正者，得申具意见即速呈明省政府以备主管厅、处审核(第六条)；(二)各县收、支应按月呈报专员查核(第七条)；(三)省政府及各厅、处委交各县办理以下事项概由专员转行，但事机紧迫者可一面径令县府，一面知照专员：(1)含有时间性之重要事件应责成全省各县或多数县办理者；(2)特殊事件责成某专员区内之县办理者；(3)两专员区毗连县共同办理者(第九条)；(四)行营或总司令部行文专员，除例行者由省政府转饬外，其重要而紧急者得径行令饬，仍知照省政府(第八条)，至各专员亦得径行呈覆；同时呈

报省政府(第十一条)。各省原已分区设置专员者遵照办理外,复有数省继续办理。二十三年七月福建省分十区设专员,二十四年十月改为七区;山东省于二十四年二月设第一区,次年五月分全省为十二区而实设三区专员,渐悉增设,至二十八年四月改为十四区;四川省于二十四年四月分十八区设专员(内二专员系于次年二月设置),二十七年改为十六区,贵州省于二十四年六月分十一区设专员,次年三月改为八区,二十六年十一月再改为五区,而附省十五县由省府直接监督;陕西省于二十四年七月设六区专员,次年六月增第七区,二十八年八月分全省为十区;甘肃于二十四年八月设七区并设立两区专员,次年四月悉设;河北省则原有两区,二十四年十二月裁蓟密区,只留一区。截至十四年底,全国分区普设行政督察专员者有豫、鄂、皖、苏、浙、赣、粤、闽、鲁、川、湘、黔、陕、甘十四省,部分设立者有冀者。而类似行政督察专员者尚有新疆之行政长及广西之行政监督。后者成立于二十三年三月,全省分设八区,行政监督并兼区民团指挥官,二十五年九月改分九区,十月改分十区,二十八年二月改分十二区。各省行政督察区有以数字顺序称者,有以地名称者(只冀、闽、鄂三省),而组织及职务悉准总司令部之规定及南昌行营之修正规定。行政院为迁就事实计,乃于二十五年六月二十日公布《行政督察专员公署名组织暂行条例》(十月十五日修正),并于同年六月二十日公布《区保安司令部组织暂行条例》(十月二十四日修正),而将前颁《暂行条例》及总司令部所颁《组织条例》并予废除。此次规定,以行政督察专员公署为省政府辅助机关,不必全省普遍分区设置,而由行政院视必要设置,其名称以数目定之。专员公署与保安司令部分开,保安司令以专任为原则,但专员须兼任驻在地县长。专员非由县长兼,但得兼县长。可视为行政方面对军事方面之让步。十月间修正,更加让步。专员与保安司令以互兼为原则,惟让步虽多,其最重要一项规定,专员必须兼任驻在地县长,则为行政立场之最后堡垒。盖专员兼任县长后,其对于县长之优越性必然减少,其成为县长与省政府中间行政单位之可能性亦必减少也。但抗战军兴,军事为重,二十六年十月二十五日行政院乃通令规定:"在抗战期间,所有兼任团管区司令之行政督察专员，一律免兼县长，其余各区行政督察专员，亦以不兼县长为原则。”最后堡垒，亦以动摇。

行政院对于行政督察专员之发展，常欲阻遏，军事当局则常欲助长。但各省省政府主席，几尽由军人充任，以此各省行政督察专员，仍进展不已。河北于二十六年五月将冀东（十九县及都山设治局）以外之百十二县分为十七区，旋分全省为十区，普设专员。二十七年十一月绥远分三区设专员，十二月江西添设浔阳游击战区行政督察专员兼游击司令（按旧有专员区已大部沦陷）。青海于二十九年四月分为七区，并先成立边远之两区专员公署，三十四年一月，设第三区专员公署。甘肃亦增设第八区专员（年月无考），三十三年四月又增设第九区。云南于二十七年十月裁两殖边督办，二十八年六月设腾龙边区行政监督，而重将全省分为七区普设行政督察专员，但不兼保安司令，因该省根本无保安司令（其他各省有保安司令者专员无不兼区保安司令）；其省会附近暨交通线上之昆明市及五十五县由省政府直接监督（两对泛区亦由省政府直接监督）。广西于二十九年三月将原设之十二区行政监督兼民团指挥改为行政督察专员兼区保安司令，三十一年三月改分为七区，而省会附近十二县由省政府直接监督。三十三年一月国民政府核准新疆原有之行政长改为行政督察专员。三十四年一月宁夏省设第一及第二两区行政督察专员。除辽、吉、黑、热早于二十一年及二十二年为日本侵占外，全国凡有二十一省设有行政督察专员，只康、晋、察三省既无专员亦无类似组织。行政院自不奖励各省设置，而抑止又不可能，现唯一要求者似为保持各省省会附近地区不设专员[42]，以维持省、县二级制度不遭破坏。又颁《条例》第十二条规定行政监察专员公署经费列于省政府预算之内，其动机亦同，尽一般政府论者恒以独立财政权之有无为辨别政府单位与行政机关标准之一也（见第四章省政府之权力）。再第十三条更规定专员公署用关防而不用印，尤见用心之苦矣。

“行政督察专员公署设秘书一人，由行政督察专员遴选合格人员，呈请省政府咨由内政部转请荐任；科长二人至四人，视察一人，由行政督察专员遴选合格人员呈请省政府委任，准以荐任待遇；[43]技士一人或二人，科员二人至四人，事务员三人至六人，均由行政督察专员委任，呈报省政府备案；于必要时得酌用雇员”（新颁《条例》第六条第一项）。至专员兼任县长者，公署职员兼任县政府事务，不另支薪（同条第二项）。二十五年十月二十日内政部据原《条例》第十五条之委任制定《行政和督察专员公署办事通则》，复规定“行政督察专员公署秘书室及各科得分股办事”（第六条）。此外，公署或专员区尚有其他专管机关或人员。例二十五年九月二十五日内政部修正公布之《警士警长规程》规定行政和督察专员公署得设警察训练所（第三十三条），其未设所者应设训练员（第三十八条）。二十七年七月二日教育部公布《各省市社会教育督导员暂行规程》，其第一条规定各省教育厅应就每行政督察专员区或每两区设社会教育督导员一人。中央规定者外，各省亦可自行添设。例如二十八年安徽各专员公署设政务督导员二人至四人；二十九年六月广西各专员公署置农业督导主任一人，由第三科科长兼，督导员若干人，亦由公署职员兼；三十一年该省各专员公署又设合作督导室，置主任一人，督导员三人至六人。

新颁《条例》规定行政督察专员之权力如下：（一）补充立法权，“行政督察专员公署为筹划辖区内各县、市地方行政起见，于不抵触中央及省之法令范围内，得订立单行规则或办法，并应呈报省政府转报行政院及主管部、会、署备案，但关于限制人民自由、增加人民负担及变更组织或预算者非经依法核准不得执行”（第三条第二项）；（二）审核权，对于区内市、县之行政计划单行法规、预算、决算及财政收支均有之（第三条第一项及《办事通则》第十六条）；（三）视察权，除由专员随时派员执行外，每半年亲自巡视区内县、市一周（第九条）；（四）考核及奖惩权，每年对区内县、市长其属员考核一次；拟具奖、惩意见，呈请省政府执行（第十一条）；（四）召集会议权，随时召集区内县、市长及其所属局、科长及公署秘书、科长、视察举行行政会议（并得邀自治、保安人员及地方团体代表、公正士绅列席），讨论兴、革事项并决定行政计划，其决议案应呈报省政府查核并由省政府转报行政院暨主管部、会、署查核（第七条第二项）；（六）一般指挥监督权(第三条);(七)“行政督察专员对于辖区内各县、市长之命令或处分认为违法或失当,不及呈报省政府核办时,得以命令撤销或纠正之,但仍须补报省政府查核”(第十条)。除上述外,行政督察专员又有下列三项职务:

(一) 处理区内各县、市间行政争议(第八条)。

(二) 处理省政府交办事项(同条)。

(三) 承转省、县公文——省政府令县、市暨县、市呈省政府公文原则上概由专员承转,但紧急事件得直接行文,仍须同时知照专员(《办事通则》第十二及第十五条)。但省府令文含有时间性而须全省多数或全体县、市或某一专员区之县、市或须数专员区毗连县、市遵办者无论紧急与否,概由专员转达(第十二条)。此外,专员原则上应兼区保安司令,对于辖区各项武力有指挥之权(《条例》第八条第一项)。观乎专员职权与公署组织之各项规定,行政院似在强化专员制度,若与原来立场不合者,其实诸此规定,已为各省通行之事实,不得不予承认也。

二十五年三月十八日军事委员公公布《各省行政督察专员及县长兼办军法事务暂行办法》,规定川、康、黔三省以外之各省行政督察专员得由军事委员会派兼军法官;二十八年三月十九日又公布《战区行政督察专员及区保安司令兼任军法招待总监部督察官服务规则》,规定战区行政督察专员得由该会派兼军法执行总监部督察专官,可谓军事意志之再度扩张也。

(四) 省政府行署——二十六年抗战以后,日军逐次侵入各省,其占领所至,每将一省地域,割裂数分,省政府政令,难以普遍全省,因此战区各省省政府为求行政贯通,乃有行署或办事处之设置,就指定区域之内全权代表省政府行使各项职权。有时为策应军事行动,须加强某一部分行政时,亦设置省政府行署,以达此目的。先是少数省政府设置行署,初无统一办法。二十八年七月十二日行政院乃制定《战区各省省政府设置行署通则》,三十三年七月十九日国民政府再进而公布战区《各省省政府设置行署条例》,盖行署之于战区省政府已成为通常之事实。《条例》与《通则》条文，十九相同，依其规定，省政府行署由行政院决定设置，但省政府亦可请求行政院设置（第一条）。《通则》规定行署之管辖区及驻在地由内政部、军政部与省政府会同拟定后呈请行政院核准（第二条），但《条例》则规定（《条例》施行后《通则》自无效力）由省政府拟订，呈请行政院核定（第二条第二项），其实行政院核定之前，仍可送内政部、军政部审议也。“省政府行署置主任一人，由行政院就省政府委员中遴请简派，综理行署事务，并指挥、监督所属职员及机关”（《条例》第三条）。《通则》中原亦有此规定。惟山西省政府设有五行署，欲每一行署主任均由省政府委员兼任，势不可能，即于《通则》公布后电请行政院变通办理，行政院于二十八年九月十五日电准暂可由非省委充任。[44]惟他省可否援例，不得而知，然三十三年三月二十一日国民政府免江苏省政府江南行署主任职时，未叙明系兼任，似非省政府委员充任。“省政府行署名得视事务之繁、简，设秘书、政务、警保三处，各置处长一人，荐派或简派”（第四条第一项），“……各处得分科办事，置秘书、科长及其他办事人员，均由省政府设充，必要时得酌置专任人员”（同条第二项）。原初《通则》亦如此规定行署受省政府之指挥、监督，在管辖区内代行省政府职权，《条例》（第二条第一项）与《通则》（第三条）均同。惟《通则》规定行署行文由省政府主席署名，行署主任副署，盖仿军事委员会委员长行营或行辕之办法，疑当初事实如此；《条例》则改规定行署对外行文，以行署名义行之（均同条）。兹将各省省政府行署设立日期列举于下：

省名	名称	设立日期
山西	1第一游击区行署 2第二游击区行署 3第三游击区行署 4第四游击区行署 5第五游击区行署	二十八年八月（自省政府办事处改设，行政院曾令该省厅于特定地点设置，不可若此分区。）
察哈尔	察北行署	未详
江苏	1江南行署 2徐海行署	二十八年二月六日 三十年一月十五日

续表

省名	名称	设立日期
广东	南路行署	二十八年十月三十日 *
湖北	1 鄂东行署 2 鄂北行署	二十九年一月二日 二十九年一月
浙江	浙西行署	二十九年十一月五日
山东	1 鲁北行署 2 鲁东行署	三十年七月二日 三十年七月二日
安徽	皖南行署	二十七年三月
河南	新察行署	三十三年十二月三十日
广西	1 桂北行署 2 桂东行署	三十三年十一月二十八日 三十三年十一月二十八日
湖南	1 安化行署 2 沅陵行署 3 洪江行署	三十三年九月 **

* 二十九年十二月二十一日裁。
** 湖南省政府于三十三年六月设湘西行署于沅陵，九月裁撤，另设此三行署。

省政府行署原为战时组织，三十四年九月三日抗战胜利，十二月三十日国民政府令废止前颁《行署设置条例》；但是年十一月六日行政院又通过《新疆省政府南疆行署条例》，则行署已继续存在于今日矣。特新疆省政府南疆行署非战时之行署耳。三十五年二月十日广东省政府设省政府主席琼崖办事处，派省政府委员一人兼主任，亦行署之意（见前）也。

（四）各省自行设立者

以下列各种较为重要：

（一）农林机关——江西于二十七年设农业院及垦务处，福建及宁夏二省于三十年设农林处（福建农林处于三十一年五月改隶建设厅）。

（二）公路机关——江西有公路处，四川有公路局，云南有公路管理局，湖北有交通事业管理处，西康有交通局，福建有汽车管理处及公路总工程处（今撤），新疆有交通处、运输管理局及公路局。

（三）水利机关——陕西、四川、绥远均有水利局，湖南有水利委员会。

（四）总务机关——江西省有购料委员会，云南有建筑委员会，广西有建置委员会。

各省情形互异，需要各殊，然平常每省自行设立直属省政府之专管机关，除作战期外，常有五个左右，名称复杂，不胜缕述。

（乙）直属于各厅暨甲类专管机关之专管机关

（子）基于中央法令设立者

（1）强制设立者

（一）省会警察局——二十五年七月二十五日行政院公布《各级警察机关编制纲要》，其第四项规定："各省省会地方应设省会警察局，受省主管机关之指挥，监督、处理省会警察事务。"所谓省主管机关，依原《纲要》第三项之规定，为警备处，不设警务处之省为民政厅。十二月二十六日内政部公布《省会警察局组织暂行规程》，规定其组织有局长一人，荐任（第四条），但各省有另行呈准设立副局长者；秘书一人至三人，由局长呈请委任（第五条）。局内分设总务、行政、司法三科及督察处，必要时增设外事科及其他专管科（第六条），各科各设科长一人，共设科员九人至二十人，督察处设督察长一人，督察员三人至十六人（第十一条），局内并得设办事员八人至十六人及雇员若干人（第十二条）。省会警察局得分区设置分局，每分局设局长一人，局员一人至二人，均由局长呈请委任之（第十四条）。又"警察分局得就管辖区域内酌设警察分驻所及派出所，并划分警管区以巡官、长、警分负该管职务"（第十六条第一项）。再"省会警察局得呈准设置消防队、侦缉队、交通警察队、水警队及保安警察队"（第十八条），并"……为训练警察，得呈准设置警察训练所"（第十九条）。[45]事实上各省省会警察局均设有消防队、侦缉队、交通警察队及警察训练所。抗战军兴，多数省会沦陷，省会警察局亦随之暂撤，惟新疆、贵州、甘肃等省省会并未沦陷，然亦未设置。（甘、黔两省系分别于兰州、贵阳市政府内设警察局），三十四年八月时存在之省会警察局只滇、湘、宁、青、川、康六省（湘省会已沦陷）。

（二）教育厅所属各项咨询及协助性委员会——十九年九月九日教育部公布《各省市县推行注音符号办法》，规定各省教育厅应设立推行注音符号委员会。二十年五月二十八日行政院公布《实施义务教育暂行办法大纲》，规定教育厅应设立义务教育委员会。二十一年十月十日教育部制定《体育实施方案》，规定教育厅应设体育委员会。二十二年十二月二日教育部制定《中学生毕业会考委员会规程》，规定教育厅应设中学学生毕业会考委员会。二十三年五月二十一日教育部制定《小学教员检定委员会组织规程》，规定教育厅应组织小学教员检定委员会。三十三年三月教育部颁发《各边远省份边地教育委员会组织纲要》，规定远省教育厅设立边地教育委员会等等。此类委员会多由教育厅长兼任委员长或主任委员，其委员人选，一部分为厅内高级职员，一部分为厅外从事教育人员，其成立目的则不外利用厅外人员加入教育厅工作。

（三）国货陈列馆——十七年六月二日前工商部公布，二十年四月二十一日前实业部修正公布，《省市国货陈列馆组织大纲》，规定："凡各省、市政府所在地均应设国货陈列馆，隶属于省、市政府主管厅、局……"（第一条），"……定每年八月举行展览会一次，会期一月，对于特种出品亦得临时徵集展览"（第七条）。省国货陈列馆置馆长一人，由主管厅呈请省政府委任（第三条）；亦设股长、股员各若干人，由馆长呈请主管厅派充（第四条）。

（四）省公职候选择人应考资格审查委员会——三十二年十月一日考试院公布《省县候选人检核办法》，规定："县政府及省民政府厅各设公职候选择人应考资格审查委员会，办理各该省、县公职候选人应考资格之初审、复审及汇转事宜"（第五条第一项），此项工作，为考试院委任事务。"省公职候选人应考资格审查委员会设主任委员一人，由民政厅长兼任；委员七人至十三人，由民政厅长指派职员兼任，并得聘有关机关主管人员或地方著有信望人士二人至五人兼充之"（同条第二项）。

（2）非强制设立者

（一）警察机关——《各级警察机关编制纲要》第七项规定："地势冲要、人口稠密、工商业繁盛之地方得设警察局（冠以所在地名称），直隶于省主管机关（见前省会警察局），但以有合格警士二百名以上者为限。"第十三项规定："各省政府为谋本土之安全起见，得设省公路警察队，直隶于省主管机关。”第十四项规定：“各省政府为谋水上之安全起见，得设水警队，直隶于省主管机关。”省直隶之各地方警察局，据三十二年七月《国民政府年鉴》所载，计江西九处，河南七处，广西三处，湖南、绥远、陕西、安徽各两处，云南、宁夏、福建各一处。公路警察无考，惟云南有滇越铁路警察局，隶属于省主管机关。关于水上警察，内政部原于十七年十月三日公布《各级公安局编制大纲》，其第十一条规定：“水上警察事务得因必要情形，设局专管，其未设局地方，由陆地公局管理之。”各省先后设置水上公安局者如下：

安徽——长江水上公安局，长淮水上公安局，巢湖水上公安局；

江西——全省水上公安局；

湖北——初设江防局，后改为全省水上公安局；

河南——黄河水上公安局；

河北——五河水上公安局，海上公安局；

浙江——内河水上警察局，外海水上公安局；

湖南——水上警察局；

福建——水上警察局；

福建——全省水上公安局；

四川——全省水上公安局；

辽宁——鸭浑两江水上公安局，辽河水上公安局；

吉林——松花江上游水上公安局，松花江下游水上公安局。

二十二年一月军事委员会设长江各省水警总局，以川、湘、鄂、赣、皖、苏、浙七省为区域，七省各就原有各局改设分局，兼受各该省政府指挥、监督；六月撤销，各分局仍回隶各省；苏、皖、赣、鄂、湘、川恢复旧称，浙改组为水上警察第一及第二两大队。嗣福建水上公安局亦改组为水警队。二十五年公安局概改称警察局。抗战后各省水上警察组织情形不详。此外二十年六月二十五日前实业部公布《渔业警察规程》，规定各省为维护渔区治安并保护渔业利益得酌设渔业警察局或所（第一及第三条），置局长或所长一人主持之，由民政厅会同建设或实业厅呈请省政府任命之（第五条)。二十一年十月二十日实业、内政两部会同制定《矿业警察规程》,规定矿业权者得呈请民政、建设(实业)两厅于矿区内设置矿业警察所,所设所长一人,由两厅会呈省政府委任之(第二及第三条)。各省是否有设置渔业与矿业警察者不明。[46]

(二)度量衡检定所——十八年二月十六日国民政府公布《度量衡法》(十九年一月一日施行),其第十二条规定:"划一全国度、量、衡,应由工商部设立全国度量衡局掌理之,各省及各特别市得设度量衡检定所。……"十八年四月十一日前工商部即制定《各省市度量衡检定所规程》(二十年十二月五日前实业部修正),规定"度量衡检定所直辖于省(市)主管厅(局)……"(第二条),"……置所长一人,检定员及事务员各若干人,其名额由所长拟定,呈由主管厅(局)核准……"(第三条)。法律对于度量衡检定所之设置,虽非强制,然十九年一月九日前工商部制立《全国度量衡划一程序》,将全国各省及各特别市分三期完成,其止限为二十年底,二十一年底及二十二年底(第二条),并规定各省、市一概应于限期前一年半成立度量衡检定所(第五条),故事实上各省度量衡检定所已普遍设立,至于划一度、量、衡工作,迄今尚无一省完成,因此检定所均继续存在;而纵使划一工作完成,亦须经常维持,故此项检定所性质上原亦非临时机关。

(三)各项农业专管机关——十八年六月十三日内政、教育、农矿三部会同公布《农业推广规程》,其第二条规定办理省农业推广三种方式之机关并允许各省自行选采,其第三种方式为:"省农政主管机关内设一农业推广处或推广委员会,管理该省内之农业推广事务,……"但三种方式必要时仍得由农矿部(今当为农林部)会同内政部、教育部指定一种。二十年五月九日前实业部公布《蚕种制造取缔规则》,其第三条规定:"各省、市主管农政官署得呈准实业部设立蚕桑取缔所或代理机关,掌理蚕种取缔事宜。"二十三年九月二十日国民政府公布《取缔棉花搀水搀杂暂行条例》,其第四条规定应就三种方式选择其一设立取缔机关,其第一方式为:"由产棉省分建设厅或实业厅设立棉花搀水搀杂取缔所,由中央棉花搀水搀杂取缔所协助之。”此类机关实际设立情形如何，无考。

（四）考核机关（见前甲类专管机关）

（五）各省自行设立者

（一）水利局或水利处——凡未设水利专管机关直属于省政府之各省多于建设厅内设置水利局、间或水利处（例如河南）管理全省水利。《水利法》（国民政府三十一年七月七日公布）第六条规定：“水利区关涉两县、市以上者其水利事业得由省主管机关设置水利机关办理之”，但此法尚未施行。

（二）公路管理机关——未设公路专管机关直属于省政府之省率于建设厅内设置公路局、公路处或其他公路管理机关。

（三）农林管理机关——黔、甘、川省于建设厅内设林务处，粤于建设厅内设森林局，苏设林务局，皖分五区，湘分三区，设森林局，豫、冀各分五区设林务局，均属建设厅。川、康、黔、粤、陕、甘、湘、鄂、晋、豫、浙、绥各省均于建设厅内设农业改进所，桂省于建设厅内设农业管理处。粤农业改进所后与森林局合并为农林局。云南建设厅于二十八九年时有农林机关二十余单位，陆续并为农艺改进所、林业改进所等八单位，三十四年十二月合并为一农林改进所。

（四）矿业专管机关——省营矿区所在地大多设有专管机关直属建设厅。此外关于统管全省矿业之机关，仅湖南有矿产管理处（设立日期不详）及四川有矿业指导处，均亦直属建设厅。

其他专管机关，各省设置不一，不克详考。省政府四厅中，除财政厅纯粹办理间接行政并无实际税收事务外，通常以民政厅管辖各县、市政府，教育厅管辖各级学校及其他教育机关，惟建设厅所辖单位不多，故特发展专管机关，以资抗衡，其设立动机如此，并非果然处理事务，大部分皆有名无实也。然撤销亦为不当，当充实其工作而已。

无论甲、乙两类，凡专管直接行政之机关均有对外行文之权，包括命令权，惟乙类机关（除警察机关外）对于命令权常少使用。有时命令权特别规定于组织法规之中，例如《省粮政局组织大纲》第三条即规定：“本局局长……关于主管事务之处理得发局令”，但无规定时实可基于我国公法习惯之默认为之。但会计、统计、人事等专管间接行政之机关则少对外行文之机会。

除各种专管机关外，各省省政府每聘参事（文人充任）、参议（军人或文人充任）、咨议等职[47]，不属各厅、处及各专管机关，然实亦无所事事，可谓省政府之特设人员也。

八　合署办法

各省省政府及各厅衙署率因清代督抚及诸司衙署旧址，盖无有一省例外（除非无旧屋可用）。清代督抚暨各司俱各有专衙，无合并一处者，是以省政府委员会与各厅办公地点无不分散者。合署办公者即举省政府委员会与各厅、处合并同一处址办公也。其议倡于二十二年十月，时中国国民党第四届中央执行委员会举行第三次全体会议，委员蒋中正提出“修正地方行政机关组织案”，其一项为边远各省省政府应合署办公，以资便利而节縻费，经决议交行政院妥为筹议。旋行政院内政部拟具“改革省制具体方案”，其要点如下：“（一）确定省政府为整个的省行政机关，其各厅只应为各厅之辅佐机关，不应为省政府之下级机关；（二）省政府设政务厅及其他各厅，政务厅必须设于省政府之内”，“其他各厅亦以在省政府内合署办公为原则。”按各厅原非省政府之下级机关，但亦非辅佐机关，而实为省政之组成机关，犹之五院为国民政府之组成机关，各部、会、署为五院之组成机关然。至所提合署办法，不过将秘书处易名政务厅，实代表行政院方面传统之保守精神。二十二年九月军事委员会委员长（即蒋中正）乃径行电询各省省政府主席（按皆军人），关于改革省制之意见，汇集讨论后结论如下：（一）省政府与各厅必须合署办公，房舍不敷时另行改建；（二）省政府只设民、财、建、教四厅及秘书保安两处，其他专管机关，概属四厅二处；（三）各厅处上下行文均应由主席核行，主管厅、处长副署；（四）各厅、处长对省政府负责，省政府对中央负责，厅、处与中央部、会不直接行文；（五）秘书处酌量添设参事及设计专员，以任审核法规及设计研究之责；（六）合署办公后应将原有经费核减一半，所节之款移补县行政经费。次年一月一日广西省政府实行合署办公（二十二年七月民政厅已与省政府委员会合署），五月一日宁夏省政府实行合署办公。七月军事委员会委员长南昌行营即制定《省政府合署办公办法大纲》，呈经中国国民党中央执行委员会政治会议通过后公布，并令江西、福建、安徽、河南、湖北五省省政府遵照实施，其他各省呈奉行政院核准后，亦得实施。该大纲内容如下：

（一）省政府合署办公——依第一条之规定，秘书处、民政厅、财政厅、建设厅及保安处"应并入省公署之内"。

（二）省政府组织之修改——第一，各专管机关应尽量缩小，并改隶于主管各厅，但临时性质者得不归并而受主管厅之指导。第二，秘书处酌设各室，已见前述，不赘。第三，"各厅处及其所辖各机关之组织暨各科、组织之职掌应依现在实际之需要重新划定，厉行裁并，务期系统分明，权责专一，员额减少，工作紧张"（第七条第一项）。

（三）省政府主席与各厅关系之确定——各厅及保安处之文书须呈省政府主席判行，以省政府名义发出，由主席署名，各厅长及保安处长分别副署，但各厅及保安处仍可单独发布厅令或处令（第四条）。惟省政府主席与各厅、处长尚保持一种相互抵制，即主席判行并署名之命令副署之厅、处长认为有违法越权或其他不当情事得提经省政府委员会议决后自为修正或停止或撤销；而省政府主席对于厅令处令亦然（第六条）。

（四）各厅间及与省政府委员间关系之确定——厅令、处令经厅、处长副署之省令，其他厅、处或省政府委员认为违法、越权或不当时得提请省政府委员会议决发回原厅、处修正，或予停止或撤销。

（五）各厅与县、市政府关系之修改——各厅、处不得向县、市政府发令，并不得与行政督察专员行文（第五条）。

（六）各厅与中央部会关系之修改——各厅不得向中央部会有所呈请（第五条）。

（七）总务之改革——省政府各厅、处经费应集中管理，文书应用科学方法管理（第八条）。

湖北、安徽、河南三省均于九月一日实行，江西于九月二十一日实行，福建于十月一日实行。次年一月一日察哈尔实行，二月十日四川实行，七月十六日湖南实行，继后贵州、甘肃又实行。二十五年河北、山西、青海三省实行。二十五年十月二十四日行政院为迁就事实计乃公布《省政府合署办公暂行规程》，除于各厅与中央部、会之关系加定“各厅、处对于行政院所属主管部、会、署名之命令应径行呈覆”（第四条第二项）外，余大体仍《大纲》之旧。二十六年四月六日行政院再规定各厅、处长之副署以省政府之命令、处分为限，咨、呈均不必副署，亦只可视为《大纲》之补充解释。二十八年中陕西与西康实行合署办公。至抗战期内战区各省，不但悉实行合署办公，且有各厅暂停组织者，例如山东省政府于二十八年八月尽裁各厅处职员（仍留厅处长），全省政府止设四科二室（见二十八年八月二十六日国民政府一件训令）。事实上，各省省政府之合署办公止遵办下列各事：（一）合署办公；（二）售中管理经费；（三）若干省令由关系厅长官副署[48]；（四）各厅及各专管机关不直接向中央部、会、署有所呈请，其余各规定均未遵行。但其他未实行第（一）（二）两项之各省政府均实行第（三）（四）两项，故就广义言，全国各省均已实行合署办公矣。

（附）《台湾省行政长官公署组织大纲》（国民政府三十四年八月三十一日公布）

第一条　台湾省行政长官隶属于行政院，依据法令综理台湾全省政务。

第二条　行政长官于其职权范围内得发署令并得制定台湾单行条例及规程。

第三条　行政长官得受中央委托办理中央行政，对于在台湾之中央各机关有指挥、监督之权。

第四条　台湾省行政长官公署设下列各处：

（一）秘书处；

（二）民政处；

（三）教育处；

（四）财政处；

（五）农林处；

（六）工矿处；

（七）交通处；

（八）警务处；

（九）会计处。

第五条　行政长官公署必要时得设专管机关或委员会，视其性质隶属于行政长官或各处，其组织由行政长官定之。

第六条　行政长官公署置秘书长一人，辅佐行政长官综理政务，并监督各处及其他专设机关事务。秘书长下设机要室、人事室，各设主任一人。

第七条　行政长官公署会计处设会计长一人，各处设处长一人（必要时得设副处长一人），承行政长官之命，综理各该处事务，并指挥、监督所辖机关事务及所属职员。

各处设主任秘书、秘书、科长、技正、技士、视察、技佐、科员、办事员，承上官之命，分司事务，其员额另定之。

第八条　行政长官公署设参事四人至八人。

第九条　行政长官公署得置顾问、参议、咨询等聘用人员。

第十条　本大纲自公布日施行。

注　释

[1]《纲要》第一项云："县为自治单位……。"

[2] 所称"监督""指挥"均为监督，特以分别监督程度之大小耳。

[3] 抗战期间陪都成立之辽、吉、黑、热四省省政府只设省政府主席及秘书处、委员。各厅及各专管机关一概未设，为临时权宜。参见随后三节。又同时期中山东及江苏省政府设政务、军事、总务三厅，法定各厅、处及各专管机关均裁撤（江苏省政府尚保存秘书长）。

[4] 三十四年九月三日恢复平时状态，战时终止。

[5] 按指立法院及监察院委员。

[6] 特任官为各部部长，各委员会委员长，大使及其他国民政府直属机关长官；特派官吏为监察院各监察使，特使、专使，考试院各典试委员会委员长等等。

[7] 三十四年一月日军深入广西，全省大部分沦陷，只余东部一隅地，乃由省政府委员兼桂东行署主任兼第三区行政督察专员，迄于今日(七月终)仍然，此为特殊情形。

[8] 至每一省政府委员之任期事实上并无保障，可以随时更调。

[9] 二十八年十月十六日，国民政府调令规定省政府依《公库法》第十三条以紧急命令饬公库拨款，须经省务会议议决并须电呈行政院核准。

[10] 省政府委员无军事任务，并不应分散各地，故不成理由。又二十九年春行政院出版《战时省制之变迁》亦有云："战区各省省府委员多因负有特殊任务，不能常川驻省，省府会议遂不克依法举行。"

[11] 三十二年四月二十七日行政院制立《各省(市)田赋粮食管理处组织规程》，规定由财政、粮食两部同于各省设立田赋粮食管理处，而将各省粮政局归并。

[12] 第一次及第二次修正之《省政府组织法》中有军事厅及司法厅。最初公布时即有军事厅。二十三年七月军事委员会委员长南昌行营制定，同年九月十七日行政院令行，《各省保安制度改进大纲》，其第三条规定："省设全省保安司令，由军事委员会委员长呈请国民政府任命各省政府主席兼充；在省政府中特设保安处，秉承全省保安司令之命，掌理全省保安事宜。"八月二十六日军事委员会公布《各省保安处组织通则》，规定保安处设处长及副处长各一人，由省政府主席兼全省保安司令，呈请军事委员会委员长任命之，副处长如无必要可以不设。除云南、新疆、广西及东北沦陷各省外，各省均已成立该处。三十三年一月十九日国民政府公布《省保安司令部条例》，依其第四条之规定，省政府保安处归并该部。(但事实上仍有保留者，如青海。)

[13] 三十四年冬以后各省参议会相继成立，情形乃变，因参议会有立法权也。

[14] 财政、建设、教育各厅均有。

[15] 时创议施行大学区制度。

[16] 原公布十六年八月。

[17] 三十三年六月一日财政部电各省政府规定自三十三年度下半年起田赋业务委由财政厅办理惟未成事实。

[18] 民政厅内设社会科者计有山东、安徽、河南、山西、西康、宁夏、察哈尔诸省。

[19] 各省省政府民政厅户政科设立日期如下表：

省 名	年 月	省 名	年 月
浙	三十一年一月	晋	三十二年一月
豫	三十一年二月	滇	三十二年一月
鄂	三十一年二月	宁	三十二年一月
粤	三十一年二月	康	三十二年六月
桂	三十一年三月	川	三十二年十月
赣	三十一年三月	陕	三十年
闽	三十一年三月	甘	三十三年一月
湘	三十一年四月	黔	三十三年二月
苏	三十一年十月	青	三十四年一月
皖	三十一年十一月		

绥远省政府民政厅只设户政股，新疆省政府则于警务处内（三十二年八月）设户政股。

[20] 三十四年五月时计有浙、康、鄂、皖、豫五省。

[21] 据三十三年一月国民政府《统计月报》第八十九号载，“于民政厅内设科专管警务者有浙江、河南、山西、甘肃、西康、福建等省；于民政厅内设股掌理者有四川、广西、广东、安徽、陕西、宁夏、贵州、青海等省。”

[22] 三十二年七月二十日国民政府任命浙江省政府秘书处、特务秘书一人。

[23] 二十九年八月三十一日行政院训令（准主计处代电）规定滇、黔、康、陕、甘、鄂、粤、皖、浙、苏、豫、鲁十二省（及重庆市）政府应设置统计主任，成立统计室。后主计处又督促各省成立统计机构。各省统计室实际成立日期如下：

湘（三十年一月十五日），陕（三十年四月八日），康（三十年六月一日），浙（三十年六月十六日），粤（三十年七月一日），黔（三十一年一月一日），甘（三十一年四月一日），滇（三十二年六月十七日）、新（三十三年五月十五日），绥（三十四年二月一日）。下列各省成立日期无考，主计处令设日期如下：苏（三十年六月十二日），晋（三十一年二月五日），青（三十二年二月十六日），豫（三十二年十一月三日），皖（三十二年十一月二十六日）。粤统计室于三十一年六月十六日扩充为处；但闽、桂二省原有统计处，分别于三十二年五月一日及三十二年十一月十三日改室。

[24] 云南省政府秘书处未设技术室而设技监室，二十七年十二月撤裁。

[25] 各省省政府秘书处设置人事室之日期如下（见后专管机关）：闽（三十二年四月十七日），新（三十二年五月二十六日），绥（三十二年六月十七日），桂（三十二年十一月二十四日），赣（三十二年十二月二十四日），皖（三十三年一月五日），黔（三十三年二月二十四日），甘（三十三年七月十九日），晋（三十三年七月二十二日），冀（三十三年七月二十二日），宁（三十四年四月六日），滇（三十四年四月六日）。陪都黑龙江省政府秘书处于三十二年十一月十五日，设人事管理员。

[26] 计有江苏、山东两省，分别成立于二十九年二月一日及三十年一月一日；但江苏原有会计处，抗战期中暂停职务。

[27] 计有赣、闽、浙、湘、陕、晋、豫、黔、粤、川、甘、鄂、宁、青、新十五省，其组织规程除浙江于二十九年十月，新疆于三十四年一月外，均于三十年内经中央核定。

[28] 云南省政府会计处于会计长之下，设帮办一人，协助会计处理事务；并设专员七人（聘任），任设计、指导、视察等事务。

[29] 江西于二十一年设县政研究会，二十四年一月改为县政人员训练所。

[30] 二十九年九月四日行政院通令各省设置粮食管理局，三十年八月八日行政院公布《省粮政局组织大纲》。三十二年四月二十七日各省田赋粮食管理处成立，次年各省粮政局实行合并该处。

[31] 二十九年十月二十二日行政院公布《各省驿运管理处组织通则》。

[32] 初各省于三十一年春自行设置，三十三年四月十八日行政院公布《各省物价管制委员会组织规程》。

[33] 基于二十九年九月六日国民政府所公布《战时图书杂志原稿审查办法》第二项之规定。

[34] 驿运管理处及物价管制委员会裁撤后，其事务均归并建设厅。

[35] 所谓“强制”与“非强制”纯就法规本身规定之性质而言。“非强制”不必自由，盖法规虽不强制，有时中央监督机关尚可命令省政府设置。

[36] 其成立日期如下：云南（二十八年六月十六日），湖南（三十二年二月一日），新疆

(三十二年四月二日)。又主计处《统计月报》第八十九号(三十三年一月)称成立警务处者有滇、鄂、湘、新四省。

[37] 二十七年四月二十八日成立。

[38] 察省于元年,浮省于二年,青省于十七年(十九年改清垦总局),宁省于二十二年设垦务总局(见金海同前文)。

[39] 同年十月十七日考试院公布《人事管理机构设置通则》,其第三条第一项规定:“人事处分设二科至四科,各科及人事室视事务之繁,简得分设二股至四股。”

[40] 以上各例均见金海同:《地政署成立后地方地政机构之商榷》,三十一年五月二十日《服务月刊》第六卷第四及第五期合刊。又见三十二年七月《国民政府年鉴》。

[41] 三十四年九月以后不详。

[42] 除前述滇、黔、桂四省外,甘、青二省附省会各县亦不设置。

[43] 按有正式荐任者,其手续与秘书任用同。

[44] 该省于主任之外,又设副主任。

[45] 五年十一月二十七日内务部呈准大总统公布《各省警察传习所章程》,规定省会设警察传习所,直属于警务处长,无警务处者直属于省长。十八年三月三十日国民政府核准,内政部制定,《各省警察教练所规程》规定各省民政厅所在地应设警察教练所。

[46] 十七年十一月八日内政部公布《省督察队组织暂行条例》,规定:“省政府为防剿盗匪,巩固治安起见,除设置公安局外得编练省督察队”(第一条),“……受民政厅长之节制调遣,其防巡地段由民政厅长指定之”(第三条)。

[47] 二十七年三月二十二日江西省政府设参议会,聘参议七人至九人,互选常务参议三人,集体备省政府咨询。惟通常参议皆无集合□组织。

[48]《省粮政局组织大纲》第三条:“……关于本省粮食政令之发布,以省政名义行之,局长副署……。”

第三章 省行政建议、咨询及协助机关

省政府为执行省公务之机关，即省行政机关，其外尚有若干机关团体为之建议、协助，或备其咨询。此类机关约有四种：(一)省参议会；(二)中国国民党省执行委员会；(三)民众团体；(四)特设机关；(五)各项临时会议及其他。凡此机关皆立于省政府组织系统之外，而依法对省政府有建议及协助之权利与责任者也。参议会会议及其他。凡此机关皆立于省政府组织系统之外，而依法对省政府有建议及协助之权利与责任者也。参议会与省党部虽非民选，皆依法代表民意，故此类机关实主为民意机关也。三十年十月中枢通令各省改进政治，凡有要点三项，其第一项即云："重视民意，采纳民间意见，以谋积极改进"，足征民意之可贵矣。

一 省参议会

清季公布省官制，定各省设学务公所(见前第一章)，是为省民意机关之始。光绪三十二年公布各省学务官制，规定省学务公所由议长一人，议绅四人组成；议长由总督或巡抚咨明学部奏派，议绅由提学使延聘。学务公所佐提学使参划学务，并备督、抚之诺询。然学务公所之活动范围止及于学务一端，而不包括全部行政也。

光绪三十四年六月公布《各省咨询局章程》，宣统元年各省依照其规定一致设立咨议局。咨议局为省最早之民意机关，兹根据其《章程》分析其组织，选举及职权于下：

(一) 组织——咨议局由议员、议长、副议长及常驻议员组成。议员由人民选举产生，议长、副议长及常驻议员均由议员互选。各省咨议局议员均有定额：奉天五十，吉林、黑龙江各三十，顺直一百四十，江宁五十五，江苏六十六，安徽八十三，江西九十七，浙江一百十四，福建七十二，陕西六十三，甘肃四十三，新疆三十，四川一百零五，广东九十一，广西五十七，云南六十八，贵州三十九（以布政使辖区为准）。京旗及各省驻防旗人于旗未废除以前得暂设专额议员：京旗于顺直设十名专额，各省驻防一名至三名，由督、抚会同将军或都统定之。常驻委员会定为议员十分之二。议员、议长及副议长均任期三年，常驻议员任期一年。

（二）选举——各省男性省民年满二十五岁以上，具有下列资格之一者有选举咨议局议员之权：

（一）曾在本省办理学务及其他公益事务满三年以上著有成绩者；

（二）曾在本国或外国中学及中学同等、或中等以上之学堂毕业得有文凭者；

（三）有举贡生员以上之出身者；

（四）曾任实缺职官文七品，武五品以上未被参革者；

（五）在本省地方有五千元以上之营业资本或不动产者。

此外，非本省省籍之男子年满二十五岁以上，于省内居住满十年以上并于省内有一万元以上之营业资本或有不动产者亦享有选举权。至议员被选资格则为本省省民或寄居十年以上人民年满三十岁以上。有下列情形之一时不得选举或被选为议员：

（一）品行悖谬，营私武断者；

（二）曾处监禁以上之刑者；

（三）营业不正者；

（四）失财产上之信用，被人控实尚未结清者；

（五）吸食鸦片者；

（六）有心疾者；

（七）身家不清白者；

（八）不识文字者。

其第一、三、七各项意义实至空泛，政府大有操持余地也。又有下列情形之一者其选举权或被选举权即予停止：

（一）本省官吏或幕友；

（二）常备军人及征调期间之续备，后备军人；

（三）巡警官吏；

（四）僧道及其他宗教师；

（五）各学堂肄业生。

现任小学教员其被选举权停止。

（三）权力——咨询局之权力凡有下列八项：

（1）审议权，凡下列各事件均须经其议决；

（一）本省行政之兴、革；

（二）预算；

（三）决算；

（四）税则及公债；

（五）省所担任义务之增加；

（六）省单行章程、规则之增删或修改；

（七）权利之存、废。

其议案应由督、抚先期起草，于开会时提议；但除第（二）（三）两项外咨议局亦得自行草具议案。咨议局议定可行事件，呈候督、抚公布施行，督、抚有异议时应说明理由交咨议局复议。复议后不变原议时督、抚得将全案咨送中央资政院核议，定期可、否。咨议局非有议员过半数出席不得开议；非有出席议员过半数赞同不得议决，可否同数时取决于议长。

（2）建议权，咨议局得"指陈通省利弊"。

（3）答复咨询权，即答复督、抚及资政院之咨询，亦义务也。

（4）选举资政院之议员，因资政院二百名议员半数由各省咨议局选出也（此外宗室三公世爵十六名，满、汉世爵十二名，外藩王公世爵十四名，宗室觉罗六名，各部院衙门三十二名，硕学通儒十名，纳税多额者十名）。

（5）公断本省自治会之争议。

（6）收受自治会或人民之建议。

（7）询问权：咨议局于本省行政事件及会议厅议决事件如有疑问得

呈请督、抚批答，若督、抚认为须守秘密时可将大概告知。

(8) 纠弹权——本省官绅如有纳贿及违法事件咨议局得指明实据呈候督、抚查办。

民主制度中，立法及审议、决策之民选议会，所以控制政府者也，咨议局一面受制于督、抚，一面受制于资政院，盖稍有民主之意而已。又各国议事机关例无层次序级，司法机关于诉讼虽有序级而各级法院并不互相统辖，序级严明者只单一制下之行政政府而已；然咨议局则受资政院之节制，则甚奇也。

民国成立，各省咨议局改为临时参议会，政府一面谋设省议会以代之。元年九月四日大总统公布《省议会议员选举法》，十月二日公布其施行细则，二年四月二日复公布《省议会暂行法》。立法工作完成后各省随即成立省议会。惟成立不久，不幸于三年二月二十八日各省省议会悉由大总统袁世凯下令解散。袁氏败死，新任大总统黎元洪复于五年八月十四日通令各省行政长官于十月一日重新召集省议会，至是各省省议会一律恢复，至依国民政府制定《省政府组织法》遂告终止。兹略述省议会之组织、选举及职权如下：

(一) 组织——元年九月二十五日政府曾规定各省第一届省议会议员之名额，经《省议会暂行法》追认有效，其所定如下：直隶一八四名，奉天六四名，吉林、黑龙江、新疆各四十名，江苏一六零名，安徽、湖南一零八名，江西、四川各一四零名，浙江一五二名，福建九六名，湖北一零四名，山东一三二名，河南一二八名，山西一一二名。陕西八四名，甘肃五六名，广东一二零名，广西七六名，云南八八名，贵州五二名，较咨议局议员有加。省议会设议长一人，副议长二人，均由议员互选之。议员、议长、副议长均任期三年。

(二) 选举——省议会议员之选举规定于元年九月四日之《省议会议员选举法》。议员由复选法选出，分初选举与复选举；初选举以县为选举区，复选举合若干初选区为选举区。凡有中华民国国籍之男子，年满二十一岁以上，在选举区内居住满二年以上，具有下列资格之一者均为选民：

（一）年纳直接税二元以上者；

（二）有值五百元以上之不动产者；

（三）在小学校以上毕业者；

（四）有与小学以上毕业之相当资格者。

选民无须为本省人民，且年龄定为二十一岁以上，自较咨议局议员之选民条件为低。教育与财产之限制亦较前为宽。凡有中华民国国籍之男子，年满二十五岁以上者有当选为议员之资格，亦较咨议局者为低。但省议会与咨议局议员当选资格，除年龄而外，并无其他要求，意必具选民资格可无疑也。有下列情形之一者选举权及被选举权均应取消：

（一）被夺公权尚未复权者；

（二）受破产之宣告确定后尚未撤销者；

（三）有精神病者；

（四）吸食鸦片者；

（五）不识文字者。

各项情形均甚明确，诚较咨议局规定为进步矣。有下列情形之一者选举权及被选举权即予停止：

（一）现役陆、海军人及在征调期间之续备军人；

（二）现任司法官吏；

（三）现任本省官吏及巡警；

（四）僧道及其他宗教师。

小学校教员及各学校肆业生之被选举权亦停止。办理选举人员（监察员除外）停止于其选举区内之被选举权，又承揽本省工程之人及承揽本省工程之公司办事人停止于本省之被选举权。

投票用无记名单记法，即每票只书被选者一名，而不书选举人自己姓名。议员名额之分配，每届由总监督以该省议员之名额除全省选举人之总数，视得数多寡，定每选举人若干名得议员一名。再以此数分除各复选区选举人数，视得数多寡，定每选举人若干名得议员一名。再以此数分除各复选区选举人数，视得数多寡，定各该复选区应出议员若干名。兹举吉

下列资格之一：

（一）历办地方事业，卓著成绩，允孚众望者；

（二）国内外大学毕业有社会、政治学识者；

（三）曾在地方自治机关服务三年以上，著有成绩者；

（四）学识丰富，曾有著述者。

但有下列情形之一者不得选为待征员：

（一）有反对三民主义之言行，证据确实者；

（二）被告为贪官、污吏、土豪、劣绅，经法庭判决有罪者；

（三）曾受刑事处分者（但因从事国民革命而受旧日政府之刑事处分者不在此内）；

（四）亏欠公款尚未清结者；

（五）被国民党开除党籍，或受停止党籍之处分尚未恢复者；

（六）有不良嗜好者；

（七）心神丧失者；

（八）现任委任职以上之公务职员。

特征员职权有三：

（1）建议权："待征员平时得以地方情形建议于省（县）政府，或呈由省政府转呈国民政府（条例第十条）"。

（2）被询权，盖《条例》第一条云："国民政府为咨求民隐，厉行兴革起见，特饬各省（县）分别甄举人士以备询用。"条文虽未明定备国民政府之询用，省政府有询问，省待征员自亦有答复之权利也。

（3）参加行政权："待征员如有特长者由地方政府酌量选用为筹备地方自治或地方行政人员"（第九条）。

《条例》第十一条限江苏、浙江、安徽、江西、福建、湖北、湖南、河北、河南、山东、山西、广东诸省于文到两个月内甄举完毕，其余各省限三个月内甄举完毕。然各省是否均已甄举，及甄举后待征员成绩如何，今俱无考。

二十三年九月三日行政院公布《各省（市）捐税监理委员会章程》，于各省（及直隶于行政院之市）设立捐税监理委员会，由财政部就各省"素孚声望之公正人士”中遴选委员五人至九人，呈请行政院聘任组织之，均无薪给。其职权如下：

（一）调查境内之苛捐杂税及征收情况；

（二）研究境内之捐税整理办法；

（三）向本省政府及财政厅陈述本境之捐税情形及整理办法；

（四）向行政院及财政部直接陈述本境之捐税情形及整理办法；

（五）向监察院举发境内之违法捐税及税务机关人员之违法行为。

捐税监理委员会每月至少开常会一次，遇必要时经主席或委员三人以上之声请得召集临时会。二十八年二月中央执行委员会决议：“在此发动全民抗战之际，对于地方财政之维持及推进，应鼓励后方人士辅助官厅，庶几事半功倍。凡各省之尚未设立地方捐税监理委员会者均应于二十八年上半年内，依照院会《章程》，分别成立，以辅助财政部监察整理事宜。”足见设立尚未普遍。今省无税收，此委员会自无设立之必要也。

以上皆省临时参议会产生以前之省民意机关。二十七年九月二十六日国民政府公布《省临时参议会组织条例》，旋定于十一月一日起施行。十二月二十二日国民政府又公布《省临时参议会议事规则》及《省临时参议会秘书处组织规则》。二十七年十月二十八日行政院训令各省省政府限各省临时参议会于二十八年元旦以前一律成立，但不能成立者亦可呈请行政院准予展缓。事实上各省省政府均已请求展缓。各省临时参议会成立之日期如下：

二十八年三月十三日——浙江、福建

二十八年三月二十一日——贵州

二十八年四月五日——江西、河南、广西

二十八年四月十八日——广东、湖南

二十八年五月一日——安徽、四川、陕西、青海

二十八年五月二十九日——云南

二十八年六月十三日——湖北

二十八年十月二十八日——宁夏

二十八年十一月十三日——甘肃

二十九年六月二十八日——西康

三十三年十月四日——绥远

其余各省临时参议会均因国难关系缓成立。兹将省临时参议会之组织、职权及会议分析于下。

(一) 组织

省临时参议会由参议员、议长、副议长、秘书长、驻会委员会及各审查委员会组成,兹分述之。

(一) 参议员

各省临时参议会参议员均有定额,著于《省临时参议会组织条例》所附《各省临时参议会参议员名额表》之中,计江苏、湖南、四川、河北、山东(内威海衙行政区应出一名,该行政区直隶于行政院)、河南、广东、七省各为五十名;安徽、湖北两省各四十五名;浙江、江西两省各四十名;山西、福建、广西、云南四省各三十五名;察哈尔、绥远、西康、青海、宁夏、黑龙江、热河各二十名。惟四川省参议员名额经国民政府二十八年四月二十八日增为七十名,陕西省于三十三年九月二十一日增为四十名。各省参议员于各该省所属县、市住民中遴选十分之六,于曾在各该省重要文化团体或经济团体服务人员中遴选十分之四(《组织条例》第三条)。“每一县或市所出……参议员至多不得过一人,但所属之县数少于二十县者不受此限制”(同条)。参议院之资格定为(第二条)年满二十五岁之中华民国男子或女子,曾受中学教育或同等教育,且有下列条件之一者;

(一) 具有各该省之籍贯,并曾在各该省所属之县市公私机关或团体服务二年以上著有信望者;

(二) 有在各该省重要文化团体或经济团体服务二年以上之经验且著有信望者。

所谓“县、市公私机关或团体”,二十八年一月行政院据甘肃省政府电呈以“马”电解释云:“公者指县政府及所属机关,私者指律师、会计师、工程师等事务所经主管官署核准有案者。同条所称地方团体……以经主管官署核准者为限。……”第二项资格无省籍限制，可以注意。关于“同等教育”，二十七年十二月（删电）行政院据河南省政府电呈解释为“同等教育系指同等学力而言，就服务经过足以认定，无须有证明文件（二十七年十二月国防最高会议——即国防最高委员会之前身——议决，九日由国民政府训令遵行；“关于省（市）临时参议会推选之法令与指挥进行等事项，应指定行政院为主管机关”）。关于“文化团体”，二十七年十月河南省政府曾电请行政院解释，同时福建省党部亦电请中央执行委员会移函国防最高会议解释。行政院据请于十二月删电，国院最高会议函由国民政府于十二月九日训令，答复如下（二者相同）：“文化团体应包括一切教师、新闻记者、律师、医药师、会计师、工程师等人员所属之团体；学校与报馆，自均应视为文化团体”（国防最高会议）；任学校教师者应认为合格（行政院）。所谓“经济团体”二十七年十二月十七日行政院解释为“指依法设立之农会、商会、工会、渔会及工商业同业公会而言，此外有关经济事业之团体经主管官署核准设立者亦应视同一律”；又“合作社亦包括在内”。再行政院于二十七年十二月，“效”电据福建省政府电呈规定：“曾在该团体服务二年以上者，现该团体虽不存在，亦得提出候选人。”又省参议员之十分之六系由各该省所属县、市住民中遴选，然则设治局之居住有无资格？又住民是否须有本县、市之籍贯？后一问题，业于二十七年十一月由河南省政府提出，行政院定为“县、市住民不以本县或本市籍为限，凡现在该县、市有住所者均包括之；但有暂时居所之人民不能认为该县、市之住民”；然所谓“暂时”究以若干时日为限，仍待确定也。又行政院于二十八年一月二十四日据安徽省政府电请指示游击区县份参议员候选人提出办法，规定：“各县候选人依法应由县政府提出，凡合于法定资格者并无现时居所之限制”。前一问题实可肯定答复，因第一，“条例”仅注意省籍，而行政院亦明令无须县、市籍贯，则设治局自无例外之理；第二，在法律上，设治局之地位与县、市相等。

关于参议员资格之消极限制，仅有二项规定（《组织条例》第十六条），即“现任官吏不得为省临时参议会参议员，但办理地方自治人员及学校人

之。(二)由曾在本省重要文化团体或经济团体服务二年以上之人中遴选之参议员其候选人由省政府及省党部职席会议决定之,其名额为该类参议员数额之二倍。两类候选人由省政府汇集后编成名单呈送行政院转达国防最高委员会决定参议员之人选(以上第四条规定)。国防最高委员会尚可于省政府呈送之名单以外直接于各省具有当选资格之人中选定,惟如此直接选定之参议员不能超过各该省参议员总额十分之二(第五条),各省参议员之名单由国民政府分别公布。

参议员之任期定为一年,但可由省政府呈准行政院延长一年(第十一条)。事实上各省参议员任期有延长至今日者,则凡有五六年矣。至各省第一届临时参议会除河南省于二十九年八月八日改选外,余均全体延任一年。三十年四月十四日国民政府将“延长一年”之规定修改为“必要时得延长之”。同年六月三日浙、黔、粤、川四省,十二日闽省临时参议会全体参议员均再延任一年。各省临时参议会改选,至三十一年九月方行开始,改选以后之临时参议会为第二届,以前未改选之时,均属第一届。[2]兹将国民政府公布各省第二届临时参议会日期如下:

广西、宁夏——三十一年九月十九日

浙江——三十一年十一月二日

贵州——三十一年十二月二十九日

江西、湖南、陕西、福建——三十二年二月二十三日

四川——三十二年四月二十九日

云南——三十二年七月十三日

甘肃、广东、河南——三十二年七月十四日

安徽——三十二年七月二十六日

西康——三十二年八月二十三日

广西省第三届参议会议长、副议长、参议员业于三十三年十月四日选定,其余各省第二届参议会均在任中,第三届尚未选定也。

参议员为无给职,但开会时应得旅费(第十九条)。二十八年一月行政院“马”电指令甘肃省政府规定旅费不独指出席会议来往川资,且包括

会期内之生活费；如系驻会委员，更包括驻会期内之生活费；如兼议长、副议长，又包括公费。同年四月二十七日行政院又规定川资及生活费以每日国币八元为限，但川资得视各省交通情形由各省省政府酌予增加。至若参议员特别辅助之有无暨多寡各省于预算范围之内，似可自由决定也。

行政院依国防最高委员会之议决，于二十八年三月十五日训令各省省政府，规定各省临时参议会加设候补参议员，其名额为参议员二分之一。候补参议员自须具备参议员之资格，无用解释；其任期依一般公法原则当以补足所递补之缺额参议员者为限。候补参议员之选定手续并无明文规定，实际情形则系与参议员同时由国防最高委员决定并同时与参议员由国民政府公布。至候补参议员是否亦分两类及不同类者可否递补，均无规定也。

“参议员在会场内得自由发表言论，不受会外之干涉；但在会场外发表之一切言论、文字，仍受一般法律之限制”（《议事规则》第八条），此参议员所享言论特殊自由权也。其他特权并无明文授与。一般国家议会之议员在开会期内除现行犯外不受逮捕、审问、拘禁，省临时参议会参议员可否依照法理引用，颇可讨论也。参议员应共同负责维持会场秩序（第三十三条），其有违反《议事规则》及会场秩序者，议长得予警告或制止，情节重大者经会议之议决并得停止其出席（第三十四条）。“参议员在会场之席次依抽签定之”（第六条），以免混乱也。

（二）议长及副议长

《省临时参议会组织条例》第十七条规定：“省临时参议会置议长、副议长各一人，由行政院就各该省参议员中遴选，提请国防最高会议（其后国防最高委员会）决定之。”议长之职权如下：

（1）关于组织者：

（1.）任命秘书处之秘书（《组织条例》第二十条第二项）。

（2.）经秘书长之呈请任命秘书处其他职员（《秘书处组织规则》第六条第二项）。

（3.）设置特种委员会（《议事规则》第九条末项）。

(4.) 拟定各项审查委员会之人数、人选及召集人，提交参议会会议讨论并通过(《议事规则》第十一条第一项)。

(2) 关于议事之权：

(1.) 为参议会会议之主席(《组织条例》第十八条)(然《议事规则》第四条规定为得为主席，故与《条例》不合，二十八年二月十二日行政院据江西省政府电呈，训令规定应以《条例》为准)。

(2.) 编定及变更议事日程(《议事规则》第十九及二十一条)。

(3.) 将议案发交审查委员会审查，并提出审查报告于会议(第十六及第十九条)。

(4.) 将省政府之施政报告列入议事日程，移付讨论(第二十八条)。

(5.) 决定议案表决之顺序及表决方法(第二十五条)。

(3) 对于参议员之控制权：

(甲) 讨论之时：

(1.) 参议员须将姓名、席次书面或立起报告议长，经议长许可后方可发言(《议事规则》第二十二条)。

(2.) 增减参议员之发言时间及次数(第二十三条)。

(3.) 参议员对省政府省之报告有疑义而欲发问时须经议长之许可方能为之(第二十六条)。

(乙) 非讨论之时：

(4.) 参议员对于省政府有询问时应书面请求议长转达(第二十八条)。议长固无必须转达之义务，然询问对象既为省政府，议长自无拒绝或延宕必要也。

(丙) 惩戒权：

(5.) “参议员于会议时如有违反本规则，妨害秩序之情事议长得予以警告或制止之；……”如情节重大者议长得提经会议议决后停止其出席(第三十四条)。

(4) 关于指挥之职权：

(1.) “省临时参议会之议案、询问案及其他文件由秘书长呈经议长核定后始得对外发表”(《议事规则》第三十二条)。

(2.)“省临时参议会之开会、休会及散会由议长宣告之”(第五条)。

(3.)指挥秘书处办理参议会一切事务(《组织条例》第二十条第一项)。

(4.)对外代表参议会,此权虽无明文规定,议长实际已享有也。

第一类第(3)项,及第二类第(2)项之权力会议决议亦能行使,第二类第(4)项之权力参议员三分之一以上同意亦能行使,余皆议长独有之权力也。

副议长仅有一项法定职权,即议长因故缺席时代理议长充任会议之主席。其余议长各权副议长事实上自可协助行使,惟须以议长名义出之耳。

(三)驻会委员会

《组织条例》第十四条设有驻会委员会之规定,盖仿咨询局前例也。驻会委员会于参议会休会期间设置,委员为五人至九人,但参议员总额未超过三十名时不得超过五名,均由参议员互选。四川省临时参议会曾要求增加其驻会委员至十一人,二十八年七月二十二日国防最高委会予以核准,他省当可援例也。江西省临时参议会不于每次开会时选举驻会委员,而于第一次会中将全体参议员分配轮流充任各次休会期间委员,二十八年九月五日行政院亦明令核准。惟通常各省临时参议会驻会委员会均于每次大会终了时选出,至下次大会即行消减。

根据《组织条例》之规定,驻会委员会之职务凡有两项;即(一)于参议会休会期间听取省政府各种报告;(二)观察省政府实施参议会决议案之情形。实际上各省临时参议会驻会委员尚代表参议会出发各地视察,或协助省政府推行各项公务(例如宣传兵役、粮赋,推行教育等。)广西临时参议会驻会委员尚协同秘书处整理大会之议决案。驻会委员会为参议会之委任机关,其工作经过须向参议会报告。清季各省咨议局常驻议员无定职,其工作须由议长特别委任(见《咨议局章程》第十二条),如议长不加委任即无可作为矣,视省临时参议会驻会委员会为轻微也。又各省督、抚可以召集各该省咨议局常驻议员至会议厅“以备询考”(同条),省政府对临时参议会驻会委员会则无此权,则临时参议会常驻委员又较咨议常驻议员为独立也。

(四) 审查委员会

《省临时参议会议事规则》第九条规定,省临时参议会设置各项审查委员会。并规定审查委员会分为两种:第一为经常必须设立者,可名之为“常设审查委员会”;第二为审查特殊事项而临时设立者,可名之为“特设审查委员会”。常设委员会定为三种,分别名为第一、第二及第三审查委员会。第一审查委员会审查关于民政、自治、保安等事项之议案;第二审查委员会审查关于财政、经济建设等事项之议案;第三审查委员会审查关于教育、文化等事项之议案。其分配事务第三种似嫌稍轻而第二种似觉稍重也。特设审查委员会之设立由议长决定,或由大会决议(《议事规则》第九条第二项)。各常设及特设审查委员会之人数、人选及召集人均由议长拟定,提交大会通过(《议事规则》第十一条)。审查委员会之数目宜有相当限制,盖各省临时参议会参议员平均约止三十人,数多则不敷分配也。必使一参议员参加数委员会,精力分散,亦难审查满意也。

审查委员会开会无法定人数之规定,任何人数出席均应开会(《议事规则》第十二条);但其议决则须出席人要,谁为决定?意者除召集人外,议长及大会均有权力也。议案付委与否,由议长决定,故审查委员会之职务实完全由议长赋予也。审查委员会开会之时又可邀请省政府派员列席发表意见(第十五条),此项邀请自可由召集人或委员会决定之。审查委员会之议决(有必要时应连同少数人之意见)草成书面报告交复议长,再由议长提出大会讨论。议长可否搁置,并无明文规定,诚堪研究也。

(五) 秘书处

《组织条例》第二十条第一项规定省临时参议会秘书处。秘书处置秘书长一人,由国民政府简派之;又置秘书一人或二人,由议长派充之(同条第二项)。依《秘书处组织规则》,秘书处设议事及总务两组(第五条),每组置主任一人,得由秘书兼任;组员二人至四人,办事员三人至五人,均由秘书长呈请议长派充(第六条)。各职员除常川驻会办事者外,以向省政府各机关调用为原则,其常川驻会人员不得超过秘书处职员总额三分之一(第十条)。此外,秘书处尚得酌用雇员(第九条)。

秘书处之职务即其所属两组之职务,规定于《组织规则》第七条及第八条,兹将原条抄列于下:

第七条　议事组掌下列事项:

(一) 关于编制议事日程及会议记录事项;

(二) 关于各种议案关系文件之编集事项;

(三) 关于提案、决议案及审查报告整理之协助事项;

(四) 关于会议及各审查会(按即审查委员会)开会之准备及通知事项;

(五) 关于参议员出席、缺席、表决计数及其他协助议事日程进行中一切事项;

(六) 关于新闻之发表及新闻记者之接洽事项。

第八条　总务组掌下列事项:

(一) 关于文、电之收、发、撰拟、缮、校、编、译及保管事项;

(二) 关于典守印信事项;

(三) 关于参议会预算、决算之编制事项;

(四) 关于款项出、纳事项;

(五) 关于一切布置事项;

(六) 关于物品购置及保管事项;

(七) 关于出席、列席、旁听等证章之制发等事项;

(八) 关于参议员报到之登记事项;

(九) 关于印刷事项;

(十) 关于会议时之一切警卫事项;

(十一) 其他庶务事项。

秘书长之职务有四:(一)监督并指挥秘书处全体职员(《组织规则》第三条);(二)于参议会每次会议开会时报告前次会议之纪录(《议事规则》

第三十一条)；(三)列席参议会之会议(第三十条)；[3](四)参议会之议案、询问案及其他文件发表前呈请议长核定(见前)。凡此四项为秘书长之权力,亦为其义务。除第(一)项外,皆无自由裁酌之余地。“秘书长应由国府简派,不宜以参议员兼充”(二十八年一月二十七日行政院指令福建省政府并通令各省政府),惟“不宜”是否“不应”,尚可研究也。[4]又“秘书长及其他常川驻会之专任职员应照级薪津,其数目由省政府斟酌地方情形商同议长决定”(同日行政院指令河南并通令其他省政府)。

(二)职权

省临时参议会之职权凡有下列三种:

(一)决议权——“省政府重要之施政方针[5],于实施前应提交省临时参议会决议;但在省临时参议会休会期内遇有特殊紧急情形处置时,应呈行政院核准,并处于省临时参议会次期集会时报告于省临时参议会”(《组织条例》第六条)。除省政府提出之重要施政方针外,省临时参议会亦可基于本身之提议通过决议送交省政府执行(第七条)。所谓省政府之重要施政方针当然包括预算案及其他财政案及各项行政计划,但无一定之解释。省临时参议会之决议省政府有执行之义务;如省政府认为不能执行时,应提交复议,其提出时间,不得逾过次期集会休会以后(第八条)。复议时如有出席参议员三分之二赞同原案,或对原案加以修正时,省政府必须执行,不得再交复议。但省政府仍有困难时,呈准行政院以后,尚可拒绝执行。故临时参议会之决议权至为薄弱。事实上参议员之选定初选由省政府决定(见前),则省政府固已控制于先矣。

(二)“省临时参议会有听取省政府施政报告之权”(第九条)。省政府之施政报告可以书面提出,或以口头为之;其以书面提出时,参议会仍可请求省政府主管长官列席说明(《议事规则》第二十六条)。实际上各省省政府之施政口头申述外,复以书面送致。“省政府之施政报告经议长之决定或出席参议员三分之一要求应列入议事日程移付讨论”(第二十七条)。[6]

(三)选举国民参政员——依三十三年九月十六日国民政府修正公

布之《国民参政会组织条例》第三条之规定，国民参政会参政员总额为二百九十名，其中一百九十名按依三十一年三月十六日修正《条例》总额为二百四十名，其中一百六十四名，由曾在各省及直辖市公私机关、团体服务三年以上著有信望并由各该省、市籍贯之人员中遴选。复依第四条之规定，此类参政员“由各省、市临时参议会用无记名连记投票法选举之，以得票较多者为当选。政府召集国民参政会时各省、市临时参议会如在休会期间且因例会期尚远不能于国民参政会召集期限完成前项选举时其选举得以通信方式行之”[7]。

（四）督察权——省临时参议会为民意机关，依各国民意机关通例对于省政府实有督察之权力与责任。例如云南省临时参议会曾于三十二年冬派遣考察团赴各县考察，其意盖以各县为省政府所属，亦以观察民风政俗以促醒省政府注意耳。又二十九年十二月三十一日行政院所颁《肃清烟毒善后办法》第三条规定云：“在未设有临时参议会之省、市政府得呈经中央核准设立禁烟委员会，由各省、市党部及地方公法团体推定人员共同组织之，负督察检举各该省、市肃清烟毒之责”，已承认临时参议会之督察权矣。

以上为省临时参议会以其本身名义行使之职权。此外，“省临时参议会参议员于开会时有依《议事规则》向省政府提出询问之权”（《组织条例》第十条）。参议员之询问有两方面：第一，参议员对省政府之施政报告发生疑义时可以提出询问（《议事规则》第二十六条）；第二，参议员对于省行政任何方面可以提出询问（第二十八条）。第一种询问系以口头为之，并须经议长之许可；第二种询问须以书面为之，并须参议员三人之连署，由议长送交省政府定期答复。省政府之答复得以书面或口头为之，但有秘密性者得不为答复（第二十九条）。参议员对省政府之答复不满时尚可应用第一种询问。参议员又往往依省政府之请求或委托，协助省行政，惟非法定职权也。

（三）会议

省临时参议会及参议员之法定职权均系于临时参议会会议中行使。

省临时参议会之会议须于其会期中举行。省临时参议会每六个月开会一次，故年有常会两次；省政府认有必要时尚可召开临时会(《组织条例》第十二条)。常会及临时会之会期均为两星期，惟省政府认有必要时可予延长(同条)。参议会之会议须有参议员过半数之出席方能举行(第十三条)。“省政府主席、秘书长、各厅长及省政府委员得出席于省临时参议会，但不参加其表决”(第十五条)。[8]省临时参议会主要之职权厥为决议，会议之工作要义在通过决议。决议之通过包括提案、讨论及表决三段，略述其经过如下：

(一) 提案——提案之方式凡有四种：

(1) 重要施政方针由省政府提出(前见)；

(2) 参议员提案；

(3) 临时战议；

(4) 请愿。

参议员之提案应有参议员五人之连署(《议事规则》第十八条)，即由提案发动人署名外，尚须参议员四人连署，方能成立。临时动议应于一议案未开议前或议决后提出，须参议员总额三分之一连署方能成立(第二十条)。提案进行于会议之前，故皆排列于议事日程之中；临时动议进行于会议举行之时，故尚未列入日程也。根据实例，请愿发动于人民或人民团体及各县参议会，其办法并无法律规定，是否需要参议员介绍或由议长列入议事日程，不得而知也(提案内容以与省政及抗战有关者为限，并不得抵触三民主义——第十七条)。

(二) 讨论——提案视议长之意向径付讨论，或发交审查委员会审查后再付讨论(见前)。讨论之次序依准议事日程，其编制当由秘书处议事组依议长及秘书长之指挥为之。议长之决定或会议之决议均可变更议事日程(《议事规则》第二十一条)。“省临时参议会之会议公开之，但经议长之决定或会议之决议得宣告开秘密会”(第七条)。“讨论时参议员须先以书面将席次、姓名报告议长，或起立声称议长并报告席次，经许可后始得发言”(第二十二条)。关于发言时间、提案人(当包括连署人在内，因一人不能提案也）不得过十五钟，其他发言人不得过十分钟；发言时间议长得酌予延长或缩短（第二十三条第一项）。又每参议员对同一议题（自非议案）发言仅以两次为限，必要时议长可限定一次，或特许增至两次以上（同条第二项）。至于议案之修正，必须参议员五人之连署（如系书面提出）或赞同（如系口头提出）方能成立。凡此皆讨论时对于参议员之限制，其功用约有数端，如避免感情激发，促成议案成立，平均发言机会等是也。除参议员外，省政府主席、委员、秘书长及各厅厅长均能发言，惟有无限制，尚无规定耳。

（三）表决——议案讨论完毕即行表决。表决需要出席参议员过半数之赞同（《条例》第十三条），其方式或为举手，或为起立，或为投票，由议长斟酌采用之（《议事规则》第二十五条第一项）。“讨论终结时如有数种意见，其表决之顺序由议长决定之”（同条第二项）。议案经表决通过即行成立，无须省政府同意。但议案成立之后省政府尚可提交参议会复议，复议通过后行政院尚可根据省政府之呈请将其撤销（见前）。复议未通过或撤销前原决议是否仍须执行，及撤销有无追溯效力，皆不克确考。

三十三年十二月五日国民政府公布《省参议会组织条例及省议员选举条例》，三十四年七月一日起施行。三十四年十一月二十七日行政院复制定《省参议会议事规则》及《省参议会秘书处组织规则》。兹准以上各种规章分析省参议会之组织、职务及会议如下。

（一）组织

省参议会由议长、副议长及参议员组成，并置秘书处办理其日常事务性工作。为进行其法定职务，省参议会又有主席、驻会委员会及审查委员会，均由其组成分子分别充任。议长、副议长、参议员及秘书处职员均为国家法定职务，主席及各委员会人选则纯为省参议内部之职务。国家法定职务，须对国家法律负责，并受国家法律之制裁；省参议会内部之职务，则止对省参议会负责，不受国家行政法令之管束也。又前一类职务为独立的，后一类职务则为附从的。此种组织上及职务上之区别，于任何国家之任何代议机关无不存在，虽以往学者无人讨论，然其事至为重要，实不容忽视也。惟独立的职务不必较附从的职务更重要；因独立与附从乃法律上之对立，而职务之重要与否则为事实问题。就事实而言，常驻委员会、各审查委员会皆较秘书处更为重要也。今将各部分分别论之。

(一) 参议员——省参议会以议长、副议长及参议员为组成部分，然议长及副议长均自参议员中产生，故组成部分中，参议员实为基本部分。从此观点而论，则谓省参议会由参议员组成固无不可也。《省参议会组织条例》第一条第一项云："省设参议会，由县、市参议会选举省参议员组织之"，即属此意。"前项省参议员名额每县、市一人"(同条第二项)。由上规定，又知省参议会参议员之人数及其产生方法。各县、市人口互异，尤以市人口为众，故省参议员之选举并不直接以人口为准，因县之区分，实以人口为一重要因素也。又省参议会中，无职业选举之参议员，全数均依地域选举。再省参议员非直接由省公民选举，而间接由各县、市参议会选举。基此种种而论，省参议员之选举方法尚未充分民主化，初行尚可取其便利，以后诚须改进也。省参议员由各县、市参议会选举，必须各县、市参议会成立，然后省参议会方可成立。事实上，《条例》施行之时，全国各省之中，仅不为敌军占领之部分方能成立县、市参议会，而此一部分之各县、市尚有若干未成立者也。于此发生两项问题：即须一省中之各县、市参议会全数抑或一定比率成立后方可成立省参议会？及如非全数，则尚未成立参议会之县、市须否及如何选举其省参议员？理论上，前一问题解决之后，方可答复后一问题。惟《组织条例》仅就后一问题规定"在参议会尚未成立之县、市，其省参议员之产生办法由行政院定之"(第二条)，而对前一问题反未虑及。惟行政院基此规定则于三十四年六月二十九日先规定一省之县、市参议会成立过半数时即成立省参议会，并促各省省政府督促各县、市参议会早日成立；同年七月十三日再规定："《省参议会组织条例》第二条所载未成立参议会之县、市其省参议员应由县、市临时参议会选出。""省参议员任期二年，得连选连任"(《组织条例》第五条)。"省参议员得由原选举之县、市参议员过半数之出席，出席人数三分之二议决罢免之"(第六条)，此项罢免不必基于任何理由。"省参议员于任期内因故(案包括罢免在内)去职时，由该县、市候补当选人依次递补，其任期以补足前任未满之期为限”(第七条)。所谓“依次递补”，必须每一县、市之省参议员候补当选人有二人以上，否则一人不必“依次”。惟依《省参议员选举条例》第二十一条之规定，候补当选人之名额与当选人相同，每县、市当选之省参议员止一人，故候补者亦止一人。当一省参议员去职时，即由其候补之一人递补也。

关于参议员之选举，悉由《省参议员选举条例》补充规定。关于省参议员之被选资格，该条例规定：“中华民国公民，年满二十五岁，在各该省内居住一年以上，经《省县公职候选人考试法》所定甲种公职候选人试验或检核及格者，得被选为省参议员”(第一条)。依此规定，省参议员不但无须为选出之县、市公民或居民，并无须为其省之公民或居民，惟既由县、市参议会选举，实际上非本县之公民不可也。至我国公民之资格，法律上亦有规定，国民政府于十八年九月十八日公布(十九年七月七日修正)《乡镇自治施行法》，始于其第七条规定公民之积极及消极资格，十九年五月二十日公布《市组织法》，于第六条有同样之规定。二十五年六月二十七日内政部公布《公民宣誓登记规则》，其第三条将公民之消极资格略事补充。最后，《县各级组织纲要》于二十八年九月十九日公布，公民资格再予修正。《纲要》第六项云：“中华民国人民，无论男、女在县区域内居住六个月以上或有住所达一年以上，年满二十岁者为县公民，有依法行使选举、罢免、创制、复决之权”(第一段)，但有下列情形之一者不得为公民：(一)褫夺公权者；(二)亏欠公款者；(三)曾因赃私处罚有案者；(四)禁治产者；(五)吸食鸦片或其代用品者(后段)。市公民当比照此项规定办理。凡为县、市公民者即为国家公民。有公民资格尚须经过公民宣誓，否则仍非公民。《选举条例》第一条规定之四项资格，为被选省议员之积极资格。但《条例》未规定消极不能被选之情形。惟有下列之一者停止其被选举权：(一)现任公务员，但各级学校校长不在此限；(二)现役军人或警察；(三)现在学校之肆业生(第二条)。停止非否认，存在而不使之生效耳。但一俟停止原因消失，仍可被选也。关于现任公务员之停止被选，各省中有特定变通办法者，即准于当选后辞去本职，此项变通，实与上述规定不合。至于公务员之意义，我国行政法尚未确定。依铨叙法规之规定，止政府任命人员为公务员。但最广义之公务员，为依法执行公务之人员，包括各级民意机关之代表及民选之行政（按行政为执行公务之意）人员在内。停止省参议员被选举权之公务员，究为何种意义下之公务员？应有明确决定。就立法精神言，停止被选权之公务员，显指政府任命之官员而言，因其职务性质为服务政府，显然与民意机关之立场互异也。观各级学校校长之免于限制，此意尤为明坦，盖校长虽有经政府任命者，其职务犹为社会的多于行政的（本书所言行政均为公务之执行，故司法亦包括在内），接近于人民多于政府也。准此，省参议员之选举人——县市参议会参议员，当能被选而不受任何限制。各国间接选举通例，亦为如此。然各省之中，有为相反规定者，应予改正。

“省参议之选举，以内政部部长为选举监督”（《选举条例》第三条）；“省参议员选举事务，由省政府办理之”（第五条）。事实上，除内政部任全国监督外，国民政府并派各省政府民政厅厅长为各省选举监督；各省选举事务，亦由民政厅代表省政府办理。各县、市应出之省参议员选举人及候选人均由省政府制成名簿，并应于编制之十五日前公告编制之日期（第四条），上项名簿制成，自应分发各县、市。再由省政府决定选举日期，并于一个月公告（第六条）。但形式上选举日期由省政府决定，实际行政院或内政部均可先为决定，指示省政府遵守。“全省应出之省参议员名额由省政府于选举一个月以前公告，并制选举票分发各县、市具领”（第七条）。于县、市中省政府或民政厅之行文对象如无特别注明，当为县、市政府而非县、市参议会，故名簿与选票均由县、市政府具领也。

“县、市参议会选举省参议员以县、市政府为投票所，用集会方式行之”（第八条）。其“投票、开票事务由县、市政府职员任之，并由出席代表互推三人至九人为监察员，在场监视”（第九条）。“投票用无记名单记法行之”（第十三条）。“省参议员选举以得出席者总额过半数之投票为当选。选举结果无人当选时，应举行再选，以得票较多者为当选”（第二十条)。所谓出席者之总额,并非县、市参议员之总额,而为县、市参议会开会进行选举时实际出席之人数,但依《县参议会组织暂行条例》(国民政府三十年八月九日公布三十二年五月五日起施行)第十四条前段之规定,"县参议会非有全体参议员过半数之出席不得开会"。得票次于当选人者即定为候补当选人;如次多票数有二人以上相同时,以抽签决定一人(第二十一条),至由何人抽签,则未规定。"当选人及候补当选人名单,应由省政府公告之,并通知各当选人"(第二十二条),"当选人愿否应选,应于接到省政府通知后七日内答复,逾期不答复者视为愿应选。愿应选者由选举监督(按为内政部部长,见前)发给当选证书"(第二十三条)。有下列情形之一时,选举无效:(一)选举舞弊,涉及选举人名簿之人数达三分之一以上,经法院判决确定者;(二)办理选举违法,经法院判决确定者(第二十四条)。"选举无效经法院判决后,应于十日内重行选举"(第二十六条)。当选人有下列情形之一时当选无效:(一)死亡;(二)资格不符,经法院判决确定者;(三)当选票数不实,经法院判决确定者(第二十五条)。当选无效应如何处置,并无规定。惟当选无效之三项原因中,其第(一)、(二)两项均止关系当选一人,故可由候补当选人候补;至第(三)项原因必须连带牵涉候补当选人,殆非另行选举不可也。其究应如何处置,似可由法院判决时随同规定;如法院未予规定,则选举监督以其监督选举之权及《选举条例》之解释权(第二十九条——本《条例》之解释权属于选举监督)可予规定。上述选举无效及当选无效之事实,应由何方何人提出?诚有研究必要。可予提出者约有下列各方面:(一)行政院或选举监督;(二)选举人;(三)落选人;(四)他人。此四方对选举无效及当选无效之一切原因理论上均提出,但条例止规定:"选举人确认为选举舞弊或当选资格不符,或落选人认为应当选者,得提起诉讼,但应于选举结果提示后七日内为之"(第二十七条),似若于其他情形之下,纵有选举无效或当选无效之原因存在,亦不过问者。理当不然。凡有选举无效或当选无效之事实发生,行政院或选举监督当亦有权向法院提出诉讼,他人当可以上项事实报告行政院或选举监督。实际各省省政府或民政厅以行政院或内政部代表之资格对于选举无效及当选无效有完全决定及处置之权，并不起诉。此种办法，殊为不合，盖其效力已不止《选举条例》之解释，而为其修正也。而此一实际修正，使政府能以行政程序控制民意机关代表之选举，实违反各国选举之通则。“选举诉讼应先于他种诉讼审判，并以一审终结”（第二十八条），用免迁延也。[9]

省参议员享有两项特权。第一，“省参议员在会议时所为之言论及表决对外不负责任”（《组织条例》第十七条），此其关于意见之特权。第二，“省参议员除现行犯外，在会期内，非经省参议会之许可不得逮捕或拘禁”（第十八条），此其关于身体之特权。省参议员之基本职务即为出席省参议会之会议，于会议中发言、表决及询问。此事为其义务，亦其权利，法律宜予尊重。但“省参议员对于与本身利害关系之议案不得参与表决”（第十三条），此唯一根本上之限制也。此一限制，与发言时间之限制（见后）不同：第一，发言时间事实上必须限制，否则无法进行讨论及表决，故表决若限制，实为补助，但此一限制则真正限制省参议员之表决权利；第二，发言限制之目的，在使每一参议员平均有充分发言之机会，非对发言权之否认，而此一限制则就若干议案否认参议员之否决权。不可不辨。省参议员非政府官吏，因此不支国家薪给，“但在开会期内[10]，得按照地方情形酌支膳、宿及交通费”（第十六条）。但若省参议会会期充实，省参议员势必无暇治产或操业，则国家诚有供养其生活必要也。

（二）议长及副议长——“省参议会置议长、副议长各一人，由省参议员用无记名投票互选之”（《组织条例》第八条第一项）。“议长或副议长因故去职时，应依前项规定补选”（同条第二项）。议长与副议长分别选举；抑选举一人，而以票数最多者为议长，次多者为副议长；并无规定。惟我国现在各项选举习惯，则为后一办法。又议长及副议长当选之法定票数，亦未规定，似未规定，似可由各省参议会自行规定也。议长及副议长之职务如下：

关于组织者：

（1）指挥秘书处——《组织条例》第二十三条前段云：“省参议会设秘

书处，承议长之命，办理省参议会一切事务。”此一职务之详细内容见后述秘书处职掌。

(2) 仪式上代表省参议会——此一职务当依一般机关组织习惯而存在。

关于人事者：

(3) 任命秘书处职员——依《组织条例》第二十三条后段之规定，省参议会秘书处秘书由议长派充。又《省参议会秘书处组织规则》第四条第二项之规定：“秘书处职员，除秘书长、秘书之派任应依照《省参议会组织条例》第二十三条之规定办理外，余由秘书长呈请派充之。”

(4) 控制各审查委会人事——《省参议会议事规则》第十八条规定：“各审查委员会之人数、人选及召集人由议长就省参议员中拟定，提交会议通过之。”

关于会议者：

(5) 召集会议——“省参议会开会由议长召集，第一次开会由省政府主席召集之”(《组织条例》第十条)。“省参议会每六个月开会一次，每次会期为十日至十五日，必要时得延长之”(第九条)。故正常会议年仅两次，每年之中，会期不过一月左右。至临时会议，并无规定。就此情形而论，省参议会诚难发挥其力量也。

(6) 优先充任会议主席——“省参议会开会时议长主席，议长有事故时副议长主席，议长、副议长均有事故由省参议员互选一人为临时主席”(《组织条例》第十一条)。“省参议会非有全体参议员过半数之出席不得开议”(第十二条前段)。

(7) 接受审查委员会之报告——“各审查委员会审查结果，应以书面报告议长，由议长分别提出会议”(《议事规则》第二十三条)。

议长及副议长尚有其他关于会务之职务，如编定议事日程(《议事规则》第七条第一项)等，均包括于第(1)项职务之中。

议长与副议长实可视一单一职务，因副议长一方协助议长，一方遇议长不克执行职务时执行其职务也。

(三) 主席——主席为临时职务，其任务主为主持会议之进行，会议停止则其职务解除。“省参议会开会时议长主席，议长有事故时副议长主席，议长、副议长均有事故时由省参议员互选一人为临时主席”(见前)。

主席之职务如下：

关于议事者：

(1) 开会时报告出席及列席人数(《议事规则》第四条后段)。

(2) “省参议会开会时如出席人不足法定人数，主席或宣告延会，或改为谈话会”(《议事规则》第五条)。

(3) “省参议会之开会、休会及散会由主席宣告之”(《议事规则》第二条)。

(4) “开会时应依照议事日程所排定之程序进行，但必要时得以主席之决定或出席人员一人之提议四人附议，经大会表决变更之”(《议事规则》第九条)。

(5) “省参议员……同时有二人以上发言表示时，由主席指定其先后”(《议事规则》第二十五条)。

(6) “会议时提案人之说明其发言时间以十五分钟为限，但主席得酌量延长或减少”(《议事规则》第二十六条第一项)。“省参议员对一议案之发言不得超过二次，每次不得超过十分钟，但经主席特别许可者不在此限”(同条第二项)。

(7) “……议案之表决以出席省参议员过半数之同意行之，可、否同数时取决于主席”(《组织条例》第十二条)。

(8) 每次表决时可、否之人数及议案之通过或否决均由主席当场宣布(《议事规则》第二十七条第二项)。

(9) “提案得由主席径付会议讨论，或先交审查委员会审查”(《议事规则》第十五条)。如付委员会审查，应依照《议事规则》第十六条第一项之规定(见后“审查委员会”)。但“省参议会对于特殊事项得依主席决定或议会之决议设置特种委员会审查之”(第十六条第二项)。“议案之内容涉及一个以上审查范围者得交各审查委员会会同审查”(第十七条)。

关于秩序之维持者：

(10)“省参议会会议公开之，但主席或省参议员三人以上提议经会议通过时得停止旁听”(《组织条例》第十五条)。其最终决定在会议本身。

(11)“会议时非经主席许可不得退席”(《议事规则》第六条)。

关于行政者：

(12)指定列席人员之座位(《议事规则》第三条)。

(13)“省参议员对于省政府之书面询问应详叙事由，向主席提出由主席送请省政府答复”(《议事规则》第十二条第一项)。此一职务，为主席之义务，当不容斟酌考虑也。

(14)“省参议会之议案、询问案及其他文件由秘书长呈经主席核准后始得发表”(《议事规则》第三十四条)。主席于审核之时当可斟酌决定发表与否及如何发表并全部或部分发表。

“议案与主席有关者主席应即回避”(《议事规则》第二十九条)。主席回避后当另选临时主席以代行其职务。至回避后之原任主席，除受《组织条例》第十三条之限制外(见前“省参议员”)，自可以省参议员之身份参与讨论。

(四)驻会委员会

“省参议会休会期间，得设省参议会驻会委员会，由省参议员互选五人至九人组织之，其任务以听取省政府各种报告及省参议会决议案之实施经过为限。省参议会参议员总额不满三十名者驻会委员名额不得超过五人”(《组织条例》第二十二条)。驻会委员会之任务既限于听取省政府之工作报告，而其他一切省参议会之职务(见后)概不能行使，故不可视为省参议会之常务委员会。中国国民党内部组织，仿苏联制度，即采用常务委员会之办法——中央执行委员会为全国代表大会之常务委员会，中央常务委员会又为中央执行委员会之常务委员会，复有总裁为中央常务委员会之代表。凡此均为正常之常务委员会，尚有特殊之常务委员会——中央监察委员会就监察事务为全国代表大会之常务委员会，中央政治委员会就政治事项为中央执行委员会之常务委员会，而中央政治委员会亦有一正常之常务委员会，即国防最高委员会。常务委员会办法之根本特点即某一代议机关之常务委员会于该代议机关停止工作之时代理其全部职务。因此，常务委员会办法可称为“多次代议制”，而对比之下英、美、比、法等大多数国家所行之传统的代议制度可称为“一次代议制”，其代议机关之职务不能委诸常务委员会代表行使。此一区别，使中、苏两国之民主制度与其他国家传统民主制度形成两种系统，虽中外学者无人提及，诚堪注意者也。就民主之精神而言，一次代议实较多次代议更近于直接民主，更易代表民意，故一次代议较多次代议更为民主化。多次代议之民主程度，又决定于下列两事：(一)常务委员会对代议机关分替时间之多寡，分替时间愈多则民主成分愈少；(二)多次代议之分替次数，次数愈多，民主意味愈淡。若原始代议机关每年仅会议一二月，而以所余时间多次分替于若干常务委员会，则其结果必徒具民主之名而无民主之实也。

省参议会驻会委员会非省参议会之常务委员会，惟稍具其意而已。故省参议会为一次代议而非多次代议(一次代议又可以代表之直接抑或间接选举产生区分其民主之强弱，省参议会乃间接选举产生，自弱于直接选举之代议机关)。顾不可因此遂谓省参议会具有高度之民主意味。反之，其民主精神尚逊于多次代议制。何则？多次代议之下代议机关之职务虽分替于一次或多次常务委员会，究竟其职务尚不停顿。今省参议会每年仅开会一月(见前)，其驻会委员会于其休会期间又不能分替其职务，故省参议会之职务，一年之中，陷于停顿之中者凡十一月，则其为民意机关诚几希矣。改进之法有二。取消驻会委员会而令省参议会常年开会，此上策也。不得已而求其次，则宜留驻会委员会而使之为省参议会之真正常务委员会，尚不离于民主。不然者省参议会徒为独裁护符，不如废之矣。

兴安、嫩江、合江、安东、吉林、青海、察哈尔、黑龙江、绥远、辽北十省辖县市均不满二十，兴安且仅四县一设治局，其省参议会有无设置驻会委员会之必要或可能，尚可考虑。

(五) 审查委员会

审查委员会凡正常及特种两类，其人数、人选及召集人均由议长就省参议员中拟定，提交会议通过之(见前“议长及副议长”)。依《议事规则》第十六条第一项之规定，省参议会设立下列各正常之审查委员会：

第一审查委员会：审查关于民政、自治、保案等事项之议案；

第二审查委员会：审查关于财政、经济、建设等事项之议案；

第三审查委员会：审查关于教育、文化等事项。

特种审查委员会审查关于特殊事项之议案，由主席决定或议会决议设立之(见前“主席”)。特种审查委员会就其需要当可为临时的，亦可为经常的，但正常审查委员会则均为经常的也。至所谓特殊事项，当指特殊重要之事项而非特殊类别之事项而言；盖一切事项无不概纳于正常审查委员会工作范围之内也。

关于审查委员会之工作于省参议会“会议”中论之。

(六) 秘书处

秘书处于议长指导之下，办理省参议会之行政事务。秘书处置秘书长一人，由国民政府简派，综理全处事务并监督处内职员；秘书一人或二人，由议长派充，协助秘书长办理指定事务(《组织条例》第二十三条，《秘书处组织规则》第二条)。“秘书处设议事、总务两组……”(《规则》第三条前段)，“各组置主任一人，得由秘书兼任，主管本组事务；组员二人至四人，办事员三人至六人，承组主任之命，分办事务；必要时得酌用雇员”(《规则》第四条第一项)，各员均由秘书长呈请议长派充(同条第二项)。“秘书处职员，除应常川驻会办事者外，以向各机关调用为原则。[11]常川驻会之职员，不得超过本规则所定职员总额三分之一”(第五条)。

秘书处之职掌，即其两组之职掌，列举规定于《组织规则》第三条，其规定如下。

(甲) 议事组掌理下列事项：

(一) 关于编制议事日程及会议纪录事项；

(二) 关于各种议案关系文件之编集事项；

(三) 关于提案、决议案及审查报告整理之协助事项；

(四) 关于会议及各审查会开会之准备及通知事项；

（五）关于参议员出席、缺席、表决计数及其他协助议事日程进行中一切事项；

（六）关于新闻之发表及新闻记者之接洽事项。

（乙）总务组掌理下列事项：

（一）关于电文之收、发、撰拟、缮、校、翻译及保管事项；

（二）关于典守印信事项；

（三）关于参议会预算、决算之编拟事项；

（四）关于款项出纳事项；

（五）关于一切布置事项；

（六）关于物品购置及保管事项；

（七）关于出席、列席、旁听等证章之制发等事项；

（八）关于参议员报到、登记事项；

（九）关于印刷事项；

（十）关于会议时之警卫事项[12]；

（十一）其他庶务事项。

"省参议会开会时秘书长列席，并配置秘书及其他职员，办理会场事务"（《议事规则》第三十二条）。"议事日程（见后'会议'）所列报告事项中之前次会议记录由秘书长宣读之"（第三十三条）。"省参议会之议案、询问案及其他文件由秘书长呈经主席核准后始得发表"（第三十四条，并见前"主席"）。其余秘书处之职掌事务当由秘书长于议长指挥之下督同秘书及各组人员便宜处理之。

"行政院院长对于省参议会之决议案，认为有违反三民主义或国策情事，得提请行政院会议通过，呈请国民政府予以解散，依法重选"（《组织条例》第二十一条）。

（二）职务

《省参议会组织条例》第三条第一项列举省参议会之职务如下：

（一）建议省政兴、革事项；

（二）议决有关人民权利、义务之省单行规章事项；

（三）审议省经费支出之分配事项；

（四）议决省政府交议事项；

（五）听取省政府施政报告及向省政府提出询问事项；

（六）接受人民请愿事项；

（七）其他法律赋与之职权。

总括之，参议会之职务不外下列各项。

(1) 立法——通过规章或其他决议交省政府执行。其发动或为省参议会本身（即参议员），或为省政府，或以人民之请愿（包括上列第二第四及第六项）。惟关于制立有人民权利、义务之规章“应报由中央主管部、会核转行政院备案，并报告立法院”（《组织条例》第三条第二项）。又各“议决事项，与中央法令抵触者无效”（第四条）。其决议“如省政府延不执行或执行不当，得请求说明理由；如仍认为不满意时，得报请行政院核办”（第十九条）。此项“请求说明理由”为参议会贯彻其立法职务之唯一权力，尚非独立之权力而须行政院支持，故其效力至为微弱也。同时，“省政府对于省参议会之决议案，如认为不当，得附理由送请复议；对于复议结果如仍认为不当时，得呈请行政院核办”（第二十条）。复议实为行政机关对立法机关之反抗权力。通常此项反抗权力尚可由议会以较高法定出席人数之决议予以制服。今省政府对省参议会之复议权，省参议会则不能制服之，可谓行政机关侵凌立法机关之上，无论从政治学或行政学之立场观之，均属悖理。一方面积极的贯彻其立法工作之权力至为微弱，一方面消极的无法制服省政府之反抗权力，且勿论其一年之中仅可工作一月，省参议会几希为一立法机关矣。至各民主国家之地方立法机关除受宪法及法律之限制外[13]，不受任何机关之监督、指示。惟依上述，省参议会实受行政院之有效控制也。此省议会之名为“参议会”而非“省议会”，良有以也。欲省参议会成为完全之立法机关，必改为省议会而后可。

(2) 建议——即建议省政应兴及应革之事项（上列第一项职务），以供省政府采择。省政府接收与否，当有完全之自由。惟建议如何区别于决议，省参议会当可自行决定也。

(3) 监察——省参议会监察省政府之方法，主为听取省政府之施政报告(当包括其决议案之执行经过)及提出询问；但因无法律支持，只具道德力量也。依《议事规则》第十条之规定，向省参议会提出报告为省政府之义务。该条规定云："开会时省政府应将上届议决各案执行经过及闭会期间施政情形提出报告。"省政府报告得用书面或口头为之(第十一条前段)。省参议员之询问亦得以书面或口头为之。口头询问于省政府报告时当场为之(第十一条后段)。"省参议员对省政府之书面询问，应详叙事由，向主席提出，由主席送请省政府答复"(第十二条第一项，并见前"主席")。当场询问，应当场答复或定期答复(当可用文字为之)，省政府似可自由。至省政府对于参议员之当场口头询问，可否不予答复，为一可以研究之问题。但书面之询问案，"除因公共利益应守秘密外，省政府应为书面或口头之答复"(第十二条第二项)。"应守秘密"之程度如何？并无标准。省政府足可以此项保留抵制省参议会之询问权而使之实际无效。理论上，行政为执行公务，无一不可公开。昔时有以外交应守秘密，以免外国探悉者，第一次大战后已无人信之。又或谓国防应守秘密，证以此次大战胜、败之事实，亦甚不然。纵即外交国防事务有不可公开者，其不予公开之对象当为外国及本国大众，至对于人民代议机关——政治上之主人——除技术部分无须公开外，仍须公开。此就中央政府而言。若乎地方行政，实全无秘密之理由也。秘密之限制之不去，省参议会之询问权并道德之力量亦无之矣。

省参议会之建议及立法职务须于省参议会正式会议中行使，但执行监察则较自由。听取报告及提出询问可于正式会议中为之，于谈话会(见前"主席")当亦可为之，因无须表决也。再省议会本身可为之，其驻会委员会亦可为之(见前)。

依各国通例，民意机关均可至行政机关进行考察调查，省参议会当不能例外。考察不独以利监察，更以助立法，诚一重要手段也。

(4) 审议——审议与立法不同，过去无人讨论，今宜明辨之。立法程序中，代议机关为主要之机关，其他机关为次要机关。但代议机关进行审议工作则居于次要地位。例如制立法律为各国议会之立法工作。通过条约、大赦、戒严、任用等则为审议工作。制立法律以议会为主要机关,政府为次要机关。缔结条约、宣布大赦及戒严、任用员吏等均以政府为主要机关,议会为次要机关。前者属于立法而后者属于行政,性质上截然不同。省参议会之唯一审议职务厥为"审议省经费支出之分配事项",即省预算是也(见第五章)。通常预算属于立法,各国中央及地方议会莫不如此。我国省预算由中央国民政府决定,故省参议会止处于审议之地位也。

立法程序与审议程序有时互异,有时实质上相同。关于省参议会审议省预算之程序,并无规定,当依照其立法程序也。

至于"省政府交议事项"中学理上允许审议事项之存在,但依法律事实则全部为立法事项(见前"立法")。

(5) 其他职务——其他职务由特殊法律规定,然当不离一原则,即以人民代表之资格行使是也。特殊法律规定原由省临时参议会之职务,如未另行规定,当可由省参议会继承,各省临时参议选出之第四届国民参政员,于三十四年四月二十三日就任,尚未任满。第五届各省应出之参政员,依理当由各省参议会选举,惟国民参政会将否存在或改变,尚难逆料。其他省参议会可能办理之事务,未便悬测。省参议会非行政机关,但协助行政,非不可能也。

(三) 会议

省参议会主要于会议时工作,故会议时间之长短决定其工作多寡。"省参议会第六个月开会一次,每次会期为十日至十五日,必要时得延长之"(见前)。"省参议会开会由议长召集,第一次开会由省政府主席召集之"(见前)。会议须有全体参议员过半数之出席方可举行(组织条例第十二条前段),"如出席人不足法定人数,主席或宣告延会,或改为谈话会"(见前)。会议由议长主席,"议长有事故时副议长主席,议长、副议长均有事故时由参议员互选一人为临时主席"(见前)。会议之进行,依议事日程之排定(《议事规则》第九条前段),其顺序如下(第八条):

(甲) 报告事项:包括省政府之报告及前次会议之纪录。

(乙) 讨论事项：

(一) 省政府交议事项(预算当包括在内,因系由省政府送请审议者)；

(二) 省参议员提议事项；

(三) 人民建议或请愿事项。

(丙) 临时动议(即省参议员未经编入乙项中之提议)。

议事日程“得以主席之决定或出席人员一人之提议,四人附议经大会表决变更之”(第九条后段,并见前“主席”)。“省政府主席,秘书长,各厅、处、局长及省政府委员得列席于省参议会,但不参与表决”(《组织条例》第十四条)。又省参议会秘书长于开会应列席(见前)。列席者其发言虽不受禁止,惟是否与出席之参议员有同等之发言机会,尚无规定。“省参议会会议公开之,但主席或省参议员三人以上提议,经会议通过时,得停止旁听”(见前)。兹将会议时提案、审查、讨论、表决各程序分叙于后。

(一) 提案——提案凡有三种,即省政府提案、各参议员提案及人民建议及请愿,已见前述。依各国组织通例,凡政府不向代议机关负责者不得向代议机关提案。今政府及省参议会之情形则否,亦可明示省参议会非完全之代议机关而只处于建议咨询之地位。但政府不向代议机关负责者形式上虽不得提案,实际仍能提案。政府正式依法或法外实际之提案实支配代议机关之极大部分讨论,且惯例上均优先于其他提案。省参议会中省政府提案亦优先于参议员提案,适与各国通例相同。惟同其一而不同其二,精神上固大不同也。《议事规则》第十三条规定:“议案提出须以书面行之,并须有省参议员三人以上之连署”。其是否指一切提案或仅参议员之提案而言,并未确定。著者意以此项规定当通用于参议员之提案及人民建议、请愿案;而省政府提议名称上为“交议”(别于人民请愿之“接受”),当无须省参议员签署而省参议会有交付讨论之义务也。“省参议员得为口头临时提议,但须有省参议员五人之附议,始能成立”(同上《规则》第十条)。“议案未付讨论前原提案人如愿将原提案撤销或修正者得申请撤回或修正之"(第二十四条)。

(二)审查——"提案得由主席径付会议讨论或先交审查委员会审查"(《议事规则》第十五条,并见前"主席")。送审时依议案之性质分别交各有关委员会审查,但"议案之内容涉及一个以上审查范围者得交各审查委员会会同审查"(第十七条)。"审查委员会之议决,以出席人过半数之同意为之,如有必要,召集人应将少数人意见一并报告"(第二十条)。但其"开会不因出席之省参议员未过半数而延会"(第十九条),故无法定出席人数也。审查时审查委员会召集人得请原提案人列席说明(第二十一条),并得请省政府派员列席发表意见(第二十二条)。审查结果以书面报请议长提付讨论(第二十三条,并见前"议长")。

(三)讨论及表决——讨论及表决均由主席主持,但"议案与主席有关者主席应即回避"。"省参议员发言时,须先报明席次号数,若同时有二人以上发言表示时,由主席指定其先后。""……提案人之说明其发言时间以十五分钟为限,但主席得酌量延长或减少。""省参议员对一议案之发言,不得超过二次,每次不得超过十分钟,但经主席特别许可者不在此限。"表决时主席应当场公布可、否之人数及通过与否(均见前"主席")。"议案被否决后,在同一会期内(按会期非会议)不得再行提出"(《议事规则》第二十八条)。至"议案表决方式采用无记名投票,但亦采取举手或起立方式"(第二十七条)。"闭会后应将各种决议案制成报告函由省政府转查内政部备案"(第三十一条),并由省政府执行(见前)。

现成立省参议会者有甘肃(三十四年十一月十二日)、西康(十二月二十五日)等省,不久各省当可普遍成立。

二 中国国民党省党部

中国国民党省党部包括中国国民党省执行委员会及省监察委员会,均由中国国民党省代表大会选出,惟如无特别指明,省党部专指执行委员会。省党部对省政府之关系如下:

(1) 监察

《中国国民党监察委员会组织条例》第三条规定该会之职权，其(丁)项云：“稽核省政府之施政方针及政绩是否根据本党政纲及政策”，故监察委员会不独监察执行委员会，亦且监察省政府也。[14]

(2) 建议

省党部对省政府之建议有两种方式：一为书面向省政府建议，一由执行委员会主任委员列席省政府委员会发言(见前第二章)，实质上可视为向省政府建议。例如二十八年五月云南省党部咨请省政府禁止黄牛出口以维农耕并免资敌，即第一种方式之建议。

(3) 协助

省党部协助省行政约有下列四方面：

(一) 参加省政府之机关——又分两方面，即事实上兼任省行政职务，各省至为普遍，于组织上省机关由省党部人员参加。如贵州省政府合作委员会及浙江省政府战时粮食管理委员会均有省党部委员任其委员。

(二) 协助省政府执行公务——此为狭义的协助，即省政府执行某项公务或行使某项权力时省党部给予相当或必要之协助，使之完成。例如二十七年八月中国国民党中央执行委员会社会部(今隶于国民政府行政院)公布《各级党部难民救济工作实施办法》，规定：“各级党部在抗战期间应协助政府及策动党员领导民众努力难民救济事业。”二十六年七月二十八日内政部公布《出版法施行细则》，其第十一条规定省政府依据《出版法》(国民政府二十六年七月八日公布)核定新闻纸或杂志之登记声请时应征求省党部之同意；此项同意为省政府行使核定权或执行核定事务之一种必要协助。二十七年四月中国国民党中央执行委员会通过“改进党务并调整党政关系案”，其(三)项云：“各种职业团体间之对立形态如厂主与工人，店东与雇员、地主与佃农，必须予以调整。除以法律规定双方应有一联系组织外，党部应运用党团之力量消弥其冲突”。中国国民党中央执行委员会常务委员会第一六五次会议通过，国民政府三十年四月三十日训令施行之《确定省(市)、县(市)政府主管社会行政机构案》第二项规定，社会科长（见第二章）由省政府征得省党部之同意任用之。迩来各省省政府办理兵役宣传及视察县、市行政亦屡请省党部委员协助进行。三十三年二月二十二日中央执行委员会正式训令规定各级党部应切实协助政府宣传及推行政令。

（三）会同省政府执行公务或行使权力——《省党部组织条例》（二十五年二月中国国民党中央执行委员会常务委员会修正公布）第三条规定："省党部会同省政府组织委员会共同推进全省自治及其他社会事业。"[15]二十七年八月二十五日中央常务委员会又颁布《地方图书杂志审查委员会组织通则》，第三条规定：各省图书杂志审查委员会由各省"党、政、军、警机关会同组织之"（二十九年九月改为图书杂志审查处，直属于行政院中央图书杂志审查委员会）。二十六年八月二日中央常务委员会又公布《检查书店发售违禁出版品办法》，其第三条规定书店书摊因发售违禁出版品应受取缔时应由省党部会同省政府办理之。原《办法》第四条规定取缔办法分（甲）应警告并扣押违禁出版品，（乙）拘罚行人或发售：其权匪小也。又中国国民党执行委员会宣传部订立之《书籍杂志查禁解禁暂行办法》规定反动嫌疑杂志之停刊及（第二条）及反动嫌疑书籍及杂志之解禁（第三条）两项处分均省政府与省党部会同行使。二十九年八月二十二日中央常务委员会公布《非常时期党政机关督导人民团体办法》除规定"本《办法》颁行后省、县党部应时主管人民团体组织事宜移送同级政府接管……"（第二条）外，将有关督导人民团体多种事项定为由省政府与省党部联合或会同行使。[16]此外各省省政府间有自动与省党部会同办理某项公务者，例如湖南省童子军之训练即由湖南省政府规定由教育厅与省党部合办。

（四）直接执行公务——省党部尚可直接执行省公务，对于全部省行政而言，亦为一种协助。二十五年九月十七日中央常务委员会制定之《指导合作运动纲领》第三条规定省党部指导全省合作事业，并为执行其事得组设合作事业指导委员会。惟此权后为省政府所掌。二十二年二月二日中央执行委员会通过之《指导民众运动方案》第四节有云："……本党对于人民团体应尽力扶植并加指导。——"同时又颁布《人民团体组织方案》，规定省党部可以选派人民团体指导员(第三节第二项)，自二十七年十二月以后此项职务由省动员委员会行使。二十八年五月中央执行委员会公布《各级党部设立社会服务办法》，规定省党部应设立社会服务处，办理社会事业(第一条)。[17]二十九年七月江西党部设立社会服务处，他省无考。自各省社会行政机关(见前第二章)成立后此项职务即由省政府行使矣。

三 民众团体

(1) 职业团体

人民职业团体以省为活动区域者如省农会、省教育会等，依其组织法规，对于省政府均有建议与协助之责任与权利。人民职业团体，皆由法律强制成立，故其建议与协助于我国政制中实为必要也(见后章)。兹分述各职业团体之法定建议与协助职权如下：

(一) 省农会——依《农会法》(三十二年六月十四日再修正公布)之规定，农会分省、县、市、乡各种，省农会以县、市农会为会员(第十一条)。各级农会对于下列各事项应指导农民并协助政府(或自治机关)进行(第四条)：

(一) 土地水利之改良；

(二) 种子、肥料及农具之改良；

(三) 森林之培植及保护；

(四) 水、旱、病、虫灾害之预防及救济；

(五) 粮食之储积及调剂；

(六) 农业货款之推进；

(七) 农业教育及农村教育之推进；

(八) 治疗所、托儿所、养老、济贫事业之举办；

(九) 公共图书室、阅报室之设置；

（十）公共娱乐之举办；

（十一）农业及农民之调查统计；

（十二）政府机关之咨询及委托事项；

（十三）农村及农业之发展改良、推广；

（十四）合于农会宗旨之其他事项（第一条：农会以发展农民经济，增进农民智识改善农民生活而图农业之发达并协助政府关于国防及生产等政令之实施为宗旨）。又农会经目的事业主管机关（按在省为省政府建设厅）之核准，尚可办理下列各事务，但须呈报主管机关（按在省为省政府民政厅或其他社会行政机关）：（一）设置示范农田农产陈列所及农具陈列所；（二）经营农场，农仓、垦荒、造林、合作事业及制造农具、肥料；（三）举办农产展览会、农产比赛会及农业请习会（第五条）。“农会对于有关农业之发展、改良事项，得建议于地方及中央政府”（第六条）。又“农会为法人”（第二条）。

（二）各种省工会联合会——依《工会法》（三十二年十一月二十日再修正公布）之规定，各级工会“以增进工人知识、技能、发达生产，维持、改善劳动条件及生活，并协助政府关于国防及生产等政令之实施为宗旨”（第一条）。工会之职务如下（第四条第一项全文）：

（一）团体协约之缔结、修改或废止，但非经主管官署（按省为省政府民政厅或其他社会行政机关）之认可不生效力；

（二）会员之职业介绍及职业介绍所之设置；

（三）会员储蓄、劳工保险、医院、诊治所及托儿所之举办（按前二项省工会联合会因以工会为会员只可部分办理）；

（四）生产、消费、购买、信用、住宅等各种合作社之组织；

（五）职业教育及其他劳工教育之举办；

（六）图书馆及书报社之设置；

（七）出版物之印行；

（八）会员恳亲会、俱乐部及其他各项娱乐之设备（见前注）；

（九）工会（或会员）间纠纷事件之调处；

（十）劳资间纠纷事件之调处；

（十一）关于劳动法规之规定，改、废事项得陈述其意见于行政机关或立法机关，并答复行政机关及立法机关之咨询；

（十二）调查工人家庭生计经济状况及其就业、失业，并编制劳工统计；

（十三）各项有关于改良工作状况，增进会员利益之事业；

（十四）其他法律规定之事务。

惟各级工会概不得为营利事业（第三条）。工会亦为法人（第二条）。省工会联合会以省内同一产业或同一职业之工会呈请主营官署核准组织之，并须有上项工会五个以上之发起（第五十六条）。省内产业或职业之种类甚多，故省工会联合会亦不止一种也。

（三）省商会——依《商会法》（二十七年一月十三日修正公布）第四条之规定，省商会得就有开工、商业之事项建议于省政府。又同法第三条列举商会之职务，其中实有数项为省公务，而商会立于协助地位也。兹列举于下：（一）筹议工商业之改良及发展；（二）工商业之调处及公断；（三）统计之调查、编纂；（四）设办商品陈列所，工、商业补习学校或其他关于工、商业之公共事业，但须经该管官署之核准。

（四）省教育会——依《教育会法》（二十年一月二十七日公布，三十三年十月三十一日修正）之规定，省教育会关于教育事项得建议于省政府教育厅，并答复其咨询及处理其委办事项（第四条第六及第七款）。省教育会经省政府核准之后尚可举办各项教育事业（同条第五款）。[18][19]

（五）省体育会——二十三年十二月八日国民政府公布各《省、市、县体育会组织条例》，规定省体育会协助政府办理地方体育之研究、设计及改进，指导国民增进健康知识，编制调查及统计，并办理研究会、讲演会、竞技会及其他能增进人民健康及发扬民族精神之事项。省体育会又可就体育改进事项建议于省政府，并应接受省政府之委托及答复省政府之咨询。

（六）省新闻记者公会——依《新闻记者法》（三十二年二月十五日公

布，尚未施行）[20]第十二条之规定，省新闻记者公会及其他新闻记者公务之任务如下：（一）新闻学术及新闻事业之研究与发展；（二）三民主义之阐发与国策之推进；（三）宣扬政令与协助政府之宣传；（四）社会文化局之促进与地方风习之改良；（五）新闻记者品德之砥砺与风纪整饬；（六）新闻记者共同利益之维护、增进，盖无一非直接或间接协助政府也。

（七）其他职业团体——如各同业公会（见后），会计师公会、医师公会、中医公会、助产士公会等等，均有协助省政府之权利与责任。各种职业团体实为半公务机关也。

（2）公益法团

省内各种公益法团，如慈善会、救火会、红十字会、体育协进会等等，皆半公务机关，其目的事业实为省政府之辅翼也。

四　特设公务协助机关

（一）捐税监理委员会（见前）

（二）小学教育委员会——二十五年七月二十四日教育部公布《小学规程》，其第八十七条规定："小学在五县、市至七县、市内应组织省分区小学教育研究会，研究改进本省分区小学教育，以省教育厅所指定之各县、市内应组织省分区小学教育研究会，研究改进本省分区小学教育，以省教育厅所指定之各县、市小学代表为会员。每年至少开会一次，以省立师范学校校长或附属小学校长或省立小学校长或省督学为主席。"其第八十八条规定："小学在全省应组织全省小学教育研究会，研究改进全省小学教育，以省教育厅所指定之省分区小学代表及省教育厅厅长、科长、督学等为会员，每两年至少开会一次，以省教育厅厅长或其代表为主席。"

（三）防疫委员会——二十七年七月内政部公布《各省防疫委员会组织通则》，规定各省应设立防疫委员会，协助省政府进行防疫工作，工作完毕即行撤销。防疫委员会由内政部卫生署（按卫生署当时隶于内政部）聘请下列人员为委员：(一)内政部卫生署所派在当地之防疫专员，医疗防疫大队长及各港检疫所所长；(二)国际联合会所派在当地之防疫团医官；(三)中国红十字会救护委员会派在当地之医疗队队长；(四)各省政府主管卫生人员；(五)各省政府主管治安人员；(六)当地医师公会代表；(七)其他当地之各医事、防疫机关代表；并以省政府主管卫生人员为主席委员。此外又聘请当地之商会，慈善团体及热心防疫人员为协进委员，襄助委员会筹集经费及推展防疫工作。委员会应办之工作为传染病之调查、检验、车船检疫、预防及隔离治疗等项，其经费物料及人员由各委员所属机关分派，不足之数由协进委员筹募并由省政府补助。

(四) 妇女战时教育委员会——二十七年十一月行政院颁布《妇女战时教育实施办法》，规定"各省(市)教育厅行政会议"；三十年八月广东及湖北两省省政府均召开全省行政会议；三十年十月浙江省政府召开全省行政会议；同年十二月湖北省举行党政军工作总检讨及行政会议；三十一年十月广西省政府又召开行政会议等。各项行政会议出席人员省政府召开之全省行政会议例为省政府暨所属各厅、处、会、局主管人员及县、市长与行政督察专员，省政府或各厅召开之特殊行政会议则为主管事项之省方与市、县行政人员。行政会议又有因交通不便分区举行者，如二十八年四月江西省政府于各行政督察区分别召开地方教育会议，由各该区行政督察专员代表省政府主持；三十年七月四川省政府亦于各行政督察区分别举行行政会议，由省政府主席、委员轮流于各该区主持；三十一年十月云南省政府召开征粮征购会议，分昆明、蒙自、蒙化、昭通、丽江五区同时举行，由省政府委员及厅长分别主持；同年十二月江西省政府召开行政会议，分泰和、铅山、上高三地同时举行。各项行政会议因系省政府自动召集，其决议虽无拘束力量，省政府均相当重视也。会议之中除决议外，报告行政工作及宣布施政纲领亦主要任务也。

(五) 兵役协助会——二十七年十二月二十六日中国国民党执行委员会社会部公布《省(县)兵役协进会组织大纲》，规定各省设兵役协进会，协助国、省兵役行政之推进。其会员分团体与个人两种，组织理事会及监事会，由会员大会或会员代表大会选举。理事会设理事九人至二十五人，互推三人至五人为常务理事；其下设文书、事务、宣传、调查、慰劳各组及设计委员会。监事会设监事五人至九人，互选一人至三人为常务监事。兵役协进会之任务如下：（一）兵役推选之研究与设计；（二）兵役之宣传；（三）协助征募机关办理适龄壮丁之调查及统计；（四）协助政府策动社会切实执行出征军人家属各种优待办法并举办抚恤出征军人及其家属各种事项；（五）办理出征军人家属请求事项；（六）处理募征机关委办事项等，其中第（二）（四）两项实为对省（市县）政府之协助也。

（六）禁烟委员会（见前省临时参议会职权（四）监察权）。[21]

（七）水利参事会（见第四章）——《水利法》（三十一年七月七日公布，尚未施行）第十一条规定：“人民对于兴办水利事业直接负担经费者得呈经上级主管机关设立水利参事会。”按水利事业以省为范围者受省政府之管理，其人民直接负担水利经费时自可呈准行政院水利委员会设立省水利参事会，以备省政府管理水利事业之咨询、协助。

（八）工资评议会（见第四章）——《管制工资办法》（三十二年二月二十二日社会部公布）第六条第一项云：“各省（市）县（市）限制工资时应由主管官署召集各该地同业公会会同党、团部、宪、警及有关机关、法团组织工资评议会，共同审议，由主管官署核定施行。”此会任务亦属咨询及协助性质也。

以上皆特设协助行政之机关，此外尚有其他相同机关，或经常，或临时，或基于中央法令，或由各省自设，不及备列矣。

五　各项会议

（1）党政联席会议

二十七年四月中国国民党第五届执行委员会第四次全体会议通过“改进党务并调整党政关系案”，规定省党部与省政府每月须开联席会议一次；同年八月该会通过之《省执行委员会组织条例》亦规定“省执行委员会应依照规定与省政府委员会每月举行联席会议一次"(第七条)。此项规定,原止保持党政之联络,然不久党政联席会议渐成省行政之一重要建议机关,至少若干省如此。甚至联席会议之建议案制成补充命令,由省政府公布施行,例如二十七年十一月二十四日浙江省党政联席会议通过《浙江省战时处理佃农纠纷暂行办法》,二十八年二月四日浙江省政府即予公布施行。二十七年以前,若干省间有党政联席会议之举行,如二十三年广西省政府会召开党政联席会议,通过《广西建设纲领》,为广西全省行政所依据,则其地位犹在省政府之上矣。党政联席会无固定职权,临时由法令赋予而行使(见前省临时参议会及省党部)。

(2) 行政会议

十七年十月内政部颁布《各省民政厅行政会议规程》,规定各省民政厅每年须召集行政会议一次,由厅内高级职员及市、县长参加;惟各省甚少遵行。但各省省政府及其各厅往往自行召集行政会议,审议行政事业,检讨行政设施,尤以抗战期间举行为繁。例如二十二年三月广西省政府召开广西省第一次行政会议;二十七年十一月福建省政府教育厅召开地方教育行政会议;二十八年六月青海省政府召开第二次行政会议;二十八年九月湖南省政府召开扩大行政会议;二十九年八月湖南省政府召开全省保安会议;二十九年五月广东省政府召开,"全省(局)应会同省(市)党部组织省(市)妇女战时教育推选委员会,并聘请本省(市)学望兼著之学校或社会教育机关女教师、职员及妇女领袖三人至五人为委员",并以省(市)教育行政机关代表人(第一项)为主席(第四项)。委员会之职务如下:(一)妇女战时教育之计划及推行;(二)妇女战时教育经费之筹集;(三)督促公私立教育机关兼办妇女战时教育;(四)发动中等以上学校毕业之妇女参加战时教育工作;(五)计划难童之保育教养;(六)筹设各种妇女战时训练班。

(3) 其他会议

例如二十七年八月湖南省政府教育厅召集全省公、私立中等以上学校校长暨教务、训育两主任或教导主任,各厅、处代表,该厅高级职员及教育专家举行全省教育会议，讨论中等教育改进问题。又例如二十九年十二月六日行政院核定《山东省党政军各机关干部会议组织规程》规定山东省党、政、军各机关干部会议为建议及审议机关，以省党部、省政府暨所属各厅、处、全省保安司令部、省动员委员会等机关之秘书、科长及视察员一人至三人组织之，每半月开会一次，由省政府秘书长召集并主持，其议决案由省政府秘书处“分送各主管机关核办”。三十二年一月二十八日行政院公布《战时管制工资办法》，其第六条第一项规定：“各省(市)、县(市)限制工资时应由主管官署召集各该地同业公会、工会、党(团)部[22]、宪、警及有关机关、法团组织工资评议会，会同审议，由主管官署核定施行。”

六　其他咨询、建议及协助机关

例如《妇女组织大纲》第二条规定省妇女会(及其他妇女会)办理下列各项事务：(一)筹备一切改良妇女生活及习惯；(二)发展女子教育；(三)发展女子职业；(四)调查妇女运动；(五)宣传妇女运动；(六)改善家庭组织；(七)健全母性；(八)保障女权；(九)救济妇女；(十)发展社会公益。观此，妇女会实为协助行政之团体也。因能协助行政，得向行政机关并得备行政机关咨询又为必然矣。三十一年八月二十九日内政部公布《各省市县设立战时僧道训练班暂行办法》，其第十一项规定：“各省、市、县政府办理关于战时僧道训练事务应征取当地教会之意见”，则教会又为行政之咨询机关矣。《战时管制工资办法》第十条规定：“各省(市)、县(市)于限制工资后对于受固定工资而其工作有计算标准者应召集各该业同业公会、工会商定工人工作成绩及标准，超过者奖励，不及者惩罚之。”《各省管制物价及物资方案》亦规定：“各省应切实督导健全各同业公会及各级合作社之组织，协助政府实施经济管制”(第十条)。故同业公会及合作社均为行政咨询及协议机关也。[23]

(附)《省参事会条例》(十年六月二十三日大总统公布)

第一条　省设参事会，以省长及参事员十二人组织之。

第二条　参事员员额之分配如下：

（一）省长委任三人，以省公署所属各厅、处长为限；聘任三人，以本省人为限。

（二）省议会选举六人但省议会议员当选者不得过半数。

第三条　省参事会以省长为会长，省长有事故时得指定参事员中一人代行会长职务。

第四条　省议会选举参事员时须选聘同数之候补人，其选举方法准用省议会选举议长之程序。

第五条　参事员之任期为下列三种：

（一）委任参事员，以其本职之任期为任期；

（二）聘任参事员，以省长之任期为任期；

（三）选举参事员，任期三年，每届任满之前六个月内，由省议会改选之。

前项选举，参事员之任期以省参事会成立之日起算。

第六条　候补参事员之递补依名次之先后，但应选或现任之参事员由省议员被选者已满定额之半时，其缺额应以省议会议员以外之被选为候补参事员者递补之。

第七条　选举及聘任参事员不得兼充其他官吏及议员。

第八条　省参事会之职权如下：

（一）筹划关于省地方应行兴、革及一切行政事项；

（二）筹划整理省有之不动产、营造物、公共设备及其他财产事项；

（三）审议省长提交省议会之预算、决算案及其他议案；

（四）审议省议会建议案之可否执行；

（五）审议省长答复议会之质问案；

（六）受省长之委托出席省议会说明提案之旨趣或陈述意见；

（七）处理各级自治之纷争及疑难事项；

（八）审议省议会议决案之执行方法；

(九) 对于国家行政得建议及答复省长之咨询;

(十) 其他依法令未规定归中央管理之省地方各事项。

第九条 省参事会非有参事员三分之二以上之出席不得开议。

第十条 省参事会议事之可否以出席之参议员过半数公决之,可否同数取决于会长。

第十一条 省参事会议决事件由省长执行之。

第十二条 省参事会参事员于议案涉及本身或其亲属者不得与表决之数。

第十三条 省参事员之薪俸分为专任、兼任二种,分别支给。

第十四条 省参事专员虽有渎职之事实时,系省长委任或聘任者依《文官惩戒法》办理;系省参议会选举者经省议会议员三分之二以上之出席,得以过半数不信任票免除之。

第十五条 省参事会置秘书若干人,由会长任用之。

第十六条 省参事会秘书承会长之命掌理文牍,会计及一切庶务。

第十七条 省参事会议事细则及办事细则由省参事会定之。

第十八条 本《条例》自公布日施行。

注 释

[1] 二十八年一月二十七日据湖南省政府电,行政院令云,"各县参议员候选人,依法应由县政府提出,遇有不合规定者省政府仅得令饬改选,或附具意见转送,不能与省党部会商另行推选。"又同月行政院"马"电指令甘肃省政府云:"候选人之产生,其决定之权,专属于县、市政府,县、市党部仅可表示意见。"

[2] 届期非以参议员每一任期为准,可注意。

[3] 按实际上尚列席驻会委员会。

[4] 事实上各省临时参议会秘书长无,有以参议员兼充有。

[5] 四川、陕西、湖南、湖北、安徽及浙江六省临时参议会,曾分别请求修正《组织条例》第六条,将原定职权内增入"议决省地方预算",经国防最高委员会常务会议议决,以"省临时参议会之设置,原属临时性质,其职权已于《组织条例》明定,现时不必修改。如省临时参议会对于省政府收支及其他财政事宜有所主张,可就《组织条例》所赋予议决省政府施政方针及建议之权为适当之运用。"此项决议案由国民政府于二十九年二月九日训令施行。

[6] 三十三年五月云南省临时参议会开会,云南省高等法院院长与财政部云南盐务管理局、财政部云南田赋管理处及云南军管区司令部代表亦出席报告并答复询问。

[7] 在临时参议会尚未成立之省、市，由各该省、市政府会同各该省、市党部按其本省、市应出参政员名额加倍提出候选人送请国防最高委员会汇提中国国民党中央执行委员会选定。

[8] 二十七年十二月行政院据河南省政府电请删电核示："第十五条规定出席人员，既未包括保安处长在内，应不得出席"；该第十五条为列举性之规定，凡以外人员皆不得援用也。

[9] 关于妨害选举之刑事处分，见《刑法》第六章"妨害投票罪"（第一百四十二至第一百四十八条）。

[10] 见《组织条例》第九条。

[11] "省参议会开会期内，得向省政府调用人员"（《组织条例》第二十四条）。

[12] "参议会之警卫由所在地之警察机关调用"（第六条）。

[13] 此项限制由法院（或普通法院或行政法院）执行。于民主国家中，法院为公正中立，不受政治影响亦不考虑政治问题之机关。

[14] 十五年十月二十日中国国民党中央各省联席会议通过"省党部与省政府之关系问题议决案"两项，其第一项云：

各省情形不同，可分为三种办法：

(1) 省政府在省党部指导之下；

(2) 省政府在中央特派员、政治委员及省党部指导之下；

(3) 省政府与省党部合作。

某省应用某种方法，由中央执行委员会决定之。

惟此为国民政府初统一时之情形，后则不然矣。

[15] 二十九年二月二十九日国民政府训令："准中央执行委员会二十九年二月二十八日公函：案查二十五年十二月中央第六次常会为促进党政关系起见，曾经通过颁行《省市地方自治推进委员会组织条例》一种，……兹于新县制业已开始实施，关于地方自治工作之推进，已另有规定，至党政之联系，亦已有党政联席会议之举行，此项省市地方自治推进委员会之组织已无存在之必要，爰经呈奉中央第一三八次常会决定予以废止。……"

[16] 兹将原《办法》有关系条文抄录如下：

第四条　凡人民申请组织之团体依法属于省政府主管者依下列程序办理：

(一) 省政府于接受人民申请许可组织后应即派员视察，同时函知省党部。

(四) 团体组织完成依法向省政府立案后指导员应填具组织总报告三份呈报省政府。省政府除抽存一份外以二份送省党部及社会部备查。

第五条　省县人民团体之改选、改组、整理、解散及重工作之推进均须提经会议决定，由省、县政府依法办理，其有时间性不及经会议决定者得先由政府与党部会商决定办理后提报会议追认。

[17] 原办法列举社会事业之内容计有关于文化、经济、慈善、救济、卫生、体育、生活指导、人事咨询等方面，几达三十项工作，多与省政府职掌冲突。

[18] 十七年二月十四日国民政府大学院公布《教育会条例》：规定："教育会得以决议事项建议于教育行政机关。"（第五条）并"得处理教育行政机关委任事务"（第六条）。"教育会分两级：(甲)省区教育会；(乙)市、县教育会"（第二条）。

[19] 修正《教育会法》第四条教育会之任务如下：

(一) 关于地方教育之研究及建议、改造事项；(二)关于增进人民生活上知识之指导事项；(三)关于地方教育之调查、统计及编撰事项；(四)举办教育研究会及学术请演会；(五)

举办各种教育事业，但须经主管教育行政机关之核准；(六)关于一般教育事项建议于教育行政机关；(七)处理各主管官署委办或咨询事项；(八)办理其他合于教育宗旨之事项。

第十九条第一项：上级教育会以其下级教育会为会员。

[20] 按实际上已有新闻记者公会之设立。

[21] 二十四年三月国民政府军事委员会委员长南昌行营制定《禁烟实施办法》，其九条规定：

各省、市、县限期于一个月分别组织禁烟委员会，关于协助禁烟及戒烟事项责成各该会负责办理。

(1) 行营驻在地设禁烟委员会总会，聘任各地公正热心禁烟者为委员；

(2) 各省、市设禁烟委员会，遇有必要时总会得派员参加；

(3) 各县设禁烟分会。

其后该会成为省政府专管机关。

[22] 中国国民党及三民主义青年团。

[23] 三十四年一月九日云南省物价管制委员会召集云南省商会联合会、昆明市商会及十余同业公会代表举行平抑物价咨询会。

第四章　省公务与省行政

一　总　　论

国家均有政府，政府者实现国家目的之工具也。为求国家目的之实现，政府必须执行若干事务，此类事务即称公务。任何国家之目的不外为促进人民精神上与物质上之幸福，使人民皆能享受健全、舒适之生活，获得道德、知识之发展。然各国环境互异，因之各国政府之公务各不相同。即一国之内，情况亦多变迁，此一时代之公务亦不能与另一时代一致，所谓“时异则事异”者是也。故公务之内容恒以当时存在之事实为断，事实变更公务随之变更；然公务以实现国家之目的为依归，则为不渝定律也。

公务执行之程序曰行政，故行政者政府之实际活动也。行政有两种：曰直接行政，曰间接行政。直接行政者直接执行公务之活动也，如种痘之于卫生，施赈之于救济，捕盗之于治安，平土之于筑路等皆是。间接行政者达成直接行政之活动也。其内容约有四项：即计划、财政、人事与总务。此四者行政之工具也，缺一则公务不克执行矣。[1]

政府行政，必须有权，权犹政府之动力，无动力则不克活动矣。执行公务，必须创造若干条件并排除一切障碍，方可完成；权者即所以创造行政必须之条件并排除行政所遇之困难者也。无权则行政莫举焉。政府之权，作者谨按各国实例，约有七种：曰命令权，曰财政权，曰处罚权，曰任、免官员权，曰征收地产权，曰购、借物、产权，曰强制执行权。公务之对象为民，行政之对象为民，权之对象亦为民。上述之权，为权之表现于外者也。行政系统中各机关之间与一机关内各部门之间亦有权，则为内在之权也。譬如汽机，其所发出工作之力，向外之权也；其内部一轮，一塞，一杆，一轴，旋动进退所赖之力，内在之权也。内在之权，用在维持行政机关之健全存在，用在供给行政机关之工作力量。然苟无存在，曷有力量？故就行政言，向外之权为直接权，而内在之权为间接权也。又权之用不可无度，因之不可无制，其制则责是也。责之对象亦民也。政府之权，人民之责也；政府之责，则人民之权矣。人民、政府，互有所制，而行政恒能适中而履和矣。

公务为实现国家目的之工具，而国家之目的为促进人民之幸福。然人民幸福，虽必须国家公务之履行，并不完全依赖于此；人民自身之努力与活动，亦不可缺少。易言之，政府活动与人民活动并为人民幸福与社会进步之因素。政府所活动者为公务，人民所活动者可名为私务。私务或关乎私人一己，亦可关乎人民全体也。原始社会之中，一切活动皆私务也。及国家成立，遂改若干私务为公务；时代愈进，私务让于公务者愈多，迄乎今日不独公务数量超乎私务，多种私务已由国家统制管理矣。虽然，必有若干事务不可或不宜由国家统制管理者，则私务尚不可废也。公务一面因其继续侵夺私务（必有止境），一面因社会不断进化，活动不断增加，故常有扩充之势也。

各国政府均分数级，各级政府均有其特有之公务，中央政府为最高级政府，其次各级政府概为地方政府。中、外学者每以自治力量及法人资格或独立税收之有、无，为辨别政府与行政机关之标准，谓政府必有自治力量、法人资格或独立税收，否则只为政府中之一行政机关，实非也。政府之唯一基本特征厥为公务，政府莫不有独立之公务系统，其无独立之公务系统者则为机关；至法人资格、自治力量或独立税收，只执行公务之便利（并非必要工具）而已，不足以显示政府特色也。中央政府之公务可称为国家公务，地方政府之公务可称为地方公务。古、今各国公务无不分国家公务与地方公务，此事实也。理论上此种划分则非必需也。我国地方公务有省公务、县公务、直隶市公务与市公务四种，分别由省、县、直隶市与市政府执行（设治局执行者为县公务，其他行政分区之公务皆特殊地方公务）。国家公务与地方公务之外尚有若干公务由中央政府与地方政府，或由各级地方政府联合行使，可名为联合公务。联合公务复可因其联合行使之方式而分为会同公务、连串公务、交选公务与合并公务四种(见后第六章)。会同公务者由中央与地方政府或由各级地方政府会同同时执行者也,其每一程序中每一措施处分皆由会同执行之各级政府共同负责,或其各部分分别由各级政府同时执行,然全部责任仍共同担负。连串公务者由数级政府联合执行,各执行程序中之一部分,各对所执行之一部分负责,而执行时间互有先后者也。交选公务者可由数级政府中任何一级政府执行者也。至合并公务则某项中央(或地方)公务合并于某项地方(中央)公务之中,而成为其一部分之谓也。各级政府所有之公务理应分别由各该级政府自行执行,但有时为节省人员与财物或其他理由计,可由他级政府代理执行。某级政府代理执行他级政府之事务可名为代理行政(见后第六章)。又某级政府执行某项公务,可由其上级或下级政府协助,协助或为法律所强制,或为法律所许可(见后第六章),惟协助者不负责任也。单一国家中下级政府执行公务常受上级政府之监督(理论上并无必要);联邦国家中各地方政府之间亦然,但各邦行政则全部或一部不受中央政府之监督而直接对人民与宪法负责也。国家公务与地方公务之区别标准不止一种。性质上属于全国者为国家公务,性质上属于地方者为地方公务,性质上应联合执行者为联合公务,固矣。其性质上属归不显著者则以行政便利或政治立场为划分依据焉。又性质上属于国家之公务,地方不可逾越也,然性质上属于地方之公务,则国家可夺取之,例如国民政府迁移重庆时期于四川、西康经营之建设事业是也。国家公务有分区执行者,仍为国家公务而非地方公务也,如税务、盐务、邮政等。高级地方公务之分区执行者不可与低级地方公务混淆,亦同理也(按上级公务分区往往与低级公务区域相同,参见导论)。

公务之设立与变更均须以法律为之,法律者包括宪法与法律而言也。盖宪法与法律俱由人民制定,唯人民自身方知何者可为公务以促进其福利也。各国实情联邦国家之国家公务与各邦公务皆由宪法保障,其规定情形,或列举国家公务而不列举各邦公务,如美国;或并举国家与各邦公务,如加拿大。前一情形中国家公务由宪法设定,各邦公务由各邦法律设定；后一情形中国家与各邦公务俱由宪法设定。然宪法规定多富弹性，必须法律补充之，设定与补充有时亦难分辨耳。单一国家中国家公务之一部分规定于宪法，惟大部分皆由法律设定；至地方公务，悉由中央法律设定或经中央法律许可之地方自治法律设定也。有时宪法设定之公务，如我国《训政时期约法》第四章“国民生计”及第五章“国民教育”各条规定各事，并未指定应由中央抑由地方政府执行，抑由中央与地方政府联合执行，究为何种公务尚须法律指定；于此种情形之下法律为直接设定者，宪法为间接设定者矣（按中、外学者绝不承认单一国家宪法可以设定地方公务，尚请读者加以研究）。公务之委任于低级政府执行者，联邦国家中国家公务委于各邦政府必须宪法规定，例如德、奥、瑞士等国；邦公务之委任以邦法律为之。单一国家中任何级公务之委任于低级政府执行者必须以法律为之。所谓法律不必中央（或邦）法律，地方自治法律“在英国名‘附从法律’（By-laws）”亦可，惟自治法律必须以中央法律为依据耳（自治法律并非命令，因命令为执行公务之政府所制立也。中、外学者每不能辨此，亦请读者注意）。行政之权亦必须宪法或法律授与，盖权之对象为民，必须人民自愿接受也。行政之责任亦须由宪法或法律制裁，因行政对象为民，责必由人民确定之也。近年各国公务大量增加，立法机关不胜其繁，遂以部分活动委任政府代为行使。虽然，立法机关之活动不尽完全设立公务也，尚规定公务执行之方法焉。公务执行之方法可以委任执行之政府代劳，至公务之设定，政府则不能越俎也。权之赋与与责之确定亦皆不可以之委任政府者也。若干国家尚未进入宪政民治者宪法与法律俱由政府代表人民制定，其宪法与法律之功用未尝易也，特立宪与立法机关与政府合一而政府俱有两重资格——一为公务执行者，其地位为仆；一为人民之代表，其地位为主——而已耳。

政府本身作为之事为公务，人民作为之事为私务。然私务无不可受政府管理、统制。管理、统制私务，亦事务也，亦社会需要之事务也，人民幸福所赖之事务也。以此观点论之，私务之管理、统制亦公务矣。此广义之公务也。前节所论者狭义之公务也。无以辨之，姑权称狭义之公务为

"原始公务",广义之公务为"管理公务",以利讨论云尔。惟读者须知原始公务有具体之内容,管理公务只抽象之形式耳。譬如国际公法与国际私法然:国际公法为实在之法律,国际私法只为法律之选择而并非实在法律也。

二 省 公 务

我国省公务,素无明确规定。十七年四月二十七日以前《省政府组织法》只规定省政府之组织而未列举省公务,惟从其组织观之,亦可知省公务之大概,如十四年七月一日原公布之《省政府组织法》第二条云"省政府以民政、财政、教育、建设、商务、农工、军事各厅组织之",则省公务当有民政、教育、建设、商务、农业、工业、军事诸大类也。十七年四月二十七日以后《省政府组织法》始列举各厅职掌,除财政厅外,各厅职掌实各项省公务也。然所列各项之外尚有概括条文如"其他建设事项"、"其他教育事项"、"其他实业事项"等,则省公务尚可由法令加以补充也。又所列各项公务中并非尽为纯粹省公务,而尚有联合公务焉(见前第二章)。兹就各省实际存在之各种公务分析略述之。省公务除省营企业外最大特点厥为被动的,若非中央政府指挥监督办理,其基于《省政府组织法》授权自动执行者殊不多也。严格言之,企业之举办亦着重管利,只可视为半自动也(见"财政")。

(甲) 原始公务

(1) 治安

(一) 一般治安——一般治安即全省治安是也。全省治安之维持必须依靠武力。我国军事原为国家公务;维一因清代督、抚拥有强大兵力并北京政府时代各省政治悉为军人把持之传统,一因实际上之需要,各省均有自卫军队。十五年十月二十日中国国民党中央各省联席会议曾通过一"省政府对国民政府之关系问题决议案",其第七项云:"省军队与国家军队须划分之。省军队为维持省法及秩序而设,但亦可由国民政府调遣为国防之用。省军队之数额，须由国民政府核定，以不超过建设和平、维持治安必要之数为准。……”可见当时事实也。[2]然此时省军队之编制尚未规定，十七年十月国民政府公布《省防军组织暂行条例》，规定“各省为绥靖地方，维持治安起见，得呈请设立省防军”（第一条）。“省防军以团为最大单位，归军事委员会指挥，受各省省政府统辖……”（第二条）。“省防军设司令官一员，由军事委员会转呈国民政府任命之”（第三条）。至每省省防军所设团数仍无限制也。实际各省军队各有名称，其编制称军，称师，与国军无稍二致，数目更非中央所能限制，故省防军制度，具文而已耳。因各省不遵省防军之办法，中央亦不重视之，至二十二年七月国民政府军事委员会委员长南昌行营制定之《整理江西保卫团队计划纲要》竟规定：“省政府得按地方防务之必要酌设保卫师，称为‘江西保卫第几师’。”二十三年七月南昌行营公布《各省保安制度改进大纲》[3]，重新确定各省保安制度，“……以保卫地方安宁……”（第一条）。依其规定，省军力概编为保安团及保安队；“原隶省保安处之直属部队及各地方保安团队现已改隶而直属于省者权名为‘某某省保安团’，以数字定其番号”（第六条），“原隶区保安司令部之直属部队及各县保安队现已改隶而直属于区者定名为‘某某省第几区保安团或保安队’，以数字定其番号”（第七条）。各区保安团或保安队受各保安司令或行政督察专员兼区保安司令指挥统辖。各区保安司令或行政督察专员兼区保安司令及省保安团均受全省保安司令统辖指挥（第十四条）。至省、区保安团及区保安队数目仍无限制，实亦无法限制也。各国通例地方皆无武力，《改进大纲》亦特规定各省保安团、队为临时的，而“以达到国家管理为最终目的”也（第二条）。《改进大纲》公布后各省均次第遵照实施。惟云南省于各地设保卫营，每营分三中队，每县配置一中队，全省各保卫营统辖于民政厅（初于厅内设团务处承办其事，三十三年一月一日废处更置第七科）。新疆情形无考，但无保安团队。又各省尚有于保安团队之外别置其他军队者，尚不免也。各省保安团、队，人数因无限制，各省于经费范围之内可自由予以膨胀。抗战军兴，一部分随国军抗战损失，不及补充，数目大减，三十二年四月国民政府行政院及军事委员会复规定整理办法，再加限制，其要点有二："第一，省保安部队之数量，应先予核定，以保留必要者为之，为提高素质起见，应将现有员额酌裁去六分之一至三分之一，其编制以大队为原则，由省政府分拨各行政区指挥调遣，担任各该区之治安维持，如邻近第一线之行政区，至少应拨两大队至三大队维持治安；第二，各省保留之保安部队各级干部及士兵，于编制完毕后即加紧予以警察训练，至三十二年年底，即由内政部派员检阅，其已具备保安警察员、警基础训练者，即改级为保安警察大队，至各保安处之编制，目前皆予调整，俟年底考核成绩后，即分别改编为警务处或撤销之"（三十二年四月十七日昆明《云南日报》）。今日各省保安司令及保安处均已取消，然地方武力，此乃一政治事实。三十五年二月二十五日国民政府军事三人小组（按为国民政府及中国共产党代表各一人及美国驻中国特使）会议议决"关于军队整编及统编中共部队为国军之基本方案"，其第六条第一节云："各省应有权维持一与其人口比例相当之保安部队，但其数额不得超过一万五千人，当省内普通警察显然无法处理局势时，该省主席即有权使用此项保安部队，以镇压骚乱"（案此非省政府主席之权力，乃省政府经由主席执行之一项公务，今日中外学者对于公务与权力暨政府与行政人员多不能区分，请读者注意），盖即承认上项事实也。

我国生产落后，经济凋敝，各地匪患，时极猖獗。十八年九月十八日国民政府公布《清乡条例》，限各省于文到三个月内办理清乡完毕，务使匪盗绝遗迹（第三条），其不能依限，至多亦能逾六个月办竣（第四条），卒未实现，而将《条例》效力延至二十年六月底止（国民政府二十年一月十七日令）。实各地匪盗如故也，且有日趋扩大之势。二十九年二月十三日内政部规定是年四月二十日以前完成陕、湘、川、康、滇、黔、鄂七省土匪总清剿及总清查，至限各省均无成效，后一再延限，最后延至三十年三月底，其实各地匪患至今尚未解决也。三十年十二月第五战区司令部电军事委员会云："……（一）河南南阳、南召、镇平三县交界南河店、三叉口一带民众因奸伪煽惑纠众四五千，枪四千余，轻、重机枪十余挺，反抗军粮，破坏交通，……经派兵一团协同团队剿、抚，闻风远飙，主力四千余，枪三千余，仍分匿伏牛山中，匪首聘龙扬言联合七县民众，袭取南阳；(二)豫、鄂边区张玉杰等藉土地陈报征兵军米等煽惑民变，巧日在淅川与宋湾、南阳及湖北均县边境回岛山啸聚千余暴动。……”匪患之重，盖可知也。

虽各省拥有庞大地方军力，大股匪徒之敉剿，尚赖国军协助，三十二年四月军事委员会电令各省省政府维持治安应着重防患未然，充实本身治安力量，勿依赖国军，盖可想见矣。有时国家与地方军队联合剿讨，亦不克消灭。三十年八月军事委员会“未轸”代电称：“……一般土豪恶棍为谋个人出路，造成个人势力，恒以联合不肖分子为匪自豪，以冀遇机由政府收编，为升官猎职之阶梯，甚或反复无常，希望叛变一次，可增加实力一部，再编一次，复可晋升一级。……抚匪不啻助匪！亟应纠正严禁，并规定办法三项如次：(一)曾经收抚而复叛变为匪半年以上者，尤其匪首决不准投诚，应痛剿严缉，务获正法；(二)从匪自新后不得编为地方团、队，应饬其保为民；……(三)为有特殊情形如叛兵等不得不予收编者应于收编后调至各战区参加抗战；……”各省治安问题实不容忽视也。

(二) 特殊治安——特殊治安主由警察机关维持，可分经常与临时两种。先述经常特殊治安事务，又可析为制止的事务、监护的事务、公益的事务及救助的事务四项。(1)制止的事务有由警察局长执行者，有由警长、警士执行者。民国三年三月三日大总统公布《预戒条例》(迄今有效)，依其规定(第三条)，警察长官遇有下列情形之一发生，即可发布预戒命令：

(一) 无一定职业，常有狂暴之言论、行为者；

(二) 妨害他人之集会或欲行妨害者；

(三) 不问公、私，干涉他人之业务行为，妨害其自由或欲行妨害者；

(四) 不知检束，常有破坏社会道德或阻挠地方公益之言论、行为者；

(五) 意图欲为第二款、第三款之妨害而有第一款、第四款情形者。

预戒命令计有下列各种(第四条)：

(一) 命其一定时间内，从事合法之职业；

(二) 命其不得于他人之集会加以妨害；

（三）命其不得以何种口实索人财物或不当要求、强人会晤及用涉于胁迫之函件，或其他种之方法示其威吓，使他人变更其进退之意，或妨害他人之业务行为并一切自由；

（四）命其时加检束，不得蔑弃道德或阻挠公益；

（五）命其不得使用他人妨害他人集会，或妨害他人之业务行为及一切自由，并不得以财物扶助已受预戒命令者，但以亲属之故而扶助者不在此限。

违反预戒命令者依下列之规定处罚（第六条）：

（一）违犯第一、第四两种命令者处十日以下之拘留或十元以下之罚金；

（二）违犯第二种命令者处十五日以下之拘留或十五元以下之罚金；

（三）违犯第三种命令者处二十日以下之拘留或二十元以下之罚金；

（四）违犯第五种命令者处二十五日以下之拘留或二十五元以下之罚金。

又依《狩猎法》（三十一年十二月二十八日公布）之规定，警察机关得指定地区禁止狩猎（第十二条第六款），并遇有下列情形之一时得停止狩猎（第十六条）：

（一）宣布戒严时；

（二）发现盗匪时；

（三）准许狩猎之鸟、兽有保护之必要时；

（四）准许狩猎之地有禁止狩猎之必要时。

二十九年十月二十四日国防最高委员会制定《非常时期取缔集会演说办法》（同日于重庆市施行，各省均有施行可能），其第五项规定："违反本《办法》之规定者当地警察机关得停止或解放之。"

凡此为警察长官执行之事务。十九年三月四日内政部公布《警长警士服务规程》，内中对于警长、警事职掌事务，规定甚多，其属于制止性质者有下列各项：第一，"守望及巡逻警士遇有可疑之处、可疑之人、可疑之物应详密盘诘；果系不法应即拘捕送究。但认关系重要时应先报知官长核办，不可为急遽之措置”(第四十五条第一项)。第二，警长、警士“遇有公然为反动之演讲或散发反动印刷物、黏贴反动标语者应拘送该管警署究办”(同条第二项)。至于究办之权自属长官。第三，守望及巡逻之警长、警士，“遇有酒醉而知觉失常者应慎加防护；倘有暴动情形即设法制止，并探知其家族送致之，但在乡村地方得付托于其地之闾、邻长(按今为保甲长)使为送致”(第五十三条)。第四，彼等“遇有疯癫人应妥为照管；倘有暴动情形即设法制止，并探知其家族送致之，但在乡、村地方得付托于其地之闾、邻长使为送致”(第五十四条)。此外《刑法》(二十四年一月一日公布)第八十八条第一项规定：“现行犯不问何人得径行逮捕之”，警长、警士专员治安责任，当有执行此项规定之义务也。二十五年二月二十五日国民政府公布《维持治安紧急办法》五项，均为授与警察机关及警长、警士制止的权力，兹将原文抄录于下：

(一) 遇有扰乱秩序，鼓煽暴动，破坏交通以及其他危害国家之事变发生时责有公安责任之军、警得以武力或其他有效方法制止。

(二) 遇有以文字、图画、演说或其他方法而为前项犯罪之宣传者得当场逮捕，并得于必要时以武力或其他有效方法排除其抵拒。

(三) 军警遇有妨害秩序，煽惑民众之集合、游行应立予解散，并得逮捕首谋者及抵拒解散之人。

(四) 军、警遇有前项之事变时应将当场携有武器者立即缴械及逮捕之，并得搜捕嫌疑犯。

(五) 明知为违犯本办法之人犯而藏匿、容留或使之隐避者得逮捕之。

抗战后二十六年八月十七日内政部公布《防止汉奸间谍活动办法大纲》，责成警察负责执行。[4]二十九年七月二十四日国民政府又制定《非常时期维持治安紧急办法》公布，警察长官及警长、警士又增加若干职务。依其第二条之规定，下列各类人犯军、警应严密注意侦察逮捕，需要时并得以武力或其他有效方法制止之；

(一)《惩治汉奸条例》第二条各款之罪；

(二)《危害民国紧急治罪法》第一条第一项各款之罪；

（三）《战时军律》第七条之罪；

（四）《陆海空军刑法》第十七条、第二十七条、第七十九条及第八十二条之罪；

（五）《惩治盗匪暂行办法》第三条及第四条各款之罪。[5]

上列各犯之预备或阴谋犯亦同，但以定有处罚者为限。又依第三条之规定，下列各种人犯军、警应当场逮捕或解散，并得视必要以武力或其他有效方法排除其抗拒：

（一）《战时军律》第八条之罪；

（二）《惩治偷关漏税暂行条例》第二条及第三条各款之罪；

（三）《非常时期农业矿工商管理条例》第三十条之罪；

（四）《刑法》第一百四十九条至第一百五十六条之罪及第一百七十三条至第一百九十条之罪。[6]

军、警对于上述人犯得施行下列之处分（第四条）：（一）搜索其身体住宅或其他处所；（二）检查、扣押其邮件、电报、印刷品、宣传品或其他文书及图画；（三）携带或收藏武器、弹药、爆炸物、无线电机或其他供犯罪所用物品，不问曾否受有允准，扣押之。"违犯本《办法》所列举人犯之同居家属、雇用人或受雇用人有共犯嫌疑者得并予逮捕"（第五条）。"明知为违犯本《办法》所举之人犯而藏匿、容留或使之隐避者得逮捕之"（第六条）。又"本《办法》未规定之条款而在其他法令上为犯罪并有扰乱治安之虞者准用本《办法》处理"（第八条），此项规定实有取消《刑事诉讼法》第八章（"被告之传唤及拘提"）及第十一章（"搜索及扣押"）所保证各项合法手续之危险。

（2）监护的事务：《警长警士服务规程》第四十条规定巡逻警士对于本巡逻区内下列人民或处所应随时加意查察或预防其危害：

（一）曾受徒刑之执行或经宣告缓刑者；

（二）素行不正者；

（三）乍贫、暴富或收入不丰，浪费无度者；

（四）一户内有多数非家属人杂居者；

（五）旅馆、工厂、学校及其他公共处所。

第四十一条规定：“巡逻警士遇有他处移居本管区域或由本管区域移居他处者应即查明报告”。第四十二条规定：“巡逻警士对于戏场及其他群集之所应时常巡视防止其混乱，认有异状时应加意防护。”二十三年一月六日行政院公布《缉盗护航章程》，其第六条规定：“凡航海轮触礁或搁浅由水上警察负保护之责，并禁止情迹可疑船舶停泊该轮附近。”《非常时期取缔集会演说办法》规定非常时期集会、演说须先得当地警察机关之许可（第二项），至集会及演讲时警察机关并应派员监视并随时指导及纠正（第四项）。三十三年十月三十一日国民政府公布《战时交通器材防护条例》，规定各级地方政府及宪兵、警察对于已装设之电信杆、线、铁路器材，及电信、铁路及公共运输机关存置厂、库之交通器材应负责防护（第一及第二条）。凡此皆监护的事务也。

（3）公益的事务：“守望及巡逻警士于往来道路上发现妨害物品时应立即除去或告知义务者除去之”（《服务规程》第四十六条）。如“发见道路、桥梁、水道、电灯、电线、煤气管及其他公用之建筑物破坏、壅塞，或有破坏、壅塞之处时，应速告知义务者修理”（第五十条）。如“遇有疯犬应立毙之，并告知其地之闾、邻长速为掩埋”（第五十六条）；“发现尸体时应不变位置检视其形状报告官长核办”（第五十六条）；“发现兽畜死体时应告知其地之闾、邻长速除去之”（第五十七条）。“守望及巡逻警士应随时检查贩卖之肉食及其他饮、食物有无腐败品或掺杂赝品情事”（第五十八条）。其“夜间发现人家门户未闭锁者应速告知其户主”（第五十九条）；“发见火灾时应即鸣警笛俾众周知，并尽力息灭，消防人已集合时应防止混乱及乘机窃盗情事”（第六十条）。以上皆公益的治安事务也。

（4）救助的事务，亦由警长、警士执行，约有下述数项：第一，“守望及巡逻警士遇有人民因危难请求救助时，不论何时应允其请求；或虽未请求一经闻、见，亦应尽力设法救护”（《服务规程》第四十九条）。其次，遇有幼儿迷失道路应速为保护；其居所不明者暂安置于其地之闾、邻长家并报知警长设法送致；其居所已明且在本管区域内者径送致之闾、邻长家并报知警长设法送致；其居所已明且在本管区域内者径送致之，若属他区即通知其区之闾、邻长或警士送致（第五十一条）。又警士"遇有遗失之性质或他物时应留置于便宜之地交还其失主，失主不明时报知警长处置"（第五十二条）。再前述之救火亦可视为一种救助的事务。此外其他一切危难事件警士及警长均有救护之责任（第六十四条）。

除上述四项事务之外，各警察局经机关、团体、公司、商号之声请得为之设置"请愿警"，其薪饷费用概由请愿者负担。请愿警之派遣亦略带公务性质也。

以上各项经常特殊治安事务主由警察机关执行，然其他行政机关基于法令之授权亦可执行，或改由其执行。例如航空法（三十年五月三十日公布，未施行）第三十七条规定："航空器降落后应受该管行政官署之检查。"[7]三十一年七月七日国民政府公布之《水利法》（未施行）第六十条规定水利"主管机关得于水道防护范围内执行警察职权"，所谓警察职权即上述各项事务也。三十三年一月十二日国民政府训令，《非常时期取缔集会演说办法》改由社会部负责办理，中央改为社会部，地方自亦改为主管社会行政关矣。

临时治安事务因事而定，例如空袭中之防护事务，学生游行之监视或禁止，战时临敌区域之警戒等等。二十九年五月国民政府军事委员会通令各省制止工人罢工，亦临时治安事务也。

（2）禁烟

禁烟者禁止鸦片及同类毒物之谓也。"鸦片烟系由罂粟花结实以后，割取浆液，制成土膏供人吸食之物，此为大多数人所尽知也。罂粟来自外国，自唐以前，早有番舶至华互市，罂粟种子，或即随番货以俱来。征之唐进士雍陶《西归出斜谷》诗，已有'马前初见米囊花'之句，可知其移植中华甚早。宋、元以降，渐知其可供医药之用，遂于《本草》内收有'阿芙蓉'一物，阿芙蓉即鸦片也"（中央训练委员会及内政部印行，《禁烟行政》页三）。以鸦片制膏吸食，约始于明末或清初，其时东方海上贸易，操于葡萄牙人之手，鸦片即藉之自印度输入，其量尚微也。至雍正七年东南沿海居民染吸渐广，清帝始上谕禁止吸食，其时输入年仅二百箱耳。惟输入未禁，以药品报关征课，年有增加，乾隆三十二年达一千箱，五十五年则逾四千箱，主由英商输入，占英国输入我国物品之首位。嘉庆元年吸食鸦片恶习已遍全国，输入有增无已，清帝又因广东总督奏请，始颁禁止输入之上谕，越四年又重申禁令，惟俱无效，至嘉庆末年，输入已近一万箱，道光间达两万余箱矣。道光元年再申禁令，其时鸦片输入，白银外溢，形成财政上严重问题。道光十八年派林则徐为钦差大臣，以彻底肃清烟祸，因启中、英战争而盟江宁辱约，良可慨也（李剑农著：湖南蓝田国立师范学院史地学会出版，《中国近百年政治史》，页十八——二十）。嗣后印度鸦片输入无阻，并可深入内地销售，国内种、吸之风益不能止，政府苦之。咸丰八年缔结《中英通商章程》，定鸦片（《章程》内称"洋药"）只许在各口销售，不得转至内地，非禁也，财政之故耳。次年洋药（印度膏）、土药（即国内土膏）一律抽征厘捐，而鸦片为正式税源矣。同治十三年据李鸿章奏，上谕暂弛禁种，以抵制洋药漏卮。光绪二十二年外国教士集议上海请各国政府与中国合作禁烟。一九零六年，斐律宾主教布兰特上书美国总统罗斯福，罗氏旋即建议国际鸦片委员会于一九零九年（宣统元年）于上海召集万国鸦片大会，清廷即利用时机重起禁政，因先后有光绪三十三年与宣统三年《中英禁烟条约》及《续约》之订结，定十年期内中国国内禁绝种烟，印度洋药亦禁绝输入。[8]清末民初依此协定奋力施行，宣统三年奉天、吉林、黑龙江、山西、四川五省即完全禁种，印膏即不输入五省；民国二年直隶、山东、湖南、安徽、广西五省即完全禁种；三年湖北、河南、福建、浙江禁绝；至六年年终全国各地已完全肃清。惜七、八年之间法统沦废，军阀割据各地种烟，故态复萌，其未复种者止吉林、山西二省而已，人民趋为利薮，政府倚为财源，不数年间，毒遍全国，危害民族，莫此为甚（见前书《禁烟行政》及《内政年鉴》）。

清代禁烟执行者为各省督、抚，枢朝与府、县分别监督、协助而已。民国三年五月五日大总统公布《禁种罂粟条例》，则以县知事为执行机关，内务总长及各省民政长官共立于督导地位。十六年国民政府颁发《禁烟条例》，规定自十七年起限三年将鸦片烟完全禁绝。此次禁烟，包括禁吸及禁卖，然无禁种，又禁卖但禁私卖而已，实由禁烟机关“公卖”，禁吸亦非真禁，只须向禁烟机关领取“特许证”，即可张灯吸食，与咸丰政策，无稍二致。非执行机关中央为禁烟处，各省有禁烟局，均直隶于财政部，省禁烟局于各县、市设禁烟分局或分所，由县、市长兼办，故其事务属于国家。十七年六月国民政府修正公布《省政府组织法》，于民政厅职掌中列有禁烟一项，禁烟局旋即撤销，省禁烟事务改由民政厅办理。四月四日公布《禁烟条例》，九月十七日公布《禁烟法及其施行条例》，定“烟”之含义为“鸦片烟及一切毒品”，中央禁烟机关为禁烟会议及国民政府禁烟委员会，分掌建议、审议及督理、指挥事务，省有禁烟委员会。省禁烟委员会之职务为会同国民政府禁烟委员会派员督同市、县长官调查各地种烟状况并研究改种农物之方法并得预备种子发给农民具领（第七条，第八条）；并督同市、县政府及会同中央禁烟委员会派员施行检查贩运、售卖吸食情形，俾交法办（第十一条，第十三条，第十五条）。此次仍无独立之省禁烟公务也。[9]施行结果，亦无成效，政局混乱，为其主因，而各级机关责任不明，事权不专，亦有以致之也。

二十三年五月国民政府军事委员长南昌行营因剿办匪盗感觉禁烟迫切，乃制定《严禁烈性毒品暂行条例》，令发江西、湖北、安徽、江苏、河南、湖南、陕西、浙江、福建十省及南京、上海两市依照军法切实遵行。于以上省、市一切烟、毒案件悉由军法机关执行（得由行政机关代理），种、制、贩、运、售、吸皆在禁止之列，重者处死，轻者拘徒。然军法机关为中央机关，其公务自为国家公务也（二十四年三月南昌行营又颁布《禁毒实施办法及禁烟实施办法》，为《暂行条例》之补充）。至司法以外之禁烟事务省民政厅自可依法办理也。[10]二十四年五月中国国民党中央执行委员会政治委员会决议废止《禁绝法》并裁撤禁烟委员会，另于军事委员会内设禁烟总监，由该会委员长兼统辖全国禁烟事宜。总监有制定禁烟规程之权，其效力可变更《刑法》之规定。十月禁烟总监即根据此项权力颁布《禁烟治罪条例》及《禁毒罪条例》，并令设禁烟总会于军事委员会，禁烟委员会于各省、市、县皆审议协助机关，禁烟事务仍由禁烟总监、省民政厅及市、县长执行。

二十五年二月六日禁烟总会第一次会议，决议于六年之内烟毒完全禁绝，六年者自二十四年首至二十九年终也，然此时已越一年余矣。六月三日该会呈请禁烟总监公布《禁烟禁毒实施规程》，以实施上项决议。该《规程》规定毒于二十五年底禁绝，烟于二十九年底禁绝，此即所谓“两年禁毒”及“六年禁烟”（皆自二十四年元旦起），而实际禁毒期限止有半年，禁烟期限止有四年半也（按两年禁毒及六年禁烟系二十三年南昌行营提出）。禁毒办法为查缉及戒除，由省、县会同执行（《规程》第四十八条，第四十九条）。禁烟分禁种、禁运、禁售及禁吸四部分。全国各省分为绝对禁烟区域及分期禁烟区域，由禁烟总监指定之（第六条）。执行禁种机关为各省省政府（民政厅），另由禁烟总监于各省派特派员督同办理，故禁种主为省公务。禁种工作分宣传与查禁两项。宣传由民政厅印制文告单纸发交各县散发（第九条）。查禁由中央与省会同办理。禁运与禁售均由军事委员会禁烟督察处（二十七年一月改隶财政部）执行，完全为国家公务，禁吸则由督察处及各级禁烟机关共同执行，其属于省公务者有传戒烟民，设立或辅助戒烟医院及查验烟民三项（《规程》第三十、三十二条及三十三条）。依据此项《规程》，禁烟总监旋即派定皖、闽、湘、鄂、豫、赣、川、陕、甘等省特派员，其余各省关于省政府与特派员会同办理事项则由省政府单独办理。二十六年九月二十二日禁烟总会改隶行政院，十月十九日又回隶军事委员会；二十七年三月一日于内政部设立禁烟委员会，而禁烟总监、禁烟总会及各省特派员一概裁撤。各省特派员撤销后，其与省政府会办之事务，自由省政府单独执行。二十七年十一月九日行政院令颁“加强禁政”三项办法，其第（一）项令各级地方政府普设戒烟院所及增设烟民工厂。

二十八年七月行政院以二十九年禁烟最后期限，半年即届，为颁发《肃清私存烟土办法大纲》及《督办私存烟土公署组织规程》，根据此二规章于烟祸较为严重之四川、西康及贵州三省设置督办私存烟土公署，加派各该省省政府主席为督办，实行收买人民私存烟土。十月行政院又公布《未设督办公署省份肃清私存烟土办法》，规定各该省肃清私存烟土事务由省政府主席督同民政厅厅长执行。二十九年三月十六日行政院又制定《消灭各省私存烟土办法》，其第四条第一项规定“各省政府、行政督察专员公署、县政府应于二十九年六月、九月、十二月动员党、政、军、学各界对于民间私存烟土施行总检查一次”，其余所规定之工作，则主由县、市政府执行。

禁烟性质上为临时公务，与他种公务不同。政府定二十九年十二月三十一日为禁烟完成日期，是日以后应无烟可禁。惟事实上《禁烟禁毒实施规程》并未圆满实施。二十九年十二月三十一日行政院一面废止《禁烟禁毒实施规程》，一面公布《肃清烟毒善后办法》，规定："市售抵瘾药品应由各级政府开列名称，布告查禁，并严禁以任何名义改装发售，违者一律没收，当众焚毁，并依法究办”（第十二条）："各级政府应利用各种集会普遍宣传中央查禁烟、毒政策及法令，并于每年六三禁烟纪念举行扩大宣传”（第十三条）。该《办法》施行期间定为三年（第十九条），三十三年一月行政院已训令延长一年。三十年八月十五日行政院与军事委员会会同令颁《消灭战区烟毒暂行办法》，又规定战区各省省政府有防止敌人毒化及彻底消灭烟毒之责。是年二月十九日国民政府曾公布《禁烟禁毒治罪暂行条例》，原定施行期限为三年（原《条例》第二十三条），三十三年一月七日国民政府令自民国三十三年二月十九日起延长一年，三十四年一月三十日复令延长至抗战结束后二年为止，故至今有效。据三十年十月调查，除沦陷区外，尚有十三省九十余县发现烟苗，军事委员会特通令各省省政府切实查禁。三十四年十二月十三日行政院再公布《肃清烟毒善后办法》，规定："全国各地烟、毒统限于抗战结束（案已于九月三日结束）后二年内彻底肃清，各省、市应分别依限提前完成，不得展缓”（第二条），但就现状实际观察，全国绝对禁绝烟、毒尚非十年以内可以完成之事，故禁烟事实非一临时公务也。

（3）救济

救济与治安相同，为任何社会不可缺少之公务。省救济公务可分为贫弱救济、灾荒救济、失业救济、烟民救济及难民救济五项，兹分论之。

（一）贫弱救济——贫弱救济之对象为贫弱、残疾、孤幼、年老之人。民初各省均有同善堂以主其事，然同善堂为私人团体，故其事为私务。十七年五月二十三日内政部颁发《各地方救济院规则》[11]，各省依照先后设立救济院。各省救济院分养老、孤儿、残疾、育婴、施医及贷款六所，分任六项救济事务，院设院长及副院长各一人，由民政厅于地方公正人士中选聘之，无给。各省救济院多由同善堂改名而成，非新政也。十九年一月各省普设振务会，救济院即改隶该会，二十七年十一月振务会改为赈济会，又随之改隶，今各省赈济会有裁并于民政厅者，其救济院自又回隶该厅。十九年统计，各省救济院所求济之人数，云南最多，计达 42 289 人；次湖南，32 617 人；次江苏，15 679；而福建止 337 人，热河 80 人，辽宁 57 人。以我国经济之衰，各省人口之众，救济实效实至为微小也。

（二）灾荒救济——其对象通常为水灾、旱灾及虫灾，而兵灾、火灾不及焉。灾荒救济原为国家公务，国家与省会同公务及县、市公务，二十三年十二月八日行政院公布《各省市举办平粜暂行办法大纲》，始又为省公务。依其规定，“凡被灾区域遇粮价过高或于青黄不接时”省政府应办理平粜，并应命令市、县政府同时办理，同时并可允许慈善机关办理。平粜之法，或就仓储积谷，或另集资金为之。法律上省政府无办理仓储之义务，事实上各省政府亦少办理仓储，故势必出于另集资金一法。二十六年六月行政院又公布《各省灾荒根本救济办法》，其中所规定省政府所办事务如下：

(1) 急账，即由赈济会发放省救灾准备金（见第五章“省财政”）。

(2) 工账，即命受灾人民担负政府各项工役，如筑路、治水等，服役时酌给生活工费。

(3) 减免赋税，但此非直接救济而为间接，又自赋税改归国家后省政府已无赋税收入，故不能办理。

（三）失业救济——《职业介绍法》（国民政府二十四年八月七日公布）第二条云：“市、县政府依法令之规定掌管关于职业介绍行政事务”，则失业之基本救济为市、县公务而非省公务。事实上各省所办之失业救济事务只为习艺工厂之临时救济措施，最近各省社会处成立则又举办职业介绍。至较严重之失业问题由省政府另谋处置办法。例如福建，于二十八年全省沿海渔民十二万人之中有二万人失业，省政府当拟定救济《沿海失业渔民暂行办法》，所定办法有复业贷款、渔盐贷款、小本经营贷款、淡水养鱼、移垦荒地、配置工厂、参加内河航运、修筑道路、编组运输队等，惟战时各省财政极度紧缩，经常行政费用已甚困难，诸此办法已否一一施行，尚难确悉也。

（四）烟民救济——烟民以种、运或售鸦片为职业，禁烟后职业丧失，自不能不加救恤，此失业救济之事，非吾所谓烟民救济也。烟民救济者，专指吸食烟毒者而言也。二十七年十一月九日行政院《加强禁政办法》第（一）项有“增设烟民工厂，收容穷苦烟民”之规定（见前）。嗣基此规定于二十八年一月十六日公布《各省市县筹办强民工厂办法》，规定省、市、县各级地方政府均应设置强民工厂，其已设有民生工厂者得就原厂加以扩充，以便加收烟民，如烟民众多，并得酌设强民或民生工厂分厂（第三条）。“强民工厂设主任一员……办理厂内一切事务，下设事务、技术、医务三组，事务组管理总务、业务一切事项，技术组管理技术、考功事项，医务组管理医务、卫生事项……”（第六条）。“贫苦劳动烟民入厂应供给膳宿及戒烟药品，并得视其作工成绩，按照地方情形，分等酌给相当之工资”（第九条）。作工期间“以三个月至六个月为限，但得视其工作情形延长之；其技能优良者得任为助手”（第八条）。二十九年二月内政部又公布《贫苦劳动烟民戒烟时期生活救济办法》，然所定皆市、县公务，不属省行政范围也。

（五）难民救济——难民者遭受战争或其他变故祸害因而不能维持生活之人民也。我国连年战争，人民受害匪浅，政府悉漠视之，亦无能为力也。二十六年七八月抗日军兴，其难民遂有救济办法，且甚周密，其由省主管者如下：

（1）难民疏散——二十六年十一月行政院颁布《非常时期运送难民

办法》，规定遭受敌人压迫之难民欲回原籍或至安全地带者得求各省难民救济机关（即中央难民救济会各省分会，后取消归其事入省赈济会）或县、市政府或慈善团体代请中央或各省交通机关免费转送，交通机关对于此项请求不得拒绝。同年同月内政部又公布《战时转移妇孺办法》，命令"沿江、沿铁路、公路及接近战区地带之居民，所有妇、孺应一律迁移疏散"，其疏散时地方政府应予协助并应会同地方党部派员指导，地方政府当包括省、市、县政府也。

(2) 难民垦殖——二十七年三月行政院公布《难民移垦实施办法大纲》，规定关于难民垦殖之管理，中央以经济、内政二部及振济委员会[12]，地方以各省省政府为主管机关（第二条），但难民垦殖事业以地方办理为原则（第十一条）；故难民垦殖主为省公务。难民移垦之办法分为下列三种（第十条）：

（甲）集体农场制适用于有工作能力但无眷属之难民。

（乙）贷款制，适用于有工作能力并有眷属但无生活资力之难民。

（丙）垦殖制，适用于有自耕资力之难民（实非难民，只为逃亡人民耳）。

又"移垦难民在输送期间以及达到垦区尚未从事垦殖以前无力生活者由政府设法维持"（第八条）。各省办理此事，尚具成绩。二十九年统计，各省经营之难民垦区已成立者有河南郏县，江西吉安、泰和等县，福建崇安县，及湖南沅陵、芷江县；正在筹办者有陕西汧山县，四川平北县，西康旧宁属八县，广西凤山县，宁夏灵武县，及宁夏、青海之都兰等处。每一垦区收容难民人数自一二千至三四万不等，已成立各垦区可垦面积共为342万余亩，容纳难民共约592 000人。又据二十八年五月五日福建省政府报告，该省一年来移垦之难民共有1 293户，计5 377人，垦殖农地27 098市亩及荒地5 919市亩。

(3) 难民工役——中央及地方政府办理各项工程，工事如筑路、治水、军事工作、自卫工程等，均可利用难民志愿服务。二十七年四月行政院制定《非常时期难民服役计划纲要》，规定"难民在服役期间之待遇，由其服务机关自行规定，但不得少于其他服役人员，或当地工人之最低额数”（第六条）；又“服工役之难民所需工具，由服务机关发给之”（第十一条）。

（4）难童教养——教养者抚养与教育也，其教育部分本应属于下节，然此种教育实附于抚养之中而不能与之分离，故不便析之。关于难童教养，抗战初起振济委员会即制定《抗战建国时期难童救济教养实施方案》，经行政院于二十七年十月二十日核准施行，规定各省、市政府应参酌财力筹设儿童教养院，并协助私人团体设立儿童教养院或保育院实行收养年在十二岁以下孤苦无依之儿童，以培育其健全体格，善良德性及国家、民族意识，并授予基本知识及生活技能，以为国用（教养院或保育院实施难童抚养由救济行政机关主管，难童教育由教育行政机关主管）。然三十二年一月国民参政会第三届第一次大会“奖励生育并救济战区及扶助贫苦儿童以延续民族命脉而固国本”建议案中有云：“抗战迄已六年，战区日广，流难失所之儿童，亦与日俱增，原有之战时儿童教养院（按为振济委员会根据前《方案》之规定所设立）不敷需用，应请政府在后方各省及时普遍增设之”，则难童教养事宜，除中央设有教养院一所外，各省似均未举办也。[13]（原《建议案》经国防最高委员会第九十九次常务会议决议“交行政院参考”）。

（5）难民工艺——各省当局救济难民颇有利用难民使之工艺自维生计者，然成绩亦不显著。据福建省救济当局报告，其困难有二：第一，难民工厂较私人工厂支出为大；第二，难民工作不甚努力：惟总之非其法不善，实管理有欠公诚耳。

以上皆因抗战遇难人民之救济，至其他灾变，另有临时救济方法。例如三十年十二月三十一日国民政府令，饬由行政院转各主管部、会及各省省政府救济归国侨民。[14]三十三年五月九日滇越铁路火车于云南宜良县属七凸坡地方出轨，死伤数百人，云南省政府特令民政厅、社会处会同交通部滇越铁路滇段管理处办理善后救济。然此类救济与其他救济同，须视省政府财务为定也。救济行政虽由赈济会主管，然各省社会处、民政厅所主管社会行政部分亦包括之，似有整理必要也。三十二年九月二十九日国民政府公布《社会救济法》,其第七条第一项云:“各种救济设施,由各县、市视实际需要及经济状况依照本法分别举办,中央及省亦得酌量办理,……”则救济原则上为县、市公务,其于省并非强制的或委任的公务而为采择的或许可的公务也。至于救济设施经规定分为下列各种(第六条):(1)安老所;(2)育婴所;(3)育幼所;(4)残废教养所;(5)习艺所;(6)妇女教养所;(7)助产所;(8)施医所;(9)其他以救济为目的之设施。其救济之对象则为合于下列情形而“贫穷无力生活”者:(1)年在六十岁以上精神衰耗者;(2)未满十二岁者;(3)妊妇;(4)因疾病、残废或其他精神上、身体上之障碍不能从事劳作者;(5)因水、旱或其他天灾、事变致受重大损害或因而失业者或(6)其他依法令应予救济者(第一条);惟“对于遭受非常灾变之灾民、难民所为之紧急救济,其受救济人不以前条所列者为限”(第二条)。故此法实为救济行政之总法也。然此法以社会行政机关为主管机关于执行上恐不免与振济机关冲突耳。[15]

(4) 卫生

卫生性质上以县、市举办为宜,惟我国县、市几无卫生设施,卫生遂主由国家及省办理。省卫生行政,可分为医治、防疫、试验及宣传与奖励四端,兹分述之。

(一) 医治——各省均有省立医院一所或数所,收买较私立医院略低,然穷苦民众仍难问津也。省立医院只一所者例设在省会,名虽以全省人民为对象,实际施惠只及省会一地耳。云南省会有省立医院两所,其一设备较佳而收费无差私立,其一收费虽廉而设备则甚简陋,此外个隽、思茅二县各有省立医院一所。广西全省分为十二个卫生区,每区设省立医院及省立卫生事务所各一所,较之各省为普及。然公立医院以县、市、乡、镇设立为宜,省立医院实无必要耳。近年各省有巡回医疗队之设置,例如广西各区卫生所均有巡回医疗队,浙江省政府有医疗防疫大队,下分五分队,分赴各县工作,湖南省政府有临时防疫医疗大队,下分四小队,分赴游击地区工作等,皆因县市医疗设备欠缺所为临时权宜,其实各队多有名无实,无补于事也。

（二）防疫——防疫包括除疫。关于防疫单纯一项，近年来各省每年多举行免费种痘，最近且有免费注射其他防疫针苗之事。省会地方由省卫生行政机关直接办理并由省立医院办理，并委托其他医院、诊所代办，县、市地方均交与各该地公、私各医疗卫生机关、团体办理。除疫为临时事务，疫既发生然后除之。其较著者为二十八年秋冬之交湖南霍乱流行，该省省政府府乃于流行区内设隔离病院十所及检疫所十二所，以资防治。同时委托各医院免费注射药苗并于繁盛地方举办饮水消毒。办理不及两月，疫疠完全肃清。又二十七年十一月至二十八年三月浙江省庆元县鼠疫为患，省政府以福建省政府及卫生署之协助卒消灭之。防疫事务除上述之外巡回医疗队亦兼办之。三十三年十二月六日国民政府公布《传染病防治条例》，其第六条规定云："传染病流行时省卫生主管机关应设置医疗防疫队，巡回办理传染病防治事宜。"该《条例》又规定"人口稠密之城市及传染病流行之区域应设立传染病医院，其床位数目依实际需要定之"（第五条第一项）；"未设立传染病医院地方得于普通医院内附设隔离病室，必要时设立临时传染病医院"（同条第二项）。又"卫生主管机关应按期实施各种有效之预防接种"（第七条）。并"传染病流行或有流行之虞时卫生主管机关应用调查及检验方法确定疫区范围公告之"（第二十八条）。以上规定，省卫生行政机关于其主管范围之内均有执行之义务也。

（三）试验——近十年来，各省渐设卫生试验机关。四川省卫生试验所依其《组织规程》，办理各种细菌检查及培养，饮水及药品化验，食品检定，防疫疫苗之培育等。

（四）宣传与奖励——十九年三月前卫生部颁发《地方卫生宣传大纲》，其中省执行事务为设置定期卫生布告栏，卫生展览（每年得举办一次），设置卫生讲演场，免费放映卫生电影及幻灯及发行卫生刊物各项，惟各省殊少实际办理者耳。三十三年四月一日国民政府公布《捐资兴办卫生事业条例》，规定捐资一千元至三万元者由省或行政院直辖市政府分等核给奖状（第二及第三条）[16]，奖励亦近于公务也。

(5) 教育

省教育公务约可分为普通教育、专门教育及特种教育三类。普通教育包括中学教育、社会教育及小学教育;专门教育包括高等教育、职业教育及专门训练。普通教育、高等教育及职业教育均由教育厅办理,专门教育除教育厅外尚有其他机关办理(任何机关均可办理)。兹分述之。[17]

(甲) 普通教育

(一) 中学教育——十八年教育部制定《改进中学计划》,规定"高级中学以省立或特别市立为原则",至初级中学则省、市、县均应量力设置。其时各省无高级中学者尚有十省(见原计划),故此计划殆以鼓励省设高级中学为目的也。二十一年十二月二十四日国民政府公布《中学法》,第三条复规定中学以省或直隶于行政院之市设立为原则,可知中学教育主要为省公务而中央或县、市得交选执行也。中学县立者甚多,市及财务充分之县多设有完全中学,次裕之县亦类有初级中学,仅极贫之县则无中学也。国立中学为抗战以后之产物,截至三十一年十月底止计有二十一所(以后意无增加)。二十八年二月二十四日行政院核准《国立中学规程》,其第一条云:"教育部为谋战区省、市立中等学校职员及公、私立中等学校学生继续施教与受学起见,特暂设国立中学若干所,以继续发挥教育功能,充实民族力量",则国立中学纯属临时性质矣。最近教育部曾决定自三十三年度秋季始业起国立中学一律改招师范学生,果尔,国立中学将无形取消矣。(未实施惟胜利后均改省立或裁撤。)

根据《中学法》第一条之规定,"中学应遵照中华民国教育宗旨及其实施方针继续小学之基础训练,以发展青年身、心,培养健全国民,并为研究高深学术及从事各种职业之预备;"可见中学教育性质上为普通教育,即因其目的为启发心智而非训练专门学术或技能耳。又依同法第二条及《中学规程》(二十四年六月二十一日教育部修正公布)第三条中学分初级中学、高级中学及中学三种。初级中学及高级中学之修业年限各为三年;合并初级中学及高级中学则为完全中学即为中学。[18]各种中学校设校长一人综理校务;省立中学之校长由教育厅提经省政府委员会通过后任用之；校长聘请各科教员(《中学法》第八及第九条)。实际上各省省立学校之校长均径由教育厅委任(间有聘任者)，绝少提经省政府委员会通过者也。又近数年来数省省立中学教员经校长聘任后复由教育厅加委，以便管制，然究为例外耳。

根据《中学规程》之规定，中学学生之年龄标准初级中学为十二足岁至十五足岁，高级中学为十五足岁至十八足岁(第四条)。学生以“男、女分校或分班为原则”(第二十二条)。事实上，中学有专收女生者名为女子中学，而其他中学多男、女兼收，男、女兼收之中学并多男、女合班，以师资与经费所限也。初级中学课程为公民、体育、童子军、卫生、国文、英语、算数、植物、动物、化学、物理、历史、地理、劳作、图书及音乐；高级中学为公民、体育、卫生、军事训练(女生为军事看护)、国文、英语、算数、生物学、化学、物理、中外历史、中外地理、论理、图书及音乐(第二十四及第二十五条)，其实际教授内容，物理、化学、算学(除初中算术外)、生物学、历史、地理、公民等科高中与初中大部分均重复，似有改进必要也。二十一年八月国民政府曾令颁《改革教育初步方案》，其第四项规定：“全国各中学一律加重与农、工医科有关之基本科学，如数学、物理、化学之类。”我国中学原以大部分精力教授英语、数学、物理、化学等科，而公民、国文、历史、地理等学科几无人注意，经此正式命令之后，较前更甚矣。性质上中学教育为普通教育，似不宜过重于科学技能之准备，而实际上中学生对于此类繁细学科了解力极为有限也。我国科学落后，诚为国族深忧，惟其解决之道，似多设国立或省立技术学校，较之加重中学数、理课程为得计也。

中学除供给普通知识外，兼为道德训练，所谓训育是也。训育事项主为劳动实习、团体活动及生活修养。劳动实习又包括整理、清洁、消防及学校附近之修路、造林、水利、卫生、识字运动等工作(《中学规程》第三十四条)

中学教育为省原始公务，然非完全原始公务，盖中学所谓省立者只由省政府委用校长，维持教职员及供给校舍及设备而已，至学生生活则不担负，故中学教育决不能普及于贫穷大众也。[19]我国教育制度，以高等教育属于中央，中等教育（包括中学教育）属于省，初等教育属于县，必不能达到普及教育之目的，欲期教育普及，必每一县、市有一完全中学，每一省有一完备之大学及若干专科学校，中央只定教育政策而不直接办理教育，但纯学术文化之事则由中央主持之。若每一县、市不能有一中学，必非优良教育制度；若省政府对于每一县、市设一中学，则又违背省行政之宗旨；故中学教育不宜为省公务也。据三十二年七月《国民政府年鉴》记载，各省省立中学可考者浙江凡二十一所，安徽十三，湖南亦十三，福建十六，云南十四，河南十七，青海二，每校所收学生平均约为五百，其教育效能，可谓甚微矣。

（二）社会教育——中学施教育范围为中学，其对象为学生，社会教育则以全社会为范围，以大众为对象。各省所办社会教育事务如下：

（1）图书馆、博物馆等——十六年十二月二十日前大学院公布《图书馆条例》，规定各省应至少设立图书馆一所，大多数省均已遵照设立，惟设备则甚少完备者。三十二年十二月二十一日教育部再公布《普及全国图书馆教育办法》，规定“各省、市已设置省市立图书馆者应即设法充实其设备，发挥其效能；其未设置者应即一律设置，各省、市至少应先设立一所，并须依经济能力、地方需要逐渐增设”（第二条）；并“各级图书馆应尽量于集镇或人口稠密之处设置分馆或书报阅览室，以利阅览”（第五条）。民国二十年以后各省之中有设立科学馆或博物馆者，但不甚普遍。三十年九月九日教育部分布《省立科学馆工作大纲》，规定省立科学馆工作分为展览及推广两方面：展览工作包括图书、仪器、表册模型标本、构件、国防卫生、生产各项展览及各项实验表演；推广工作包括调查省内教育情形及民众知识程度，讲演及宣传，举办研究会、促进会及座谈会，巡回施教，举办科学竞赛，答复各方询问等。

（2）公共体育场——十八年四月十八日国民政府公布《国民体育法》，其第四条规定“各自治之村、乡、镇、市必须设备公共体育场”。实际不但乡、镇无体育场，县亦无之，但省有体育场一所而已。二十八年九月十一日教育部公布《体育场规程》，乃规定“各省、市至少应设省、市立体育场一所……”(第二条),则此时各省体育场之设置尚未普遍也。公共体育场以发展国民体育为目的,惟事实上各省省立体育场只作一年一次或两次学校运动会竞赛之用,丝毫不能普遍于大众国民也。

(3) 民众教育馆——依教育部《民众教育馆暂行规程》(二十四年二月八日修正公布),省、市、县政府均应设立民众教育馆,地方自治机关及私人亦得设立之。民众教育之工作主为对民众实施补习教育,讲演、展览并供给书报等(详见三十年二月八日教育部修正公布《民众教育馆工作实施办法》)。省、市、县立民众教育馆设立尚未为普遍,惟设备均甚简陋耳。二十九年九月二十八日教育部令颁《推行家庭教育办法》,规定全国民众教育馆应一律以推行家庭教育为主要工作,并规定省立民众教育除必须办理家庭教育班外并应办理(第十三条)下列各事项四种以上:(1)恳亲会,(2)家庭教育讲习会,(3)家事公开讲演,(4)儿童健康比赛,(5)各项家事比赛,(6)儿童教育指导,(7)育婴指导,(8)家庭医药卫生指导,(9)家庭管理指导,(10)家庭副业指导,(11)家庭实行新生活指导,(12)家庭教育通讯研究,(13)其他家庭教育事项(第十条)。事实上遵照办理者几无之。

(4) “电化”教育——“电化”教育指无线电广播教育及电影教育而言。就性质言,除图书馆、科学馆省政府应设立外,体育场及民众教育馆等均应由市、县设立;但广播及电影,则以中央及省举办为宜。惟一播音教育由省立中等学校及民众教育馆兼办,并非独立执行者也。二十四年六月四日教育部令发《全国中等学校民众教育馆装设无线电收音机办法大纲》,规定中等学校分三期装设完竣,以每半年为一期,每期装设三分之一;民众教育馆分四期装设,每半年为一期,每期装设馆数不得少于未装馆数四分之一;均由各省市教育厅、局督饬办理。省立民众教育馆每省仅有一所,省立中学多亦不过二十所,装设甚易,然至今仍不乏未装者也(二十六年九月教育部公布《社会教育机关临时工作大纲》,内有“应加紧完全播音教育网”之语)。关于电影教育,教育部于二十五年八月二十二日令发《各省市实施电影教育办法》,规定“各省教育厅应于主管社会教育之科、股指定职员一人办理电影教育事宜(得兼办播音教育事宜),各省并应就全境划定教育电影巡回放映区，分区设置放映人员，办理教育电影放映事宜”，每区放映人员为放映员及助理员各一人。“教育影片由教育部统筹免费配给”，其放映“以不收费为原则”。各省教育厅均遵照成立巡回电影教育队（主因教育部免费发给影片），然影片多数载不易，故难以按期工作耳。除巡回电影教育队外，“各省、市中等学校及民众教育馆应尽经费可能范围内单独举办电影教育”，惟事实上省立民众教育馆间或举办，中等学校殆无一校办理矣。浙江省政府教育厅曾订《出借教育影片办法》，免费借与任何机关、团体或学校放映；其他各省虽无明文规程，其教育影片均可借映也。

(5) 其他社会教育办法——二十七年三月浙江教育厅《制定流动学校设置大纲》，规定为制应下列各种情形起见，特设流动学校若干所，施行流动教学：(1)村落散漫，交通不便，儿童不易集中者；(2)地方贫瘠，人口稀疏，无力设置学校者；(3)受抗战影响，失学儿童较多，无校可入者；(4)儿童因交通、生活等关系，不能全日或半日就学者。其教学分长期集合与临时集合，前者为每一适中地点设置一班，学额在十五人左右，由教师全日或上、下午流动教学；后者学额不限定，由教师临时集合教学，每隔若干时日作一结束，继续或易地施教。流动学校之设置由省、县分别担任。同年七月湖南省政府组织社会教育人员工作团，下分七工作队，分驻各中心县区工作。团设团长一人，各队设队长一人，队员八至十人。队员多数为教育部分发之战区（时湖南尚非战区）社教人员，其生活费由部负担，余由湘教育厅社教人员兼充，其事业费则由湘教育厅开支。该团工作如下：(1)编印刊物，已出版《湖南民教》半月刊，省府迁移后停刊；(2)编辑课本，已编《抗战民众读本》、《珠算算术合编》及《战时卫生常识》三种；(3)各队除一队办理省立农民教育馆，一队办理第一四四后方医院伤兵教育外，其余均就划定区域内各设民众学校三所，共十五所，其受教学生据二十八年报告总为 630 名；(4)社会式社会教育，利用市集日期举行时事、防空及防毒演讲，举行各种纪念日宣传会，设置民众抗战讲座，组织歌咏队，举行卫生宣传，组织抗敌话剧团，编贴壁报，编绘抗战漫画，设立民众书报阅览处，设置民众代笔问事处，提倡简约运动，举办社会调查，举办家庭访问，协助保甲，放映电影等，皆可并应举办也。其他各省或不乏类似措施，惟无考耳。抗战以后各省教育厅多有话剧团、队之组织，亦社会教育一端也。三十年七月教育部颁布《补习学校规程》，规定省、市、县均应根据地方各种事业之实际需要设置补习学校，其修业年限至少为两个月，教授下列学科之一种或数种：(1)属于一般知识者如国文、历史、地理、外国文、数学、注音符号、公文等，(2)属于专业知识者如化学、物理、生物、统计、会计、簿记、工程绘画、测量、图书馆学等。此类学校以县、市设立较易普遍，然各省教育当局自少有办理者耳。三十四年十月七日《补习学校法》公布，则改为自由公务，而补习学校地位亦改与中等学校同（见第二及第三条）。

社会教育如今日所办者只为学校教育之辅助，无甚重要。然十九年教育部《改进社会教育计划》竟定各省社会教育经费应占全省教育经费百分之二十至三十，似觉稍高；至二十年一月“推行社会教育三项重要设施”则改定为百分之十至二十，则较合理。

（三）小学教育——小学教育主为县、市公务，省政府除实验外绝不应办理。惟各省亦有于省立实验小学及省立中等附属小学外设立省立小学者。[20]据三十二年七月《国民政府年鉴》记载，江苏省有省立小学六所，西康八所，河北一所，甘肃十所，绥远一所；而江西、安徽、浙江、湖南、广东、广西、福建等省俱无省立小学。《小学法》（国民政府二十一年十二月二十四日公布）第二条规定：“小学修业年限六年，前四年为初级小学，后二年为高级小学，初级小学得视地方情形单独设立。”二十三年四月十日教育部训令，规定各省立小学应完全设置高级及初级小学。二十五年七月二十四日。教育部公布（修正）《小学规程》，其第九条规定“省立小学应以所在地名之……”“小学教材要目，其全国通用部分由教育部依照课程标准之规定另定之，其地方特殊部分由各省、市主管教育行政机关订定，呈请教育部备案施行”（第二十七条）。惟二十一年八月《改革教育初步方案》曾规定“全国小学一律加重国文、算学”，至今仍支配小学课程内容也。“小学儿童入学年龄为六足岁，但有特别情形者得展缓至九足岁”（《规程》第四十九条）。“小学得附设幼稚园”（《小学法》第十条）。

（乙）专门教育

（一）高等教育——高等教育包括大学，专科学校及留学考试。大学虽未训练专门技能，实训练专门学术，自不失为专门教育也。[21]留学考试可谓一种间接教育。

（1）大学（包括独立学院）——我国大学以国立为原则，省立大学我国素采限制政策。十八年教育部公布《改进高等教育计划》，曾规定“凡境内或邻近有国立大学的省分不必再设省立大学”。三十年三月六日行政院又通令各省及各直辖市政府应集中力量发展中、小学教育，关于省立专科以上学校应咨商教育部统筹办理。其目的皆在限制省高等教育。《改进高等教育计划》列举省立大学计有沈阳、成都、长沙、安庆、太原、西安、兰州、保定、开封、贵阳、梧州、吉林十二处，至二十一年统计省立大学止有东北大学（东北四省合立）、山西大学、湖南大学、安徽大学、河南大学、吉林大学、云南大学、浙江大学、广西大学九所。抗战军兴，上述九省立大学除安徽大学外均改为国立，惟亦另增一浙江省立英士大学，则全国只两省立大学而已。至省立独立学院，广东、广西、福建，各有两所，浙江、甘肃各有一所。[22]由实际情形言，省政府将自办大学交与中央，减省财政开支，省立大学改为国立亦自觉光荣。惟就理论言，大学集中由中央办理是否适宜尚待讨论耳。目前省教育行政，似为中等教育占据，将来中等教育占据，将来中等教育成为县、市公务，省教育必以高等教育为主干可无疑也。（《大学组织法》第二条规定大学得由国立、市立或私立）。

（2）专科学校——依据《专科学校组织法》（十八年四月二十六日公布），专科学校（如大学）分国立、省立、市立、私立四种，然事实上止国立、省立、私立三种，此外尚有部立一种，由教育部以外之部所办。故大学及专科学校教育均宜为省公务。又依《专科学校规程》（二十年三月二十六日教育部公布），专科学校至少有矿冶、机械工程、河海工程、染色、造纸、农艺、兽医、银行、会计、交通管理、药学、医学、艺术、音乐、体育、市政等三十八种。二十一年统计，全国省立专科学校凡十二所。三十二年七月《国民政府年鉴》载省立专科学校计江西、湖南、福建各三所，陕西两所，安徽、广东、云南各一所，共达十三所，而东四省未计在内，略有增加。[23]

(3) 留学考试——我国近代学术尚未发达，急须向国外学习，此留学考试之所由起也。留学考试有由大学办理者，如国立清华大学；有由教育部办理者；有由文化团体办理者；有由教育部以外中央其他机关办理者；有由省政府办理者；尚有由私人办理者。抗战以前各省几均有遣送留学国外学生之考试。十八年《改进高等教育计划》规定"省费留学生应视各地方建设上特殊需要斟酌派遣，每次属于理、农、工、医者至少应占全额十分之七。"二十一年八月《改革教育初步方案》第九项更规定："在十年之内中央及各省派遣留学生规定学科以农、工、医等应用科学为限。"惟一教育部于二十四年制定《国外留学规程》，又改定各省考选留学生应注重理、工医等科，较有弹性。二十七年以前历任教育部部长均为文、法教育科学者，对于上述限制，均未严格执行；二十七年部长更易，因本人非习文法，留学生概为实用学科，然抗战以来各省亦停止遣送矣。《国外留学规程》之规定，留学年限为二年至六年，各省考试之后应送请教育部复试，决定取录人名。

大学修业定为四年(医学院及师范学院为五年)，专科学校为二年或三年，其入学资格均为高级中学毕业。大学可附设研究院，以供大学毕业学生进修，其修业年限至少两年。各省考选国外留学生均入国外大学之研究院或大学或专科学校(其修业年限自不必与我国相同)，故留学列于高等教育之中，并非留学本身属于高等教育也。

(二) 职业教育——根据《职业学校法》(二十一年十二月十七日公布)职业学校分为初级与高级两种：初级职业学校修业年限为一年至三年，其入学资格为小学毕业或同等学力；高级职业学校修业年限为三年，其入学资格为初级中学毕业或同等学力(第二、第四条)。职业学校以分科及由省及直辖市设立为原则，但亦可由县一县或数县"联立"或私人设立(第三及第七条)，故职业学校教育主要为省公务。又依《职业学校规程》(二十二年三月教育部公布八月一日施行),初级职业学校暂分下列各科:(1)关于农业者,如普通农作、蚕桑、森林、畜牧、养殖、园艺、其他;(2)关于工业者,如藤竹工、木工、钣金工、电镀、简易机械工、电机电气装置及修理、钟表修理、汽车驾驶及修理、摄影、印刷、制图、染织、丝织、棉织、毛织、陶瓷、简易化学工业、其他;(3)关于商业者,如普通商业簿记、会计、速记、打字、广告、其他;(4)关于家事者,如烹饪、洗濯、造花、缝纫、刺绣、理发、育婴、佣工、其他;(5)关于其他职业者视地方需要酌量设立。高级职业学校分为下列各科:(1)关于农业者,如农业、森林、蚕桑、畜牧、水产、园艺、其他;(2)关于工业者,如机械、电机、应用化学、染织、丝织、棉织、毛织、土木、建筑、测量、其他;(3)关于商业者,如银行、簿记、会计、文书、速记、保险、汇兑、运输、其他;(4)关于家事者,如缝纫、刺绣、护士、助产,其他;(5)关于其他职业者视地方需要酌量设立。二十二年十月教育部制定《各省市推行职业教育程序》,其第三项规定各省(市)各区域内职业学校设置科目之种类应注意:(1)改良当地旧有手工业;(2)应用当地已有之企业或原料发展新工业。职业学校得视地方需要情形附设职业补习班或职业补习学校(《职业学校法》第五条,《规程》第十条)。二十四年八月教育部令颁《短期职业训练班暂行办法》,规定高级职业学校及专科学校鉴于社会需要某项技术人员时得附设短期职业训练班,其期限为三个月至十五个月。三十二年七月《国民政府年鉴》记各省省立职业学校计湖南十二所,云南九所,福建、河南各八所,江西四所,西康三所,安徽两所,河北、青海各一所,其余各省或无调查或无职业学校。故职业教育可谓不甚发达也。

(三)专门训练——专门训练包括师范学教育及各种技术训练班。依据《师范学校法》(二十一年十二月十七日公布)师范学校以训练小学师资为目的(第三条),入学年龄为十五至二十二足岁(二十二年三月《师范学校规程》第七条)。师范学校内得附设特别师范科及幼稚师范科(《师范学校法》第二条);前者修业一年,后者二年或三年(第三条)。又"各地方为急需造就义务教育师资起见得设简易师范学校,或于师范学校及公立初级中学内附设简易师范科”(《规程》第六条)。此外各省尚可设立其他师资训练机关。三十二年七月《国民政府年鉴》统计各省所立师范学校如下:云南十四,湖南十二,江西十,福建九,浙江、河南各八,广西七,安徽六,青海四,西康三,河北一,他不详,惟各省均有耳。其他专门训练如各省于二十年以后多有汽车驾驶及公路管理训练机关,云南省政府财政厅有财政人员训练所,云南省企业局有卷烟人员训练所等。十七年前卫生部公布《管理接生婆规则》,规定“地方官署应设立临时助产讲习所,令核准注册之接生婆分班入所练习”,其期间为两个月。三十一年八月二十九日内政部公布《各省市县设立战时僧道训练班暂行办法》,其第一项规定:“各省、市、县政府依本《办法》之规定设立战时僧道训练班训练僧道,但辖区内僧道不足五十人者得呈准内政部暂缓设立”,公布后川、湘、皖、桂、滇、黔、陕、豫、康、甘、宁、青各省社会处及重庆市政府间均先行举办,但不知办理结果如何耳。凡此特种专门训练皆属临时性质,所以补助学校教育不足也。

(丙)特种教育

特种教育以特种人民为对象,例如侨民教育,少数民族教育,盲哑教育等。省政府所办理者只少数民族教育。我国民族除汉、蒙、藏、回诸大族以外,尚有其他少数民族,多散居于湖南、广西、四川、云南、西康、贵州诸省。各种民族各有其特殊之语言、文字,亦各有其特殊之风俗文化,其教育自亦须用特殊方式。惟少数民族教育,国人多不注意,上述各省表面上均有少数民族教育设施,实少认真办理也。湖南省政府于二十五年于西部乾城县设一苗民师资训练所,并加委其所长为苗区教育指导员,同时制定六年计划。依此计划,二十六年应办一年制短期小学一百所,以训练所毕业学生充任教师。二十七年将短期小学毕业生充任教师。二十八年添设短期小学百所,又以是年毕业之短期小学生充任教师。二十九年增办完全小学十所;三十年及三十一年减少短期小学,再增完全小学。现六年计划早已过去,其成效尚不可考也。广西苗民教育始于二十四年,与湖南办法同属“分裂法”,其工作为师资训练,另外补助有苗民居住各县设立小学校。二十四年六月该省政府设立《特种教育师资训练所》,据该省二十八年报告,历届毕业共有一〇八人,在校者有一六五人,其学生由各县就苗民之优秀者保送,毕业后即返县任教。至补助各县经费,以两年为限,由县申请后核准之。二十八年报告,受补助之县立苗民学校计有中心学校三六所,基础学校六一〇所。云南教育厅于少数民族区域中亦设有小学若干所,惟其成绩欠佳耳。最近少数民族教育渐为国人注意,抗战胜利之后,或有相当发展也。

以上为省教育公务之大略,其实惠于民殊为有限,盖学校少膳宿供给也。《师范学校规程》第八十七条第一项规定云:"师范大学学生一律免收学费。各省、市应斟酌情形免收学生膳食之全部或一部。"各省(市)实际尚能依此规定免收师范学校学生膳食全部;此止一部分学校耳,其他学校极少免收或减收膳食者也。二十五年五月六日教育部公布(二十九年九月四日修正)《各级学校设置免费学额及公费学额规程》,规定"小学以不收学费为原则,其因特殊情形征收学费之小学应设置全校儿童数百分之四十以上之免费学额,民国二十五年度至少应设置百分之二十,以后应逐年增设,限至民国二十八年度一律达到百分之四十之标准","初、高级中学及初、高级职业学校应设置全校学生额百分之十五以上之免费学额,民国二十五年度至少应设置百分之八,以后应逐年增设,限至民国二十八年度一律达到"原定标准;"专科以上学校(按包括大学及独立学院)应设置全校学生数百分之十以上之免费学额,民国三十五年度至少应设置百分之五",至迟至二十八年度达到原定标准(第三条)。其所规定免费比例实觉太少;且所谓免费,止免除学费及"各校所收体育费、图书费(按系充实学校图书之用)、实验费及其他类似费用"(第四条),其所占学生全部费用只极少一部分耳。公费则除免收上列各项费用外,并"给予最低限度之膳、宿、制服、书籍等费"(第四条),自可适合公务之性质。公费学额民国二十五年小学应占全校学生百分之四,中等学校(师范学校除外)百分之三,专科以上学校百分之二,其后应逐年"酌量添设"(第五条),其比例之低,犹若无用也。不独收费不足表示公务性质,省立各级学校数目亦为甚少，即富有群中，亦难普遍也。教育与经济、军备同为立国之本，三者又以教育为最，可不注意乎？

(6) 建屋

孙中山先生《实业计划》有建设大规模新式住宅以利民居之语，其《建国方略》更有明确之规定，则建造民房，当为一项重要公务也。此项公务最初执行实以省政府为宜，以后则应渐改为市、县执行，惟建屋在法律上成为公务，则自二十七年十月六日行政院公布《内地房屋救济办法》，系于非常时期为解决房屋恐慌而立，其方法或由政府建筑或由政府奖励人民建筑住宅（第一条），则建屋止为许可或自由的临时公务。又其执行者主为县、市政府，但重要地方规模较大之住宅得由省政府建筑之（第二条）。故实际上建筑民屋尚未占据省行政上重要地位也。依上项《办法》之规定，政府建筑之"公营住宅应建筑于城市附近，交通便利，环境适宜之地区"（第三条）。可见目的并非民生，而以利益上流社会为宗旨，似失公务之原意。"公营住宅之基地，以公有荒地充之；如无适当之公有土地时，得依法征收私有土地"（第四条）。关于建筑技术，公营住宅应注意下列各点：(1)"空地面积不得少于全部基地百分之三十"；(2)"环境应力求经济卫生，以适应当地大多数住户之需要"；(3)"建筑材料应尽量采用当地或附近之国产材料"；(4)"外墙及主要之间墙应以防火材料构造"；(5)"应附公共之消防及防空设备"（第五条），再者，建筑公营住宅通主要街衢之道路及各项公用设备（按公用设备为电灯、电话、自来水、煤气等）（第七条）。公营住宅应依《土地法》（十九年六月三十日公布，二十五年三月一日施行）之规定租与人民（第八条），"即其租金不得超过建筑用地及建筑费总额平息百分之八"（《土地法》第一六九条）；以示非欲取利于民也。各省省政府建屋实例无考，间或有小而简单住屋而已，绝无大规模住屋之兴建也。

(7) 策略[24]

交通为文化之母，亦为政治之本，为任何时代、任何社会不可缺少之公务。近代交通，陆上主要为铁路及公路，可总称为道路。理论上除国防或有其他特殊目的外，一县以内之道路，应由县政府建筑，一省以内贯穿数县市道路，应由省或关系县（如其数目不多）联合建筑。实际我国公路如此建筑，然铁道则由国家建筑，或由国家与关系省联合建筑。各省建筑公路情形大致尚佳。据国民政府主计处《中华民国统计提要》，截止二十一年十二月各省完成及动之公路共达124,358公里（其中已完成者为60,446公里），惟直二十六年抗战兴起，各省筑路工作均未停止，抗战以后，后方各省侧重于保养原路工作，前方各省，建筑易以破坏，以免资敌也（见附表）。抗战后尚有修建其他道路者，如浙江省政府于二十八年修筑龙泉至庆元间人力车路九十六公里，筑路所以具有成绩者，实中央督促之故也。

省别	共计	已成公里数	建筑中公里数	已勘测公里数
总数	12,455,780	60,445,52	27,998,12	36,114,16
江苏	4,866,75	2,131,09	944,10	1,785,56
安徽	3,204,00	2,015,00	693,00	496,00
浙江	2,966,13	1,351,33	261,51	1,373,29
福建	4,380,00	2,241,50	4,30,50	1,708,00
广东	18,338,92	10,622,81	7,049,82	676,29
广西	3,519,32	3,119,32	—	—
云南	3,334,94	1,280,51	779,96	—,274,47
贵州	4,961,00	1,216,00	1,395,00	2,350,00
湖南	2,605,77	1,041,77	312,00	1,252,00
江西	2,104,80	1,337,70	571,10	196,00
湖北	3,693,00	1,419,00	254,00	2,020,00
四川	282,41	2,671,65	—	149,76
西康	2,890,07	298,94	453,81	2,056,32
青海	1,908,98	385,04	316,09	1,207,85
新疆	1,555,20	1,324,80	230,40	—
甘肃	4,628,00	464,22	—	4,163,78
宁夏	1,738,00	1,184,00	482,00	72,00
陕西	2,731,40	1,117,10	1,531,30	83,00
河南	4,591,00	2,516,00	386,00	1,687,00

续表

省别	共计	已成公里数	建筑中公里数	已勘测公里数
山西	6,030,00	2,060,00	69,00	3,901,00
山东	5,349,13	4,753,03	596,10	—
河北	4,622,05	1,501,53	—	3,120,52
辽宁	3,372,64	2,249,44	622,08	0,403,20
吉林	5,468,32	2,715,44	622,08	2,130,80
黑龙江	2,946,24	1,967,04	560,88	472,32
热河	4,887,36	656,64	4,230,72	—
察哈尔	5,419,40	1,886,40	—	3,533,00
绥远	6,257,15	7,094,40	5,162,95	—
蒙古	3,427,82	3,427,82	—	—

(8) 水利

水利可分交通水利与农田水利两种，前者利在航行，后者利在灌溉。交通水利主要工作为修筑港埠及治理水道，农田水利主要工作则为调剂水流及开凿沟渠，防治水灾亦为重要水利工作。各省水道整治，除轻易工程外，尚未大规模举办；防堵水灾较为注意，而开凿灌溉，工程较大，殊不易见耳。云南于三十三年完成崇仁、西平两渠，此成绩较著者也。

(9) 省公务中农业约有改良、推广、造林、防治害虫诸项

(一) 改良推广——农业改良工作，有植物品种改良、耕牛品种改良、肥料改良、耕作制度改良、农作方法与器具之改良、牲畜品种改良等等，皆始于试验而终于推广。推广者以民间为对象，然省府本身亦为倡导示范进行也。

(二) 垦殖——《土地法》(十九年六月三十日公布)第一八八条规定各省应将公有农地划分垦荒区，招人承袭，然是法于二十四年三月一日始施行。二十二年五月二十七日行政院制定《督垦原则》九项，其中规定："各省(市)可垦公有荒地，应由各省(市)政府按地段地号划定垦区，分别缓急，实行垦殖"，盖为垦殖公务成立之始，除难民垦殖及实修农田水利所收垦殖结果，依照此项规定办理之垦殖事务，殊为有限。江西省政府于二

十九年十一月于光泽县设立赣东农垦股份有限公司，据报止三十年八月，凡垦地343市亩，分别栽种稻、麦、棉、麻、瓜果并畜牧，可为垦殖事业之一例耳。[25]

（三）造林——造林事业由县、市政府办理，方为妥善。惟《森林法》第四条及第七条之规定："……公有林由各该地方主管机关或自治团体经营管理之"及"主管部地方主管官署经营、管理之林区，每区附设苗圃，以廉价或无价供给私有或自治团体所有林地造林用之林苗。"则省政府固亦有造林之责也。三十四年二月六日该法修正后省已无造林公务。[26]

（四）防治病、虫害——十二年五月十五日，前农商部公布《农作物病、虫害防除规则》，第二条第一项规定："各省农行政机关应为必要相当之设备以研究调查下列事项：(一)农作物之病、虫害，(二)防除病、虫害易得之药剂，(三)益虫应为之繁殖及保护，(四)病菌及害虫、益虫之标本制作。"防除之法著有成效者应由地方长官，或农业机关派员巡行讲演，刊发《浅说》，广为宣传"(第十一条)。

各省农业工作主要项目大概如下，惟各省注意兴办，则在晚近耳。

（10）工业

我国素重农业，海禁开放，乃渐注意于现代工业，最早逊清同治元年李鸿章设农矿局，于上海并于苏州设立分局，四年二局并为江南制造局，五年左宗棠于马尾设立船政局以造轮船。光绪四年左氏又于兰州设立甘肃织呢总局，但次年即告停办。光绪八年李鸿章于上海试办机器织布局；十二年张之洞于广东办理缫丝局；十五年再办织布局及制铁厂(次年移至湖北汉阳，因张氏调任之故也)，十九年张氏又于武昌设立织布、纺纱、制麻及缫丝四局，旋并为湖北纺纱织布官局，二十一年袁世凯于天津设立工艺总局，凡此皆各省办理之新式工业。此外尚有官商合办者，如光绪十四年间办之贵州省清溪县制铁局，二十年开办之湖北省聚昌、盛昌等火柴公司。北京政府时代百务停顿，工业未克实办；国民政府成立，各省乃复渐次建设各项工业，然其发达，则在二十七年以后。

采矿事业，有于工业之外另立一特种事业者，实为工业中重要一目，各省采矿事业亦发轫于清末民初，以后殊无进展。湖南省于清光绪二十三年开采平江县金矿，三十三年开采常宁县铅矿及锌矿，民国元年开采临武县锡矿，二年开采会同县金矿，三年开采桃源县金矿，四年开采新化、沅陵二县之锑矿及常桂县之锑、锡、铜、矿。江西于光绪三十三年开采余平县之煤矿，民国元年开采萍乡县之煤矿，民国元年开采萍乡县之煤矿。湖北省于民国元年开采阳兴县之煤矿及铜矿与大冶县之铁矿及铜矿。山东于民国四年开采溯水县之金矿，凡此皆完全省办矿业之数额例也。此外尚有省政府与人民合办者，如光绪三十二年河北省临城县之煤，宣统元年云南省个旧县之锡，民国二年云南省东川县之铜，四年河北省宛平县之煤及新疆省之石油，七年察哈尔宣化及龙关二县之煤等。尚有省官办后改归民营者，如光绪十七年湖北省大冶县之铁（二十二年改），光绪二十二年湖南省益阳县之锑（三十三年改），光绪二十四年湖南省沅陵县之锑（民国四年改），宣统元年黑龙江省呼玛县之金（民国十二年改），民国四年黑龙江省阳原县之金（民国八年改）。十九年五月二十六日国民政府公布《矿业法》（二十一年一月二十三日修正），规定："中华民国领域内之矿均为国有（第一条），但其开采则除应归国营及国家予以保留之各矿外矿藏所在地之县、市政府及私人得依法取得矿业权（第五条第一项）。应归国家经营之矿，依该法第九条规定为铁矿，石油、铜矿及适合炼冶金焦之烟煤矿，国家认为必要应为保留之矿则为钨矿、锰矿、铝矿、锑矿、铀矿、铣矿及磷矿，皆禁止地方政府及私人开采（第十条）。但国营矿业可以出租于私人或地方政府，地方政府并享优先（第五十二条）。《矿业法》中所指国家不独由中央政府代表实可由各省省政府代表，盖立法者心意中以省为国家派出所也。民六以后，国内混战，矿业与其他公务同，实无新兴而起者，且原有或告停顿。九一八事变后政府渐注意于经济建国事业，而抗战以后尤有起色，然抗战之中，资金机构并苦缺乏耳。"

据吴半农之研究（"省营事业论"，载《新经济》五卷八期，三十年七月十六日出版）各省兴办之工、矿事业可列举于后：

战前举办者：

江苏——铜山耀华电灯公司，江苏省农具制造所，江苏省政府印书馆，宜兴陶器工厂。

浙江——浙江省化学肥料制造厂（与外国商人合办），浙江省立水产品制造厂，杭州缫丝厂，浙江毛织厂（与德国商人合办，未完成）。

安徽——安徽电灯公司，馒头山煤厂（官商合办），水东煤矿（租与民营）。

江西——南昌水电厂，民生机器厂，江西陶瓷管理局附办陶瓷管理事业，光大瓷业公司（官商合办），江西全省印刷所，萍乡煤矿，建丰煤矿（官商合办）。

湖北——武昌水电厂，武昌机械厂，湖北纺纱官局（停），湖北织布官局（租与商办），湖北官麻局，白沙洲炼锑厂（停），安仁锑矿厂，炭山湾煤矿（租与商办）。

湖南——湖南机械厂电机制造公司（官商合办），湖南炼铝厂，湖南炼锌厂，湖南酒精厂，湖南第一纺纱厂，衡中纺织公司（官商合办未成），湖南造纸公司（官商合办），和丰火柴公司（官商合办），醴陵石门口煤矿局，临武香花口锡矿局，江华上武堡锡矿局，常宁水口山铝锌矿局，白河锑、铜、铝、锡、矿局（停），银矿钪锑矿（停），管叶塘锑矿（停），新化锡矿山锑矿局，沅陵贞平乡及柳林金矿行（停），黄金洞金矿（停），蓼叶溪金矿，汉滨金矿（停），桃源冷家溪金矿局，沅陵金牛山金矿工程局，猴子坪水银矿（停），慈利雄黄矿。

四川——万县水电公司（官商合办），重庆电气炼钢厂（未完成），彭县铜矿局（租与商办），漳腊金矿，麻哈金厂（租与民营），洼田金矿（租与民营），龙达金矿（停），田坪金矿（停）。

广东——广东省营钢铁厂（未完成），西村士敏土厂，河南士敏土厂，省营硫酸厂，苛性钠厂，肥田料厂，纺织厂，麻色厂，造纸厂（未完成），玻璃厂（未完成），饮料厂，新造制糖厂（附酒精厂），布类糖厂（附酒精厂），平潭糖厂（附酒精厂），揭阳糖厂，顺德糖厂，东莞糖厂。

广西——广西电力厂（梧州总厂），桂林、柳州、龙川、贵县、八步等分厂,广西自来水厂,(梧州总厂、南宁分厂),广西机械厂,南宁机械厂,两广硫酸厂(与广东合办),酒精厂,南宁染织厂,南宁制革厂,宾阳瓷器厂,广西陶瓷厂,火柴厂(官、商合办),制药厂,桐油厂,糖厂,印刷所,西湾煤矿,望高锡矿,迁江煤矿。

云南——耀龙电灯公司(官商合办),五金器具制造厂,电气炼铜厂,纺织公司,制革厂(官商合办),南华烟草公司,财政厂印刷局,锡务公司(官商合办),东川煤矿公司(官商合办)。

贵州——贵阳电灯厂,陆军皮革厂(租与商办),铜仁矿务局(停),大兴铜矿,毕威水矿局(停)。

河北——河北省农具改良制造所,井陉矿务局(与德国人合办),临城矿务局,磁县矿务局,齐堂煤铁公司(官商合办)。

山东——济南电灯公司(接收民营),模范实业处。

山西——西北电气厂,西北铁工厂,西北样钢厂,西北育才炼钢机器厂,西北机器厂,西北机车厂,西北铸造厂,西北水压机厂,西北汽车机修理厂,西北枪弹厂,西北农工器具厂,西北电化厂,西北化学厂,兴农酒精厂,西北洋灰厂,西北窑厂,西北毛织厂,西北皮革制造厂,晋丰面粉公司,大同面粉公司(附电灯厂),晋华卷烟厂,西北火柴厂,西北造纸厂,西北印刷厂,西北煤矿晋北矿务局(官商合办),大同矿业公司(官商合办),山西河东盐地。

河南——开封农器制造局,中原煤矿公司(官商合办)。

陕西——[西京电厂(与中央合办)],陕西机器局,农工机器制造局,织布厂,制革厂,省政府印刷局(租与商办),延长石油矿,神木官船局(官商合办),陕西官盐局(官商合办)。

甘肃——兰州电厂,甘肃制造局,造纸厂,面粉厂,造胰厂,织呢厂,制革厂(委托商办),省政府印刷局,炼铁厂(停)。

察哈尔——察哈尔官矿局。

后举办者:

浙江——浙东电力厂(与中央合办),矿工厂。

江西——各电厂，机械厂，车船制造厂，电磁厂，植物油灯厂，制革厂，染料厂，火柴厂，造纸厂，卷烟厂，罐头厂，印刷厂，教育用品厂，文具厂，天蚕丝厂，药棉药布厂，锯木厂，磁厂，钨矿采炼厂[天河煤矿筹备处(与中央合办)]。

湖南——火柴厅[江华矿务局(与中央合办)]。

四川——[水电厂，酒精厂(均与中央合办)]，丝业公司。

福建——铁工厂，电工修造厂，酒精厂，棉织厂，皮革厂，造纸厂，面粉厂，炼糖厂，瓷器厂，工艺厂，肥料厂，灰炭厂，硫磺厂，营造厂。

广西——中华铁工厂(与中华职业教育社合办)，[纺织机械厂(与中央合办)]，造纸试验所，面粉厂(官商合办)，玻璃厂，迁江合山煤矿公司(与中国银行合办)，[平桂矿务局(与中央合办)]。

云南——水力发电厂，[铜铁厂，桐油厂，滇北桐油公司，宣明煤矿公司皆与(中央合办)]，裕滇纺纱厂(与国家银行合办)，水力厂，锯木厂，矿业公司(官商合办)，钨锑公司(官商合办)，[裕滇磷矿公司(与中央及中国银行合办)]，一平浪盐场。

贵州——[电厂(与中央合办)]，机械制造厂(官商合办)，化学工厂，玻璃厂[油脂工业厂(与中央合办)]，炼油厂(官商合联)，大兴面厂(官商合办)，烟草公司(官商合办)，火柴公司(官商合办)，丝织公司(官、商合办)，木业公司(官、商合办)，印刷所[矿务局(与中央合办)]，筑东煤矿公司(官商合办)，梵净山金厂、建筑公司。

陕西——[同官煤矿(与陇海铁路局合办)]。

筹设中者：

江西——[铜铁厂，炼油厂，硫酸厂(皆与中央合办)]，水泥厂。

四川——制糖厂，大华实业公司(官商合办)。

广西——士敏土厂，橡胶厂。

云南——昆华矿业公司(官商合办)，昆华铁业公司(官商合办)，昆明火柴厂，开蒙水电厂，佛海樟脑厂，树胶厂。

以上皆吴君著文时之情况也，今日当去此不远耳。三十年七月二十三日行政院公布《省营工业矿业监理规则》规定:“省府经营工业、矿业应在中央整个计划及法令范围之内注重开发本省特殊物产,以求民生必需物品及外销品之增加及工、矿业之进步”(第二条),此省营工、矿业之宗旨也。至于其经营方式如下:(一)省政府单独经营者受省政府或其直辖机关之管辖监督,其方式与私人同;(二)省政府与其他不辖于省政府之机关合办者应共同组织理事会或依法组织公司;(三)省政府发起募股者应依法组织公司(第四条);惟依任何方式经营“不得兼管行政事务,其经营方法应完全事业化”(第五条)。省营工、矿业于经济性质上与私人企业无异,“非专案呈经济部核准不得专利”(第七条第二项)。抗战以后国家财源衰疲,各省惟有发展工业,商业方能收支平衡,此省营事业之主要动力也。[27]

三十一年一月经济部发表调整各省省营工业状况如下:(一)冶炼工厂已设者有江西、湖南、广西、云南、山西,拟设者为陕西、宁夏,共八十一厂;(二)机械工厂已设者有江西、福建、贵州、山西、陕西,拟设者有安徽、宁夏,筹设者有河南、湖南,共十厂;(三)电机工厂已设者有浙江及贵州三厂;(四)化学工厂已设者有甘肃、陕西、河南、福建、西康、湖南,拟设者有江西、陕西,共三十一厂;(五)纺织工厂已设者为江西、湖北、福建、广西、云南、贵州、山东、山西十四厂,拟设者四厂,筹设者六厂,共二十四厂;(六)其他工厂共六十六厂:总计凡一百四十一厂,内陕西占二十五厂(已设者不多),江西二十厂,贵州十四厂,湖北九厂,为数较多,而青海最少(三十一年一月二十九日重庆《大公报》)。最近各省工业皆采集中经营办法,由一公司统制办理,兹将各省统制机关列下:

云南——经济委员会(二十一年成立)及企业局(三十一年元旦成立)(案三十四年底正筹将该两机关并为人民企业公司);

贵州——贵州企业公司(二十八年六月一日成立);

福建——福建企业公司(三十年三月一日成立);

江西——江西兴业公司(三十一年八月一日成立);

广东——广东企业公司(三十年九月成立);

广西——广西企业公司；

陕西——陕西企业公司；

湖北——湖北企业公司；

安徽——皖南实业公司；

省工业公务除实际经营工业外尚有工业之研究，例如江西省政府建设厅于二十九年设立工业实验处，进行江西工业有关之研究、设计工作；三十年十月广西省政府成立工业试验所以调查化验工作原料，研究改良制造方法，鉴定工业制品及实验小型工业制造。又以上所述各项工业类皆生产性之工业，可名为独立的工业。此外尚有附带的工业，附带于每项行政之中而以促成此项行政为目的，例如制造度量衡器为度量衡行政之方法，制造农具为农业行政手段，制造药物为卫生行政工具等，皆附带的工业也。附带的工业应无财政目的，故不应营利也。

(11) 商业

各省经营之商业亦可分为独立的商业与附带的商业两种。所谓独立的商业者，纯粹以调剂盈虚有无为目的者也，至附带的商业则以促成行政为目的而为其所促成行政之一种方法也。附带的商业例如度、量、衡器之售卖统一度、量、衡器之方法；土膏公卖为禁烟之方法。二十七年二月浙江省政府实行化学肥料公卖，实为农业行政之法。二十七年六月二十五日行政院公布《非常时期粮食办法》，规定“各省、市、县政府或其粮食调节机关应于适当地点酌设粮食仓库，办理粮食之收购、加工、存储及运销，以调剂盈亏，平衡价格，但不得以营利为目的”；又三十三年三月一日云南省粮政局成立粮食公司，以调剂省会民食；此类事业于调节盈亏一项，属独立商业，然不以营利为目的则属附带于粮政之商业也。至独立商业则与私人经营之商业无异，兼具善、恶两种目的；善的目的为调剂有无，恶的目的则为获取利润也。抗战以后财政支绌，中央及各省政府为平衡预算乃纷纷经营商业以求营利，此各省独立商业之所由兴也。依《营业税法》(二十年六月十三日公布)之规定(第六条第一项)，“中央政府及地方政府所办之公有营业免征营业税，但官、商合办之营业不在此限”，则政府经商较私人又为利耳。兹举各省独立商业数例如下：

福建——贸易公司(二十六年六月官商合办，二十七年七月完全官办)，运输公司(二十七年五月官商合办，二十八年三月完全官办)。

浙江——二十八年成立战时贸易局，后改为特种股份有限公司。

江西——二十七年设战时贸易部，属于建设厅工商管理处，后改为贸易公司。

广西——二十八年设出入口贸易处，属于建设厅及桂南运输管理局，直隶省政府，分别统办钨、锡、锑、锰、桐油、茴油等大宗货物之输出及办理郁林至广州湾及北海各地间出、入口货物之运输。

云南——云南汽车公司(二十六年官商合办)，云南省信托局(奉财政厅命令于三十年八月二十日成立)。

此外各省省银行无不经营商业者，皆获巨利也。三十年五月行政院制定《省营贸易监理规则》，规定省政府经营商业遇有下列情形之一时应经省政府委员会之议决：(一)民生重要物资有购运供给之必要者；(二)当时特产物资须以大量资力改进运销者；(三)省与省间流通之物资有促进贸易之必要者(第三条)。其经营方式应依照《特种股份公司条例》组织公司，其非公股总额不得超过公股，于人民认股之中原经营本业之商民有优先权(第五条)；并“应依法设立董事会，其董事长由省政府就公股董事中指定之”(第十条)。省营贸易公司禁止经营下列各事：(一)未经中央许可之专卖事业；(二)未经中央主办机关委托自行收购政府指定之统销物品；(三)低抑物资之购进价格以剥夺生产者之合法利益；(四)提高物资之出售价格，影响当地市场；(五)妨害或干涉其他合法公司，行号之营业；(六)其他违背法令，或不合设立宗旨之行业(第七条)。再“省营公司不得自办物资零售业务，但得呈准省政府规定其零售价格”(第八条)。又“省营公司不得享受免税及其他利益”(第九条)，则《营业税法》给予之优待停止适用矣(省营贸易必须组织公司)。惟以今日政府之威与民权之弱，此类限制殊难完全执行耳。三十三年八月一日行政院国家总动员会议通过《各省管制物价及物资实施纲要》，规定：“各省现有之企业公司，贸易公司及其他类似组织，应以发展本省特种生产，便利运销为主，不得有任何操纵垄断，与民争利之行为"（第六条）。此省营商业（并工业）之又一限制也。又该《纲要》第四条云："各省应斟酌本省物资供、需情形，力谋与他省物资之交流，藉收省际间盈、虚调剂之效，由省政府统筹办理，……"可谓省商业之一指导原则也。自三十一年省财政归中央后，省营商业盈利应缴国库。[28]

（12）金融

金融即为银行办理之业务，其主要目的在集中社会资金，合理投放于各种企业，以解决社会经济需要。清咸丰二年户部招商于京内、外设立官银钱号，由库发给成本银两以推行金融业务，是为各省有省银行之始。然户部所设之官银号为中央事业而非地方事业耳。民国改元，各省当局遂改户部官银号为省银行，以存在于今日，惟各省虽有银行，惜未循正当途径发展金融，徒视为意外财源，以滥发纸钞以供政费耳，是不独不能调剂金融，抑适以乱之，何者？以发行无可靠准备金不能取信于民也。每遇政变，地方银行辄受严重打击，甚至破产停闭，闭而复开，再遇政变又闭，一闭一启之际，人民蒙害，不知几许矣。[29]十九年山西省银行改革之前计印钞总额达五千万元，改革后定省钞二十元合国币一元。二十年云南富滇银行改革前发行额有一万万元，改革后废旧钞易新钞，并定旧钞五元合新钞一元，新钞二元合国币一元。新疆省钞一度以一千五百元合国币一元。至于内战之际旧政权下之钞票至新政权分文不值者例不可数计。二十四年十一月国民政府推行法币政策，规定全国只中央、中国、交通、中国农民四银行有发行法币之权，其他公、私银行仅可向四行领用钞券而无发钞之权，惟事实上边远省区多未奉行，但至今日各省银行皆未发行钞券矣。虽然，各省银行，仍未能完全以所存资金放于生产事业，多以之经商自肥，良可慨也。二十八年四月二十日行政院曾通令各省应将金融与财政分开，可见尔时省银行仍多以搜取钱财为目的，盖至今尚未真正履行其金融责任也。

抗战以后中央渐着手积极管理各省地方银行之业务。二十七年四月财政部公布《改善地方金融机构办法纲要》，定下列各事为省银行之义务：

(1) 农业仓库之经营；

(2) 农产品之储押；

(3) 种子、肥料、耕牛、农具之贷款；

(4) 农田水利事业之贷款；

(5) 农业票据之承受或贴现；

(6) 完成合法手续及有继续收益之土地、房屋抵押；

(7) 工厂厂产之抵押；

(8) 工业原料及制成品之抵押；

(9) 商业票据之承受或贴现；

(10) 公司债之经理、发行或抵押；

(11) 照章发息之公司股票之抵押；

(12) 农林、渔业、矿业出品及日用国货商品之抵押。

其目的厥在发挥银行调剂金融、协助生产之正当功能。二十九年五月二十三日行政院公布《地方金融机关办理小工商业贷款通则》，命令各省银行办理小工、商业贷款，以"辅助小工、商业之发展，增加日用必需品之供给"(第一条)。有资格请贷之小工业，以"制品能供军用，或运销国外，或属于经济部依《日用必需品平价购销办法》第二条指定之日用必需品为限；小商业以经营、贩售经济部依日用必需品平价购销办法指定之日用必需品为限"(第二条第二项)。"借款数额小商业最高以三千元为度，小工业以二万元为度"(第三条)；"借款利息最高不得超过月息九厘；凡借款不满五百元者得声请酌量减低利息"(第四款)。"借款期限分活期、定期两种，均得用分期摊还办法，偿还本息。小商业最长不得逾一年，小工业不得逾二年：其有特殊情形经贷款机关认可者得酌量延长之"(第五条)。省银行资金不足办理此项贷款时得向中中交农四行联合办事处商借(第十七条)。三十一年十二月行政院将该通则修正为《地方金融机关办理小工业贷款通则》，摈商业而专贷工业。其承贷资格除依原规定外并须有确定住址，并须加入同业公会(同业公会尚未成立者不在此限)(第二条第一项)。贷款最高数额增为三万元(第三条),然月息亦增为一分二厘(第四条),余与前《通则》大致相同。然物价逐年上涨,三十三年底之三万元实无若干效用矣。二十九年八月七日财政部公布(同年九月十八日及三十一年十二月九日两度修正)《非常时期管理银行暂行办法》,规定:“银行经收存款除储蓄存款应照储蓄银行法办理外其普通存款应以所收存款总额百分之二十为准备金转存当地中、中、交、农四行任何一行[30],并由收存行给以适当存息”(第三条)。银行投资原则上应以生产建设事业暨产、销、押、汇为目标并应遵守政府战时金融政策(第四条)。货物抵押放款于商人者以经营本业并加入同业公会之商人为限,其数额每户不得超过该行放款总额百分之五,其期限不得超过三月,其抵押品为日用品者不得延期,非日用品为抵押者得展期一月(第五条),惟此项期间限制于工、矿业以原料为抵押并经经济部主管机关证明适应生产需要者不适用之(第六条)。“银行不得经营商业或囤积货物,并不得设置代理部、贸易部等机构,或以信托部名义或另设其他商号自行经营或代客买卖货物”(第七条),但事实上此项规定颇难强制耳。“银行承做汇往口岸国币汇款以购买供应后方日用重要物品,抗战必需物品,生产建设事业所需之机器、原料及家属赡养费之款项为限”(第八条),盖亦防止商业投机也。[31]三十二年一月财政部复制定《管理银行业务实施办法》;其要点如下:(甲)审核银行放款——由各地四联(按即中中交农四行联合办事处)分、支处会同当地银钱业同业公会组织放款委员会,负责审核各所属行、庄资金之贷放,放款委会设委员五人至七人,内主委一人,由当地四联分、支处主席充任,副主委二人,由银行及钱业公会理事长分别充任,其余委员由钱业公会推举之,该区银行监理官(见后第八章“监督”)对于该委员会负有督导、考核之责。至商业银行,省、县地方银行五百元以上之放款及中国、交通、农民三行,中央信托局、邮政储金汇业局一百万元以下、五百元以上之放款均归该委会审核,三行、两局一百元以上之放款仍照四联总处原定办法由四联理事会审核,至各银行五百元以下之放款则为各银行自行依法贷放,事后报请该委会备核,如经验为不合,应限期收回。该委员会对于审核之标准，除依照财政部所定各种管理银行章则严格办理外，并视当地经济情形及工、商业概况在协助生产事业发展之原则下，分别缓、急预拟各业资金贷放比例，报部核定，作有计划、有系统之推进。（乙）督导资金运用——由交通银行推行实业设施，指导各商业银行组织银行团、联合承销、并由中国、交通、农民三行倡导，会同当地中央银行以外各银行、钱庄组织联合承兑机构推行承兑，并由该区监理官指导进行。（丙）厉行检查银行业务——所有各行、庄每日存帐，其行市仍由财政部随时派员负责检查，其他各地由银行监理官办公处派员检查，在划定区域成立监理官办公处前，仍由财政部委托当地四联处负责检查（三十二年一月三十日重庆中央社电讯）。此项办法实以"银行自治"贯彻金融管制，其成效自以银行界自治能力为断也。

除经理银行业务外，省银行尚办理公库出纳事务。第三次全国财政会议关于推进公库制度曾决议具体《办法》、经财政部采纳于三十年八月四日公布施行。依其规定，"各省省银行及其他地方银行暨邮政储汇机关均有受指定或委托代理公库之义务……"（第六项），其"原受指定或委托代理省库之地方银行应于省财政改由中央统筹后即继续代理国库事务"（第七项）。代理公库办法，见下章"省财政"。三十四年七月三日国民政府公布《省银行条例》，始将省银行收归中央。[32]

（13）司法

处罚违警事件性质上为司法，而为广义刑事司法之一部分，但各国均由警察机关行使，我国亦然。[33]虽无法律明文规定，事实信然，而谓之"违警"者亦犹云违反警察监理下、维持下之公共秩序耳。违警事件之处理既属警察机关，则省、市、县警察机关皆能执行之，故非省独有之公务也。依据《违警罚法》（十七年七月二十一日公布施行，三十二年九月三日修正公布，十月一日施行），违警犯罪凡分下列七类：（一）妨害安宁秩序；（二）妨害交通；（三）妨害风俗；（四）妨害卫生；（五）妨害公务；（六）诬告伪证或湮没证据；（七）妨害人身、财产。各项违警犯罪之处罚分主罚及从罚两种（第十七条）。主罚凡有四种：（一）拘留四小时以上、七小时以下，遇有依法加重时合计不得逾十四日；（二）罚锾一元以上、五十元以下，遇有依法加重时合计不得逾一百元；（三）罚役二小时以上、八小时以下，遇有依法加重时合计不得逾十小时；（四）言词申诫（第十八条）。从罚（按从罚随带于主罚执行）凡分三种：（一）没入，（二）勒令歇业，（三）停止营业（第十九条），惟“勒令歇业得单独宣告之”（第二十三条）。其课罚情形依犯罪之种类而异，均有规定，不得自为定取。“因违警行为致损坏灭物品时，除依法处罚外，并得酌令赔偿”（第二十五条）。违警犯罪无论故意、过失并罚之，惟过失犯罪之处罚得减轻之（第九条）。未满十四岁人及心肺丧失人不负违警行为责任（第十条）（但得施以相当教育、监护或疗养）。又十四岁以上未满十八岁人满七十岁人或精神耗弱或聋哑人得减轻处罚（第十一条）（亦得施以相当之管束、监护或疗养）。“对于现在不法之分割而出于防卫自己或他人权利之行为致违警者不罚；但其行为适当者，得减轻或免除其处罚”（第十二条）。“避免自己或他人之紧急危害因而出于不得已之行为，致违警者不罚；但其行为过分者，得减轻或免除其处罚”（第十三条）。“凡为人力、天然力所迫无力抗拒致违警者不罚”（第十四条）“二人以上共同实施违警行为者各别处罚，帮助他人违警者得减轻处罚，教唆他人违警者依其所教唆之行为处罚”（第十五条）“违警行为未遂者不罚”（第十六条）。此外依第四章（违警罚之加减）各条之规定违警行为之处罚尚可由裁判者酌量增减。裁判之程序无规定，惟第四十二条规定裁决应作成裁决书，书中应载明事项中第五项为“裁决警官之姓名、章印”，是警官一人即可办理也。然所谓警察官非谓任何职务之警察官也。第四十六条有“不服警察官署关于违警事件之裁决者……”云云，则能为裁判之警察官必为代表警察官署之长官矣。不服违警之裁决得进行诉愿，于诉愿未决定前原裁停止执行（第四十六条），但诉愿决定后不能提再诉愿（第四十七条）。（关于诉愿后详）。

（14）社会

社会性质之公务法律上向由市、县政府执行，且其事甚简，为政者复不知办理，其执行之效至微也。社会登记省公务之中，乃最近二三载之事耳。三十年七月十三日行政院与军事委员会会同公布《国殇墓园》设置办法,其第三条规定:"首都应设国殇墓园,各省、市、县有特殊战绩之地方得设置之。""凡参加中日战争之阵亡将士均得葬于国殇墓园,文职官吏及人民因守土抗战而死者并得葬于国殇墓园"(第二条)。省之社会公务,盖自此始。惟省及其他地方国殇墓园,不必新为建筑,可就原所建之公墓改建之(第七条)。"国殇墓园修建之后,其保管自为应有之事,不待明文规定可知也。又国殇墓园应于每年植树节日举行致祭典礼,由所在地之行政长官主祭,当地各党、政机关、军队、学校、团体均得派代表陪祭"(第八条)。三十年九月五日《省社会处组织大纲》公布暨各省社会行政机构相继成立后,省社会行政乃告确立(见前第二章)。《组织大纲》所列举社会执掌各事项除第三项"关于全省劳资争议之处理事项"属于工业管理(见后),第五项"关于全省贫苦老弱残废之收容教养事项"属于救济外,其第一项"关于全省人民团体之组织、训练、调整及具相互联合事项",第二项"关于全省社会运动及人民团体目的事业外一般活动之指导监督事项",第四项"关于全省社会福利、社会救济、社会服务及职业介绍之指导、实施事项",及第六项"关于其他有关社会行政事项"则为社会公务之主体,而社会救济与职业介绍仍为救济事务也。至于"其他社会行政事业"究竟包括如何,自无一定限界。吾以为凡吾书所列各项公务以外之事务以期社会组织严密,社会生活勃发者皆属之。如家庭设计、婚姻指导、公民训练、心理改正、风俗移易、娱乐培养等等,莫非社会公务也。

(15) 公地与公产之管理与使用

二十三年六月二日行政院公布《公有土地处理规则》,规定地方政府对辖区内公有土地除国有者外有使用、管理及收益之权(第四条)。然地方政府实包括省与市,县政府而言尤为何指乎?引申原规定之意,则公地国家有优先使用管理及收益之权,其次优者当为省及直隶中央之市,而县、市获最后机会耳。或疑省地方政区者以为不能援用此项规定,是诚然也;然以省非地方政区者,实以省政府为中央政府之代表,以此资格因享受公地固享受公地使用管理与收益之最优先权矣。与实际公务之执行,夫何妨哉？省政府虽可管理、使用、收益公有土地，非经行政院之核准不得放领、标卖、设定负担或超过十年期间之租贷（第五条第一项）。再公有土地放领时，承领人依照评定或呈准地价缴价承领（第六条），其放租时与评定地价千分之一至千分之五为月租租额并得酌收担保金，但承人租地全部确系从事耕作而能觅得确人者得免收担保金（第八条），凡此皆以防止省政府间接使用而鼓励直接使用为目的也。

各级政府或以法人资格，或以法人代表资格，享受财产所有权。省之地位自为独立的，不可遽以为国家之分区。顾一部分学者以为省为国家法人代表，本身并无独立人格。然无论理论分歧如何，省政府以任何资格皆可所有财产，则无疑也。事实上，各省省政府皆有大宗财产。依《省政府组织法》之规定，省政府之财产应由财政厅管理，其他机关皆无管理之权。事实不然，其他机关可以自行置产，自行保管。有时其他法规亦有冲突之规定，例如二十五年二月七日教育、财政二部会同公布孔庙《财产保管规则》（按此规则性质上为命令应不能与《省政府组织法》抵触），其第二条即规定省所有之孔庙由民政厅保管。又依同法规定，省公产之处分（使用、收益、变卖、租赁等）应经省政府委员会之议决，实际情形亦有异是者。又《河川法》（十九年二月国民政府公布）第四条第一项规定："凡地方境内之河川或流经境内之一段地方政府应负保管之责……"

（乙）管理公务

（1）交通与运输管理

省政府管理交通与运输初止为警察机关之指挥城市街衢车辆行驶，民国二十年各省开始公路建设后始有公路汽车交通之管制，抗战军兴后乃有运输之管制。城市行车指挥经二十三年十二月二十一日内政部公布《陆上交通管理规则》，盖中央始有统一之规定。其内容实可分为车辆之限制，驾驶人之限制及行驶之限制三部分，其规定至细，略举数项以资说明（车辆之限制主要规定于原规则第二章及第六章，驾驶人之限制主要规定于第三章及第七章，行驶之限制主要规定于第四章、第五章及第八章。）关于车辆之限制，例如"脚踏板不准站人"（第十五条）；"电车开行时任何人不得站立脚踏板上，并不得强行登车”（第二十一条）；“人力车不得兼载二人，但儿童不在此限”；“脚踏车不得装设喇叭”（第三十一条）；“各车通行均须靠道路左边”（第三十四条）；“各车载重不得超过本车应有之限度，亦不得超过行经各处道路桥梁任重之限度”（第六十八条）；“车辆载客不得超过限定之数额，并搭坐于不相当及危险之位置”（第七十条）等。关于行驶人之限制例如：患有妨碍作业之疾病者，年在五十岁以上或未满十八岁者或精神失常者，不得驾驶或推拉车辆（第三十八条）；“司机执照应随车携带，备受查验”（第四十条）；“车辆乘客如有疾病、暴卒或其他非常事故，或形迹可疑者不得开行”（第七十六条）等。关于行车之规定如下：“行车时应注意一切交通标志，并服从岗警指挥”（第四十四条）；“各种车辆遇有特别优先之消防车、警备车、卫生救护车、工程救险车、监犯车同向行驶时均须让避，使其先行”；“由小路或支路驶出车辆与干路相遇时须让干路之车先行”（第五十一条）；“凡车辆在途突生障碍不能继续行驶时应立刻先将车辆推靠路旁”（第六十六条）等等。凡此规定皆由警察机关管制执行，其实施之范围当以省政府所属警察机关之区域而定。今日省警察机关之设置止限于城市区域，若将后省警察机关扩充至各铁路、公路、或其他道路，其法效自当随之扩充耳。

二十七年六月二十五日行政院公布《非常时期粮食调节办法》（见前），其第十一条即规定：“地方政府或粮食调节机关得会商地方主管运输机关订立舟、车运输食粮办法，以利运输”，此运输之管理也。关于公路及汽车之管理各省专管机关原依其职权办理发给牌照等项事务，战时已由中央接收统制，于二十八年十月由行政院公布《汽车管理规则》移归中央执行。惟于不抵触中央法令情形下，各省对于交通及运输仍可自由管制。例如江西省政府于二十七年十一月设立《船舶管理总所》并制定《统制船舶运输办法》；广西省政于二十七年设立汽车总队部，编组全省汽车而管制之，次年改为桂南运输管理处；浙江省政府于二十八年三月制定《战时水陆交通工具管制办法纲要》交由交通处执行等。浙江办法最为周密，兹略述之以观管制概要。其管制分为两种，即普通管制与特别管制。普通管制以内河、外海载驶行李之交通船及渔船、农船、载客之大、小汽车及各机关、团体之舟、车为对象。至于载驶货物之船筏、输送货物之汽车、拖运货物之手车则入于特别管制之列。普通管理制下各项交通、运输工具平时保持经常使用或经常营业，必要时得由管制机关征调公用，但无必要时即须返还原主；至执行管制之机关交通处之下尚有船舶总队，汽车总队及手车总队。二十九年秋中央令各省省政府设置驿运管理处，其职掌经行政院于三十年八月十四日公布《驿运车驮管理规则》，三十二年十二月三十日修正为《水陆驿运管理规则》，规定："水、陆驿运动力及工具除依法令由航政机关主管者外应一律向该管区域之驿运主管机关声请登记检验"（第四条），"凡经驿运机关或航政机关登记检验合格而领有证件之水、陆驿运动力及工具必要时得由各驿运主管机关按照事实需要与便利编组成队，委派各级队长并加以适当之训练……"（第六条）。又《省各管制物价及物资实施纲要》规定有："省际间之运输、交通应密切联系，力谋陆运、驿运、水运之联运，……"（第六条）。又《省各管制物价及物资实施纲要》规定："省际间之运输、交通应密切联系，力谋陆运、驿运、水运之联运，……"此实交通、运输管理之一新原则也。再三十三年六月一日行政院制定《通行公路人力兽力车辆管理规则》，授权省交通管理机关管理通行公路人力及兽力车辆之登记，制定其通行规制，指示其构造方法，并限制其行驶里程。诸此事务，皆交通及运输管理也。

(2) 农业管理

十二年五月十五日前北京政府公布《农作物病虫害防除规则》，授权省农业行政机关指导农民防治农作物病害及虫害，规定"各省农业机构应拟定病、虫防除方法，呈由地方长官公告之"（第三条）。"各地发生病、虫害或有发生之朕兆时经地方长官或农业机关查明后地方长官应即令行该地农民防除，其防除方法由农业机关指导之"（第四条）。"向外国购买之种苗在植物病、虫害检查所未设立以前购买者应于运到时送往附近农业机关请求检查或施行消毒"（第十条）。十三年八月一日又有《农业作物选种规则》之公布，规定"农民如有径向外国购买种苗者应即送往附近之农业机关检查，以定去、取”（第十条）。“冬季农闲或农校暑假时应由各省实业厅（见第二章）延请农业机关技术召集种苗公司商议传习选种及检查种苗等”（第十三条）。十六年五月十日国民政府公布《佃农保证法》，其第二条规定：“佃农缴纳租项等不得超过所租地收获量百分之四十，实际交纳数量由各地地方政府会同当地农民协会按照当地情形规定之。”二十年一月二十三日前实业部公布《保护耕牛规则》，规定“保护耕牛事宜由地方行政官署执行之”（第二条）。地方官署对于管辖境内之牡性耕牛认为壮健硕大者得选为保护牛（第三条），不得与牝牛乱配（第四及第五条），不得屠宰及贩运出口（第九条），并非经地方官署之许可不得转让或变更其管理者（第八条）。二十四年三月二十五日同部又公布《人造肥料取缔规则》，授权省政府农业管理机关根据实验结果规定人造肥料之标准，但此项标准由部属商品检查局执行。[34]其第五条又规定：“肥料商开始营业前应开具地点及经售肥料种类呈请所在主管农政官署核准。”三十一年十月二十日行政院会议为管理耕地、牧地及林地（原《办法》第四条）通过《战时农地使用管理实施办法》，规定：“各省、县农林主管机关应就当地自然环境……设计各地最适当之农、林、畜牧各种作业制度，指导农民实行，以尽量利用土地，而达于最高额产量为目的”（第六条）。其设计之准则，则耕地以栽培主要食粮作物为主，牧地以栽培马料作物及放牧军用或农用牲畜为主，林地以生产国防工业原料为主。（第五条）“在依本《办法》之规定变更农地作物或使用方法时各省、县农林主管机关应予以适当之协助”（第八条）。“租佃关系有碍于农地之尽量利用时应由地方行政机关依法纠正之”（第九条）。“为使农地之尽量利用起见，各级行政机关及农林机关得倡导合作农场或集体农场”（第十条）；又“各省、县农林主管机关应划定适当区域作为实行本《办法》之示范区域”（第十二条）。

(3) 工业管理

工业管理主为县、市公务，省所执行者殊不多也。我国关于工业管理之法规，除专由中央政府执行者外，计有《工厂法》（二十一年十二月三十日公布）及其补充规程，《工厂检查法》（二十年二月十日公布，同年十月一日施行，二十四年十月六日修正）及其补充规程，《工人储蓄暂行办法》（行政院二十一年四月一日公布，同年六月一日修正，二十三年十二月二十九日再修正，二十五年十二月一日改为《工人储蓄暂行规程》），《劳资争议处理法》（十七年六月九日公布，二十一年九月二十七日修正，二十二年三月二十日再修正，三十二年五月三十一日再修正）及其补充规程等。除《劳资争议处理法》外，余皆完全由县、市政府执行。《劳资争议处理法》省政府与县、市政府，各于主管范围内均得执行。省政府之主管工业之劳资两方发生争议时，“经争议当事人一方或双方之声请，应召集调解委员会调解之；各主管官署认为有付调解之必要，虽无当事人之声请亦同”（第三条第一项）。“非国营之公用或交通事业发生劳、资争议，其事件经调解而无结果者应付仲裁委员会仲裁”（第四条）。以上事业以外之事业发生劳、资争议其事件而“调解无结果者经争议当事人一方之声请应付仲裁委员会仲裁”，但主管官署因争议情势重大，并延长十日以上尚未解决而认为有付仲裁必要时，虽无当事人之声请亦得将该项争议事件交付仲裁委员会仲裁”（第五条）。仲裁之先必须经过调解，但争议当事人经同意后得于争议发生后径请仲裁（第六条）。仲裁委员会之决议有最终效力，当事人任何一方不得声明不服（第七条第一项）。调解委员会以主管官署派代表一人或三人（不以本官署职员为限）及当事人双方各派代表二人组成之（第九条），并以主管官署之代表为主席（第十一条第一项）。仲裁委员会则由主管官署代表二人，法院代表一人及与争议无直接利害关系之劳方与资方代表和一人组织之（第十五条）。关于后类仲裁代表之选派系由“省（市）政府于所辖区域内每二年（应）命工人团体及雇主团体各推定堪为仲裁委员者二十四至四十八人，开列名单送请核准后咨请社会部备案”（第十六条第一项），“遇有仲裁事件……由主管官署就前项名单中分别指定……”（同条第二项）。三十二年九月二十三日社会部修正公布《推定仲裁委员办法》，规定：“省政府每二年应依劳资争议处理法第十六条之规定就其所辖各县、市中令工、商业较为发达之若干县、市各推定仲裁委员二人至六人（劳、资团体各一人至三人）开列名单送呈核准，并于核准后汇送社会部备案”(第三条)。“仲裁委员会由主管官署召集之,以召集机关之代表一人为主席”(法第十八条)。“仲裁委员会之仲裁,以全体委员之会议行之,取决于多数”(第三十四条第一项)。“凡曾任调解委员会委员者不得为同一事件之仲裁委员”(第十七条)。此省政府处理劳、资争议之大略也。抗战后政府加强经济统制,省政府工业管理事务因而增加。三十二年一月二十八日行政院公布《战时管制工资办法》,以稳定物价。该《办法》第三条规定:“凡实施限制物价之地区,同时限制工资”。其标准“依照当地限制物价之标准随同认定之”(第四条)。其执行由社会部,各省省政府社会处(未设处者为民政厅),各院辖市社会局及各县、市政府各就主管范围内为之(第五条)。实行工资限制“应由主管官署召集各该地同业公会、工会、党部、宪、警及有关机关法团组织工资评议会会同审议,由主管官署核定施行”(第六条第一项)。限制工资“同时应举办工人职业分类工作等级及其工资之调查、统计,以为调整工资时之依据”(第七条)。实行限制工资后,“除正工及已有各项津贴外,雇主不得以其他名议增加类似工资性质之报酬”(第十一条);其“受固定工资而其工作有计算标准者”,应有主管官署召集各该业同业公会、工会商定工人工作成绩标准,以奖、惩勤、惰(第十条)。同年四月八日行政院公布《非常时期厂矿工人管雇解雇限制办法》,规定受省政府管理之工业及矿业生产工人其受雇及解雇受省政府之管制。此省工业管理大略也。

(4) 商业管理

各省商业管理事务,可分下列四种:(一)公司登记,(二)度量衡检查,(三)营业管理,(四)物价控制。兹分述之:

(一) 公司登记——依《公司登记规则》(二十年六月三十日公布,七月一日施行)及《公司法》(十八年十二月三十日公布,二十七年七月一日施行)与《公司法施行法》(二十年二月二十一日公布,七月一日施行),公司之设立(《公司法》第五、六、七、十四、八十四及一〇九条),解散(第十及八十四条),股东退股(第四十五条),合并(第五十条),股东会议之决议(第一九五条)及支店之设立(《施行法》第二十八条)均须呈请登记,又公司登记事项有变更时亦须呈请登记(《公司法》第八条)。主管登记之机关非县、市政府,亦非中央部、会,而为所在地省政府实业厅或建设厅(及院辖市市政府社会局)(《规则》第二条)。主管官署对于登记之呈请见有违反法令或不合法定程式者应令改正(《规则》第四条)。公司本身及支店之设立登记须俟省、市主管官署转呈中央主管部发给执照后方为确定;增资及减资之登记须俟呈部换发执照后方为确定,其他方面则省、市主管机关之登记核准有最终的效力(第五条)。"公司设立登记后如发现其设立程序或其登记事项有违法或虚为情事时经法院裁判后通知主管官署撤销其登记"(《公司法》第六条),但主管官署不得自动为登记之撤销也。

公司之目的事业或为商业或为工业,惟无不计算成本,企图营利,则公司行为因属商业也。

(二) 度、量、衡检查——我国度、量、衡标准,各地互异,实有统一必要。统一之后,并须保持正确并防止及纠正错误。因此度、量、衡器具需经常检查,十八年四月十三日前工商部公布《度量衡器具检查执行规则》,规定:度、量、衡器具之检查每年定期施行一次,但遇有必要情事时得施行临时检查"(第二条),由各省度量衡检定所执行之。"应行检查之区域及其日期由地方度量衡检定所或分所会同公安主管机关先期布告通知"(第三条)。凡政府各机关公用及民间营业度、量、衡器具均在检查之列(第一条)。此为重要公务,惟此《规则》似未施行耳。

(三) 营业管理——十八年二月十六日国民政府公布《度量衡法》(十九年一月一日施行),规定"凡以制造、贩卖及修理度、量、衡为业者须得地方主管机关之许可"(第十七条),其有违法行为时并得取消或停止其营业(第十八条)。十八年八月二十四日前卫生部公布《管理药商规则》,规定药商开业之前须开具牌号、姓名、营业种类及资本数目呈报省卫生机关核准(第三条)。省卫生主管机关得随时派员检查药商之药品及簿册(第十九条)。检查结果认为药品有害卫生或伤风俗或作伪者"得禁止其制造、售卖或贮藏,并得将该项药品销毁"(第二十条)。又省卫生院主管机关得制定检查规则及设摊药商之管理规则(第二及第十九条)。

二十年三月九日前实业部公布《蚕种制造取缔规则》，规定各省主管机关应随时派员赴各地种制造厂实施检查（第十四条），有不合格者烧弃之（第十七条）。“制造原蚕种之蚕儿须用一蛾育；但经商品检验局或省、市主管农林官署许可者得变更之，至多以三蛾育为限”（第九条）。“蚕种制造者关于原蚕种之制造必须用纯粹品及固定种；但经商品检验局或省、市主管农林政官署呈准实业部得制交杂普通蚕种，用之交杂原蚕种”（第十条）。“原蚕种应受蚕卵、蚕儿、蚕茧及母蛾之检查，普通种应受蚕儿、蚕茧及母蛾之检查；但商品检验局或省、市主管农林官署转呈实业部核准者得抽查之”（第十二条）。

十九年三月三十一日国民政府公布《电气事业条例》（二十三年二月二十七日修正），以管理“应一般之需用、供给电光、电力、电热之营业”（第一条第一项）。该《条例》规定：“电气事业（按即电气营业）人因工程之必要，经主管机关（中央为前建设委员会及今经济部，省为建设厅，县、市为县、市政府）之许可，河川、沟渠、桥梁、堤防、道路，但以不妨害其原有之效用为限”（第九条）。二十二年一月六日前国民政府建设委员会公布《电气事业人处理窃电规则》，其第七条规定：“关于电费追价事宜有争执时，除已依法起诉者外，得请地方监督机关裁决。”

二十三年九月二十日国民政府公布《取缔棉花搀水搀杂暂行条例施行细则》，授权各省省政府制定取缔棉花搀水搀杂查验办法。二十四年三月二十五日前实业部公布《人造肥料取缔规则》，规定肥料商开始营业前应开具营业地点及经售肥料种类呈请所在地主管农政官署核准”（第三条）。

二十八年二月行政院制定《管理营造业规则》，规定凡为营造业者应开具下列事项呈请地方主管建筑机关审查登记：（一）营造公司或厂之名称；（二）厂及事务所所在地；（三）经理或厂主之姓名、履历及住址；（四）主任技师之姓名、履历及住址；（五）内部组织；（六）资本金额；（七）业务范围；（八）创立年、月（第三条）。“营造业声请登记时应由营造厂商或代表人填具主管建筑机关发给之保证书二张检同营造厂商或代表人二寸半身相片三张，连同申请书呈省、市主管建筑机关审查登记”(第九条)。“营造业申请登记，经审查合格后，除发给营业厂商或代表人以登记证外，应由省、市主管建筑机关将登记表及像片各一张分呈内政部、经济部备案”(第十条)。

三十一年二月十三日粮食部为管理粮食公布《粮商登记规则》，规定经营粮食之购销、仓库、加工或经纪之商人须报请地方粮政主管机关登记并领取营业执照(第一条)。惟上项商人须具相当规模，其标准如下：(一)粮食零整购销须有三千元以上之资本；(二)粮食采购运销须有五千元以上之资本；(三)仓库须有二百市石以上之容量；(四)加工者须有加工设备；(五)经纪者须有固定地址、牌号并一千元以上之资产(第二条)。

三十一年一月二十三日财政、经济两部会同公布《非常时期管理牙业行纪办法》，其第三条规定：“省政府得指定某业停发牙纪执照或限令改领牙业执照。”

三十一年五月行政院制定《书店印刷店管理规则》[35]，虽明文规定以县、市政府主管机关(第三条)，然其规定之警告、扣押、没收处分由(当地之)省、市(图书杂志审查处或县、市分处执行，其未设有图书杂志审查处或分处者由)地方主管官执行……则此一部分之管理固以省为主体也。至没收、警告、扣押等之程序则为：经审查处或分处或县、市政府派员检查后发现有发售或印刷违禁品时予以没收(第十五条)；有应请核准或备案或审查各事而不遵照办理者予以警告并扣押其出版或印刷品之存本或底版(第十九及二十条)；利用书店印刷店为非法之集会、结社或违抗检查者予以警告(第二十条第二项)。

除中央法令外[36]，各省当局亦有自行规定管理者，例如二十八年九月贵州省政府公布《贵州省会疏散期间典当业管理规则》，同年九月湖南省政府通过《湖南省管理药商暂行规则》，二十九年九月江西省政府制定《江西省商营转运栈管理办法》等是。此省商业管理事务之大略也。

(四) 物价控制——战后物价普遍高涨，尤以二十九年以后为甚，各省当局遂先后有控制物价之措施，其法多属消极的平抑物价，将主要诸项物品价格予以规定，非经核准不得增高。二十八年二月经济部始制定《非常时期评定物价及取缔投机办法》，规定地方政府应会同当地同业公会设立评价委员会，就地方政府所指定之日用必需品依其成本及合法利润分别评定其价格。三十年九月十五日经济部公布《各省办理日用必需品平价购销业务办法纲要》，规定各省应设立日用必需品平价购销机构，以增加供应便利，使价格自然降落（第一项），办法较近根本。平价购销业务应与省营贸易分开，并不得招收商股（第五项）或具有独占、专管性质（第六项），以杜营利。三十一年十月国民参政会通过行政院《加强管制物价方案》，即所谓"限价方案"，旋十二月一日中国国民党中央执行委员会第十次全体会议亦予通过，十二月三十日行政院通令各省自三十二年一月十五日起实施。《方案》分甲、乙两部分，分别规定各级管制机构及实施管制重要方针。管制方针以限价及管制物资流通为主，尤着重于限价。限价者限止物价不使上涨之谓也（变更时须政府核准）。限价之标准，嗣规定以是年十一月三十日各项物品在各地市场之原价为最高限价，如有增加之必要时须各级主管政府予以核准。顾实施以还，成效至微。三十三年八月一日行政院国家总动员会议通过《各省管制物价及物资实施纲要》规定："各省应斟酌本省物资供需情形力谋与他省物资之交流，藉收省际间盈虚调剂之效，由省政府统筹办理，并应扶助正当商人之营业"（第四条）。又"各省关于民生日用必需品粮、盐、食油、棉花、棉纱、布匹、燃料、纸张遵照中央规定应实行限价，非经呈请核准，不得变更，其他议价物品应择要实施，其价格应比照限价物品，由省政府斟酌当地实际情形自行核定"（第五条）。殆为三十一年管制方案之重述。虽然，迄乎今日物价控制，仍无实效也。

(5) 矿业管理

十九年五月二十六日国民政府公布《矿业法》（同年十二月一日施行，二十一年一月二十三日，二十六年十月十五日，二十七年七月二十二日先后修正），其所规定关于矿业管理大部分属中央与省联合行政，惟尚有中央行政及省行政，其属于省行政者如下：首为矿业权之登记。凡下列事项应呈经中央主管部核准后再呈请省主管官署登记：（一）矿业权之设定、变更及移转；（二）采矿权作抵押时，其抵押权之设定、变更及移转（第十七条)。下列事项直接呈请省主管官署登记:(一)矿业权之消灭及处分之限制;(二)采矿权抵押时,其抵押权之消灭及处分之限制(第十八条)。矿业权者因下列需要使用他人土地时应得省主管官署之核准,并应将施工计划绘具图说呈请审定:(一)开井;(二)堆积矿产物及矿用材料;(三)建筑矿厂、库或其他房屋;(四)敷设或开凿铁路、运路、运河、水管、气管、沟渠、地井、索道、电线等;(五)设施其他必需工事或工作物(第七十四条第一项及第七十三条)。省主管官署核准后应即公告并通知土地所有人及关系人(第七十四条第二项),如系公有土地并应于核准前征求该土地主管人之同意(同条第四项)。如为军事禁地,一公里以内之商埠或市场、国有建筑场、国葬地、铁路、公路十五公丈以内之不能移动之古迹地等及地方重要公共事业所需之地域经省主管官署查明认为不应为矿业使用地者则不得核准(同条第五项及第二十二条)。又省主管官署公告或通知之后"土地所有人或关系人欲变更其土地之形质或新筑、改筑、大修缮,或增设其他工事时应经省主管官署许可;未经许可者不得请求损害赔偿"(第八十二条第一项),但"前项工事如与矿业之性质绝对不相容或无损于建筑而大有损于矿利时矿业权者得呈请省主管官署查明禁止施工"(同条第二项)。矿地经开采后所得矿物质须经省主管官署核准后方可出售(第一百条)。又《矿业法施行细则》(十九年十月二十四日前实业部公布,二十七年九月三十日经济部修正)规定:"关于土地使用或定着物还移之赔偿或偿金或担保有争执时得呈请省主管官署核定之"(第六十八条)。《矿业法》所规定皆矿地开采有关之事也。二十五年六月二十五日国民政府公布《矿场法》(施行日期未考),将矿场之卫生、安全及其他有关事项之管理及监督归入省(及直隶于行政院之市)公务(第一条及第三条)。其管理、监督之标准如下:关于卫生者例如矿工患严重或传染病症者不得令其在矿坑内、外工作(第四条);"女工及童工不得在坑内工作"(第五条);"在坑内工作之矿工除以监视为主之工作外每日工作时间以八小时为限:但间歇工作经主管官署许可者不在此限"(第八条);浴室、饮料、厕所、通风之设备(第二十三及二十四条);疾病之防治(第二十五至二十七条)等等。

关于安全者例如设置保安员及安全灯、火药、机械、电气等管理员(第十六条);危险之预防及处置(第十八条);安全设备(第十九条)等等。关于矿工福利例如:“矿业权者于歇业或破产时应仅先清偿所欠矿工工资”(第十五条);“矿业权者对于坑内工程险恶经矿业监察员告知而不为改良时矿工得不经预告终止工作契约”(第七条)等等。二十八年三月二十四日经济部公布《非常时期采金暂行办法》,其第二条规定凡居民、企业团体或管理难民机关拟于当地采金时,在未划定矿区前,得将采金区域之地名、界限、面积、工作人数、矿地草图等呈请省主管官署特准先行开采。以上规定皆课于矿业权者之义务而由省主管官署监督、管理者也。[37]

(6) 建筑管理

二十七年十二月二十六日国民政府公布《建筑法》(三十三年九月二十一日修正),始授予省政府管理建筑之公务。该法规定县、市以下公有建筑须由起造机关拟具建筑计划及工程图样与说明书连同造价预算送至省政府建设厅核定(第七条)。工程图样与说明书应包括下列各款:(一)地形图;(二)地盘图;(三)建筑物之平面、立面、剖面图;(四)建筑物各部之尺寸、构造材料及用途,各载重部分之计算;(六)新旧沟渠与阴井之地位、大小及出水方向;(七)因建筑之特殊情形有应添具说明书或图样者具说明或图样(第十二条)。原计划于兴工前或建造中有变更时其变更情形亦须呈报建设厅核定(第十六条)。各级地方政府对于下列各种建筑物,得于不抵触中央建筑法令范围内并经内政部审核后,规定其建筑限制条件:(一)供特殊使用之建筑物;(二)限制使用区内之建筑物;(三)风景区内之建筑物(未修正第三十七条);并可订定《建筑法》之施行细则(未修正第四十四条),惟修正后前者专属于市、县,后者专属于内政部。倾颓或朽坏之建筑如有关名胜、古迹、纪念物或具有艺术性质者应由地方政府设法保存之(第四十三条)。又省主管建筑机关于必要时“得指定已经公布道路之境界线为建筑线或在已经公布道路之境界线以内另定建筑线”(第十八条)。惟《建筑法》并非普遍适用于各地方各种建筑物,其适用之区域及条件如下:(一)市;(二)省会;(三)人口在五万以上之地方;(四)国民政府特别指定之区域；（五）于其他地区造价占地价二十倍以上之公有建筑（第二条）。[38]

三十二年十二月十三日国民政府公布《战时房屋租赁条例》，规定房屋建筑后租赁之限制。凡出租之房屋建筑于该《条例》公布以后者其每年租金之最高额不得超过其建筑原价百分之二十；其建筑于该《条例》公布以前者其标准租金由省或院辖市政府拟订报请内政部转请行政院核定之（第三条）。租约期满或未定租期而出租人有正当事由须将房屋收用时经请主管警察或自治机关证明后于三个月前通知承租人退租，其租与公、教人员或自沦陷敌区退出之难民者应于一年前通知之（第十一条）。省或院辖市政府又可拟订该《条例》之补充办法报请内政部转请行政院核定后施行之（第二十三条）。该《条例》第二十四条云："本《条例》自公布日施行，其有效期间至战事结束后六个月为止"，则性质上属于暂时的；然租赁管理政府实有管理必要，纵使该《条例》终止生效，其所定公务要不可废也。

三十一年五月七日国民政府公布《公有建筑限制暂行办法》，其规定原只适用于战时首都重庆市及其郊外中央政府机关迁建区，惟其第七条云："各省、市管制房屋之建筑应比照本办法之规定予以限制"，则各省固可间接适用矣。依该《办法》之规定，在抗战期间各省公有建筑（指各政府机关及其附属机关之公用房屋暨公务员宿舍住宅）非经省政府核准不得兴建（第一条）。公有建筑已动工而能于该《办法》施行后一个月内完工者应限期完工，否则应停止建筑，如有特殊情形不能停止时应附具理由呈请省政府核准（第二条）。省内政府机关如因特殊需要必需兴工建筑时应开具理由连同下列各件报请省政府特许：（一）地形图及地盘图，其比例尺不得小于五百分之一；（二）全部工程图样（包括平面、立面、剖面），其比例不得小于百分之一；（三）施工说明书；（四）预算书（第三条）。主管官署非经接到上项特许不得发给建筑执照（第四条）。违反上列各规定者省政府得将建筑物征用或予以惩罚（第六条）。

（7）民众团体管理

省政府管理人民团体可分为一般管理与特殊管理两种：前者普遍施

行于各人民团体，后者止分别适用于某种人民团体。兹分论之。

（一）一般管理——二十二年二月九日中国国民党中央执行委员会公布《人民团体职员选举规则》，规定人民团体职员之选举须主管官署派人监选方得举行（第二条）。并须于选举前五日呈报（第六条第一项）。选举时如发现舞弊情事须交主管机关核办（第九条）。再选举后须于三日内将当选职员之姓名、籍贯、年龄、履历及通讯地址呈报管理机关备案（第十二条）。同年同月二十二日中国国民党中央执行委员会常务委员会通过《职业团体书记派遣办法》及《职业团体书记服务规则》，规定凡职业团体有下列情形之一时其书记得由政府指派之：（一）团体无财力用书记者；（二）团体性质重要而尚未任用书记者；（三）现有书记思想不纯正或能力薄弱者；（四）由团体向政府请求者；（五）团体经济充裕而无适当书记人员者；（六）政府认为有其他必要指派情形者（办法第二项）。“职业团体书记由政府指派者其薪给得由政府支给……”（第三项），然政府自得不支给之。职业团体书记有下列情事之一者主管官署得予撤惩或更调：（一）言行违反三民主义；（二）营私舞弊查有确据；（三）工作废弛致团体未臻健全；（四）人地不宜工作无法进行（第七项）。“职业团体之书记应每月向主管机关定期报告，遇有重大事件应随时报告”（《规则》第四项）。“职业团体书记由主管机关每年举行考绩一次，应视其成绩之优、劣分别施以奖、惩；遇必要时得派员或委托各该团体主持人员考核其工作”（第六项）。[39]以上规定皆人事监督管理也。二十九年六月一日国民政府公布《非常时期人民团体组织纲领》，对于人民团体之组织、工作与指导原则均加规定。关于组织者；各级人民团体之成立，均应先经政府许可（第四项），其区域以适合行政区域为原则（第五项）。“各种人民团体依法许其有纵的组织者，其组织应由下而上。上级团体（例如以省为区域者）之组织，原则上应有该区域内下级团体（例如以县、市为区域者）半数以上之成立并参加，始得成立。其因情形特殊不适于采用此原则者，得先成立总会，然后成立分会或支会”（第六项）。又“职业团体之会员入会，及下级团体加入上级团体，均以强制为原则，退会应有限制”（第八项）。再“各种人民团体之组织不得违反民主集权之精神”（第三项）。关于工作者，“一切人民团体均应以抗战、建国为共同目的，在奉行三民主义、拥护国民政府、服从最高统帅之原则下，为整个民族利益而奋斗”（第一项）；并“应以适合战时需要为前提，每一团体均应尽其战时之义务，对于政府所定之动员办法、国防及生产计划等，应努力促其实现”（第二项）。至指导原则，凡有两点：其一，合法之保险（第七项），期二，适当之指导与援助（第十二项）：凡以健全人民团体之组织为依归也。该《办法》原则上适用于全国各地方，惟“边远区域因特殊情形不能依照本纲领组织人民团体者得呈请政府另定组织办法”（第十五项）。观乎以上各规定《纲领》中人民团体之管理属于业务监督管理矣。该《纲领》规定人民职业团体会员入会，以强制为原则，其退会亦应加以限制，实以健全社会组织为目的。二十九年六月十七日经济部公布非常时期重要商业同业公会工作纲要，其第十二条规定“本纲要实施后各地之重要商业（依第一条所定范围）[40]尚未组织公会者除维持现状区域外应由主管官署指定本区域内该业资本较大之公司、行号三家限期联合同业成立公会。”[41]同年十月十一日行政院即据之再制定《非常时期职业团体会员强制入会与限制退出办法》，规定凡合于下列团体会员资格之从业人员或团体均应加入当地各该团体为会员，非因废业或迁出团体组织区域或受永久停业处分不得退出：（一）农会；（二）渔会；（三）工会；（四）商会；（五）同业公会；（六）律师公会；（七）会计师公会；（八）新闻记者公会；（九）医师公会；（十）药师公会；（十一）工程师公会（第二项）。拒绝入会者应由各该业团体限期劝令加入，逾期仍不加入者应予警告。警告后十五日内仍不遵办者得呈请主管官署酌量为下列之处分：对各从业人员，（一）罚锾，（二）停业；对各业下级团体，（一）整理，（二）解散（第三项）。擅自退会者同（第四项）。停业处分对于农民不便适用，则代以限制或以取消农贷、农仓权利之享受或参加合作社及享受农会事业利益之禁止（第五项）。三十一年二月十日国民政府公布《非常时期人民团体组织法》，规定“各种职业之从业人均应依法组织职业团体，并应依法加入各该团体为会员”（第四条第一项）。人民团体之组织应由发起人呈请主管官署许可，并由主管官署派员指导（第十二条）。其成立大会召开以前应将筹备经过连同章程草案呈报主管官署审核并请派员监督职员之选举（第十五条）。[42]组织完成后应即造具会员名册、职员略历连同章程呈报主管官署立案并由主管官署造具简表转送目的事业主管官署备查（第十六条）。人民团体违反法令、妨害公益或怠忽任务时主管官署得施以下列各种处分：（一）警告；（二）撤销其决议；（三）整理；（四）解散；惟省主管官署为整理或解散之处分时应经社会部核准，并解散后应即重行组织。目的事业主管官署得为警告之处分（第十八条）。三十一年四月社会部制定《全国人民团体登记办法》，规定凡三十一年二月底以前依法成立之各级地方人民团体应分别由各该主管官署办理总登记（第二及第三条），其起、讫日期由社会部以命令定之（第四条）。“凡登记之人民团体，经审核认为不合法者应予解散”（第九条）。其有依法应改选、整理或改组者应限期履行之（第八条）。以上法律暨《办法》之规定亦为有关业务方面之管理也。又《登记办法》第十条规定：“凡逾期不履行登记之人民团体，除有特殊原因外，应将其负责人撤职递补，……”此人事的管理也。

（二）特殊的管理——特殊的管理者，以某一人民团体为对象之管理也。例如依《新闻记者法》（三十二年二月二十三日公布）之规定，新闻记者公会筹集事业用费须经主管官署之核准，又“新闻记者公会每年度终应将财产报告主管官署并刊布之”（第十六条）。依《农会法》（三十二年六月十四日修正公布）之规定，农会办理下列各事应请目的事业主管官署（见后）核准并报主管官署备案：（一）设置示范农田、农产陈列所及农具陈列所；（二）经营农场、农仓、垦荒、造林、合作事业及制造农具肥料；（三）举行农产展览会、办产比赛会及农业讲习会（第五条）。农会于必要时得由主管官署命令设立之，不必等待农民自行组织（第十二条）。农会职员违法、营私或有其他重大之不正当行为者，除得由会员议决令其退职外，并得由主管官署将其解职（第三十二条）。农会（包括省、市、县、乡）会员所纳会费之数额由省主管官署订定之（须报社会部备案），各级农会事业费之募集办法及用途须经各该主官官署核准（第四十条），又农会收支，应于每年度终了时呈报主管官署核销(第四十一条);其解散时应由主管官署派员清算其财产(第四十三条)。又依《工会法》(三十二年十一月二十日修正公布)之规定,工会征收特别基金、临时募集金、临时募集金或股金须经主管官署核准(第二十四条第二项)。工会拟订经费支配标准及经费支付与稽核方法须呈报主管官署备案(第二十七条)。工会每年十二月内应将下列各项表册、帐簿呈报主管官署,主管官署并得随时令其报告:(一)职员之姓名、履历;(二)会员入会、退会名册;(三)会计簿;(四)事业经营之状况;(五)各项纠纷事件之经过(第三十一条)。工会章程有变更时须经主管官署许可(第三十三条),其违背法令时主管官署得令变更之(第三十六条)。“工会非得政府之认可不得与外国任何工会联合”(第三十九条)。工会有下列情形之一时主管官署得解散之:(一)成立之基本要件不具备者;(二)违背法令情节重大者;(三)破坏安宁、秩序或妨害公益者(第四十五条)。工会因破产、会员人数不足、合并或分立而自行宣告解散时(第四十六条)应于十五日内将解散事由及年月日呈报主管官署(第五十条第二项)。其他人民职业或非职业团体,依其组织法规,亦分别受主管官署之特殊监督管理。又以上所述各项特殊管理皆属消极的监督,此外主管官署依其管理权力尚可为积极的指挥,例如三十二年三月社会部规定各地乡农会应于植树节举行植树,虽非省行政,要可引用于省行政也。积极的指挥,宜由目的事业主管官署执行,惟实际仍由人民团体主管官署执行,目的事业主管官署本身政务处理之不暇,多不能顾及也。

“人民团体之主管官署……在省为社会处,未设社会处之省为民政厅……”(《非常时期人民团体组织法》第二条),惟其目的事业分别受各该事业主管官署之管理,分别规定于各该团体组织法规之中(见《农会法》第二条,《工会法》第五条,《医师法》第三十三条,《药剂师法》第二十七条,《新闻记者法》第十三条等等)。凡职业团体例有目的事业,其以省为区域者,均受有关省行政机关之管理;惟律师公会止以县、市为区域并受当地地方法院首席检察官之直接监督(三十年一月十一日公布《律师法》),可称例外。

(8) 文化及社会事业、运动之管理

政府所管理之文化及社会事业，自以私人举办者为主，然政府以法人资格或政府机关附带举办者亦同样由政府管理也。例如政府机关办理之员工补习班及员工子弟学校，其受教育行政机关管理，当与私立学校无异也。

私人或私人团体举办文化及社会事业可以出诸自动，亦可以由于政府之命令或强制（见前节）。例如二十八年十月内政部公布《寺庙兴办公益慈善事业实施办法》，其第二条规定寺庙（按不限宗教种类）应兴办下列各项事业：（一）民众教育；（二）济贫及救灾；（三）育幼及养老；（四）公共卫生；（五）优待出征军人家属；（六）其他公益或慈善事业，此即政府强制人民宗教团体举办文化及社会事业者也。再例如今日云南省社会处令医师公会办理义务诊断，亦强制之社会事业也。

十七年五月二十三日内政部公布《各地方救济院规则》（二十二年四月修正）[43]，规定，“各地方慈善事业由私人或私团体集资办理者一律维持现状，但须受主管官署监督”（第二条），其事业或团体活动以省为区域者自由省政府主管机关监督。十八年八月十二日国民政府公布《监督慈善团体法》（十月十五日施行），定有各项管理办法。其第二条规定：“凡慈善团体不得利用其事业为宗教上之宣传或兼营私人谋利之事业。”第六条规定：“慈善团体之章程有未妥者主管官署得于许可前命其修正。”又“主管官署得随时检查慈善团体办理之情形及其财政状况”（第十一条）。“办理慈善事业著有成绩者主管官署得呈请国民政府或省政府褒奖之”（第十二条）。依该法《施行规则》（行政院十九年七月十九日公布，二十一年六月十八日修正），监督慈善机关之主管官署于省会为民政厅，但民政厅得指定省会警察局或县政府为主管机关。今社会行政机构多已成立，民政厅此项职权当移交社会行政机关执行也（省会警察局不属于民政厅管辖者民政厅自不能直接指定而须间接委托也）。（又省会为市者当非县政府而为市政府。）《施行规则》又规定：“慈善团体如须募款时应先得主管官署之许可……”（第七条）。慈善团体应于每年六月及十二月将下列各事项呈报主管官署查核:(一)职员之任、免;(二)职员成绩之考核;(三)财产总额及收、支状况;(四)会员之加入或退出;(五)办理经过情形(第九条)。必要时主管官署得令其造送预算书及计算书(第十条)(按计算书当为决算书)。慈善团体属于人民团体,理论上管理慈善团体应属于人民团体之管理,但慈善团体与其他人民团体不同者慈善团体先有事业,然后组织团体以利事业之推进;其他人民团体不必有固定之事业,纯以组织人民、健全社会机构为目的,为成团体而成团体。故管理慈善团体实非管理其团体,而为管理其事业也,论述于此而不于前节者以此。十八年四月十六日前卫生部公布《管理医院规则》,关于各地医院之开业、治疗、设备各项管理均有详明规定。十八年八月二十九日教育部公布《私立学校规程》(二十二年十月十九日修正),授权省及直隶于行政院之市政府教育厅、局管理私立中等学校及私立专科以上学校附属中等学校(第二条第二项)。凡私立学校之开办、变更、停办均须经主管机关之核准(第二条第一项)。"私立学校须经主管教育行政机关立案,受主管教育行政机关之监督及指导,其组织、课程及其他一切事项均须遵照现行教育法令办理"(第三条)。"私立学校办理不善或违背法令时主管教育行政机关得撤销其立案或令其停办,其开办三年尚未立案者主管教育行政机关得令其停办并撤销其校董会之立案"(第九条)。私立学校校董会于每学年终了(一个月内)将下列各事项连同财产项目报请主管机关备案:(一)校务状况;(二)年度内所办重要事项;(三)年度内收支情形;(四)校长教职员学生一览表(第二十条)。又主管机关每学年应查核私立学校(校董会)财务及事务状况一次,必要时并得随时查核之(第二十一条)。以上皆省政府基于特殊法令所办理管理人员文化及社会事业之情形也。此外省政府基其《组织法》之规定对于各种人民文化及社会事业尚有一般的管理职责也(见第二章)。

三十年九月二十一日行政院公布《非常时期统一社会运动办法》,规定人民社会运动应在准依三民主义暨《抗战建国纲领》、发扬民族精神、改良社会风尚、增进公共福利、辅助政令推行之原则下受主管机关之管理、监督(第二及第三条),其推行应由发起人拟具计划呈请主管机关核准并派员督导(第四条),并应组织团体,依法呈经立案(第五条)。其经费以自筹为原则,必要时得由主管机关补助之(第六条)。社会运动之办理经过应呈报主管机关备案(第八条)。所谓社会运动,社会事业实包括其中也。人民或人民团体为举办文化、社会事业或其他协助行政之目的发动捐款,为一重要之社会活动。三十年十月十二日国民政府公布《统一捐款现金收支处理办法》,其第四项规定:"各机关或团体非经行政院核准不得向国内、外募集捐款或发动现金,但仅向国内局部地域不具普遍性质者得由主管部、会或地方政府(按当视情形而定,不可视为交选行政)核准并转行政院备案。"三十一年五月二日国民政府另行公布《统一捐募运动办法》,规定:"凡发起各种捐募运动应先将计划、用途及募集方式报告该管(按以区域为准:全国性者属中央,全省性者属该省,一县、市者属该县市)社会行政机关会商各该事业主管机关核准……"(第三条);并"各种捐募运动及其收据、券票办法情形该管社会行政机关得随时派员考查,如有违背法令者应制止之"(第八条),此实本节公务之中心公务也。

(9) 职业管理

职业之种类甚多,其受政府管理者,少数技术性之职业而已。就此少数种类之职业,其管理可谓大部分属于县、市行政,而属于省行政者,殊为不多。十八年六月二十八日国民政府公布《技师登记法》(十月十日施行)其第十三条规定技师设立事务所执行业务须以下列事项呈报所在地之主管官署:(一)姓名、年龄、籍贯、住址;(二)出身;(三)经历;(四)技师登记号数及发给证书日期;(五)事务所之住址。所谓所在地,以县、市为范围抑以省为范围并未加确定,以恒理推之当为县、市,盖县、市与人民生活最为接近也。惟事实上我国科学落后,一县之中,每无合格技师,即一省之内为数亦少,故管理者为省而非县行政官署。此外关于医药人员之管理,先后有《中医条例》、《西医条例》(国民政府十九年五月二十七日公布施行,三十二年九月二十二日废止)、《牙医师管理条例》(二十四年十月一日卫生署公布)、《医师法》(三十二年九月二十二日公布)、《助产士法》、《药剂师法》(同月三十日公布)之制定,其执行与管理机关均未确定,依理亦应属于县、市行政，亦因管理对象之少数实际多由省卫生行政机关办理，或省、市、县政府重复办理。二十四年五月四日国民政府修正公布（原公布日期未考）《会计师条例》于第二条规定“会计师受实业部之监督，但省或直隶于行政院之市之实业行政官署依本《条例》之规定于不抵触实业部命令范围内亦得行使监督权”。此对于会计师一般的管理权也。第八条规定会计师执行业务之前须具声请书同证书向省（或院辖市）实业行政官署登记，此特别的管理业务也。至应行登记之事项如下：（一）姓名、年龄、籍贯、住所；（二）资格；（三）证书号数及发给年月、日；（四）事务所所在地；（五）助理员之数目、姓名、略历；（六）开始业务日期；（七）加入之公会；（八）登录事项之变更；（九）停止执行业务之原因及期限；（十）曾否受惩戒（第七条十项）。《非常时期专门人员服务条例》（国民政府二十七年十二月十日公布）规定：“非常时期专门人员之总调查由行政院令地方政府限制办理……”（第三条）。此职业管理之大概也。

（10）渔、牧管理

《省政府组织法》所列举实业厅，职掌中有渔、牧之监督及奖进一项，故渔、牧管理实为省政府之固定事务。关于渔业之管理，国民政府十八年十一月十一日公布《渔业法》（十九年七月一日施行，二十一年八月五日修正），以予范畴。该法首云：“本法称渔业者谓以营利为目的而为水产动、植物之采捕或养殖”（第一条第一项），其范围甚广。关于管理之权限，第二条规定：“本法称行政官署者在中央为实业部；在各省为实业厅，未设实业厅者为建设厅；在各地方为县或市政府。”意其解释以渔业之区域为准；渔业仅以某一县或市为区域者由县或市政府管理，以某一省内数县、市为区域者由省实业厅或建设厅管理，以数省为区域者由中央管理。该法有关渔业之管理规定：“渔业权非经该管行政官署之核准，不得分割或为其他之变更”（第八条）。复依该法《施行细则》（十九年六月二十八日前农矿部公布，二十年四月四日及二十一年十一月一日前实业部修正）之规定（第二十条），此项核准应予公布。渔业权之存续以二十年为限，其期间由该管官署定之，但得由渔业权人声请更新（第九条），该管官署为核定或更新期间之决定亦须颁布(《细则》第二十条)。渔业权人因下列需要须使用或改变他人之土地时,应呈请主管官署核准:(一)建设渔场之标识;(二)建设或保存渔业上必要之目标(依《细则》第三十一条应通知所有者及占有者并应公布);(三)关于渔业信号及其他必要之设备(第二十四条)。再渔业权人为测量、调查或上列各项之目的必须入他人土地除去竹、木或其他障碍物时亦须主管官署核准(第二十五条)。"行政官署得命渔业人建设渔场之标识"(第二十七条)。"行政官署对于在水面一定区域内所安设之工作物认为有妨害鱼类之通路时得命其为除去妨害之工事"(第二十八条),惟须给予相当之补偿金(第二十九条第一项)。"但因利害关系人之呈请而命其为工事者行政官署应决定金额由该呈请人补偿之"(第二十九条第二项)。主管官署得在渔业之船舶、店、铺及其他场所检查其簿据及物件(第三十条第一项)。"渔业人间关于渔场之区域、渔业权、入渔权之范围及渔业之方法有争执时,其关系人得呈请该管行政官署裁定之"(第三十二条)。行政官署对各合法之渔业有保护之责任,除其他必要措置外(见后命令权),在渔汛期内应派遣船只以任救护巡缉(第三十四条)。

畜牧管理尚少资料参证,容另补述。

(11) 林业管理

林业管理亦省政府之固有职务。省政府管理林业应依《森林法》(二十一年九月十五日公布,二十四年三月十二日施行,三十四年二月六日修正)及其《施行细则》(二十四年二月四日前实业部公布)之规定。《森林法》云:"非经地方主管官署(按依《施行细则》)第二条,在省为主管厅,在县、市为县、市政府之许可不得于保安林[44]砍伐或伤害竹木、开垦、牧放牲畜或为土、石、草皮、树根、草根之采取或采掘"(第十六条第一项)。地方主管署对于保安林之所有人并得限制或禁止其使用、收益或指定其经营及保护之方法(同条第二项)。至保安林之编入及解除原为中央职务,但省林业管理亦得"依职权"为之(第十三条第一项)。森林所有人因自森林搬运产物,或因关于搬运设备而须使用他人之土地时须经地方主管官署之许可。地方主管官署为是项许可时应通知土地所有权人及土地他项权利人。经此通知后使用土地人应与土地所有权人及他项权利人协商使用办法。协商无结果或无从协商时请求地方主管地政机关决定之(法第十九条)。经上项通知后土地所有权人或其他权利人欲变更土地之形质或为工作物之新筑改建、增筑或大修缮者应经地方主管地政机关之许可。未经许可不得请求补偿金(第二十条)。森林所有人自森林搬运产物或为搬运之设备须使用、变更或除去他人设置于水流之工作物时亦须经地方主管官署之许可(第二十三条第一项);其因实地调查须进入他人土地设置目标或除去碍障物时亦然(第二十五条)。“(公有)私有荒山、荒地编入森林用地者,林业管理机关得指定期限命其造林”(第三十二条第一项),逾期不遵者,“林业管理机关得代执行之,或由需要林地人以定期造林之条件呈请征收之”(同条第二项),森林之保护区由农林管理机关划定之(第三十六条第二项),并由其公告(《细则》第四十八条)。“森林害虫蔓延或有蔓延之虞时林业管理机关得命有利害关系之森林所有人为扑灭预防上所必要之处置”(法第三十九条第一项)。森林应有防火之设备其尚未设备者,地方主管官署得令森林所有人设备置之(《细则》第五十条)。国有荒地得由人民请领造林,其区域不得过二十五方里,但造林著有成绩者得由地方主管机关增广之,以示奖励(法第四十五条)。又承领荒地人所纳之保证金经造林满五年而具有成绩者,地方主管官署得“就造林已竣部分发还之”(第四十六条第二项)。此林业管理之大概也。

(12) 用水管理

水之为用甚大,关系人生至切,因之用水管理于我国各级政府行政中占一显著地位。十九年三月国民政府公布《河川法》,规定:“凡地方境内之河川或流经境内河川之一段,地方政府应负保管之责,但内政部认为必要时得设河川委员会直接管理……”(第四条),是原则上河川之管理由地方政府执行。其所称地方政府,从其文义断之,当指省(及直隶于行政院之市)政府无疑。河川为主要水源,其管理实为用水管理之基本也。该法规定凡河川附属物兼有他种用途者主管机关(按为省政府或内政部)得令其使用人维持或修筑之(第八条)。如"河川沿岸土地或私有工程物有妨害河川本身或其效用之危险时得限令当事人于一定时限内修理或拆毁之"(第九条)。再"为防止土砂崩溃得令沿河川两岸地主于必要之限度内培植护河草木或其他设备,地主不得抗拒"(第十条)。下列各项工程之建筑、改造或毁除应先得管理机关之许可:(一)预防水害;(二)引用或注入河川;(三)保护两岸田地;(四)其他(第十一条)。占用河床,或使用河流时,亦然(第十二条)。主管机关发现营业或其他行为有沾污水流或变更流水原状时得予以限制或取缔(第十三条)。又为防止水害得令河川之利用人建设相当之工程物(第十四条)。利用河川之工程有下列情形之一时主管机关得令改筑或拆毁之,或加以条件之限制或撤销其许可:(一)施行工程方法或管理方法不良而生危险;(二)设施工程经许可后更须贴用许可外之他项事物;(三)违背法令;(四)妨害公共卫生(第十五条)。此外依该法之规定取得之权利让与他人时应经主管机关之许可(第十六条)。以上各项有关河川之管理,原则上均由省政府行使,如内政部设立河川委员会,则可一部分或全部转与该会行使。惟该会从未设立,故河川始终由省政府管理也。三十一年七月七日国民政府公布《水利法》(尚未施行)三十二年三月二十二日行政院公布该法《施行细则》(与《水利法》同时施行),对全部用水管理有详密之规定。该法第一条云:"水利行政之处理及水利事业之兴办悉依本法行之,……"又第二条云:"本法所称水利事业,谓用人为方法,控驭或利用地面水或地下水,以防洪排水、备旱、溉田、放淤、保土、洗碱、给水、筑港、便利水运或发展水力",盖概括一切用水行为无遗也。其第三条云:"本法所称主管机关,在中央为水利委员会,在省为省政府,在市为市政府,在县为县政府;但关于农田水利之凿井挖塘及以人力兽力或其他简易方法引水溉田,与天然水道及水权登记无关者,其在中央之主管机关为农林部。"惟各级主管机关之权限如何划分,法与《细则》均未规定,当地用水行为之区域而定。[45]其所规定用水之管理,凡关系水权、水权登记、水利事业、水之蓄泄、水道防护五端。为便利计,分述于下:

(一) 水权——用水原则上依下列顺序定其优劣:(一)家用及公共给

水；(二)农田用水；(三)工业用水；(四)水运；(五)其他用途；但此项顺序，于某一特定水道，主管机关得予变更之(须呈经中央主管机关核准)(第十五条)。若"水源之水量不敷家用及公共给水，并无法另得水源时，主管机关得停止或撤销第一项顺序以外之水权，或加以使用上之限制"(第十七条第一项)。凡登记之水权因水源之水量不足而发生争执时，先取得水权者有优先权；同时取得水权者如用水之标的不同依前例之顺序定其用水之先后；其标的相同者按水权状内额定用水量比例分配之或轮流使用，其办法由主管机关定之(第十八条及《细则》十三条)。"主管机关根据水文测验，认该管区域内某水源之水量，在一定时期内除供给各水权人之水权标的需要外，尚有剩余时，得准其他人民在此定期内，取得临时使用权，如水源水量忽感不足、临时使用权予以停止"(法第十九条)。水道自然变更时主管机关得基于水权人之请求就新水道指定适当之取水地点及引水路线，使用水权状内额定用水量之全部或一部(第二十条)。水权取得后继续不使用逾二年者主管机关应撤销其水权，但有特殊情形者得准予保留(第二十一条)。"共同取得之水权，因用水量发生争执时，主管机关得依用水现状重行划定之"(第二十二条)；"于必要时主管机关得令其为水权变更之登记"(《细则》第十六条)。私人水权因公共事业之需要，主管机关得撤销之(法第二十三条)。"团体公司或人民因每一标的取得水权，其用水量应以其事业所必需者为限"(第十四条)，由主管机关依下列之标准决定之：(一)该项事业之最低用水量；(二)该项事业邻近区域之通常用水量(《细则》第十一条)。

(二) 水权之登记——除航行于未加人力而天然通航之水道外，一切公、私水权之取得、设定、移转、变更或消灭，由权利人及义务人或其代理人向主管机关声请登记[46](法第二十四及第二十六条，《细则》第十七及第十八条)，主管经营机关经履斟并公告法(第三十至第三十二条)后给予水权状(第三十四条)。"水权消灭，由权利人或义务人缴还水权状，为消灭之登记"(第三十六条)。"共有水权之登记，由共有人联名或推代表声请之"(第二十八条)。"主管机关办理水权登记，应于水源保留一部分之水量，以供家用及公共给水”（第三十九条）。

（三）水利事业——《水利法》规定为兴办水利事业须建筑、改造或拆除有关下列各项用途之建造物时，应经主管机关之核准：（一）引水；（二）蓄水；（三）泄水；（四）护岸；（五）水运；（六）利用水力；（七）其他：“但为防止危险及临时救济起见，得先行处置，呈报主管机关备案”（第四十一条）。水利事业核准兴办后有下列情形之一时“主管机关得撤销其核准，或加以限制，于必要时并得令其更改或拆除之：（一）设施工程与核定计划不符，或超过原核准范围以外者；（二）施行工程方法不良，至妨害公共利益者；（三）施工程序与法令不符者；（四）在核准期限内未能兴工或未能依期完成者，但因特殊情形声请主管机关核准予以展期者不在此限”（第四十二条）“凡引水、蓄水、泄水之建造物，如有水门者，其水用启用之标准时间及方法应由兴办水利事业人预为订定，呈请主管机关核准并公告之，主管机关认为有变更之必要时得限期令其变更之”（第四十三条）。“凡兴办水利事业有影响于水患之防御者主管机关得令兴办水利事业人建制适当之防灾建造物”（第四十四条）。“凡在通航运之水道上，因兴办水利事业，必须建造堰、坝、水闸时，应于适当地点建造船闸，其数目、大小及启、闭之时间由主管机关依实际之需要规定之”（第四十五条第一项）；“前项建造船闸之费用由兴办水利事业人负担，但航道之深度因建造堰坝而增加时得由主管机关视水道之性质，呈经上级主管机关核准，予以补助”（同条第二项）。“凡在不通航运而有竹、木筏运或产鱼之水道上，因兴办水利事业，必须建造堰、坝、水闸时，应于适当地点建造竹木筏运道或鱼道，其办法由主管机关定之”（第四十六条第一项）。“凡因兴办水利事业影响于水源之清洁者主管机关得限制或禁止之”（第四十九条）。“凡有关特殊航运之水道主管机关得酌量限制开渠及使用吸水机”（第五十条）。又《施行细则》规定：“竹、木筏通过竹木筏运道之标准时间及方法应由兴办水利事业人预先订定，呈请主管机关核准并公告之，如主管机关认为有变更之必要时得令限期更正”（第三十二条）。兴办水利事业人欲局部或全部利用已停废之水利事业应经主管机关之核准（第三十六条）。“民营水利事业区内之土地因工程之建造致被割裂不合经济使用者，土地所有人得呈由主管机关责成兴办事业人收买之，或依土地法重行划分之”（第四十一条）。又“水利事业完成后得按其使用情形酌收费用，其收费标准由主管机关核定之”（第四十二条）。

（四）水之泄蓄——《水利法》规定：凡宣泄洪潦，应泄入本水道，或其减河、湖、海，其须泄入其他或新辟水道时应请主管机关核准（第五十一条）。“凡跨越水道建造物，均应留水流之通路，其横剖面积由主管机关核定之”（第五十七条第一项）。“前项水道如系通运之水道，应建造桥梁，其底线之高度及桥孔之跨度由主管机关规定之”（同条第二项）。“高地所有权人以人为方法宣泄洪潦于低地，应择低地受损害最少之地点及方法为之”（第五十三条），“……其地点及方法应由主管机关决定之”（《细则》第四十四条）。凡蓄水或排水致他人受损害时应负担相当之赔偿（法第五十四条），其赔偿数额由主管机关查斟双方实际情形决定之（但赔偿数额在五千元以上者应经上级主管机关备案）（《细则》第四十五条）。

（五）水道防护——于水道防护之范围内主管机关得执行“警察职权”（《水利法》第六十条第一项），所谓警察权即戒备权而可加必要与相当之限制于人民之自由与权利者也。主管机关为保护水道，并得禁止下列各事项：（一）在行水区内建造或堆置足致妨碍水流之物；（二）在距堤三十公尺内挖取泥、沙、砖、石等物；（三）损毁水利建造物；（四）铲伐堤上草皮、树木；（五）在堤上垦种或放牧；（六）在堤上设置有害堤身之建造物；（七）在堤行驶载重车辆；（八）其他有碍水道防卫之行为（第六十二条）。于《水利法》施行前水道沿岸之种植物或建造物主管认为有碍水利者，得令修改迁移或拆毁之（须经上级机关核准并须给予相当补偿）（第六十三条）。堤址至河岸区域内栽种之芦草、茭草、杨柳或其他灌木之有防止风浪之功效者在防汛期内（见前水利）其采伐应经主管官署核准（第六十四条），主管官署并得积极限制其采伐（《细则》第五十八条）。水道沙洲、滩地无碍水流及洪水停潴者得施行围垦，其施行前应经主管机关（呈准上级机关后）之核准（法第六十五条）。此外，水道中寻常洪水行水区域之土地（见后征收土地权）其界限由主管机关核定（《细则》第五十九条）。

《水利法》尚未施行，惟三十二年八月水利委员会制定《水权登记规则》施行，故以上所述关于水权登记部分，已自是时起实现。

三十二年十月二十三日行政院公布《自来水事业管理规则》，设立自来水管理之公务。省政府于管治区域内有执行之责。其执行机关为建设厅，但关于水源地、贮水场、滤水场、唧水场之清洁及水质检查事项会同卫生行政主管机关办理之（第六条）。至自来水管理之内容："自来水工程完成或修缮完竣时应报经主管机关斟验许可后方得使用"（第十三条）。"主管机关对于自来水工事及水质、水量得随时派员检查，如认为有改善之必要时并得令于一定时期内改善之"（第十四条第一项，见后代执行）。自来水事业应按月造具财务、业务、工务、水质四种月报（第十六条），每年度终了三个月内应造具职工名册、业务、报告、工务报告暨资产负债及损益计算书（附说明）呈请主管官署备查（第十五条）。主管机关得基于用户之请求随时检查自来水之水质及水量（第十七条），并于必要时得指定售水站之地点（第十八条第二项）。此外，该《规则》复定有下列各项一般性之管理原则：（一）"自来水水源地、贮水池、滤水场、唧水场周围一百公尺以内不得有厕所及堆积垃圾或其他污秽物"（第十一条）；（二）自来水事业非有特殊情形经经济部核准时应自行发电（第十二条第一项）；（三）自来水沿道路至少每隔二百公尺应装消防水椿一座（第十九条第一项）。诸此原则皆由有关主管机关监督管理也。

省公务大略如前所述，多属法律应办之事务，至各省省政府实际处理与否及处理时有无变通，则难考悉矣。

三　省政府之权力

权力之性质与作用已论于前，兹不赘述。省政府之权力可分为积极的与消极的两类，凡以完成诸种省公务为目的也。积极方面之权力凡有下列六种，即：（一）征收税费权；（二）命令权；（三）强制服役权；（四）征收土地权；(五)征用物品权；(六)强制处分权。消极方面之权力共有两种，即代执行权与处罚权。今分别述之。

(甲) 积极的权力

(1) 征收税费权

执行公务必不免金钱开支，为支付各项开支必赖金钱之收入。若干公务本身包含金钱之支出与收入，例如工业、商业、矿业、医院(卫生之中)等，其收入可以抵销支出之一部或全部，甚或可有盈余。此类公务自无须另筹经费或仅须筹谋部分经费。然多种公务本身只有支出而毫无收入，例如治安、教育、救济、筑路及各种管理公务等，实占今日公务之大部分，若无经费，则不能办理。执行公务之经费除公务本身之收入外，惟有向人民征收之一途。盖公务以福利人民为目的，其性质为对人民之服务；以福利人民为目的则可以向人民征收必需之费用，以为获得福利之手段；对人民为服务，则就经济立场言政府有获得报酬之权利，而人民亦有报酬政府之义务也。

向人民征收经费之方式有二：一为普通征收赋税，以作全盘行政开支之用；另为就某项特殊行政征收费款，专作该项行政开支之用。两种方式，通常并存。我国省政府原兼有一般征收赋税及特殊征收费款之权。三十一年以后前项权力撤销(见下章)，仅存特殊征收费款之权。特殊征费之权，皆规定于特殊法规之中，并无一般法律为普遍适用之规定也。例如《水利法施行细则》规定："因办理水权登记所需之审查、履勘、公告等费得向声请登记人征收之"(第三十条)。惟此类规定，亦不多见。但即使无特殊规定，省政府有征收某种费款时依法呈经国民政府核准后自可实行也。

就一般论，政府之征收税、费权实断乎不可缺少。然就每级政府而论，征收税、费权并非绝对必需。例如中央政府所需经费可责令各地方政府分摊负担，如是则中央政府不必有征收税、费权。地方政府所需经费，可由中央政府核拨，如是则地方政府不必有征收税、费权。中、外研究政府学者，多不明此，以为任何政府必须有征收税、费之权，而以此权为辨别政府与政府机关之标准，谓凡有此权之政治组合为政府，无此权者则为一机关，诚未合也。我国省政府于三十一年以前有完全之征收税、费权，三十一年以后则有征费权而无征税权。我国县政府于二十九年以前无征收税、费权，二十九年以后有之。无论征收税费权变更若何，我国省政府与县政府法律上为政府，而不可因此权之缺乏或贬损，遂以省政府为国民政府直属之一机关，或县政府为省政府直属之一机关也。

(2) 命令权

执行公务，必须人民协助，命令者使人民对政府为一定协助之义务也。故无命令权，公务甚难完成也。尤其各项管理公务，性质为管理人民，其执行中每一程序均有命令权之运用也。省政府除能普遍就一般或某种行政发布省令外(见前第二章)，复根据特殊法规之规定就某种公务发布命令。其所命令之对象或为一般省民，或为某一部分省民，或为某一个省民或省民国团体。特殊法规授与省政府命令权者甚多，除已于各项公务中附述外，再举数例于下。《渔业法》规定："行政官署得命渔业人建设渔场之标识"(第二十七条)。"行政官署对于在水面一定区域内所安设之工作物认为有妨害鱼类之通路时得命其为除去妨害之工事"(第二十八条)。又行政官署为保护水产动、植物之蕃殖或取缔渔业得发布下列各种命令：(一)关于水产动、植物采捕之限制或禁止；(二)关于水产动、植物及其制品之贩卖或持有之限制或禁止；(三)关于渔具渔船之限制或禁止；(四)关于投放有害水产动、植物之限制或禁止；(五)关于采取或除去水产动、植物蕃殖上所须要保护之物之限制或禁止，以上各项命令并得设定关于渔获物及渔具没收与追征价额之规定(第三十三条)。《森林法》规定，凡违反森林管理有关保安林(见前)之条定者，"地方主管官署得命其造林或为其他之必要回复原状行为"(第十六条第三项)。《矿场法》规定：主管官署对于《矿场法》规定省、市主管矿务行政机关"对于矿场之安全卫生认为必要时得命矿业权者为一定之行为，或予以限制或严为禁止"(第二十九条)。《水利法》第六十二条规定中央与省、市、县各级机关为保护水道得禁止下列事项：(一)在行水区内建造或堆置足致妨碍水流之物；(二)在距离堤脚三十公尺内挖取泥沙砖石等物；(三)损毁水利建筑物；(四)铲伐堤上草皮树林；(五)在堤上垦种或放牧；(六)在堤上设置有害堤身之建造物；(七)在堤上行驶载重车辆；(八)其他有碍水道防卫之物(见前)。其实行禁止，必以命令为之也。又第六十三条规定水道沿岸之种植或建造物有碍水利者主管机关得令当事人修改、迁移或拆毁之(见前)。《战时管制工资办法》第九条规定："各省(市)县(市)限制工资时主管官署得……命令双方(雇、佣)作有关工资之报告，被命令人不得拒绝。"[47]以上为省政府根据特殊法律发布命令之数例，此外规定尚多，兹不枚举。

命令权与征收税费权同：就一般而言，政府必须有命令权，但分别论之，某一种或某一级政府不必有之。例如中央政府有须人民协助或听从事项，可由地方政府代为命令之，地方政府亦可请求中央政府代为之。惟此为纯就理论立场而言，实际上各国之各级政府均有命令权也。据此理论，万一省政府全部或部分失去其命令权，仍无害其政府资格也。

(3) 强制服役权

执行公务，除需要金钱外，并需要劳力。其所需劳方自可以金钱易取之；然使金钱不足或金钱足而人民不愿以劳力相易时则舍强制人民劳力服役或放弃公务执行外，另无他法也。强制服役权与前述二权同，亦非某一种政府所必要；惟我国各级政府均有此权，其所以然者厥，因我国财政收入极度窘绌也。

我国自上古人民即有服劳役之义务，所谓"力役之征"是也。盖不独我国如此，各国历史上封建农业时代莫不皆然也。其后(约自东汉以后)农业时代转入工商业时代，生产之原动力除劳力外尚有币货，因之力役之征渐形废弛，然遇有重大工程如筑城、开河仍临时征调民夫任之也。二十五年十月十四日行政院公布《各省市征工服役办法大纲》[48]，规定"凡年满十八岁至四十五岁之壮丁每年均须服工役三日至五日，但身有废疾不能劳作者得予免役"；并规定各省或院辖市政府办理自卫筑路、水利或造林工程得征集义务服役壮丁从事工作。此实为上古"力役之征"之恢复而省政府有权为力役之征也。次年七月十七日国民政府公布《国民工役法》，将强制服役办法重为规定。凡年满十八岁至四十五岁之男子，每年有服工役三日之义务（第四条）。工役应用于下列五种直接公务：（一）自卫；（二）筑路；（三）水利；（四）造林；（五）火灾、水灾、旱灾、地震及其他重大灾难之防卫及救护（第二及第三条）。内政部及省、市、县政府均可指定工事命令人民服役（第十五及第十七条）。“人民于应服役期间，患有疾病或有婚丧大故者得延缓于事后补足工役”（第八条）。工役实施之时期应在农隙、工余或假期，以免妨害正业（第十一条）。其地点以在服役人民住所附近为原则（第十三条）。工役所需工具，除普通日用工具得令服役者自备外，应由举办工役机关供给（第十四条）。“工役时间，每日以八小时为限”（第十二条）。服役人民，以乡、镇、区为单位编成工队，由乡、镇、区长担任队长，以便管理（第十六条）。人民服役地点于在居所五公里以外者，举办机关应发给养，于五公里以内者得不供给（第十三条）。服工役之人民因工作受伤或死亡时举办机关应给恤金（第十九条）。“肢体残废，心神丧失或有痼疾，不腾工役者免服工役”（第五条）。但“免服工役之人民应出具诊断书或二人以上之经保甲长查明属实后由乡镇区长核定之”（二十六年十月二十日内政部公布上，同法《施行细则》第四条）。“现任公务员，学校教职员及肄业学生得免服工役”（法第六条）。“因职业或其他关系不能应役者得觅人代役，或纳相当之代役金，其数额由县、市政府酌定之，但每日不得超过五角”（第七条）。

三十二年十二月四日国民政府废止《国民工役法》，另行公布《国民义务劳动法》，将强制人民服役办法，再加修正。依其规定，凡国民男子年满十八岁至五十岁应服义务劳动（第一条），其事项如下：（一）筑路；（二）水利；[49]（三）自卫；（四）地方造产；（五）其他地方公共福利事业（第三条）。然以上各事项似以县、市公务为限，不能应用于国家及省公务[50]，且就管理而言，实由社会部、省政府、县政府连串任之：故该法规定之强制服役权于省政府无有也。但特殊强制服役权（见前注）省政府仍可依法行使也。

（4）征收土地权

征收土地者政府备价向人民强制收购土地之谓也。封建时代土地视为君主所有，君主以分封诸侯，诸侯以分封卿、大夫，卿大夫以分享士、庶人，中、外无异也。封建废，私权张，土地君有之观念，自不能存在。然土地为国家构成要素之一，重以土地之使用非独关系使用者本人，实关系社会全体，因之国家对于私人土地所有权不能不予控制。故土地虽可私有，然国家对于私有土地仍有最后支配之权。此最后支配之权法理学者称之为"国家主有权"(the right of public domain)。国家依此权利，对于私人所有之土地得收回自行管理。此国家征收私人土地权力之理论根据也。固无论理论如何，国家执行公务，如建筑、筑路、卫生等等，实有利用私人土地之必要，故征收土地权实政府不可缺少之一项权力也(除非私人所有土地权废止)。虽征收土地权于现型社会制度下为政府不可缺少之权力，某一级政府则不必非特有此权不可，其理与征收税费权、命令权同。

四年十月二十二日前北京政府大总统公布《土地收用法》，规定各级政府因办理下列各项事业得收买或租用国有、公有或民有土地：(一)国防、军备；(二)建设铁路、公路、街市、电信、公园、桥梁、河渠、堤防、船坞、商港、码头、水道、沟渠、义冢及其他附设之事业；(三)教育、学术、慈善；(四)水利、卫生、测候、探海、水标、防风、防火；(五)其他(第一及第二条)，但须经大总统核准(第二十五条)。十七年七月二十八日国民政府颁布《土地征收法》，规定各级政府、自治团体或人民因调剂土地之分配，以发展农业、改良农民生活，或因举办下列各项事业，得收买或租用公私土地[第一、第二及第四条：(一)创兴或扩充公共建筑物；(二)开发交通；(三)开辟商港、商埠；(四)公共卫生；(五)改良市、村；(六)发展水利；(七)教育、学术、慈善；(八)创兴或扩充国营工、商业；(九)国防、军备；(十)其他以公用为目的而设施之事业。]依此法之规定不独政府可征收人民土地，人民亦可征收政府土地也。

十九年六月三十日国民政府公布《土地法》，二十五年三月一日施行。二十五年三月十四日国民政府令废止《土地征收法》，因《土地法》中另有征收土地之规定也(《土地法》第五篇)。其规定与四年《土地收用法》及十七年《土地征收法》不同者主有三点：(一)唯各级政府及自治机关能征收土地，私人则不能；(二)唯私有土地始被征收，国有及公有土地则否(第三三五条)；(三)征收仅指收买而言，不包括租用(第三七一条)。征收土地以举办下列各项事业而不可避免时为之：(一)实施国家经济政策；(二)调剂耕地；(三)国防、军备；(四)交通；(五)公共卫生；(六)改良市、乡；(七)公用事业；(八)公安；(九)国营事业；(十)政府机关、地方自治机关及其他公共建筑；(十一)教育学术、慈善；(十二)其他以公共利益为目的之事业(第三三六及第三五二条)。征收土地时应举明应办之事业，并其所据之法令(第三四一条)。征收土地之面积以所需用者为限；但"征收土地之残余部分面积过小或形式不整，致不能为相当之使用时所有权人得要求一并征收之"(第三四七条)。被征收土地之定着物与土地一并征收，但所有权人要求取回或自行迁移者听之(第三四四条)。征收之土地，因其使用，致影响接连土地之效用时，该接连土地所有权人得要求征收机关补偿(第三四五条)。"征收之土地不依核准计划使用，或于征收完毕一年后不实行使用者其原土地所有权人得要求照原征收价格买回其土地"(第三五一条)。惟此项要求须于六个月内为之，否则地政机关得购为公有(二十四年四月五日公布，二十五年三月一日施行，《土地法施行法》第八十条)。土地征收之程序如下：省政府各机关欲征收土地须经省政府委员会核准方可施行(《土地法》第三三九条及省政府第五条第五、第八两项)。省政府委员会核准后应即训令地政主管机关公告土地所有权人及土地他项权利人(《土地法》第三六〇条)，公告期间为三十日(第三六四条)。公告发出之后需用土地之机关即可进入征收土地为察勘或测量之工作(第三六六条)。公告完毕后十五日内征收机关应将地价及其他补偿费发给关系权利人(第六八条)，非俟发给完竣不得进入征收土地内工作，但经省政府许可者不在此限(第三六五条)。"被征收土地于一切补偿金发给完竣后为征收完毕"(第三七〇)；其未发给完竣前被征收土地之所有权人及其他权利人继续享有权利(第三六九条)。被征收土地之地价依照所有权申报登记之地价(第三七六条)，其未申报者由主管地政机关估定之(第三七七条)。补偿金由征收机关交由地政机关转发之(第三七八条)。

以上各次法律规定皆一般性之规定也。此外尚有其他法规为征收土地之特殊授权。例如修正前之《森林法》规定:“私有林于国有林或公有林之经营上有必要时得依法征收之,或以相当之国有林或公有林交换”(第六条)。又如《水利法》第六十六条第一项规定:“寻常洪水位行水区域之土地不得私有,其已为私有者得由主管机关依法征收之”等。

(5) 征用及征购物品、物料权

政府执行公务必要得向人民强制借用或购买物品物料,是为征用物品权。此权并非必要,为临时便利而设耳。就省政府立场言,其适用几以用水管理一项公务为限,于其他公务,法律尚未受权适用也。《河川法》初规定:

当洪水迫切,急于抢险时,专管机关或地方政府得就地征收关于防御上必需之物品、人工,并得拆毁其障碍物类(第十八条)。

凡河川发生紧急工程时专管机关或地方政府得征收工程应用之物类,但须酌给相当之时价。

其后《水利法》复规定:

防泛紧急时主管机械为紧急处置得就地征用关于抢护必需之物品、人工,并得拆毁妨碍水流之障碍物。

前项征用之物料、人工及拆毁之物主管机关应于事后酌给相当之补偿(第六十一条)。又《水利法施行细则》规定:“水道防护岁修工程得在受益区域内征用工役,遇有必要时并得征购物料,其办法及规则由主管机关拟定,呈请上级主管机关核准后实行。”(第五十一条)

征用及征购物品、物料之权并非政府必需之权力,盖原则上政府为执行公务,其所需物品、物料当自行准备也。

(6) 强制处分权(警察权)

依各国立宪精神,人民若干基本权利,政府不能加以干涉或处分,此通常各国政府共守之原则也。然于非常事变或紧急之时,政府对于人民之基本权利得强制限制或处分,以防护公共秩序而便利公务之执行,此种权力学者称为“警察权”。兹为免与警察公务混淆计,姑改名“强制处分权”。此权虽非每一级政府所必需，实一国政府所必需也。二十一年十二月二十八日国民政府公布《行政执行法》(三十二年十二月一日修正第五条)，授各级政府以强制处分之权。其第九条规定云：“遇有天灾、事变及其他交通上、卫生上或公安上有危害情形，非使用或处分其(按指人民而言)土地家屋、物品或限制其使用，不能达防护之目的时，得使用或处分，或将其使用限制之。”其第八条云：

军器、凶器及其他危险物，非扣留不能预防危害时，得扣留之。

前项扣留、除依法律应没收或应变价发还者外，其期间至长不得逾三十日。

扣留之物，于一年内无人请求发还者，其所有权属于国库。

再第七条规定各级行政官署对于下列各种人得由行政官署加以管束，惟其时间以二十四小时为限：(一)疯狂或酗酒泥醉，非管束不能救护其生命、身体之危险及预防他人生命、身体之危险者；(二)意图自杀，非管束不能救护其生命者；(三)暴行或殴斗，非管束不能预防其伤害者；(四)其他认为必须救护或有害公安之虞，非管束不能救护或不能预防危害者。《传染病防治条例》规定传染病人应强制移送传染病医院医治(第十九条)。凡上种种规定皆强制处分或警察权运用之例也。

惟处分权实不止此。前述各项公务中之核准、撤销核准、检查、警告等皆处分也。

(乙) 消极的权力

(1) 代执行权

政府为执行公务课义务于人民而人民不遵从时，政府于可能情形之下得代为或令第三者代为履行其义务，并向其征收费用。此项权力可名为代执行权。代执行权可分一般的与特殊的两方面。《行政执行法》第三条规定各级行政官署对于执行公务课诸人民之义务人民不予履行时得代为执行或命第三人代为执行，而向原负义务人民征收费用，此一般的代执行权也。此外《森林法》第二十条云：

受第二十八条第二项造林之命令而怠于造林者该管官署得代执行或

使自治团体代为之。

前项造林所需费用由该义务人负担(见前林业管理)。

又《自来水事业管理规则》第十四条云:

主管机关对于自来水工事及水质、水量得随时派员检查,如认为有改善之必要时,并得令于一定时期内改善之。

前项改善工事如延不举办,主管机关得代为办理,其费用应责令负担(见前用水管理)。

(2) 处罚权

凡人民违反政府所课之义务,政府得处罚之,此政府之处罚权也。处罚权实政府必需之权力,但亦非任何级政府所必需者也。处罚权亦分为一般的与特殊的两种。《行政执行法》第四条云:

有下列情形之一者该管行政官署得处以罚锾:

(一) 依法令或本于法令之处分负有行为义务而不为其行为,非管署或第三人所能代执行者;

(二) 依法令或本于法令之处分负有不行为义务而为之者。其罚锾数额,依第五条之规定:"省政府及其各厅……为二十元以下",此一般的规定也。省政府特殊处罚权法律授权甚多。例如《矿业法》规定不服从第九十六条及第九十七条之命令者省政府得处以五百元以下之罚金(第一一二条);违背第九十五条第二项及第一百条及第一百零一条之规定者处二百元以下之罚金(第一一三条);拒绝检查者处五十元以下之罚金(第一一五条),等等。《森林法》除规定各项刑罚外,于第五十三条规定:"违反本法或依本法所发布命令规定之义务者处三百元以下罚锾并得强制履行"。《渔业法》第二十三条规定:"渔业人违背本法或根据本法所发布之命令时行政官署得限制或停止其渔业。"《战时图书杂志原稿审查办法》第十二项规定:"凡未经审查机关许可出版之图书、杂志……凡审查机关不准发行及不遵照指示删改而擅自出版者,一律予以查禁处分,其言论反动者并得依法处罚编辑人、印刷人与发行人。"其他规定不一列举。

以上积极、消极各项权力,或直接用以推行公务,或用为贯彻他种权力之行使，贯彻他种权力之行使实间接用以推行公务也。

四　省政府之责任

省政府执行公务于人民权益有损害时应负法律责任。省政府虽为执行公务机关，然省政府一切行为性质上并非尽立于公的立场，其若干行为盖与私人所为无异，例如物品之购买、财产之处分、员役之雇用、款项之借贷、产品之出售，等等。省政府此类行为，乃执行公务所不可避免，实为一事实问题而非法律问题。此一事实，恰与法律上之法人资格相合，谓省政府（任何政府如此）当然具有法人资格，盖无不可也（或谓省政府无法人资格，上述种种同私人之行为乃以国家代表之资格行使，而国家为法人，此乃理论问题，自可备为一说，惟省政府有若干与私人相同之行为则为不可否认之事实也）。故省政府之行为可以分为两类：一为私法行为，另为公法行为，两类行为皆以完成省公务为共同目的也。两类行为产生之责任，各不相同，因是省政府之责任有私法上之责任与公法上之责任两种。

（甲）私法上之责任

省政府私法上之责任有侵害及债务两方面，侵害又有直接与间接之别，兹分论之。

（1）侵害责任

（一）直接侵害——直接侵害者省政府官员于执行公务时侵害人民权益之谓也。私法上省政府之官员当视为省政府之受雇人。直接侵害之成立以省政府公务处理本身上无缺陷为限，公务处理本身无缺陷，则侵害全由执行官员所构成；如公务处理本身有缺陷，则非私法责任而为公法责任矣。《民法》第一百八十八条云：

受雇人因执行职务，不法侵害他人之权利者，由雇用人与行为人连带负损害赔偿责任，但选任受雇人及监督其职务之执行已尽相当之注意或纵加以注意而仍不免发生损害者，雇用人不负赔偿责任。

如被害人依前项但书之规定，不能受损害赔偿时，法院因其声请，得斟酌雇用人与被害人之经济状况，令雇用人为全部或一部之损害赔偿。

雇用人赔偿损害时，对于为侵权行为之受雇人，有求偿权。或谓政府与其官员之关系，并非雇佣关系，法理自有研讨余地；但至少雇员与工役类为受雇人，再政府企业机关之职员亦当为受雇员，则无可置议也。

（二）间接侵害——《民法》第一百八十九条云："承揽人因执行承揽事项，不法侵害他人之权利者，定作人不负损害赔偿责任，但定作人于定作或指示有过失者，不在此限。"又第一百九十一条云："土地上之建筑物或其他工作物，因设置或保管有欠缺，致损害他人之权利者，由工作物之所有人负赔偿责任，但于防止损害之发生已尽相当之注意者不在此限"（第一项），"前项损害之发生，如别有应负责任之人时，赔偿损害之所有人，对于该应负责者，有求偿权"（第二项）。以上规定于省政府办理工程、设置或保管建筑物等皆可适用也。

"负损害赔偿责任者，除法律另有规定或契约另有订定外，应回复他方损害发生前之原状，因回复原状而应给付金钱者，自损害发生时起，加给利息"（第二百十三条）。"不能回复原状或回复显有重大困难者，应以金钱赔偿其损害"（第二百十五条）。

（2）债务责任

省政府举债，除公债另有法律规定外（省政府现无发公债之权），其对债务之责任，与私人无异，《民法》中关于债之各项规定均可适用。依《民法》规定，债务人有给付债权人债务之义务（第一百九十九条第一项），并应遵守诚实及信用（第二百十九条）。"因可归责于债务人之事由，致给付不能者，债权人得请求赔偿损害"（第二百二十六条第一项），"其给付一部不能者，若其他部分之履行于债权人无利益时，债权人得拒绝该部之给付，请求全部不履行之损害赔偿"（同条第二项）。惟"因不可归责于债务人之事由，致给付不能者，债务人免给付义务"（第二百二十五条第一项）。债务契约，以不能之给付为标的者原则上无效，但其不能情形可以除去而当事人订约时并预期于不能之情形除去后为给付者仍为有效；又附有停止条件或附有始期者于条件成就或期限届至前不能之情形已除去时其契约亦为有效(第二百四十六条)。"契约因以不能之给付为标的而无效者,当事人于订约时知其不能或可得而知者,对于非因过失而信契约为有效致受损害之他方当事人负赔偿责任"(第二百四十七条第一项)。"给付一部不能,而契约就其他部分仍为有效者或依选择而定之数宗给付中有一宗给付不能者准用前项之规定"(同条第二项)。"债务人不为给付或不为完全之给付者债权人得声请法院强制执行,并得请求损害赔偿"(第二百二十七条)。"给付有确定期限者债务人自期限届满时起负迟延责任"(第二百二十九条第一项)。"给付无确定期限者债务人于债权人得请求给付时经其催告而未为给付,自受催告时起负迟延责任,其经债权人起诉或依督促程序送达支付命令者与催告有同一之效力"(同条第二项);"前项催告定有期限者债务人自期限届满时起负迟延责任"(同条第三项)。但"因不可归责于债务人之事由致未为给付者,债务人不负迟延责任"(第二百三十条)。"债务人迟延者债权人得请求其赔偿因迟延而生之损害"(第二百三十一条第一项);"前项债务人,在延迟中,对于因不可抗力而生之损害,亦应负责,但债务人证明从不迟付而仍不免发生损害者不在此限"(同条第二项)。"迟延后之给付,于债权人无利益者债权人得拒绝其给付,并得请求赔偿因不履行而生之损害"(第二百三十二条)。契约当事人可互相约定债务人不履行债务时,应支付违约金(第二百五十条第一项),或其他金钱以外之抵价(第二百五十三条)。以上规定于省政府为债务人时其所规定各项责任皆由省政府担负也。

(乙) 公法上之责任

省政府一切公法行为影响人民权益者应负责任,其执行方式有诉愿及行政诉讼与异议两种,兹分述之:

(1) 诉愿及行政诉讼

诉愿及行政诉讼分别规定于《诉愿法》(十九年三月二十四日公布,二十六年一月八日修正)及《行政诉讼法》(二十一年十一月十七日公布,二十二年六月二十三日施行,二十六年一月八日及三十一年七月二十九日先后修正)中。性质上,诉愿为行政处分,行政诉讼为司法处分,但程序上则为一整体也。《诉愿法》第一条云:“人民因中央或地方官署之违法或不当处分致损害其权利或利益者得提起诉愿。”[51]诉愿原则上分为两次:第一次称为“诉愿”,第二次称为“再诉愿”。其对于省政府者如下:(一)对于省政府各厅及各专管机关之处分向省政府提起诉愿,不服诉愿之决定向中央主管部会提起再诉愿;(二)对于省政府本身之处分向中央主管部会提起诉愿,不服诉愿之决定者向主管院(按省行政主管与行政院相关)提起再诉愿(《诉愿法》第二及第三条)。为保障政府方面之利益,《诉愿法》第四条第一项规定:“诉愿自官署之处分书或决定书(按指再诉愿而言)达到之次日起应于三十日内提起之”,过期则应接受原处分或原决定。[52]诉愿或再诉愿之提起由诉愿人具备诉愿书于受理机关,并以诉愿书副本送交原处分或原决定机关。原处分或原决定之机于收到诉愿书副本之次日起十日内将答辩书及有关交件送交受理诉愿或再诉愿之机关;但如原处分官署认为诉愿有据者得自行撤销原处分(以上见第六条)。受理诉愿或再诉愿之官署认为不应受理时得述明理由驳回之(第七条),但驳回之后可否另提则未规定。若每一诉愿驳回之后即告消灭,则诉愿殆具文矣。“诉愿未决定前原处分不失其效力,但受理诉愿之官署得因必要停止其执行”(第十条)。

如再诉愿提起之后提诉人不服其判决,或受理再诉愿之机关于再诉愿提起后逾两个月不为决定时,原提诉人可向行政法院提起行政诉讼(《行政诉讼法》第一条)。行政诉讼之适用,只以官署之违法行为为限(同条),至于不当处分,则再诉愿为最后之救济。诉愿之判决,仅能将原处分撤销,势非提起行政诉讼不可也。行政诉讼,于再诉愿决定到达之次日起两个月内为之(第十条)。至再诉愿提起后逾两个月无决定者其提起行政诉讼之期限无明文规定,当为自再诉愿提起满两个月之次日起两个月,可无疑也。

提起行政诉讼后原处分,除已停止执行者外(见前),不因提起行政诉讼而停止,但依原告之请求或有必要时,行政法院、为诉愿或再诉愿决定之官署、或为原处分之官署,得将其停止之(第十一条)。行政诉讼之判决，或维持官署之立场，或保证人民之利益，必为二者之一，自为当然结果，故人民请求司法救济，不能必有所获，不待辞费。不独如此，“行政法院审查诉状，认为不应提起行政诉讼或违背法定程序者应附理由以裁定驳回之……”（第十三条）。所谓的“裁定”，并非“判决”（第二十三条），因判决必经辩论，而裁定则出于法院独断，一为司法行为，一为行政行为，截然有别。故裁定存在，司法精神深受影响，亟宜废除，以重民益。

行政法院之判决不能上诉或抗告（第三条）；但“有《民事诉讼法》第四百九十二条所列各款情形之一者当事人对于行政法院之判决得向该院提起再审之诉”（第二十四条）[53]，“再审之诉应于两个月内提起之”（第二十五条）。《民事诉讼法》第四百九十二条所列之各款如下：

（一）判决法院之组织不合者；

（二）依法律或裁判应回避之推事参与裁判者（见《诉愿法》第六条及《民事诉讼法》第三十二条）；

（三）当事人于诉讼未经合法代理者；

（四）当事人知他造之住、居所，指为所在不明而与涉讼者，但他造已承认其诉讼程序者不在此限；

（五）参与裁判之推事关于该诉讼违背职务犯刑事上之罪者；

（六）当事人之代理人或他造或其代理人关于该诉讼有刑事上应罚之行为，影响于判决者；

（七）为判决基础之证物系伪造或变造者；

（八）证人鉴定人或通译就为判决之基础之证言鉴定或通译被处伪证之刑者；

（九）为判决基础之民事或刑事判决及其他裁判或行政处分依其之确定裁判或行政已变更者；

（十）当事人发现就同一诉讼标的在前已有确定判决或和解或得使用该判决或和解、调解者；

（十一）当事人发现未经斟酌之证物或得使用该证物者，但以如经斟酌可受较有利益之裁判者为限。

其于行政诉讼则当事人指原告被告及参加人或其代理人(《行政诉讼法》第七条)。

(2) 异议

诉愿及行政诉讼程序繁复,遇情形紧急则作用甚微。至于异议则手续简单其效较为切实。然诉愿及行政诉讼普遍适用于政府公法上一切行为,而异议仅可于特殊事件提起之。依《水利法》之规定,关于水权登记之公告(见前管理公务),利害关系人得于公告后六十日内,附具理由及证据,向主管机关提出异议(第三十三条),无人提出异议或异议不成立时,主管机关应即登记,不负其他责任(第三十四条)。又依同法《施行细则》之规定,"《水利法》第十七条第一项及第二十三条之补偿数额(见后)由主管机关核定,但如原水权人有异议时,得组织评议委员会评议之"(第十二条第一项)。又依《水利法》第二十一条主管机关公告后(见前用水管理),"水权人得于六十日内提出异议,水权人提出异议时主管机关应再行审查,异议不成立者即予撤销水权状"(第十五条)。"利害关系人依《水利法》第三十三条提出异议时主管机关应予审查决定,必要时得组织评议委员会评定之"(第二十七条第一项)。又《森林法》规定省林业管理机关为保安林之编入或解除时应公告之,其直接利害关系人得于公告后二十日内向该管理机关提出异议,由该管理机关核转农林部核定(第十三至第十五条)。其他就省行政所为之异议尚无查考。

上述诉愿及行政诉讼与异议主为政府不法、不当行为侵害人民权益时之救济。至于政府合法、合理之行为影响人民权益者政府亦应负责。例如依《渔业法》第二十九条之规定,行政官署命令渔业人建设渔场标识或除去妨害鱼类通路之水面工作物(见前渔业管理)时"应给予相当之补偿金,但因利害关系人之呈请而命其为工事者,行政官署应决定金额由该呈请人补偿之",补偿者,责任之表示也。又《水利法》规定:"水源之水量不敷家用及公共给水,并无法另得水源时,主管机关得停止或撤销第一顺序以外之水权,或加以使用上之限制"(第十七条第一项,见前用水管理),"水权人因前项停止或限制受有重大损害时主管机关得按情形酌予补偿"

(同条第二项)。“主管机关因公共事业之需要得撤销私人已登记之水权，但应酌予补偿”(第二十三条)。防汛紧急时，主管机关为紧急处置，得(就地征用关于抢护必需之物料、人工、并得)拆毁妨碍水流之障碍物”(第六十一条第一项)，“前项(征用之物料人工及)拆毁之物，主管官署应于事后酌给相当之补偿”(同条第二项)。又“本法施行前水道沿岸之种植物或建造物，主管机关认为有碍水利者，得呈经上级主管机关核准，限令当事人修改转移或拆毁之，但应酌予补偿”(第六十三条，见前用水管理)。总之，政府一切行为无论合法、合理与否，影响无辜人民之权益时政府概应负责也。

注　释

[1] 行政又可分为独立行政与附属行政两种；前者以社会、人民为对象，后者则以行政机关及人员为对象。直接行政皆为独立行政；间接行政部分为独立行政，部分为附属行政。表列如下：

(一) 独立行政
- (一) 直接行政；
- (二) 间接行政：(1) 财政(债及收入中之赋税费课)；
  - (2) 人事(考试、任用)。

(二) 附属行政
- (1) 总务(包括文书、庶务等)；
- (2) 设计(包括统计、研究等)；
- (3) 财政(支出、预算、会计、决算及收入中之补助及协助)；
- (4) 人事(惩戒、奖励、考绩、训练、退休、福利、组织)独立。

独立行政可以对外行文，附属行政则否。

[2] 五年八月十九日大总统整顿陆防军队令：“陆防军队，向由军、民两署分别管辖。军兴以来，不无变更。此后仍应划清权限；陆军归督军管辖；警备、巡防各营队归省长管辖；以专责成而资整顿。此令。”

[3] 该《大纲》第二条规定：“省设全省保安司令，由军事委员会委员长呈请国民政府任命各省政府主席兼充，在省政府中特设保安处，秉承全省保安司令之命掌理全省保安事宜。……”依此规定，全省保安司令似为中央机关，形式上保安事务似由中央与省政府共管。三十三年一月十九日国民政府公布《省保安司令部组织条例》，规定省保安司令部为战时组织(第一条)并非经常机关，且直隶于军事委员会(第二条)，复将保安处划属省保安司令部之中(第四条)，则保安(全省治安)完全为国家公务矣。

[4] 因系国防机密，故内容不详。又二十九年春内政部制定《外国使领人员及外侨保护办法》，课予警察注意外国使领人员暨侨民之活动，亦系国家机密，不予详述。

[5]《惩治汉奸条例》(国民政府二十七年八月十五日修正公布)第二条——通谋敌国而有下列行为之一者为汉奸，处死刑或无期徒刑：

（一）图谋反抗本国者；

（二）图谋扰乱治安者；

（三）招募军队或其他军用人工役夫者；

（四）供给、贩卖或为购办、运输军用品，或制造军械弹药之原料者；

（五）供给、贩卖或为购办运输谷、米、麦、面、杂粮或其他可充食粮之物品者；

（六）供给金钱资产者；

（七）泄漏、传递、侦探或盗窃有关军事、政治、经济之消息，又书图画或物品者；

（八）充任向导或其他有关军事之职役者；

（九）阻碍公务员执行职务者；

（十）扰乱金融者；

（十一）破坏交通通讯或军事上之工事或封锁者；

（十二）于饮水、食品中投放毒物者；

（十三）煽惑军人、公务员或人民逃叛通敌者；

（十四）前类之人犯所煽惑而从其煽惑者。

《危害民国紧急治罪法》（二十六年九月四日修正公布）第一条第一项——以危害民国为目的，而有下列行为之一者处死刑：

（一）私通敌国，图谋扰乱治安者；

（二）勾结叛徒，图谋扰乱治安者；

（三）为敌国或叛徒购办或运输军用品者；

（四）以政治上或军事上之秘密泄漏或传递于敌国或叛徒者；

（五）破坏交通或军事场所者；

（六）煽惑军人不守纪律，放弃职务或与敌国或叛徒勾结者；

（七）煽惑他人私通敌国或与叛徒勾结扰乱治安者；

（八）造谣惑众、摇动军心或扰乱治安者；

（九）以文字、图书或演说为利于敌国或叛徒之宣传者。

《战时军律》（二十六年八月二十四日公布，二十八年十月二十一日修正）第七条……意图妨害、扰乱后方者处死刑。

《陆海空军刑法》（十八年九月二十八日公布，二十六年七月十六日修正）第十七条——意图叛变，聚众掠夺兵器、弹药、舰船、飞机及其他军用物品或其制造局、厂者处死刑。

第二十七条——私招盗匪，致扰乱地方安宁者处死刑。

第七十九条——私制枪械、弹药者处死刑或无期徒刑。

前项之款遂罪罚之。

第八十二条——掠取保卫团或公安局所之械弹者处无期图刑或七年以上有期徒刑。

《惩治盗匪暂行办法》（二十五年八月三十一日公布）第三条——有下列行为之一者处死刑。

（一）结合大帮抢劫者；

（二）聚众抢劫持抢械或爆裂物者；

（三）抢劫公署或军用财物者；

（四）抢劫水、陆、空公众运输之舟、车、航空机者；

（五）在海洋行劫者；

（六）抢劫而故意杀人或致人于死、或重伤、或伤害二人以上者；

（七）抢劫而放火者；

（八）抢劫而强奸者；

（九）抢劫因防护赃物或脱免逮捕而公然持械拒捕者；

（十）掳人或诱禁勒赎者；

（十一）掳人强卖或强奸者；

（十二）结伙持械劫夺依法拘禁人者；

（十三）依法拘禁人聚众以强暴胁迫脱逃之首谋者；

（十四）啸聚山泽，抗拒官兵者；

（十五）占据城市、乡村、铁道、公署或军用地者；

（十六）私枭聚众持械拒捕者；

（十七）意图抢劫，煽惑暴动，扰害治安者；

（十八）意图扰害公安而放火烧毁，决水浸害或以其他方法损坏公署或军事设备者；

（十九）意图扰害公安而放火烧毁，决水浸害供水、陆、空公众运输之舟、车、航空机或现有人聚集居住执业之场所或建筑物者；

（二十）意图扰害公安，以其他方法损破前段之舟、车、航空机、场所、建筑物或铁道、公路、桥梁、灯塔、标识，因而致人于死者。

第四条——有下列行为之一者处死刑、无期徒刑或十年以上有期徒刑：

（一）结伙抢劫者；

（二）包庇盗匪者；

（三）意图恐吓取财，投留爆裂物致人于死或重伤，或伤害二人以上者；

（四）盗取尸体，勒赎或结伙携械公然毁坏棺墓，盗取殓物者；

（五）于剿匪或戒严区域盗取或损坏交通或通信器材，致不堪用者。

[6]《战时军律》第八条——意图妨害抗战而造谣惑众摇动军心者处死刑。

《惩治偷关漏税暂行条例》（二十五年七月四日公布）

第二条——凡因偷漏关税而有下列行为之一者处无期徒刑：

（一）持械拒捕、伤害人未致重伤者；

（二）公然聚众持械拒捕时在场助势者；

（三）公然聚众威胁缉私员警时在场助势者。

第三条——凡有偷漏关税而有下列行为之一者处死刑：

（一）持桓拒捕杀人或伤人致死或重伤者；

（二）公然为首聚众，持械拒捕者；

（三）公然为首聚众威胁缉私员、警者；

（四）勾结外人或叛徒者；

（五）组织秘密团体者。

《非常时期农矿工商管理条例》（二十七年十月六日修正公布）：

第三十条——违反第十一条之规定罢工、罢市，或煽惑罢工、罢市者处七年以下有期徒刑并得科一千元以下罚金；怠工或煽动怠工者处一年以下有期徒刑或拘役。

刑法（二十四年一月一日公布，同年七月一日施行）：

第七章　妨害秩序罪

第一百四十九条——公然聚众，意图为强暴胁迫，已受该管公务员解散命令三次以上而不解散者，在场助势之人处六月以下有期徒刑、拘役或三百元以下罚金，首谋者处三年以下有期徒刑。

第一百五十条——公然聚众施强暴胁迫者在场助势之人处一年以下有期徒刑、拘役或三百元以下罚金，首谋及下手实施强暴胁迫者处六月以上五月以下有期徒刑。

第一百五十一条——以加害生命、身体、财产之事恐吓公众，致生危害于公安者处二年以下有期徒刑。

第一百五十二条——以强暴、胁迫或诈术，阻止或扰乱合法之集会者处二年以下有期徒刑。

第一百五十三条——以文字、图书、演说或他法，公然为下列行为之一者处二年以下有期徒刑、拘役或一千元以下罚金。

（一）煽惑他人犯罪者；

（二）煽惑他人违背法令，或抗拒合法之命令者。

第一百五十四条——参与以犯罪为宗旨之结社者处三年以下有期徒刑、拘役或五百元以下罚金，首谋者处一年以上，七年以下有期徒刑。

犯前项之罪而自首者减轻或免除其刑。

第一百五十五条——煽惑军人不执行职务或不守纪律或逃叛者处六月以上、五年以下有期徒刑。

第一百五十六条——未受允准招集军队发给军需或率带军队者处五年以下有期徒刑。

第十一章　公共危险罪

第一百七十三条——放火烧毁现供人使用之住宅或现有人所在之建筑物、矿坑、火车、电车或其他供水、陆、空公众运输之舟、车、航空机者处无期徒刑或七年以上有期徒刑。

失火烧毁前项之物者处一年以上有期徒刑、拘役或五百元以下罚金。

第一项之未遂犯罚之。

预备犯第一项之罪者处一年以下有期徒刑、拘役或三百元以下罚金。

第一百七十四条——放火烧毁现非供人使用之他人所有住宅或现未有人所在之他人所有建筑物、矿坑、火车、电车或其他供水、陆、空公众运输之舟、车、航空机者处三年以上、十年以下有期徒刑。

放火烧毁前项之自已所有物致生公共危险者处六月以上、五年以下有期徒刑。

失火烧毁第一项之物者处六月以下有期徒刑、拘役或三百元以下罚金，失火烧毁前项之物致生公共危险者亦同。

第一百七十五条——放火烧毁前两条以外之他人所有物致生公共危险者处一年以上、七年以下有期徒刑。

放火烧毁前二条以外之自已所有物致生公共危险者，处三年以下有期徒刑。

失火烧毁前二条以外之物致生公共危险者，处拘役或三百元以下罚金。

第一百七十六条——故意或因过失以火药、蒸气、电气、煤气或其他爆裂物炸毁前三条之物者，准用各该条放火、失火之规定。

第一百七十七条——漏逸或间隔蒸汽、煤气或其他气体致生公共危险者，处三年以下有期徒刑、拘役或三百元以下罚金。

因而致人于死者处无期徒刑或七年以上有期徒刑，致重伤者处三年以上、十年以下有期徒刑。

第一百七十八条——决水浸害现供人使用之住宅或有人所在之建筑物、矿坑或火车、电气者，处无期或五年以上有期徒刑。

因过失决水浸害前项之物者处一年以下有期徒刑、拘役或五百元以下罚金。

第一项之未遂犯罚之。

第一百七十九条——决水浸害现非供人使用之他人所有住宅或现未有人所在之他人

所有建筑物或矿坑者处一年以上、七年以下有期徒刑。

决水浸害前项之自己所有物致生公共危险者处六月以上、五年以下有期徒刑。

因过失决水浸害第一项之物者处六月以下有期徒刑、拘役或三百元以下罚金。

因过失决水浸害前项之物致生公共危险者亦同。

第一项之未遂犯罚之。

第一百八十条——决水浸害前二条以外之他人所有物致生公共危险者处二年以下有期徒刑。

因过失决水浸害前二条以外之物致生公共危险者处拘役或三百元以下罚金。

第一百八十一条——决溃堤防、破坏水闸或损坏自来水池致生公共危险者，处五年以下有期徒刑。

因过失犯前项之罪者处拘役或三百元以下罚金。

第一项之未遂犯罚之。

第一百八十二条——于火灾、水灾之际隐匿或损坏防御之器械，或以他法妨害救火、防水者，处三年以下有期徒刑、拘役或三百元以下罚金。

第一百八十三条——倾覆或破坏现有人所在之火车、电车或其他供水、陆、空公众运输之舟、车、航空机者，处无期徒刑或五年以上有期徒刑。

因过失犯前项之罪者处一年以下有期徒刑、拘役或三百元以下罚金。

从事业务之人因业务上之过失犯第一项之罪者处三年以下有期徒刑、拘役或五百元以下罚金。

第一项之未遂犯罚之。

第一百八十四条——损坏轨道、灯塔、标识或以他法，致生火车、电车或其他供水、陆、空公众运输之舟、车、航空机往来之危险者，处三年以上、十年以下有期徒刑。

因而致前项之舟、车、航空机倾覆或破坏者，依前条第一项之规定处断。

因过失犯第一项之罪者处六月以下有期徒刑、拘役或三百元以下罚金。

从事业务之人因业务上之过失犯第一项之罪者处二年以下有期徒刑、拘役或五百元以下罚金。

第一项之未遂犯罚之。

第一百八十五条——损坏或壅塞陆路、水路、桥梁或其他公众往来之设备、或以他法致生往来之危险者，处五年以下有期徒刑、拘役或五百元以下罚金。

因而致人于死者处无期徒刑或七年以上有期徒刑，致重伤者处三年以上十年以下有期徒刑。

第一项之未遂犯罚之。

第一百八十六条——未受允准而制造、贩卖、运输或持有炸药、棉花药、雷汞或其他相类之爆裂物或军用枪、炮、子弹而无正当理由者，处二年以下有期徒刑、拘役或五百元以下罚金。

第一百八十七条——意图供自己或他人犯罪之用而制造、贩卖、运输或持有炸药、棉花药、雷汞或其他相类之爆裂或军用枪、炮子弹者，处五年以下有期徒刑。

第一百八十八条——妨害铁路、邮务、电报、电话或供公众之用水、电气、煤气事业者，处五年以下有期徒刑、拘役或五百元以下罚金。

第一百八十九条——损坏矿坑、工厂或其他相类之场所内关于保护生命之设备致生危险于他人生命者，处一年以上七年以下有期徒刑。

因而致人于死者处无期徒刑或七年以上有期徒刑，致重伤者处三年以上十年以下有期徒刑。

因过失犯第一项之罪者处六个月以下有期徒刑、拘役或三百元以下罚金。

从事业务之人因业务上之过失犯第一项之罪者处二年以下有期徒刑、拘役或五百元以下罚金。

第一百九十条——投放毒物或混入妨害卫生物品于供公众所饮之水源、水道或自来水池者处一年以上七年以下有期徒刑。

因而致人于死者处无期徒刑或七年以上有期徒刑,致重伤者处三年以上十年以下有期徒刑。

因过失犯第一项之罪者处六月以下有期徒刑、拘役或三百元以下罚金。

第一项之未遂犯罚之。

[7] 同法第五十一条规定云:“未经令具责任担保之外国航空器或未经特许而因被迫降落或倾跌于中国领域之外国航空器致人或物发生损害时,地方官署得扣留其航空器及驾驶员(第一项)。遇前项情形,除有其他违反法令情事外,航空器所有人、租赁人、借用人或驾驶员提出地方官署认为适当之担保时,应予放行(第二项)。”惟该法所称行政官署或地方官署当包括警察机关在内。

[8] 宣统三年四月初十日即西历一九一一年五月八日《中英禁烟条约》序言:“按照三年前中、英政府商订之办法,自一九〇八年元月一日起,三年之内如中国一方面能将土减种、减销,英政府允将印药出口每年续行减运一成,如是十年,至一九一七年止。今英国政府业经承认三年以内,中国于减种一事立意诚笃,且成效卓著,英国政府愿于未满之七年期限内,接续施行一九〇八年所订之办法。……”又第三条云:“无论何省土药已经绝种,他省土药亦禁运入,愿有确据,则印药即不准进入该省。惟言明上海、广州二口应为最后之结束,务须俟中国政府尽行以上办法,始可将该口禁止印药入口。”

[9]《禁烟法施行条例》第四条规定办理禁烟之机关及其职务如下:

(一) 全国禁烟会议、建议及审议一切禁烟事宜;

(二) 全国禁烟委员会(按直属于国民政府)督理全国禁烟事宜;

(三) 高级地方政府督理所辖区域禁烟事宜;

(四) 县政府、市政府执行各该县、市禁烟事宜;

(五) 地方自治团体协助县、市政府办理各该地方禁烟事宜。

[10]《禁烟实施办法》第八条规定云:“关于取缔运、售事务由禁烟督察处办理;关于禁种、禁吸及该管境内之缉私事务应由各该省民政厅、市公安局、县长或禁烟委员会为主管机关,负责办理,但禁烟督察处于该管境内特设有缉私机关或巡缉团队者依照缉私章程负责执行其职权,各地方主管机关随时协助之。”又《禁毒实施办法》第二条云:“凡各省、市、县之吸用烈性毒品或私打吗啡针者人数较多应即设立戒毒所,自本年四月起限三个月……筹限完竣。”

[11] 三十三年十一月内政、社会两部予以废止。

[12] 三十四年七月二十五日行政院会议议决裁赈济委员会,其事务暂移归善后救济督办公署,将来该署撤销时,再移归社会部。

[13] 二十八年八月赈济委员会制定《难童生产教育实施办法大纲》并《难童生产教育农事、商业、家事及工艺各训练具体办法》,依《大纲》之规定,“十足岁至十二足岁之儿童施以轻易劳动及简易生产工作如文具装订、纸工、浆糊、胶水及其他幼童所能胜任之各项工作之训练。十二足岁以上之儿童施以种植作物、蔬菜、果类、花卉、畜养、农产制造、制鞋、缝纫、针织、烹调、化学工艺、印刷、藤竹、简易金木工、理发、茶役及店员等训练”(第三项);“十足

岁至十二足岁之儿童每日须有二小时至三小时之服务及生产作业，十二岁以上之儿童每日须有三小时至四小时之生产作业。……”三十年五月二日赈济委员会公布《难童习艺规则》及《难童进修办法》。依前一《规则》，十四岁以上不能升学之小学毕业之健全儿童为教养院收养者应由院于学年终了之时送往附近公营工厂习艺，由工厂负担其费用及津贴，其期间以三年为限。其年在十五岁以下学业成绩优良者，依后一《规则》，教养院应于每学年终了送往公立各特殊训练班，短期学校、技艺学校或中学校升造，由院负担一切必需费用。然各省既无儿童教养院所，凡此规定只可供参考耳。

[14] 时日本发动太平洋战争。

[15] 各省援济难民统计表(单位个人)

省　别	二十八年下半年	二十九年	三十年
江　西	—	192,145	298,431
福　建	412	7,047	15,839
云　南	—	2,297	—
浙　江	1,322	2,903	—
安　徽	3,172	99,276	72
湖　北	175	742,000	6,602
湖　南	81,884	157,881	154,270
四　川	9,793	12,718	142,314
河　北	8,632	—	214
河　南	1,963	—	28,050
陕　西	23,185	38,337	41,287
甘　肃	212	—	240
广　东	23,276	84,467	45,471
广　西	—	31,765	55,782
贵　州	—	3,765	—
江　苏	—	2,000	—
山　东	—	96,583	—
宁　夏	—	—	45

来源:《统计月报》第四一、五六、七五及七六各号。

[16] 捐资三万元以上者由卫生署发给奖章或国民政府颁给匾额。

[17] 十一年十一月一日大总统教令改革学校系统，分教育为高等教育、中等教育、初等教育三类:高等教育为大学院、大学校及专门学校;中等教育为学校(分高级与初级两种)，师范学校及职业学校，初等教育为高级及初级小学校，小学以下之幼稚园不属于初等教育。此项分类至今沿用。

[18] 初级中学与高级中学课程除国文、英文依序上进外，其余学科如代数、几何、物理、

化学等颇多重复，非议甚多。三十年春教育部特令川、鄂、豫、浙、滇、黔、桂等省，于三十年度起试行六年制中等教育，即由各该省教育厅指定省内中学中较完善之两校先行试办一班，以资试验研究（三十年三月二日昆明《中央日报》）。

[19] 国立中学学生初均有贷金，自三十二年度第一学期改为公费办法，但省立中学则无此例。

[20] “省立小学、省立实验小学及省立师范学校附属小学由省教育厅管辖”（《小学规程》第十条第一款）。

[21]《大学组织法》第一条规定大学目的为“研究高深学术，养成专门人才”。

[22] 二十一年统计省立独立学院计有河北工业学院、农学院、医学院、法商学院、女子师范学院（次年并为国立北平大学）、山西法学院、教育学院、甘肃学院、新疆俄文法政学院、江苏教育学院及河北教育学院。依《大学组织法》之规定，大学必须包括下列各学院之三学院：文学院、理学院、法学院、教育学院、农学院、商学院、医学院（抗战后教育部改教育学院为师范学院）；不合者则设独立之学院。

[23] 十八年《改进高等教育计划》规定：“凡设有大学地方宜在大学内设专修科，不必另起炉灶多设专科学校”；惟长久未克遵行。至二十八年以后大学中始渐有设专修科者，今已甚普通矣。因省立大学为国家所夺之故此项规定不啻为对省立专科学校一重大打击也。

[24] 航空法（三十年五月三十日公布）第二十一条第一项云：“航空站及飞行场，除单用者外，国营者由交通部设置之，省营或市、县营者，经交通部核准后设置之。”

[25] 二十六年一月行政院制定《整理江湖沿岸农田水利办法》，其第四项规定：“江湖沿岸经割定界限建筑堤防后，其间空地由各该省、市政府设公营农场经营之。”

[26] 修正后第五条云：“国有林由农林部设立林区经营、管理之，必要时得委托省、市林业管理机关经营、管理。公有林由县以下地方机关或委托其他法团经管、管理之。私有林由私人经营之。”

[27] 按各种工业虽以生产为目的，然无不以营利为主旨也。

[28] 三十二年七月二十四日曾电令各省政府遵照。

[29] 三十一年六月二十二日重庆《大公报》通讯：“……抗战以来各省银行大有增加，至今已达二十四家，分布于苏浙赣豫冀鄂湘晋陕绥甘川康黔桂闽滇粤等二十一省，实收资本约为180,000,000元，但时仍有增资之举。分为省商合资，部、省、省合资，官、商合资及省府出资四种。至今闻资本多者已达二千万元，少者亦有一百万元之谱。……其中资本多者以广东省银行，江西裕民银行，福建省银行为最。以公积金计则广东湖南为最。现有各省行之总资力当以广东省为首，其余依次排列则为四川省行，湖南省行，浙江地方银行，福建省行，江西裕民银行，陕西省行，河南农工银行，甘肃省行，河北省行。以上十行之资本为39,600,000元，但以公积金、存款合计则为687,000,000元云。”

[30] 三十一年三月二十八日财政部通告称：“查各省地方银行……应以所收普通存款总额百分之二十为准备金，转存中、中、交、农四行中之一行者一案，早经本部通饬遵行并迭令催缴在案。但截至目前止，奉令缴存固属甚多，而藉词推诿，意存观望者亦属不少。……”

[31]《各省管制物价及物资实施纲要》规定云：“各省省银行应切实遵照中央颁布各种有关银行法令经营业，不得以任何方式直接或间接经营其本身以外之业务”（等七条），可见直至三十三年七月底各省省银行犹有经营金融以外之业务者也。

[32] 省政府亦可就省银行董事七人至十三人之中向财政部保荐三人至六人。

[33] 见第六章“合并行政”。

[34] 见第六章“交选行政”。

[35] 二十六年八月十二日中国国民党中央执行委员会常务委员会通过《检查书店发售违禁出版品办法》，其第一项规定：“各省、市党部或省、市政府在中央宣传部(案系于二十七年四月二十八日成立)或内政部指导之下，得随时派员检查各该地书店或书摊”，其有违禁者警告扣押出版品或拘罚发行人或经理(第三、四项)。

[36] 参见“民众团体管理”。

[37] 公布《加强管制物价办法》，内容与《方案》大体相同。

[38] 三十二年四月八日行政院公布《非常时期厂矿工人受雇解雇限制办法》，依其规定，凡受省政府管理之工、矿业工人之受雇及解雇应受省政府之管理。

[39] 初公布时规定如下：(一)市，(二)已辟之商埠，(三)省会，(四)人口在十万以上者，(五)国民政府特别指定之地区，(六)其他地区价值在三千元以上者。

[40]《非常时期人民团体组织纲领》第十项：“各种职业团体应设书记一人，以曾经特种训练合格之人员充任，必要时得由政府指派，承各该团体执行机关之命，办理事务，并负推选各该团体各种活动之责任。”

[41] 粮食、煤炭、油、盐、西药、国药、棉花、纱、绸、布、纸、冰糖、百货、五金、电料十四业。

(二) 参见“商业管理”。

[42] 三十一年六月社会部制定《人民团体职员选举通则》，其第二条规定：“人民团体职员之选举须由当地主管官署派员出席监选及指导”；第四条规定：“人民团体职员之选举，应于会员大会或会员代表大会时举行之，但区域超过县、市以上之团体，因特殊情形不能集会时，得事先呈准主管官署以通讯方式举行”；又第十条规定：“……各监选员发现各该团体有选举舞弊情事或违背法令者须于投票完毕报告主管官署核办后方得开票。”

[43] 三十三年十一月内政、社会会同命令予以废止。

[44] 凡国有公有或私有森林有下列各项需要之一者，即编为保安林：(一)预防水害、风害、潮害；(二)涵养水源；(三)防止砂土崩坏及飞砂坠石泮冰颓雪等害；(四)公众卫生；(五)航行目标；(六)便利渔业；(七)保护名胜古迹风景(《森林法》第九条)。保安林之编入或解除统由中央主管部决定但其所在地之自治团体或其关系人得向主管部申请之(第十一条)。

[45] 三十二年八月行政院水利委员会根据《水利法施行细则》制定《水权登记规则》，其第二条云：“水权登记应向县政府为之，但水源流在两县以上者应向省政府为之，在两省以上者应向行政院水利委员会为之。”又《水利法施行细则》第二十四条云：“水道流经两县以上或水权之利害关系两县以上者其水权登记由省主管机关办理之(第一项)。水道流经两省、市以上或水权之利害关系两省、市以上者其水权登记由中央主管机关办理之(第二项)。”又《水利法》第十九条云：“主管机关……认该管区域内。……”

[46] 下列各项用水免予登记：(一)家用；(二)在私有土地内挖塘或凿井汲水；(三)人力兽力或其他简易方法引水(《水利法》第三十八条)。

[47] 按命令不能拒绝，为公法之铁律，可无须另定。

[48] 二十二年十二月二日国民政府军事委员会蒋委员长电令江苏、浙江、福建、湖南、湖北、安徽、河南、陕西、甘肃、河北、山西、山东、察哈尔、绥远、宁夏、江西十六省省政府主席，自二十三年起，分别规定人民服工役之办法。

[49]《水利法》第十条：“各级主管机关为办理水利工程得向受益人民征用工役，其办法应呈经行政院之核准”。第六十一条项：“防泛紧急时主管机关为紧急处置得就地征用关于抢护必需之物品、人工，并得拆毁妨碍水流之障碍物。”《水利法施行细则》第五十一条：“水道防护岁修工程得在受益区域内征用工役，……其办法及规则由主管机关拟定呈请上级主

管机关核准后实行。”案以上规定皆为就特殊事件并特殊对象人民强制服役之规定也。

[50] 该法第十一条云:“劳动地点以其劳务之本乡、镇为限,其在本乡、镇以外有职业者,应就其职业所在地参加之。”

[51] 司法院解释,二十四年十一月三十日行政院令行:“官署以独立官署为限。县公安分局为独立官署,应为县公安局之下级机关,而县公安局之派出所则非独立官署。”

[52]《工会法》第三十七条规定:“工会对前二条(按第三十五条规定云:‘工会之选举或决议有违背法令或章程时主管官署得撤销之’,第三十六条规定云:‘工会章程有违背法令时主管官署得令其变更之’)之处分有不服时得提起诉愿,但诉愿之提起应于处分决定之日起三十日内为之。”又第四十五条第二项规定:“工会对于解散处分有不服时得于处分决定之日起三十日内提起诉愿。”

[53] 关于诉愿,只有“另处分”而无再审。二十五年三月二十日司法院解释云:“再诉愿决定,有拘束原处分及该决定官署之效力者,系指已诉愿之事实业经决定者而言。若另发生新事实,当然得由该管官署另为处分。倘仅发现新证据,在现行《诉愿法》并无再审之规定,原处分及原决定官署自仍应交其拘束。”其精神盖在维护政府也。

第五章　省财政

一　收　　入

帝政时代，中央与地方收入法律上未曾划分，故地方收入未曾确立。地方收入之确立始于民国二年。是年财政部订颁《国家税与地方税法草案》（三年修正），并令施行。依其规定，国家税与地方税应行分离，其项目如下：

国家税：

田赋；

盐税；

关税；

常关；

统捐；

厘金；

矿税；

契税；

茶税；

糖税；

渔业税。

地方税：

田赋附加税；

商税；

牲畜税；

粮米捐；

土膏捐；

油捐及酱油捐；

船捐；

杂货捐；

店捐；

戏捐；

车捐；

乐户捐；

茶馆捐；

饭馆捐；

肉捐；

鱼捐；

屠捐（按四年改称屠宰税）；

夫行捐；

其他杂税、杂捐。

此外若干新税，其时拟办者，亦予划分如下：

国家税：

印花税；

登录税；

继承税；

营业税；

所得税；

出产税；

纸币发行税。

地方税：

房屋税；

国家不课税之营业税；

国家不课税之消费税；

入市税；

使用物税；

使用人税；

营业税附加税；

所得税附加税。[1]

所谓地方税，包括省、县两级收入，其征收由省统筹，至省之收入尚未指定也。《草案》于二年、三年施行，四年改由中央统收、统支，五年以后再行分开。

惟国家与地方税源名虽划分，实际中央力量薄弱，除关、盐二税因作国债抵押由外国协助中央征收外[2]，其余一切税项，不分国家、地方，概由各省当局征收，各省所收税目，亦不以《草案》所列项目为限。各县经费依《草案》法定原由省拨付，中央经费亦由各省献解，不足之数，则举外债补充，实为一种财政"无治"状态也。各省献解中央之款，名为"解款"，其数额由中央与各省洽商后规定之，贫瘠省区清代尚须中央补助者，如云南、贵州、甘肃、新疆等，则免解献。兹将四年及五年各省"认解"数额表示于下：

省　别	数额(单位元)	省　别	数额(单位元)
四　年		五　年	
直　隶	200,000	直　隶	640,000
湖　北	1,000,000	山　东	1,227,600
江　西	2,160,000	河　南	480,000
陕　西	600,000	山　西	2,100,000
山　西	1,000,000	江　苏	5,000,000
山　东	1,200,000	安　徽	220,000
江　苏	3,000,000	江　西	2,410,000
湖　南	1,200,000	福　建	1,520,000
福　建	1,160,000	浙　江	4,260,000
浙　江	3,060,000	湖　北	1,520,000
广　东	4,200,000	湖　南	1,200,000
四　川	3,000,000	陕　西	960,000
		广　东	4,200,000

惟各省实际献解之数，常不能满足定额。例如二年各省应解之款总为32,418,530元，实际仅约5,600,000元；三年各省应解之款为29,737,013元，实解仅约14,000,000元。六年解款有直、鲁、豫、晋、苏、皖、赣、闽、浙、鄂、陕、湘、川、粤十四省，总数有18,597,864元；七年解款只直、鲁、豫、晋、苏、皖、赣、闽、浙、鄂、陕十一省，总数为12,154,864元（两年皆以赣、浙、苏三省居多）；八年至十年三年中，仅赣、浙、苏三省解款，总数只四百万元左右；十年以后各省解款几频消灭矣。五年七月十九日财政部呈大总统文云："……如各省区再将应行就地筹拨之款纷请由应解中央款内划抵，则拨款愈多即解数愈减，中央各项需要势必无以应付……"，可见中央之无力也。

四年中央鉴于各省解款常无足数，乃指定验契税、印花税、烟酒牌照税、契税增收及烟酒税增收五项收入（或谓验契税、印花税、烟酒税、烟酒牌照税、牙税五项），为解纳中央之专款，仍以各省"认领"解款数额为准，有余任省留用，不敷由省填补，五年增加田赋附加、所得税、牙税增收、厘金增收、牲畜屠宰税增收及均赋收六项收入，连前共十一项。五年以前大总统袁世凯以北洋军阀领袖之地位，半数省区，受其指挥，故专款项目得以增加，而解款数额亦见升益。袁氏推翻，割裂势成，故六年以后解款乃骤减矣。指定专款，亦于六年减为烟酒税、烟酒增加税、烟酒牌照税、牙税、矿税六项。指定专款为解款基金，乃中央一种临时挽救措施，然亦无可挽救矣。[3]

六年以后，不独各省无款解纳中央，中央自行征收之关、盐二税，反遭各省截留。广东始作其俑，川、桂、滇、黔、湘、陕、甘、辽、吉、黑、浙、苏、赣相继效尤，终至普遍各地。中央迫不得已，乃与各省妥协。就盐税论，四川与中央商定四六分收。十四年冬稽核总所与孙传芳订约，自十五年起盐税以一半归中央，一半归江苏，至十四年以前截留之盐税税款，归还中央四分之一。河北允许盐税归还，惟另由中央月拨军饷三十万元，以资交换。虽然，各省截留盐税仍年达半数以上也。中央既无税源，端赖各省悯助，于此情形之下，惟有借债度日而已。[4]故北京政府时代国家一切税收皆省所有，可谓省财政放纵时代也。

各省除侵夺中央税收外，复任意征收附加及各项苛捐杂税，至有一省之内，税捐逾百种者。财政混乱如此，各省军阀，自为祸首，然二年《草案》立法不当，亦非无因也。依《草案》规定，一切主要税源，悉属国家所有，地方无一大宗可靠之收入，失之偏矣。十二年曹锟《宪法》以关、盐、印花、烟酒、消费等税归中央，以田赋、契税等税归地方，实称改进，惜未实行耳。

国民政府成立，于十六年七月公布《划分国家收入地方收入暂行标准案》，将国家税与地方税（仍无省税、县税之分）重行划分。该项《标准案》指定下列各项收入为地方收入：田赋、契税、牙税、当税、商税、船税、房捐、屠宰税、渔业税、其他之杂捐杂税；并允许下列各项将来收入归属地方：营业税、地税、普通商业注册税、使用人税、使用物税、其他合于地方性质之收入。次年十一月二十二日国民政府接受第一次全国财政会议（同年七月一日至十日举行）之建议，将上项《暂行标准案》废除，另行公布《划分国家收入地方收入标准》。其规定划分情形如下：

现行收入：

国家收入：

盐税；

海关税及内地税；

常关税；

烟酒税；

卷烟税；

煤油税；

厘金及一切类似厘金之通过税；

邮包税；

印花税；

交易所税；

公司及商标注册税；

沿海渔业税；

国有财产收入；

国有营业收入；

中央行政收入。

地方收入：

田赋；

契税；

牙税；

当税；

屠宰税；

内地渔业税；

船捐；

房捐；

地方财产收入；

地方营业收入；

地方行政收入；

其他地方性质之收入。

将来收入：

国家收入：

所得税；

遗产税。

地方收入：

营业税；

市地税；

所得税之附加税。

二十年三月国民政府再公布《办理预算收支分类标准》（二十年十月、二十一年七月及二十二年三月先后修正），自二十一年度（七月一日起）代十七年之《标准》而施行。其划分规定如下（不分现行收入与将来收入)：

国家收入：

(子) 属于普通会计者：

一、盐税　凡盐类正、附税、捐等之各项收入均属之。

二、关税　凡关税之正、附等项收入均属之。

三、烟酒税　凡烟、酒产销、公卖费、税，洋酒税及牌照税等之各项收入均属之。[5]

四、印花税　凡普通印花、特别印花税等之各项收入均属之。

五、统税　凡卷烟、麦粉、棉纱、火柴、水泥等各种统税均属之。

六、矿税　凡矿区税等收入均属之。

七、交易所税　凡证券、物品等交易所税之收入均属之。

八、所得税　凡各种所得税收入均属之。

九、遗产税　凡遗产税收入均属之。

十、银行税　凡银行业收益税、银行兑换券发行税等收入均属之。

十一、国有财政收入　凡沙田、官产、屯卫、田地、营产、房租等收入及其他国有财产之收益等均属之。

十二、国有事业收入　凡国家经营不含营业性质之各事业(如试验事业)之出品及学校、医院等之各项收益均属之。

十三、国家行政收入　凡国家机关之诉讼罚金、注册、登记、查验证书、执照、护照等费之行政收入均属之。

十四、国有营业纯益　凡国有各种营业之纯收益均属之。

十五、协款收入　凡各省、市在地方收入内协助中央各款均属之。

十六、债款收入　凡中央募借各种借款均属之。

十七、其他收入　凡不属上列各项之国家收入均属之。

(丑) 属于营业会计者：

一、路政收入　凡关于铁路、汽车路等之各项收入均属之。

二、电政收入　凡关于电报、电话等之各项收入均属之。

三、邮政收入　凡关于邮政之各项收入均属之。

四、航业收入　凡关于航业各机关之各项收入均属之。

五、农林收入　凡关于农、林、渔、牧各机关之各项收入均属之。

六、矿业收入　凡关于矿业之各项收入均属之。

七、工业收入　凡关于工厂、局、所等机关之各项收入均属之。

八、商业收入　凡关于国家银行及其他国营商业机关之各项收入均属之。

九、其他收入　凡不属于上列各项之收入均属之。

地方收入：

（子）属于普通会计者：

一、田赋　凡地丁、漕粮、租课及其附加之各项收入均属之。

二、契税　凡不动产典、卖等之契税及其附加之各项收入均属之。

三、营业税　凡各种商业之营业税及原有之牙税、当税、屠宰税等收入均属之。

四、房捐　凡都市城镇之房捐及其附加之各项收入均属之。

五、船捐　凡船捐等项收入均属之。

六、地方财产收入　凡公有财产之各项收益均属之。

七、地方事业收入　凡经营不含营业性质各事业之各项收益均属之。

八、地方行政收入　凡地方机关之各项行政收入均属之。

九、地方营业纯益　凡地方各种营业之纯收益均属之。

十、补助款收入　凡中央补助各款之收入均属之。

十一、债款收入　凡地方募借各种债款均属之。

十二、其他收入　凡不属于上列各项之收入均属之。

（丑）属于营业会计者：

一、路政收入　凡关于路政之各项收入均属之。

二、电政收入　凡关于电话等之各项收入均属之。

三、航业收入　凡关于航业各机关之各项收入均属之。

四、农业收入　凡关于农、林、渔、牧各机关之各项收入均属之。

五、矿业收入　凡关于矿业之各项收入均属之。

六、工业收入　凡关于工厂、局、所等机关之各项收入均属之。

七、商业收入　凡关于地方银行及所营其他商业机关之收入均属之。

八、其他收入　凡不属于上列各项之收入均属之。

（地方收入各目得因各省、市实际需要情形酌量增减之）。

惟国民政府划分国地收支，实际并未贯彻，各省经征税、捐，自由如故。财政部为迁就事实计，于十七年四月十七日公布《各省财政厅管理国税规程》（第二条称："本规程为划清国家及地方权限起见按照前《划分国地收支暂行标准案办理》），将事实上各省历来征收，不肯交还中央之税项委任各省财政厅管理。其委任管理之税如下（第三条）：

（一）经常管理之税目

甲、货物税　凡厘金、统捐、包捐、产地税、销场税、落地税、茶厘捐、商捐及其他类似之税、捐均属之。

乙、茧捐

丙、煤类特税

丁、矿税

戊、铁路货捐

己、其他本部委任办理之经常收入

（二）临时管理之税目

甲、验契费

乙、房租

丙、其他本部委任办理之临时收入

然依法理，财政部委任各省财政厅管理之各项税收，应缴解国库收存，财政部再为顾全事实计，特规定："凡未经本部核准之款不得在所收国税项下动用抵解。"[6]（第九条），则经过一种形式上之请求核准手续，即可留归省用也。此项措施，纯为法律上一种掩饰，所列委任各税、捐，事实上皆为省之收入。就中又以货物税为最重要，货物税中又以厘金为主项。于全部省实际收入中，田赋与厘金为最大之项目。中央一面迁就事实，一面徐图改进。十八年一月特将厘金取销，另设特种消费税，由财政部于各省设置特派员[7]征收，其对象为糖类、织物、出厂品、油、茶、纸、锡箔、海味、木植、磁陶、牲畜（耕种用及家禽除外）、药材、漆、皮毛、大产矿产物、茧、丝、黄豆及棉花。特种消费税，实即变相厘金，特派员亦无能控制。截留盐税情形，依然如故。十九年十二月行政院通令各省省政府，作下列三项规定：

甲、盐税正、附均为国课大宗，其附税已收归中央者如湘、鄂等省，均不得移拨省库，需向由省库征收者亦应一律收归中央，以期统一盐税，藉资整理。

乙、特种消费税原系中央税收，须由中央筹设专局，方能使税法章制全国归于划一，期成良税。

丙、各省政费不敷由中央酌量各该省收支情形分别补助之。

盖可反映一种事实，即各省财政收入，仍极度自由也。二十年四月三日国民政府会议议决将特种消费取消。但名虽取消，实仍存在，二十八年二月中国国民党中央执行委员会第五届第五次全体会议通过之“第二期战时财政金融计划”有云：“自国、地收支划分，各省不得征收货物通过税，惟粤、桂、滇、湘各省尚有性质类似厘金之货物税”，此项地方货物通过税，至三十年七月七日始由国民政府明令取消，改为货物统税，由国家征收。虽然，地方截留国税暨地方苛杂，仍未表现改善。二十三、二十四、二十五诸年度国家预算岁出项目中正式列有“边省留用国税”一项，其数如下：

年　度	数额（单位元）
二十三年	38,000,000
二十四年	38,083,011
二十五年	33,650,000

此地方截留国税之铁证也。二十五年五月九日行政院训令各省，略云：地方政府创办一种事业而征收之经费，虽不名为捐税，事实上自与捐税无异，不能避免捐税之名而不受财政法令之拘束，各省市政府，遇有此种情形，必须仍照法定手续办理。此地方苛杂之铁证也。

各省收入放漫无制，影响所及，国家与市、县收入，俱无保障。因此国人生一反动心理，即取消省税而巩固市、县税是也。基此反动心理，《市组织法》（十九年五月公布）首将市收入确定[8]，惟《县组织法》（十八年六月五日公布，同年十月十日施行，十九年七月七日修正）于县财政并无规定。[9]二十四年七月二十四日国民政府公布《财政收支系统法》，中央、省、市、县收入各有规定，其他定如下：

甲、下列各税为中央税第三条：

一、关税　谓由海陆空进、出国境之货物进口税及出口税及海港之船舶吨税等。

二、货物出产税　谓盐税、矿产税及其他以法律规定之货物出产税。

三、货物出厂税　谓卷烟税、火柴税、水泥税、棉纱税、麦粉税及其他以法律规定之工厂制造品出厂税。

四、货物取缔税　谓烟税酒税及其他以法律规定之无益物品出产制造、贩卖或消费之取缔税。

五、印花税　谓交易凭证、人事凭证等证明文件依法贴用之印花税。

六、特种营业行为税　谓交易所证券及物品交易税、银行兑换券发行税及其他以法律规定之特种营业行为税。

七、特种营业收益税　谓交易所收益税、银行收益税及其他以法律规定之特种营业收益税。

乙、所得税为中央税、但中央应以其纯收入按下列标准分给省、市、县：

一、省百分之十至百分之二十；

二、市、县百分之二十至百分之三十（第四条）。

丙、遗产税为中央税，但中央应以其纯所入按下列标准分给省市县：

一、省百分之十五；

二、市县百分之二十五（第五条第一项）。

丁、营业税为省税及直隶于行政院之市税，其纯所入总额在省应以百分之三十归所属市、县；在直隶于行政院之市以百分之三十归中央（第六条）。

戊、土地税为市县税，除中央因地政机关整理土地需用经费时，得先于纯收入总额内提取百分之十外，其余纯所入总额百分之十五至四十五归省，在直隶于行政院之市以百分之十五至百分之四十五归中央。

前项应归中央或省之土地税及中央提取之整理土地经费，其总额不得超过各该市、县土地税纯所入百分之五十。

依《土地法》对于土地改良物征收之税属于市、县；但县及属于省之市应以其纯所入总额百分之十五至百分之三十归省（第七条）。

巳、下列各税为市、县税：

一、营业牌照税　谓戏馆、旅馆、酒馆、茶馆、饭馆、球房、屠宰户及其他应行取缔之营业牌照税；

二、使用牌照税　谓舟车牌照税及其他使用地方公有财产而征收之牌照税；

三、行为取缔税　谓筵席、电影、戏剧及其他应行取缔之行为按价加征之税（第八条）。

庚、凡中央税地方政府不得重征，并不得以任何名目征收附加捐费。

一切货物税均为中央税，地方政府不得在货物通过地点征收任何捐税，但因改良水陆道路，而对于通过舟车征收之使用费不在此限（第九条）。

此正式税收划分之情形也。其由省经办者仅营业税一项而已。除营业税外，省仅可分一部分之中央税及地方税纯收入之款（营业税亦须分一部与市、县）。省之财政征收权就税收而言，可谓大受约束。惟省政府以国家一级政府之资格尚有下列范围内之财政征收权：

子、各级政府经法律许可均得经营独占公用事业（第十二条第一项）。

丑、各级政府于该管区域内对于因道路、堤防、沟渠、或其他土地改良之工程而直接享受利益之不动产得征收特赋。

前项特赋之征用，不得超过各该工程直接与间接实际所费之数额……（第十四条第一及第二项）。

寅、各级政府所属下列各种事业机关或组织，对于直接享受其利益者得征收规费。但除法律另有规定外，应由该管最高行政机关核定，并应经过预算程序始得为之：

一、教育文化事业；

二、经济建设事业；

三、卫生治疗事业；

四、保育救济事业；

五、保安防灾事业；

六、保健娱乐事业。

小学教育、传染病之预防、残废之赡给及水、火灾患之救济，不得收费（第十六条）。

卯、各级政府依法律之规定得制定关于罚锾之单行规程，各公务机关及公立事业机关，经各该主管最高行政长官之核准亦得为之（第十八条）。

辰、各级政府对于所有财产孳生之物品，公务机关及事业机关或组织对于出产物品与其应用物品中之剩余或废弃物品，均得按时价售卖之，但应经各该级审计机关之同意，未得审计机关同意者，应经该管上级长官之核准（第二十条）。

巳、公务机关得售卖其公开之印刷品，其售价应以成本为标准，但关于宣传性质或有益于公民智识者得在成本以下。

为取缔人民行为之印纸，其售价得在成本以上，教育文化机关，试验场、所，监狱及其他保育、救济之处所，其出品之售价应以成本为标准，但遇必要时得在成本以下（第二十一条）。

午、各级政府对于其所有财产均得依法收取租金或用费（第二十四条）。

未、各级政府有权经常之独占公用事业，对于承揽经营者得收特许费（第二十五条）。

申、各级政府依法为信托管理时，其管理费所入应列入预算及决算（第二十六条）。

酉、各级政府所有金钱之利息，公务上或事业上获得之利润，公有营业之盈余，所受之赠与或遗赠及其他合法之收入均各为其当然收入（第二十七条）。

戌、各上级政府为求所管辖各区域间教育、文化、经济、建设、卫生、治疗、保育、救济等事业之平均发展，得对下级政府给与补助金，并得由其他下级政府取得协助金。

补助金、协助金之用途除法律另有规定外，以前项之事业为限（第四十一条）。

亥、各级政府，非依法律之规定并经立法机关之议决，不得发行公债或为一年以上之长期赊欠。

〔省、市、县政府对于外资之借赊应先经中央政府之许可。〕

〔省、市、县之立法机关得制定单行规则，限制其行政机关之借债及赊欠（第四十二条）。（按借债及赊欠形式上为收入实非收入。）〕[10]

此省收入之范围也。然于我国公营事业落后之现状下，各级政府均须以赋税为主要收入，全省经征之赋税，仅营业税一项，殆无完整之财政权矣。国人反动财政心理，盖暴露无遗。惟是法初于二十七年元旦施行，二十九年一月二十四日国民政府训令，改定自三十年一月一日施行，二十九年十一月十五日国民政府复令改俟军事结束后再行定期实施，故至今尚未生效也。《财政收支系统法》之精神即为确立中央与市、县收入并废除省税收之反动心理。该法虽未生效，其精神实先其存在，且继续发扬。市收入已于《市组织法》确定并已生效，县收入之确定尚未见诸施行。二十八年九月十九日国民政府公布《县各级组织纲要》，县收入亦正式确立。[11]市、县收入法律上虽先后确立，实际并未执行(《县各级组织纲要》仅组织上各省热烈奉行，其事业与行政部分亦即《纲要》主要部分，则仍为具文。)三十年度各省总预算书所列收入项目略举如下(略依数额多寡为次序)：

江苏：

田赋；

契税；

营业税；

战时特种营业税；

地方财产收入；

公营事业收入；

中央补助收入；

规费收入；

…………

宁夏：

营业税；

土地税；

契税；

房捐船捐驼捐；

特赋收入；

规费收入；

公营事业收入；

中央补助；

…………

山东：

营业税；

土地税；

房产税；

规费收入；

中央补助；

…………

江西：

土地税；

营业税；

规费收入；

利息及利润；

公营事业收入；

中央补助；

…………

湖南：

营业税；

田赋；

契税；

规费收入；

物品售价收入；

租金及利息利润收入；

公营事业收入；

中央补助；

…………

贵州：

田赋；

契税；

营业税；

规费税；

物品售价收入；

公营事业收入；

租金及利息、利润收入；

战时营业税；

中央补助；

…………

四川：

田赋；

契税；

营业税；

房捐；

特赋收入；

规费收入；

物品售价收入；

租金及利息、利润收入；

公私事业收入；

中央补助；

…………

湖北：

营业税；

田赋；

契税；

房捐；

规费收入；

物品售价收入；

租金及利息、利润收入；

中央补助；

…………

各省主要收入仍为民初以还传统诸项。国民政府成立以前，地方实际上主要收入厥为田赋、厘金与契税三项（截留国税不计）。厘金为各种货物通过税之总称，应属关税范围，故地方征收，实已侵犯中央税权。国民政府成立后即将厘金撤废，改为特种消费税，收归中央经征（见前），实即将厘金收入归还中央（裁厘于十九年底始完成）。厘金为各省主要收入之一，各省丧失此一主要税源，财政上影响殊甚。中央有鉴于此，并为贯彻裁厘起见，全国裁厘会议曾议决设立营业税[12]，由各省征收，以资补救，制定《各省征收营业税办法大纲》，以资办理。实行裁厘后[13]，财政部即于二十年一月一日将该项《大纲》公布，并附以补充办法。三月苏、浙、皖、鄂、湘等有实行征收，六月十三日《营业税法》公布，营业税基础乃见确立，而营业税始代厘金而为各省主要收入之一种。二十年以后各省最主要之税收即为田赋（或土地税）与营业税，次为契税及房捐，其他皆低额收入也。惟税款不敷支出甚巨，则恃债款、中央补助、公营业收入、行政收入，以资挹注。详见附二十至二十九年度各省“地方财政收支”各表暨“历年各省财政收支总表”。[14]

此实际上省收入情形也。此时市、县收入，实际上仍无保障，国人反动心理一时难以消弛，盖以抗战以后，军费浩大，国家需款迫切，不得不求增加税源，乃有三十年六月十六日第三次全国财政会议及同年八月二日之中国国民党中央执行委员会第五届第八次全体会议重要决议。该会议决议自三十年度起各省财政收支，由中央接管，并决议田赋改征实物。基此决议行政院于三十年九月公布《田赋征收通则》，由财政部于各省设田赋管理处首先正式接管地方田赋（同时实行征实）。同年十一月八日国民政府公布《改订财政收支系统实施纲要》六项，其第一项云：“全国财政收支分为国家财政与自治财政两系统（其分类依附表之规定）”，第二项云：“国家财政包含原属国家及省与行政院直辖市（除自治财政收支部分外）之一切收入支出”[15]，省财政权从此完全取消，合入国家财政权之内矣。国人反动心理至此完全见诸事实。三十一年度起国民政府公布之各省预算书中即无岁入而只有岁出，盖明示省无任何财政收入，其政费概由国库负担也。

省政府失征税之权，行政规费自仍有权征收，惟收得之款，自三十一年度以后，须缴解国库耳。举办公营业亦省政府职权以内之事，中央不能禁止，惟其收入，亦须缴解国库。[16]

取销省财政收入权纯为反动心理的极端表现，其实省为我国最高级地方行政单位，无财政收入权殊难（虽非不能）发挥其行政力量，完成其行政任务也。盼国人平心慎思之。

二 支 出

政府之职务为推行公务，推行公务必须经费，有经费则有财政，故财政实行政之工具而非独立行政也。因财政为行政工具，故行政决定支出，支出决定收入。个人财务，收入约可支配支出，政府财政，则支出支配收入矣。观政府预算支出项目及其数字，不啻公务之素描也。公务决定支出，故支出应由直接执行公务之政府决定，上级政府只可依法监督，不应越俎代庖，此必然之理也。支出决定之后，再依之以寻求收入，或自行征收，或请上级政府拨发，或责下级政府献解，均无不可也。收入不必与行政阶层配合，然支出必须与行政阶层配合也。犹若父不必收入，可责子女孝敬，但其用途则非子女可代也。又若子不必收入，由父供养之，但父亦不可代子费用也。国人意为不然，支出、收入，并题讨论，国家与地方收入划分，支出亦划分，收入合并，支出亦合并，殊未合也。

元年冬北京政府财政部公布《国地政费之标准》，专定国家与地方支出之种类。其划分如下：

国家费：

一、立法费；

二、官俸、官厅费；

三、海陆军费；

四、内务费；

五、外交费；

六、司法费；

七、专门教育费；

八、官业经营费；

九、工程费；

十、西北拓殖费；

十一、征收费；

十二、外债偿还费；

十三、内债偿还费。

地方费：

一、立法费；

二、教育费；

三、警察费；

四、实业费；

五、卫生费；

六、救恤费；

七、工程费；

八、公债偿还费；

九、自治职员费；

十、征收费。

其实，各级政府公务，皆由国家法律规定或许可，有一项公务，自有一项支出，故支出项目，无须另为列举规定也。嗣后国民政府于十六年七月《公布划分国家支出地方支出暂行标准案》，十七年十一月公布（十九年二月修正）《划分国家支出地方支出标准案》、《办理预算收支分类标准》、《财政收支系统》及《改订财政收支系统实施纲要》，其中收入与支出均一同划分。《办理预算收支分类标准》所列地方收支项目如下：

子、属于普通会计者：

一、党务费　凡关于省、市地方党务机关党务设施之各项经费均属之。

二、行政费　凡各省政府、市政府、民政厅、各县、市政府及其他关于普通政务设施之各项经费均属之。

三、司法费　凡各省高等法院、地方法院、地方监狱、各县承审员及其他关于司法机关司法设施之各项经费均属之。

四、公安费　凡各省、市保安处，公安局与其所属水陆公安队、保安队、警备队等及其他关于公安各机关公安设施之各项经费均属之。

五、财务费　凡各省财政厅，各市财政局与其所属各财务征收机关及其他关于财务机关财政设施之经费均属之。

六、教育文化收费　凡各省教育厅，各市教育局与其所属各省市立学校及其他关于地方教育、文化机关教育、文化设施之经费均属之。

七、实业费　凡各省市专管农、矿、工、商事务之机关及其所属及所营不含营业性质之各农矿工、商机关农矿工商事业之各项经费均属之。

八、交通费　凡各省市专管交通事务之机关与其所属及所营不含营业性质之各交通机关交通事业之各项经费均属之。

九、卫生费　凡各省市专管卫生事务之机关与其所属及所营卫生事业之各项经费均属之。

十、建设费　凡各省市管建设事务之机关与其所属及所营建设事业之各项经费均属之。

十一、地方营业资本支出　凡由省库或市库拨付营业资本及增加营业资本均属之。

十二、协助费　凡各省市协助中央及补助地方公私团体之各项经费均属之。

十三、抚恤费　凡由省库或市库发给文武官吏、兵警等之各项抚恤金均属之。

十四、债务费　凡各省市所负不属营业之合法债务之偿还费均属之。

丑、属于营业会计者：

一、路政支出　凡关于路政之各项支出均属之。

二、电政支出　凡关于电话等之各项支出均属之。

三、航业支出　凡关于航业机关之各项支出均属之。

四、农业支出　凡关于农、林、渔、牧机关之各项支出均属之。

五、矿业支出　凡关于矿业之各项支出均属之。

六、工业支出　凡关于工厂、局、所等机关之各项支出均属之。

七、商业支出　凡关于地方银行及所营其他商业机关之支出均属之。

各省市情形不同，上列各项支出分类得依据事实酌量增减之。

《财政收支系统法》“附表二”所列省支出凡十七项如下：

一、政权行使支出　省公民及其代表对于省行政政权由省库之支出均属之，在训政时期中国国民党行使政权由省库之支出亦属之。

二、行政支出　省政府及所属各机关之各项支出除另有科目列举者外均属之。

三、立法支出　省参议会之各项支出均属之。

四、教育及文化支出　关于教育、学术、文化等之省事业及补助之支出均属之。

五、经济及建设支出　关于经济、交通、实业、劳工、建设等省事业及补助之支出均属之。

六、卫生及治疗之支出　关于卫生、保健、防疫、医药等之省事业及补助之支出均属之。

七、保育及救济支出　关于育幼、养老、救灾、恤贫、赡给残废及其他救济事业之省事业及补助之支出均属之。

八、营业投资维持之支出　省政府自办或合办之营业投资及亏空填补之支出均属之。

九、保安支出　关于省保安水陆警察，消防等组织及其设备供给补助之支出均属之。

十、移垦支出　关于开垦移垦之省事业及补助之支出均属之。

十一、财务支出　省所属办理公帑收支管理及省公债募集偿还等特种公务机关之支出均属之。

十二、债务支出　省债募及赊借等债务之还本、付息及其折扣、申溢之支出均属之。

十三、公务人员退休及抚恤支出　省公务机关及事业机关或组织人员之退休金及抚恤金支出均属之。

十四、损失支出　省各机关于货币、票据、证券之兑换、买卖损失及其他损失之支出均属之。

十五、信托管理支出　省代管及代办事项之支出均属之。

十六、普通协助及补助支出　省协助中央及补助下级地方未经明定其用途之支出均属之。

十七、其他支出　省依法应为之其他支出均属之。

以上两种分类以《分类标准》所规定较为简单而具弹性。然《财政收支系统法》"附表二"中各级政府各有支出项目，考诸各级政府各有不同公务，则较《分类标准》合并省、市、县支出为地方支出为合理也。《财政收支系统法》，未克施行，各省支出分类，皆以《分类标准》为据。《财政收支系统实施纲要》公布后，自三十一年度起省支出与省收入同并于国家支出与国家收入之中，其项目如下：

一、政权行使支出；

二、国务支出；

三、行政支出；

四、立法支出；

五、司法支出；

六、考试支出；

七、监察支出；

八、教育及文化支出；

九、经济及建设支出；

十、卫生及治疗支出；

十一、保育及救济支出；

十二、营业投资及其维持之支出；

十三、国防支出；

十四、保安支出；

十五、外交支出；

十六、侨务支出；

十七、移殖支出；

十八、财务支出；

十九、债务支出；

二十、公务员退休及抚恤支出；

二十一、损失支出；

二十二、信托管理支出；

二十三、补助支出；

二十四、其他支出。

夫中央政府与省政府执行之公务各不相同，合并支出，殊不合理也。

以上列支出大项目编制预算时大项目之下尚有细目，每一细目标一公务支出。细目可由各省自拟，不受法律限制。惟各省预算成立后，多不能依照规定项目支用，常不免挪移亏虚，以致正当公务不克办理。因此，法令对于各省支出，每予指定，或对某项公务之经费予以保障。例如九年实施所得税，即定其收入为教育及实业费用。二十年五月九日行政院公布《地方教育经费保障办法》，规定："自民国二十年起各项新增地方捐税由省、市政府酌定提留若干成作为地方教育经费"（第二项），并"现有教育经费必须用于教育事业，无论何人及何项机关均不得挪借或移作他用"（第四项）。《各地方救济院规则》[17]规定救济院基金无论何项情形，不得移作他用。二十五年九月九日教育部分布《实施失学民众补习教育办法大纲施行细则》,其第二十二条规定:“实施失学民众补习教育经费应……在省、市教育经费项下及在省、市总收入项下提出若干成指定专款充之。”二十八年一月十六日行政院公布《各省市县禁烟专款管理通则》,以下列各项收为禁烟专款:(一)禁烟、禁毒法规配拨之禁烟照证费,禁烟、禁毒罚金及没收财产之变价;(二)由禁烟督察处划拨之禁烟、戒烟补助费;(三)其他禁烟收入(第二条);并规定禁烟专款“绝对不准挪移”(第八条)。二十九年九月教育部训令各省教育厅自三十年度起各省应于经常费预算中列入收音经费。三十年九月九日国民政府公布《国民体育法》,规定:“国民体育实施之经费应列入各级政府预算”(第八条)。三十二年九月二十九日国民政府公布《社会救济法》,规定:“救济事业经费应列入中央及地方预算”(第四十四条),并“救济经费不得移作他用”(第四十八条)。凡此种规定,均意在保障某一公务之执行,则于各项公务显有轩轾厚薄,非为政之道也。类乎此者,《财政收支系统法》第四十九条云:

教育、文化、经济、建设、治疗、保育、救济、经费……总额,其最低限度在中央不得少于其总预算额百分之三十,在省区或市、县不得少于其总预算总额百分之六十。

夫各项公务,自有其客观上最低执行之限制及最低所需之经费,固不必于数字上为强制与不自然之限定也。其实,省支出项目亦可不必规定,因为有一公务,则有一支出,公务皆由法律规定,是支出项目乃自然产生非可另行规定者也。上述种种情形,实国人未了然于公务与财政之性质所致也。

关于各省实际支出情形,见附《历年各省财政收支总表》及《各省历年度支出总额比较表》。

(二十至二十九年度各表见国民政府《统计月报》第六十七及六十八号合刊;三十及三十一年度两表见三十年七月《国民政府年鉴》。)

各省地方财政收支（民国二十年度）单位国币元

	项目	江苏	浙江	安徽	江西	湖北	湖南	河北	山东	河南	陕西	甘肃	青海	广东	宁夏	察哈尔
岁入	(1) 总计	20,534,064	32,598,929	3,398,989	4,471,207	24,418,603	16,903,605	18,461,969	21,498,770	9,918,184	13,787,334	4,812,808	887,754	59,937,978	2,534,116	5,342,286
	(2) 田赋	7,314,595	6,776,687	2,626,117	2,679,128	1,625,786	2,680,012	6,057,217	14,498,454	4,988,528	4,389,960	1,145,242	254,186	4,478,513	1,386,582	327,716
	(3) 契税	5,917	731,852	318,648	114,462	835,776	836,951	1,774,845	2,000,046	—	210,904	31,044	—	2,409,806	—	219,016
	(4) 营业税	1,444,024	3,231,076	685,375	167,534	1,342,784	758,333	4,651,586	1,914,188	1,213,446	375,384	89,566	—	3,153,003	42,606	199,258
	(5) 房捐	244,024	—	—	—	748,553	221,118	138,833	—	—	—	—	—	33,883	—	—
	(6) 车船捐	—	172,212	—	—	—	59,622	809,317	—	—	—	—	—	193,936	—	
	(7) 地方财产收入	2,900	38,105	355,902	11,726	563,597	25,861	—	114,942	9,337	—	2,444	—	142,313	—	161,539
	(8) 地方事业收入	24,977	69,398	2,532	41,348	—	298	33,492	90,995	465	—	—	—	79,197	—	—
	(9) 地方行政收入	529,363	686,753	386,245	77	77,691	107,545	—	742,027	23,942	—	—	—	577,932	—	207,430
	(10) 地方营业收入	223,560	60,000	526,264	61,522	773,230	15,000	1,200,188	685,192	57,636	—	13,075	—	—	—	—
	(11) 补助款收入	1,600,025	505,009	1,294,000	247,389	8,016,000	800,000	—	—	250,000	—	—	—	—	—	233,622
	(12) 债款收入	309,432	—	473,316	467,529	926,689	—	—	—	—	2,543	—	—	5,473,931	—	—
	(13) 其他收入	8,313,723	18,579,242	1,638,101	1,608,676	10,115,090	9,858,003	3,496,647	1,304,920	3,221,137	8,808,593	3,423,862	527,405	29,568,509	557,945	3,350,301
	(14) 经收国家各款	—	1,688,613	42,450	211,856	—	1,545,360	58	—	164,600	—	107,575	76,181	11,826,005	347,889	943,910

续表

	项　目	江　苏	浙　江	安　徽	江　西	湖　北	湖　南	河　北	山　东	河　南	陕　西	甘　肃	青　海	广　东	宁　夏	察哈尔
岁出	(1) 总计	20,453,810	32,560,337	8,489,483	4,460,370	24,466,265	13,908,751	18,195,331	22,896,693	10,150,441	14,495,664	4,553,673	1,490,680	54,939,967	2,715,084	5,435,931
	(2) 党务费	202,404	185,700	570,441	217,683	232,966	362,486	313,367	1,000,515	612,702	147,900	90,227	27,330	1,396,191	67,147	81,600
	(3) 行政费	174,227	1,577,044	1,595,253	940,121	2,421,661	2,051,754	3,480,584	4,101,641	1,758,718	1,711,254	383,025	313,707	3,302,806	237,090	539,554
	(4) 司法费	1,214,471	1,233,988	530,200	285,889	1,273,319	750,863	1,486,672	2,318,318	727,950	259,869	86,716	38,593	1,406,970	76,200	193,335
	(5) 公安费	3,669,264	3,240,316	2,524,396	1,198,587	5,911,036	1,833,847	432,371	3,629,434	2,203,805	1,339,994	541,566	—	84,324	49,840	458,309
	(6) 财务费	991,106	370,723	734,101	170,475	1,888,723	935,255	628,848	1,156,949	906,923	236,624	489,623	113,840	2,337,435	145,085	417,669
	(7) 教育文化费	3,232,611	1,420,459	917,998	115,138	2,821,735	1,390,055	3,194,538	2,418,063	520,607	454,229	266,829	91,974	2,038,998	95,680	289,721
	(8) 卫生费	41,775	54,140	—	—	198,004	63,995	2,785	—	35,313	810	—	—	—	4,933	
	(9) 实业费	531,060	21,310	—	—	96,729	133,461	338,842	614,834	184,692	—	11,819	—	551,513	—	26,462
	(10) 交通费	—	—	—	—	281,053	838,256	—	—	—	59,817	699	—	489,268	—	—
	(11) 建设费	1,495,847	540,637	1,092,661	139,365	1,031,556	14,348	1,253,033	1,685,583	824,966	563,848	38,045	46,377	2,000,762	53,243	76,328
	(12) 地方营业费	10,000	—	—	198,199	104,349	238,714	—	588,702	77,552	—	94,607	—	—	—	6,084
	(13) 协助费	1,316,879	993,930	—	19,598	162,446	44,043	430,888	330,000	—	—	—	—	112,895	—	176,057
	(14) 抚恤费	—	216,588	—	15,850	—	—	—	—	—	—	1,620	—	—	—	666
	(15) 债务费	363,662	4,022,916	81,289	695,734	747,494	—	502,118	—	40,000	6,922	—	—	8,539,042	—	—
	(16) 省支军费	—	—	—	—	—	—	6,032,433	1,774,762	520,157	8,883,962	2,071,318	791,639	—	1,990,829	2,698,006
	(17) 其他支出	5,200,508	15,262,601	319,617	731,771	6,962,185	7,891,742	1,530,937	1,208,000	1,703,000	801,245	498,407	51,259	32,910,582	—	208,304
	(18) 经付国家各费	—	—	104,669	21,460	—	—	10,103	—	3,151	—	7,862	16,000	59,291	6,000	167,859

各省地方财政收支(民国二十一年度)

	项目	江苏	浙江	安徽	江西	湖北	湖南	河北	山东	河南	陕西	甘肃	青海	广东	宁夏	察哈尔
岁入	(1) 总计	23,289,957	42,863,698	10,798,678	16,644,217	23,333,953	24,453,335	24,315,194	24,714,196	12,943,745	13,543,946	5,787,321	2,127,071	57,203,493	3,251,201	3,719,960
	(2) 田赋	9,503,743	9,513,480	3,553,368	4,158,946	644,128	3,631,650	5,782,218	14,883,092	6,753,661	3,733,249	1,384,053	390,316	4,300,482	2,137,015	237,695
	(3) 契税	17,503	884,721	401,185	148,419	335,424	1,026,643	1,932,487	3,274,486	—	347,776	33,893	—	2,937,384	—	59,098
	(4) 营业税	2,771,820	4,172,003	1,311,541	524,291	2,544,212	1,022,483	5,439,998	2,284,246	1,512,859	634,232	160,611	—	2,748,585	47,191	114,925
	(5) 房捐	285,157	—	—	—	893,417	253,286	—	284,618	—	—	—	—	29,243	—	—
	(6) 车船捐	—	—	61,087	89,233	—	67,310	45,936	—	—	—	—	—	411,355	—	
	(7) 地方财产收入	—	54,046	158,210	7,810	820,644	46,144	648,004	83,350	75,379	—	17,535	—	326,461	50	41,589
	(8) 地方事业收入	22,435	20,579	27,432	29,529	3,553	13,343	—	157,461	413	—	—	—	67,794	—	—
	(9) 地方行政收入	589,167	1,005,764	105,115	41	376,887	725,427	57,905	1,571,574	67,486	—	52	—	441,491	204,799	46,256
	(10) 地方营业收入	109,581	60,000	226,756	71,375	1,326,164	184,557	—	1,394,469	234,237	—	—	—	—	—	—
	(11) 补助款收入	1,346,880	—	690,000	1,843,676	7,630,600	170,000	1,195,407	—	458,588	—	—	—	—	—	120,570
	(12) 债款收入	473,850	—	26,579	534,000	1,631,929	—	—	—	354,522	—	—	—	1,458,996	—	—
	(13) 其他收入	8,205,821	25,541,762	1,943,636	5,347,215	7,577,595	14,992,455	9,213,237	754,083	2,433,093	8,828,629	4,131,822	1,617,914	27,958,831	518,147	2,889,486
	(14) 经收国家各款	—	1,613,384	2,273,763	3,962,682	—	2,320,657	—	24,817	1,654,267	—	59,655	118,778	6,502,961	333,548	210,343

续表

	项 目	江 苏	浙 江	安 徽	江 西	湖 北	湖 南	河 北	山 东	河 南	陕 西	甘 肃	青 海	广 东	宁 夏	察哈尔
岁出	(1) 总计	23,284,719	43,123,443	10,708,070	16,532,133	23,885,988	2,445,992	24,866,182	24,036,475	12,372,132	13,611,185	6,227,216	1,516,115	53,733,206	3,377,901	3,763,142
	(2) 党务费	186,610	168,112	479,586	659,339	286,966	634,411	415,082	911,889	517,877	129,882	58,363	29,214	1,092,315	46,555	38,516
	(3) 行政费	2,061,110	1,472,863	2,320,073	2,715,754	2,130,625	2,602,013	7,484,261	3,887,037	1,971,304	1,670,839	389,000	265,152	4,586,568	259,523	248,168
	(4) 司法费	1,330,628	1,035,996	1,057,546	650,713	979,614	1,125,200	1,391,221	2,162,871	830,798	200,442	87,226	30,366	1,413,357	66,602	87,275
	(5) 公安费	3,277,951	4,417,256	2,168,680	1,104,593	7,161,485	3,024,052	559,254	3,667,172	2,023,893	4,072,949	153,333	—	—	46,217	170,827
	(6) 财务费	1,419,351	981,605	831,017	37,363	1,032,441	1,406,497	835,180	1,764,987	923,416	177,172	340,792	133,336	1,401,691	82,962	169,351
	(7) 教育文化费	4,262,735	1,775,633	1,628,793	3,611,238	2,827,765	2,554,039	3,738,567	2,690,621	376,686	592,242	419,083	102,704	2,264,435	74,052	168,651
	(8) 卫生费	41,143	83,956	—	—	102,119	207,994	2,971	—	47,238	58,651	—	—	—	—	11,296
	(9) 实业费	395,724	8,920	153,971	824	372,518	388,640	236,881	601,334	124,384	—	4,899	1,846	755,515	—	14,882
	(10) 交通费	—	1,820	—	—	9,478	282,201	52,658	—	—	81,471	3,192	—	348,868	—	2,100
	(11) 建设费	1,451,814	1,211,331	372,723	780,852	587,526	163,925	520,311	1,746,687	1,259,442	349,804	46,846	78,751	3,450,241	59,099	20,463
	(12) 地方营业费	—	47,430	484,733	659,218	322,911	—	—	1,303,925	542,165	—	90,027	—	—	—	5,822
	(13) 协助费	650,198	680,770	—	38,273	136,524	456,710	755,246	360,000	54	—	—	—	4,425,727	—	63,047
	(14) 抚恤费	—	294,770	—	16,559	—	23,667	—	—	—	—	437	—	—	—	271
	(15) 债务费	524,173	3,898,831	1,158,087	1,192,933	1,012,043	—	314,379	35,799	362,540	—	8,534	—	5,682,235	—	—
	(16) 省支军费	—	—	—	—	—	—	5,452,535	739,027	1,105,063	5,276,816	4,431,791	842,664	—	2,698,750	1,601,655
	(17) 其他支出	2,385,532	27,094,158	179,264	4,913,502	6,746,943	11,583,553	8,079,393	4,171,128	2,270,683	1,000,917	190,693	32,722	25,407,045	3,171	1,134,617
	(18) 经付国家各费	—	—	63,542	50,632	—	—	27,443	—	16,639	—	—	9,330	1,901,209	40,970	28,307

各省地方财政收支(民国二十二年度)

	项目	江苏	浙江	安徽	江西	湖北	湖南	河北	山东	河南	陕西	甘肃	青海	广东	宁夏	察哈尔
岁入	(1) 总计	27,769,787	31,286,968	11,479,463	19,837,344	25,040,657	10,668,782	25,568,476	23,371,178	15,622,621	13,392,128	6,571,642	1,455,808	64,734,686	3,603,475	2,432,970
	(2) 田赋	10,513,654	8,355,432	3,871,592	3,823,943	1,608,081	2,313,355	4,512,426	14,495,289	6,958,153	3,608,349	1,317,304	242,803	3,482,493	1,451,787	51,482
	(3) 契税	—	620,579	328,998	165,313	949,662	274,356	1,487,663	2,365,593	2,328,721	151,808	17,691	—	1,519,807	4,697	17,660
	(4) 营业税	3,743,157	3,902,588	1,233,275	333,079	3,746,737	659,568	3,274,533	2,463,596	1,701,369	648,890	1,403,468	—	4,955,672	9,509	75,730
	(5) 房捐	—	—	381,126	—	640,276	98,609	—	337,761	—	—	—	—	21,932	—	—
	(6) 车船捐	—	—	140,192	66,392	—	32,689	—	—	—	—	—	—	317,720	—	—
	(7) 地方财产收入	1,164,597	189,832	108,213	—	813,431	116,425	320,138	192,938	46,989	—	21,683	—	84,808	—	7,944
	(8) 地方事业收入	102,461	21,043	76,300	28,494	599,910	39,798	—	310,203	162,293	—	—	—	100,544	—	—
	(9) 地方行政收入	577,040	822,363	165,977	7,184	320,524	439,630	50,536	542,612	54,199	—	60,456	—	515,772	43,769	21,341
	(10) 地方营业收入	151,085	180,000	311,574	1,177,194	119,886	243,613	185,321	592,323	26,159	—	—	—	—	—	—
	(11) 补助款收入	839,238	—	2,579,481	3,875,958	7,775,560	—	1,836,039	—	—	—	41,088	—	—	—	96,456
	(12) 债款收入	—	830,104	1,846,510	—	1,911,529	73,077	—	—	—	—	1,026,661	—	2,140,936	—	—
	(13) 其他收入	10,618,665	14,815,842	349,125	8,407,860	6,517,119	4,603,029	13,907,816	1,969,445	4,294,528	8,678,681	301,273	1,110,887	47,840,219	745,702	1,913,693
	(14) 经收国家各款	—	1,559,182	—	1,419,126	—	1,277,221	—	87,760	—	—	2,672,928	102,122	3,954,358	348,611	298,659

续表

项目		江苏	浙江	安徽	江西	湖北	湖南	河北	山东	河南	陕西	甘肃	青海	广东	宁夏	察哈尔
岁出	(1) 总计	27,507,989	31,241,756	11,481,475	19,399,481	25,201,653	11,225,091	25,945,469	23,736,045	15,513,363	12,909,000	5,793,281	1,309,002	59,518,562	3,848,597	3,016,817
	(2) 党务费	174,660	196,945	236,600	463,905	196,535	458,736	327,573	916,100	135,484	211,424	104,442	22,898	990,117	35,003	7,836
	(3) 行政费	3,180,762	1,571,487	2,545,092	2,223,735	3,223,926	2,092,058	2,776,567	5,533,236	2,746,925	1,906,516	737,754	249,457	5,311,111	229,077	255,044
	(4) 司法费	1,993,141	895,936	1,078,426	599,104	1,712,225	1,236,110	1,210,270	2,027,794	1,016,746	356,531	171,206	22,403	1,220,927	86,787	59,662
	(5) 公安费	4,455,636	2,655,146	2,404,216	2,728,662	3,484,544	2,143,059	3,290,483	3,637,582	1,909,786	—	267,099	—	—	75,253	235,203
	(6) 财务费	1,264,151	730,367	615,619	441,480	1,411,920	2,299,539	530,261	1,362,001	689,777	293,934	423,633	92,074	2,288,482	72,507	199,379
	(7) 教育文化费	4,374,769	1,492,933	1,446,775	1,900,540	3,067,368	2,678,095	3,609,454	3,841,541	2,963,511	936,516	527,605	79,401	3,660,954	89,833	132,681
	(8) 卫生费	68,901	65,448	49,757	—	82,732	193,946	34,127	—	36,344	90,826	3,076	—	—	—	17,229
	(9) 实业费	143,421	3,000	143,676	—	153,893	532,545	280,008	499,202	20,178	—	14,431	—	819,971	—	5,714
	(10) 交通费	—	—	56,193	—	576,862	382,628	24,918	—	—	73,975	21,140	—	436,424	67,935	—
	(11) 建设费	1,804,195	1,020,174	338,741	289,812	1,808,288	344,709	365,552	1,203,217	1,169,528	458,617	151,578	41,098	9,752,913	94,538	16,883
	(12) 地方营业费	50,000	2,000,000	330,010	4,424,126	193,391	—	—	654,563	17,159	—	94,896	—	—	—	54,212
	(13) 协助费	1,171,201	532,872	—	163,734	77,156	340,692	—	451,600	—	—	41,688	—	3,799,917	—	—
	(14) 抚恤费	12,440	60,543	10,101	40,963	18,880	740	7,626	6,717	25,766	—	3,986	—	—	—	20
	(15) 债务费	3,024,875	3,028,445	946,912	1,673,981	1,720,554	146,241	77,368	—	522,837	—	453,332	—	8,148,028	—	—
	(16) 其他支出	5,789,807	17,588,770	1,165,789	4,449,145	7,370,442	1,358,624	11,819,731	3,753,830	3,481,981	1,206,823	2,778,643	79,796	20,338,804	133,826	950,557
	(17) 经付国家各费	—	—	77,582	—	185,855	—	1,891,588	837,382	1,040,347	7,659,968	—	720,875	4,763,344	2,793,869	1,172,327

各省地方财政收支(民国二十三年度)

	项目	江苏	浙江	安徽	江西	湖北	湖南	河北	山东	山西	河南	陕西	甘肃	青海	福建	广东	广西	宁夏
岁入	(1) 总计	23,244,865	47,998,840	12,372,692	27,175,331	28,108,002	15,272,511	36,064,068	23,038,585	10,614,273	14,918,570	15,501,000	8,839,229	1,153,775	13,740,194	82,042,175	26,788,135	3,472,280
	(2) 田赋	5,526,960	5,581,007	31,911,623	3,218,466	1,580,016	3,048,355	5,525,000	4,440,929	5,350,977	8,773,217	4,157,145	2,423,339	374,743	308,120	5,924,690	1,806,881	285,267
	(3) 契税	762,952	573,101	932,814	138,692	822,906	403,401	2,435,705	3,396,597	1,420,895	—	185,261	64,486	11,227	193,381	1,472,941	223,003	1,251
	(4) 营业税	2,336,272	4,139,835	1,512,691	749,280	3,064,704	1,073,476	4,909,996	2,429,629	2,614,168	1,710,860	728,962	2,285,784	—	3,324,242	9,291,912	208,899	435,491
	(5) 房捐	—	—	187,585	—	100,513	309,277	—	258,372	—	—	—	—	—	280,942	20,725	—	19,812
	(6) 车船捐	—	—	303,527	37,413	—	48,069	72,782	—	123,737	—	—	—	—	—	235,925	55,491	25,858
	(7) 地方财产收入	200,472	205,163	198,128	867	825,753	367,992	158,215	180,389	5,030	15,540	—	87,849	—	8,977	517,792	166,161	319
	(8) 地方事业收入	453,333	—	56,538	160,092	8,330	39,652	12,487	162,446	1,001	18,330	—	—	—	—	414	35,305	—
	(9) 地方行政收入	697,043	479,374	216,323	88,668	85,742	425,497	87,607	421,227	52,221	—	—	80,502	—	—	1,051,987	13,655,253	40,724
	(10) 地方营业收入	—	180,000	237,074	3,195,937	2,464,331	396,677	—	217,892	—	—	—	—	—	—	—	362,627	—
	(11) 补助款收入	1,802,161	4,000	2,162,939	8,689,150	7,430,000	1,121,328	1,196,121	—	109,109	—	—	202,567	—	3,354,550	—	37,454	70,700
	(12) 债款收入	1,007,802	990,719	1,944,190	2,825,000	1,306,539	10,422	2,028,131	550,000	—	—	5,785,607	645,800	—	514,235	3,454,615	350,923	—
	(13) 其他收入	4,357,810	34,046,636	1,343,260	8,056,816	10,418,398	7,434,919	19,638,041	871,122	937,786	6,216,417	6,641,545	1,324,808	701,705	5,754,221	50,539,300	7,737,818	1,908,820
	(14) 经收国家各款	—	1,785,005	—	—	—	398,466	—	—	—	—	—	2,017,096	56,332	—	1,080,713	2,286	666,808

续表

	项目	江苏	浙江	安徽	江西	湖北	湖南	河北	山东	山西	河南	陕西	甘肃	青海	福建	广东	广西	宁夏
岁出	(1) 总计	23,298,995	47,986,512	12,314,086	27,702,742	27,956,837	15,272,438	35,201,912	22,673,272	12,702,911	12,939,323	15,893,729	7,715,223	1,307,443	13,766,281	60,032,108	17,259,557	3,334,201
	(2) 党务费	200,060	205,070	166,188	256,676	157,238	534,411	340,725	925,200	9,200	137,092	224,222	227,288	19,792	233,281	1,657,755	99,359	31,000
	(3) 行政费	2,729,278	3,847,960	2,245,389	2,402,345	2,769,762	2,580,590	2,476,226	3,989,695	1,067,062	2,505,505	1,607,710	1,068,737	281,863	713,047	7,629,218	3,221,641	282,942
	(4) 司法费	1,967,766	847,516	1,089,058	617,314	1,716,620	1,208,941	9,223,123	2,010,917	293,595	961,104	377,516	236,374	21,208	287,808	1,608,540	1,167,991	73,647
	(5) 公安费	3,207,865	3,417,282	2,265,455	6,152,341	2,629,863	2,151,039	5,147,901	5,274,875	256,783	1,705,239	2,424,329	283,583	16,207	3,070,948	—	3,249,816	173,403
	(6) 财务费	1,253,412	797,186	661,982	537,677	1,021,290	1,631,260	1,626,169	1,027,002	374,087	365,660	345,484	555,763	70,742	348,412	4,394,738	1,878,222	204,983
	(7) 教育文化费	300,054	2,500,188	1,709,115	2,192,656	2,579,968	2,559,455	3,498,556	2,573,141	1,173,988	22,461	1,485,502	641,460	193,896	185,795	4,938,524	2,442,781	135,513
	(8) 卫生费	60,123	55,659	12,602	—	51,592	233,785	146,629	—	67,330	38,134	215,087	5,912	18,834	—	—	250,320	501
	(9) 实业费	—	—	166,718	151,747	137,118	595,276	283,965	610,552	07,314	246,789	104,223	17,719	—	—	1,118,436	1,262,369	28,875
	(10) 交通费	—	—	97,390	—	132,169	80,411	22,303	—	—	—	828,284	16,610	17,476	—	425,480	66,511	17,788
	(11) 建设费	2,662,380	2,381,337	322,693	381,456	2,658,934	328,118	1,491,176	1,478,706	133,153	979,207	1,211,621	168,680	19,400	181,194	1,154,764	—	166,731
	(12) 地方营业费	150,000	—	313,406	4,695,937	2,243,196	—	—	38,051	—	180,600	100,750	264,350	5,685	—	—	2,512,933	—
	(13) 协助费	248,699	397,822	—	273,580	51,404	215,410	1,968,630	349,780	57,806	682,948	5,568,225	81,372	5,540	2,544,449	1,677,840	372,275	1,870
	(14) 抚恤费	22,494	70,140	16,295	45,632	17,725	—	31,545	1,310	5,448	11,128	30,920	32,775	—	34,990	—	1,572	1,102
	(15) 债务费	7,267,202	4,581,815	1,697,711	3,286,032	2,225,926	29,688	966,308	589,416	140,172	705,004	399,642	135,957	—	725,089	16,065,596	280,487	—
	(16) 省支军费	—	—	7,885	—	172,236	133,628	—	—	8,630,718	—	—	3,900,329	727,813	—	—	—	2,571,762
	(17) 其他支出	3,029,124	28,904,557	1,479,388	6,706,349	5,403,796	2,970,446	15,978,854	3,758,829	419,531	4,368,997	969,214	52,251	33,827	5,437,552	33,961,819	325,292	240,329
	(18) 经付国家各费	—	—	62,811	—	—	—	—	—	—	—	—	—	1,680	3,200	861,986	—	30,039

各省地方财政收支(民国二十四年度)

	项目	江苏	浙江	安徽	江西	湖北	湖南	河北	山东	山西	河南	陕西	甘肃	福建	广西	宁夏
岁入	(1) 总计	48,662,758	33,127,038	13,751,542	25,567,830	24,506,759	121,820,639	126,540,358	124,247,342	9,332,822	22,022,371	17,190,124	6,952,404	19,308,562	26,103,769	6,148,523
	(2) 田赋	7,163,652	7,880,778	3,486,165	5,589,413	1,500,159	103,069,978	4,995,556	113,941,867	4,876,146	6,848,663	4,728,154	1,404,548	642,565	2,120,813	2,552,253
	(3) 契税	1,653,148	643,015	1,220,567	196,821	737,205	68,991	2,309,626	3,017,060	758,622	3,242,885	481,336	80,771	214,711	312,471	5,359
	(4) 营业税	4,135,131	3,850,566	1,376,736	1,299,846	2,766,539	969,958	4,316,882	2,775,768	4,433,054	1,641,472	1,062,905	2,208,796	3,677,464	2,799,393	558,296
	(5) 房捐	—	—	30,011	—	—	222,265	—	491,054	—	—	—	—	373,790	—	19,606
	(6) 车船捐	—	—	252,377	20,886	—	28,938	51,560	—	67,216	—	—	—	—	42,358	86,592
	(7) 地方财产收入	301,851	368,372	96,906	558	758,208	126,095	26,276	8,127	6,956	47,124	—	25,876	14,722	422,411	383
	(8) 地方事业收入	798,660	6	17,992	684,011	907	71,133	97,153	195,348	10	6,722	—	—	—	121,037	—
	(9) 地方行政收入	722,085	732,170	1,321,501	58,134	53,317	1,481,992	84,428	1,001,675	70,267	10,504	—	41,062	—	16,359,371	44,912
	(10) 地方营业收入	—	—	155,992	771,057	1,370,187	219,641	—	404,774	—	656,665	—	—	—	355,549	—
	(11) 补助款收入	1,844,745	207,862	2,261,999	2,945,534	3,600,000	1,580,509	1,292,038	—	82,538	1,241,174	—	1,002,086	4,179,462	129,008	214,100
	(12) 债款收入	11,312,316	1,281,521	1,600,600	2,400,000	1,771,101	3,558,256	1,509,859	1,250,000	—	—	449,824	744,301	1,681,192	367,577	—
	(13) 其他收入	15,731,159	16,021,331	1,471,216	11,589,621	12,949,046	9,623,478	111,873,859	111,669	67,953	8,021,162	5,761,348	547,450	8,534,656	9,673,763	1,726,612
	(14) 经收国家各款	—	2,101,612	—	—	—	—	—	—	—	—	4,706,757	3,897,494	—	—	914,510

续表

项目		江苏	浙江	安徽	江西	湖北	湖南	河北	山东	山西	河南	陕西	甘肃	福建	广西	宁夏
岁出	(1) 总计	43,093,054	32,975,586	13,723,775	25,480,761	24,536,768	121,826,681	126,673,258	24,897,550	13,347,793	24,792,546	18,453,040	9,892,272	19,216,271	22,279,290	5,412,713
	(2) 党务费	197,880	201,569	187,293	240,456	123,305	362,823	74,806	476,950	11,040	112,008	223,329	210,892	2,121,464	98,955	43,191
	(3) 行政费	2,824,627	2,318,269	1,588,444	3,134,489	2,267,119	2,44,486	2,303,529	4,065,911	1,157,986	3,335,900	1,587,690	1,111,249	1,195,667	3,819,599	351,554
	(4) 司法费	2,418,347	972,538	990,473	829,926	1,462,241	101,135,065	1,322,030	2,242,709	320,346	1,096,779	583,606	247,428	353,340	1,450,259	73,420
	(5) 公安费	3,378,122	2,840,746	2,456,709	5,138,871	1,437,468	1,736,899	1,823,303	5,767,262	254,189	1,715,459	3,175,605	325,385	3,297,446	2,962,733	605,645
	(6) 财务费	1,369,908	728,946	731,507	770,500	945,555	2,279,369	1,648,685	1,624,612	397,778	693,924	917,622	540,671	256,980	2,701,216	56,434
	(7) 教育文化费	2,183,974	2,194,899	1,357,716	33,042	2,096,460	2,493,974	3,103,819	2,852,647	1,142,434	3,286,173	1,530,727	844,000	1,154,019	3,240,084	213,310
	(8) 卫生费	117,782	88,585	17,612	191,608	—	209,041	5,506	—	74,395	32,560	367,167	12,025	—	473,624	—
	(9) 实业费	—	—	240,485	125,900	127,915	451,478	219,172	558,939	42,059	107,280	590,073	14,145	—	2,442,910	4,051
	(10) 交通费	—	—	117,290	—	135,023	195,749	96,667	—	—	—	2,417,929	—	—	1,341,515	—
	(11) 建设费	8,083,447	189,518	276,935	700,153	1,996,116	341,946	701,494	1,361,588	135,706	857,032	1,744,260	422,951	392,799	—	54,247
	(12) 地方营业费	—	—	1,493,305	2,815,505	2,325,091	—	—	82,314	—	956,465	—	—	1,000,000	2,533,990	—
	(13) 协助费	668,143	381,307	915,758	432,813	72,491	189,666	2,118,787	442,076	59,594	231,441	4,496,960	66,885	2,509,887	404,311	—
	(14) 抚恤费	45,212	82,873	23,031	53,119	31,989	32,964	30,832	6,703	9,204	25,578	40,471	19,173	45,921	31,151	—
	(15) 债务费	11,784,829	5,848,916	511,287	3,091,519	2,719,000	3,148,749	309,482	1,174,807	172,001	1,935,352	439,586	763,051	1,485,092	703,948	—
	(16) 省支军费	—	—	—	—	—	—	—	—	9,224,422	—	—	5,108,993	—	—	1,277,629
	(17) 其他支出	15,020,783	17,127,420	2,671,396	7,921,702	7,716,914	6,556,874	13,460,086	4,241,035	351,459	10,716,545	495,023	205,409	7,305,856	969,515	1,710,165
	(18) 经付国家各费	—	—	150,533	—	—	237,598	—	—	—	—	—	—	6,800	—	18,007

各省地方财政收支(民国二十五年度)

	项目	江苏	浙江	安徽	湖北	湖南	河北	山东	河南	陕西	甘肃	青海	福建	广东	广西	贵州	宁夏
岁入	(1) 总计	46,804,014	40,116,205	21,612,413	23,304,366	27,221,677	26,435,818	25,589,859	26,740,051	18,171,522	8,497,358	1,293,330	25,241,587	59,963,123	46,116,264	9,330,667	5,667,556
	(2) 田赋	13,898,776	10,380,090	6,913,618	2,433,233	3,483,932	5,078,655	14,287,958	939,345	4,094,770	836,972	307,398	222,511	1,592,801	1,940,511	486,050	2,298,606
	(3) 契税	2,490,274	1,030,108	2,165,346	869,026	1,103,394	2,426,993	2,970,176	1,836,995	239,610	110,847	3,396	185,762	555,860	421,415	412,266	7,327
	(4) 营业税	4,834,460	5,781,694	2,204,101	3,693,699	1,232,353	3,317,476	5,435,759	2,346,369	1,102,278	1,678,299	309,190	5,656,629	15,777,636	2,097,959	541,873	467,454
	(5) 房捐	—	—	247,135	46,522	201,645	—	563,030	—	—	—	—	291,391	15,780	—	—	15,553
	(6) 车船捐	—	—	460,780	—	25,950	14,636	—	—	—	—	—	61,676	227,522	—	—	28,000
	(7) 地方财产收入	589,724	251,350	360,895	1,180,356	275,594	551,161	108,272	59,236	—	54,145	—	24,933	26,786	350,603	5,272	—
	(8) 地方事业收入	408,249	51,445	27,321	6,305	37,100	270,998	121,678	28,841	—	—	—	6,273	—	96,629	22,794	1,928
	(9) 地方行政收入	1,242,124	808,730	1,829,575	257,534	613,576	82,117	673,143	395,795	4,159,490	—	—	152,651	1,056,688	8,844,391	129,785	50,500
	(10) 地方营业收入	—	552	2,281,078	—	473,892	70,000	399,326	71,429	—	—	—	—	—	2,091,331	45,081	—
	(11) 补助款收入	4,049,762	1,837,759	3,326,463	2,814,862	3,165,233	1,200,600	732,103	1,611,952	—	1,960,967	112,000	2,673,193	194,945	735,328	4,899,822	914,606
	(12) 债款收入	3,093,622	12,192,436	190,000	1,174,968	6,349,061	—	—	3,798,508	139,259	324	—	896,229	17,000,000	20,606,000	—	—
	(13) 其他收入	13,297,029	7,608,416	1,645,861	10,790,856	10,250,844	13,433,577	3,278,406	7,197,766	6,843,864	536,193	565,346	13,078,266	13,584,978	9,370,588	2,634,613	1,595,541
	(14) 经收国家各款	—	135,315	—	—	—	—	—	—	1,592,251	3,319,651	—	—	50,113	—	144,419	286,041

续表

	项目	江苏	浙江	安徽	湖北	湖南	河北	山东	河南	陕西	甘肃	青海	福建	广东	广西	贵州	宁夏
岁出	(1) 总计	46,539,677	40,522,232	21,636,899	23,548,623	27,221,709	26,065,605	25,425,341	23,539,991	18,479,230	8,487,677	1,557,856	25,133,016	59,789,078	48,563,081	9,971,259	5,508,913
	(2) 党务费	199,380	440,734	170,620	205,336	453,671	6,316	130,600	177,702	183,971	165,099	19,964	352,188	255,654	271,494	118,644	38,565
	(3) 行政费	2,286,185	2,756,771	2,959,994	3,133,261	2,364,845	1,856,292	4,360,152	3,659,245	2,109,132	1,507,163	154,136	2,206,349	2,326,316	5,252,767	1,617,046	396,393
	(4) 司法费	1,812,809	1,994,182	1,405,863	1,488,154	1,445,580	1,334,927	2,337,438	1,230,843	381,985	229,569	27,850	574,157	467,762	1,348,618	365,690	69,160
	(5) 公安费	2,634,455	4,546,245	4,624,000	2,783,026	1,782,214	392,756	5,259,964	4,750,517	3,243,538	335,291	7,032	4,024,998	—	4,450,913	660,862	519,643
	(6) 财务费	815,361	1,369,546	1,251,701	922,316	1,756,860	822,136	1,554,809	759,624	935,156	237,100	45,017	645,754	2,231,098	2,849,393	584,470	30,722
	(7) 教育文化费	5,473,533	3,479,298	2,876,844	2,441,028	3,335,236	2,870,964	3,044,171	19,876,887	2,308,657	689,037	126,206	1,078,509	2,062,346	3,148,620	920,302	232,560
	(8) 卫生费	163,033	126,107	—	46,553	143,169	51,023	—	43,571	268,347	44,536	34,162	201,928	—	591,842	38,608	—
	(9) 实业费	—	—	483,016	379,951	673,669	141,135	671,236	493,939	281,670	15,184	—	—	249,030	1,270,289	33,736	5,800
	(10) 交通费	—	—	98,383	214,197	615,204	5,936	—	1,390,063	634,911	—	6,663	—	98,792	2,260,216	10,271	—
	(11) 建设费	2,231,666	4,475,712	2,356,681	2,513,846	569,407	605,245	1,376,089	3,769,768	1,441,577	165,438	19,618	508,462	1,395,865	—	128,980	49,429
	(12) 地方营业费	61,283	150,000	—	—	—	—	5,264	9,614	—	—	4,567	2,000,000	—	5,655,610	856,222	—
	(13) 协助费	421,740	1,027,349	1,440,272	184,599	388,593	2,881,062	357,610	606,922	4,649,213	14,261	5,364	540,688	1,079,175	523,540	694,463	—
	(14) 抚恤费	41,271	99,449	—	38,165	100,513	81,976	12,566	39,893	44,640	199,065	—	—	—	106,127	19,200	—
	(15) 债务费	6,771,987	9,158,576	794,091	2,755,957	7,251,792	892,983	1,535,870	1,376,617	707,893	415,818	—	4,260,980	1,972,771	26,196,332	844,484	—
	(16) 其他支出	24,540,053	10,519,926	4,176,634	6,475,231	5,769,447	14,423,073	4,750,572	3,174,316	1,317,540	328,245	160,088	8,509,663	36,264,678	493,344	1,734,810	2,046,061
	(17) 经付国家各费	—	378,341	—	—	54,053	—	—	—	—	4,141,921	947,189	—	2,480,203	—	34,011	2,078,579

各省财政收支表(民国二十六年度)

	项目	浙江	安徽	湖北	湖南	河南	陕西	甘肃	福建	广东	广西	贵州	秋宁
岁入	(1) 总计	22,784,708	13,193,571	16,061,124	49,028,500	28,537,019	19,927,863	10,385,301	68,556,396	32,209,685	27,452,216	7,104,331	9,182,687
	(2) 田赋	5,562,749	3,134,811	1,465,056	5,512,916	7,292,614	4,161,422	1,441,352	2,123,606	5,888,180	2,041,474	323,551	1,929,467
	(3) 契税	455,113	747,627	397,197	630,709	699,336	573,125	164,458	116,307	527,508	382,342	280,619	6,534
	(4) 营业税	3,707,124	1,303,114	2,821,472	1,341,064	1,329,904	1,567,408	2,288,914	4,946,165	5,556,972	3,358,462	633,292	340,916
	(5) 房捐	—	156,065	194,333	90,869	—	—	—	255,157	2,134,813	—	—	35,501
	(6) 车船捐	—	201,992	—	43,569	—	—	—	—	81,473	—	—	17,000
	(7) 地方财产收入	99,850	71,650	554,185	150,214	192,230	4,869	10,459	16,288	400,972	75,806	49,344	—
	(8) 地方事业收入	51,680	104,591	5,669	64,990	30,713	493	4,161	—	107,357	181,197	17,150	—
	(9) 地方行政收入	404,025	1,100,618	242,076	522,822	302,078	134,291	—	286,878	976,914	2,797,383	128,443	39,182
	(10) 地方营业收入	—	387,781	—	1,623,600	121,318	1,577	—	142,567	—	323,914	41,666	—
	(11) 补助款收入	1,032,900	3,596,629	2,419,235	5,919,305	1,729,081	5,537,709	1,981,292	20,163,856	4,976,422	4,914,417	5,116,955	2,214,500
	(12) 债款收入	6,327,579	200,660	—	16,639,810	3,920,000	3,505,418	1,529,748	5,204,101	2,525,000	172,958	—	—
	(13) 其他收入	5,143,778	2,084,493	7,958,009	16,407,636	12,469,745	3,119,790	1,116,362	53,307,469	7,030,074	13,177,043	32,394	4,156,641
	(14) 经收国家各款	—	—	—	—	—	1,309,761	11,850,580	—	—	—	481,917	422,486

续表

项目		浙江	安徽	湖北	湖南	河南	陕西	甘肃	福建	广东	广西	贵州	秋宁
岁出	(1) 总计	19,040,242	13,223,598	16,003,585	48,330,692	31,148,753	16,987,932	11,217,964	68,623,370	30,027,798	16,723,451	5,734,699	7,546,079
	(2) 党务费	147,972	176,594	181,784	348,554	326,006	233,405	157,439	289,886	496,769	165,148	102,202	26,222
	(3) 行政费	749,585	1,431,445	1,909,807	2,172,820	3,740,877	1,216,088	1,059,247	1,763,095	1,072,262	1,925,966	954,521	339,548
	(4) 司法费	1,152,960	763,208	965,540	1,162,530	1,141,048	483,039	219,910	447,331	1,157,533	1,297,707	351,669	80,204
	(5) 公安费	3,473,200	3,604,926	2,531,105	3,342,230	3,194,788	4,032,897	370,799	3,442,620	7,423,330	2,890,451	636,592	561,655
	(6) 财务费	898,623	547,595	498,101	1,625,495	988,423	1,050,977	315,009	634,441	2,538,374	1,709,913	226,140	20,010
	(7) 教育文化费	1,691,068	1,853,978	1,940,968	3,093,378	357,584	2,049,495	717,490	1,324,490	2,304,439	2,222,828	942,403	200,072
	(8) 卫生费	125,281	19,039	121,822	108,741	40,302	251,019	39,496	173,377	—	492,057	42,529	986
	(9) 实业费	239,893	488,041	381,350	767,281	250,477	430,257	150,985	—	397,982	49,216	22,153	4,477
	(10) 交通费	51,052	68,443	74,426	14,830,949	—	189,044	335	—	225,806	70,064	10,745	—
	(11) 建设费	114,151	137,655	1,000,959	649,918	2,149,665	1,142,842	201,561	4,051,160	5,651,340	—	309,285	19,064
	(12) 地方营业费	—	—	—	—	98,759	—	—	460,000	—	222,241	—	—
	(13) 协助费	1,050,871	1,100,369	540,263	118,581	1,558,418	1,505,376	255,785	1,942,850	5,892,788	2,951,276	1,199,050	—
	(14) 抚恤费	111,112	6,118	22,340	93,259	15,049	146,020	12,848	114,388	32,340	155,142	24,998	—
	(15) 债务费	2,537,482	1,954,592	2,110,225	8,440,036	3,703,957	506,830	1,635,366	4,851,197	1,149,548	565,228	105,358	—
	(16) 救灾准备金	—	—	360,000	—	60,000	—	—	—	123,507	—	1,515	—
	(17) 其他支出	4,075,760	1,675,019	3,427,855	11,524,324	13,223,905	1,450,009	1,943,633	48,988,556	1,671,720	2,505,012	624,838	4,173,202
	(18) 经付国家各费	2,620,623	—	—	—	—	2,272,544	4,297,121	—	—	—	172,653	2,120,545

各省地方财政收支(民国二十七年半年度)

	项目	浙江	安徽	湖北	湖南	四川	河南	陕西	甘肃	福建	广东	广西	贵州	宁夏
岁入	(1) 总计	23,690,958	4,424,413	8,438,363	24,321,099	26,545,539	8,551,986	9,492,268	6,110,561	56,322,744	14,317,092	10,370,496	4,639,175	3,693,495
	(2) 田赋	4,060,089	1,041,400	300,840	575,437	2,566,268	2,201,241	2,145,795	1,224,805	934,108	1,587,633	942,738	143,172	2,436,923
	(3) 契税	388,742	119,126	93,325	84,343	1,057,405	10,276	417,572	192,530	33,826	741,360	70,154	225,638	800
	(4) 营业税	3,184,223	508,614	1,128,412	354,070	878,827	434,369	1,053,493	1,215,228	2,046,661	2,285,230	1,999,865	442,057	116,146
	(5) 房捐	—	42,160	37,595	—	17,097	—	—	—	119,704	663,581	86,386	—	15,534
	(6) 车船捐	—	34,833	—	11,995	—	—	—	—	—	—	—	—	3,125
	(7) 地方财产收入	84,883	41,686	169,052	5,908	—	3,826	2,089	33,359	5,266	6,991	83,844	28,272	—
	(8) 地方事业收入	16,333	26,699	128	182	—	5,791	20,950	—	—	18,349	25,552	1,945	—
	(9) 地方行政收入	1,500,914	515,280	20,353	89,828	440,020	36,877	43,249	—	222,989	584,595	1,351,826	64,573	26,249
	(10) 地方营业收入	—	205,218	—	1,239,769	—	—	95,744	—	209,000	300,000	30,567	—	—
	(11) 补助款收入	1,541,596	1,541,125	1,274,715	3,688,759	855,881	1,208,991	2,274,901	1,244,002	803,788	1,220,718	1,348,264	2,499,888	324,000
	(12) 债款收入	1,021,961	200,037	—	100,000	375	—	—	1,158,469	2,214,088	1,400,000	713,057	—	—
	(13) 其他收入	12,969,447	148,232	5,413,937	18,166,804	20,729,658	4,650,615	3,131,850	240,452	48,778,047	5,523,655	3,716,324	231,177	326,515
	(14) 经收国家各款	—	—	—	—	—	—	306,649	621,516	364,269	—	—	1,001,917	422,113

续表

项目		浙江	安徽	湖北	湖南	四川	河南	陕西	甘肃	福建	广东	广西	贵州	宁夏
岁出	(1) 总计	16,336,360	4,653,256	4,992,113	23,402,575	41,936,630	7,407,534	9,855,173	6,369,705	56,182,509	15,066,545	9,227,386	3,500,780	2,527,607
	(2) 党务费	64,123	68,864	67,304	104,668	15,799	37,069	114,214	91,354	119,604	129,906	80,552	59,378	16,028
	(3) 行政费	345,403	705,134	470,893	777,319	1,434,497	926,144	1,273,290	734,221	1,206,355	545,639	975,568	681,330	189,871
	(4) 司法费	418,633	325,379	208,690	306,923	42,102	218,172	275,765	132,140	161,344	394,950	635,473	209,106	41,890
	(5) 公安费	2,453,980	1,538,423	877,369	1,531,332	377,396	1,024,636	2,014,100	289,342	7,656,146	3,352,126	1,682,396	344,003	387,698
	(6) 财务费	552,929	229,983	93,469	460,455	468,869	209,485	492,022	178,778	345,662	1,217,052	739,502	157,585	12,191
	(7) 教育文化费	616,896	610,745	499,913	1,146,457	900,000	22,575	926,604	388,879	624,445	912,480	1,927,170	463,670	100,651
	(8) 卫生费	54,034	9,823	22,423	84,275	1,454	17,612	80,308	19,544	232,098	—	250,241	44,557	2,988
	(9) 实业费	205,101	271,582	44,936	—	—	42,044	158,021	33,695	82,592	117,935	311,685	667	7,849
	(10) 交通费	112,851	29,919	12,373	—	—	—	104,112	—	—	60,813	398,925	16,076	—
	(11) 建设费	190,188	03,046	95,156	3,071,771	60,324	295,817	468,009	161,311	2,114,672	380,746	—	169,623	21,988
	(12) 地方营业费	828,156	—	—	—	—	—	1,025,744	569,930	200,613	—	556,979	—	—
	(13) 协助费	785,089	383,425	85,599	448,793	204,766	501,686	528,405	333,359	586,795	2,933,343	886,104	830,291	—
	(14) 抚恤费	33,524	1,530	5,999	90,109	32,993	65,417	92,935	8,201	50,533	12,792	22,649	18,261	—
	(15) 债务费	4,121,044	323,431	512,412	2,037,703	3,062,713	558,836	247,191	39,263	2,709,155	126,000	782,742	3,056	—
	(16) 振灾准备金	—	—	100,000	—	—	—	—	—	—	130,747	—	40,000	—
	(17) 其他支出	2,462,431	42,172	1,975,599	14,342,750	35,105,717	3,546,961	498,438	545,786	6,091,996	4,549,176	—	1,291,320	563,974
	(18) 经付国家各费	3,092,128	—	—	—	—	—	1,559,017	2,491,852	—	—	—	1,573	1,188,501

各省地方财政收支(民国二十八年度)

	项目	浙江	安徽	湖北	湖南	四川	陕西	甘肃	福建	广东	广西	贵州	宁夏
岁入	(1) 总计	43,829,638	10,972,960	19,735,591	48,888,951	32,614,976	28,921,117	12,075,405	150,970,814	24,546,154	37,151,765	12,453,590	5,137,514
	(2) 田赋	5,694,065	1,762,697	1,888,872	10,195,958	7,661,902	4,244,450	1,374,476	1,951,391	3,455,167	1,169,718	546,994	2,261,231
	(3) 契税	804,712	311,596	427,287	594,521	1,267,944	781,704	—	83,663	355,517	207,969	523,635	33,466
	(4) 营业税	9,796,904	1,038,267	728,339	525,061	6,361,071	2,030,846	1,087,822	4,789,652	2,092,578	3,782,179	877,041	272,160
	(5) 房捐	—	695	22,426	11,500	69,657	224,227	—	227,863	200	151,736	—	30,435
	(6) 车船捐	—	100	—	19,389	—	—	—	—	—	118,058	—	2,750
	(7) 地方财产收入	241,535	16,537	18,643	1,107,995	649,571	5,918	10,674	16,158	7,431	395,786	2,486	—
	(8) 地方事业收入	127,257	20,845	5,299	14,285	—	158,035	—	—	11,276	225,062	33,631	—
	(9) 地方行政收入	7,287,522	17,781	60,927	553,781	386,808	256,429	—	570,202	261,765	3,588,394	155,259	48,200
	(10) 地方营业收入	127,786	2,185	—	3,622,808	—	—	—	2,088,694	375,000	366,701	—	—
	(11) 补助款收入	2,629,195	3,261,949	3,088,862	3,687,747	6,586,548	3,558,315	2,552,332	3,866,213	1,431,546	7,087,480	5,940,742	1,280,500
	(12) 债款收入	—	—	4,500,000	13,934,953	2,648	10,287,799	18,000	5,344,512	5,560,000	8,026,378	—	—
	(13) 其他收入	17,210,797	4,540,358	8,994,934	14,240,973	9,628,827	4,116,797	3,646,462	131,480,307	14,105,674	12,245,304	3,027,482	333,920
	(14) 经收国家各款	—	—	—	—	—	1,079,597	2,992,442	622,759	—	—	1,340,318	875,840
岁出	(1) 总计	39,225,527	10,431,896	21,599,118	46,392,132	26,254,369	26,124,338	7,075,707	150,926,360	27,755,449	34,012,310	12,512,619	5,182,725
	(2) 党务费	423,900	101,322	140,786	303,728	137,028	230,304	160,824	269,328	338,785	289,158	182,685	28,767
	(3) 行政费	1,324,745	411,174	1,035,389	1,151,476	1,147,968	1,355,480	1,092,347	1,493,777	1,051,049	3,207,525	1,995,557	256,330

续表

项目		浙江	安徽	湖北	湖南	四川	陕西	甘肃	福建	广东	广西	贵州	宁夏
岁出	(4) 司法费	1,006,123	156,496	952,296	918,774	91,471	360,250	231,293	722,982	721,941	1,296,718	522,647	74,465
	(5) 公安费	11,751,848	3,867,576	2,417,139	6,068,140	1,823,795	3,860,557	647,710	3,929,581	5,653,502	1,218,207	1,490,255	349,939
	(6) 财务费	2,048,454	233,588	383,966	1,628,099	1,860,300	525,427	340,972	839,033	969,034	1,357,189	929,723	23,036
	(7) 教育文化费	2,346,531	402,491	2,389,333	3,585,412	1,382,966	1,945,301	772,560	1,498,859	1,430,362	3,633,202	1,309,651	103,125
	(8) 卫生费	236,414	4,189	81,640	82,422	28,000	62,564	41,533	533,349	97,246	1,050,126	594,221	18,535
	(9) 实业费	408,516	36,373	284,173	960,304	1,888,347	110,357	162,593	394,193	75,465	1,385,022	—	4,206
	(10) 交通费	355,214	93,337	253,809	298,075	—	233,382	—	—	40,555	707,764	40,520	—
	(11) 建设费	254,676	67,618	1,353,419	730,116	—	847,901	111,477	2,433,972	141,180	—	1,010,599	45,528
	(12) 地方营业费	—	—	2,000,000	2,100,000	89,000	5,000,000	—	551,331	—	4,480,488	371,500	—
	(13) 协助费	5,535,952	1,316,870	708,272	2,174,490	1,821,242	1,425,042	402,547	1,510,781	4,377,786	3,402,412	749,875	—
	(14) 抚恤费	138,216	735	19,092	80,619	102,166	135,180	25,037	93,773	5,118	154,848	11,859	—
	(15) 债务费	6,709,330	1,379,774	5,437,409	10,372,068	10,916,424	5,904,423	155,412	6,537,422	3,325,706	1,989,369	53,612	—
	(16) 预备金	—	—	626,960	2,395,857	—	—	670,088	968,545	2,408,297	—	—	—
	(17) 救济准备金	—	—	125,000	—	—	150,000	9,100	—	983,250	—	166,816	20,000
	(18) 救济费	—	—	—	606,600	126,000	—	—	—	—	303,689	—	—
	(19) 省支军费	—	—	—	—	—	—	3,318,032	—	—	—	—	3,019,472
	(20) 其他支出	6,305,373	2,386,326	3,369,845	12,637,942	4,878,577	475,564	822,602	129,115,487	6,125,873	9,546,533	3,062,519	1,228,842
	(21) 经付国家各费	—	—	—	—	—	3,482,656	111,570	—	—	—	42,072	10,428

各省地方财政收支(民国二十九年度)

项目		浙江	安徽	湖北	湖南	四川	陕西	甘肃	福建	广西	贵州	宁夏
岁入	(1) 总计	42,229,972	17,312,523	23,697,668	38,336,073	58,846,374	28,859,974	13,106,928	59,535,463	44,134,912	12,802,965	5,026,374
	(2) 田赋	1,637,163	2,096,406	8,150,467	9,198,675	16,882,611	44,722,707	2,303,473	5,124,475	1,544,600	2,653,995	2,906,035
	(3) 契税	1,114,323	766,501	—	—	2,485,956	964,959	592,913	543,424	308,484	—	86,508
	(4) 营业税	14,992,266	1,485,961	—	8,580,700	12,503,668	3,481,105	4,464,188	8,217,696	7,228,590	—	284,000
	(5) 房捐	—	—	—	990,912	15,336	302,431	—	4,107,778	262,398	—	30,989
	(6) 车船捐	—	11,111	—	—	—	—	—	—	140,550	—	38,858
	(7) 地方财产收入	239,100	4,067	2,892	96,883	58,803	67,346	1,986	209,957	608,955	34,773	—
	(8) 地方事业收入	28,193	—	—	2,828,352	—	339,604	100,000	386,457	1,865,493	—	—
	(9) 地方行政收入	5,101,232	88,487	52,191	1,823,803	507,992	665,698	—	2,876,744	210,206	493,834	57,939
	(10) 地方营业收入	1,141,596	454,845	—	376,088	655,333	11,621	56,199	11,167,176	3,880,291	91,762	—
	(11) 补助款收入	2,563,287	4,243,439	12,820,744	7,318,641	2,021,020	3,240,668	1,264,136	3,611,783	6,551,017	6,258,356	301,000
	(12) 债款收入	—	2,067	1,000,000	—	8,085,630	135,185	892,036	11,916,702	6,989	—	—
	(13) 司法收入	—	—	—	75,805	—	—	—	—	—	—	—
	(14) 其他收入	13,412,870	7,659,706	1,681,515	9,096,173	15,704,019	14,938,533	3,398,996	3,973,451	21,639,130	3,279,245	877,526
	(15) 经收国家各款	—	—	—	—	—	—	—	—	—	—	439,435
岁出	(1) 总计	43,659,086	11,942,919	23,256,616	31,904,113	56,330,539	27,779,602	14,372,816	45,677,637	41,951,681	17,036,135	3,815,662
	(2) 党务费	562,607	293,512	266,182	360,953	194,637	372,631	219,312	567,251	429,953	188,749	30,526
	(3) 行政费	2,399,803	2,156,597	1,674,311	2,482,917	5,155,355	1,604,896	1,084,537	4,197,712	4,766,550	1,060,393	168,558
	(4) 立法费	—	—	—	94,234	98,553	—	55,030	—	108,296	72,509	—

续表

项目		浙江	安徽	湖北	湖南	四川	陕西	甘肃	福建	广西	贵州	宁夏
岁出	(5) 司法费	1,276,724	510,730	873,097	1,042,307	550,389	92,269	128,252	486,063	1,082,999	—	10,356
	(6) 公安费	17,301,810	5,700,548	3,696,186	4,735,914	9,583,671	4,006,782	1,121,165	5,421,969	7,824,688	2,218,754	84,927
	(7) 财务费	2,862,555	856,460	949,944	2,104,630	5,574,004	1,407,798	882,134	729,384	3,332,120	1,603,023	27,029
	(8) 教育文化费	3,396,884	697,129	5,550,314	3,897,184	6,712,965	4,149,491	1,138,167	3,314,919	6,391,311	1,610,529	140,615
	(9) 经济建设费	561,508	386,745	1,010,652	1,296,844	6,054,761	2,203,159	538,261	6,811,703	3,976,375	566,586	49,615
	(10) 卫生治疗费	204,692	54,782	204,601	372,621	393,386	318,843	36,177	417,337	1,585,023	1,319,321	16,974
	(11) 保育及报济费	—	—	329,311	807,768	406,785	—	135,395	30,910	484,230	57,995	—
	(12) 实业费	573,749	—	—	—	—	227,900	—	—	—	—	2,566
	(13) 交通费	583,579	—	—	—	—	158,424	—	2,365,387	—	—	—
	(14) 地方营业费	2,240,066	811,873	191,078	633,511	1,310,357	—	1,500,000	8,237,537	3,783,037	227,194	—
	(15) 协助费	8,100,020	1,442,760	—	1,826,024	5,752,049	2,441,079	921,778	2,563,336	11,293,566	2,646,323	466,599
	(16) 抚恤费	68,695	11,730	31,893	1,075	42,197	48,932	183,444	134,103	—	15,084	—
	(17) 债务费	—	629,177	3,598,536	7,781,625	5,679,158	1,242,242	1,171,207	4,942,400	3,008,331	678,680	—
	(18) 预备金	—	1,019,397	1,018,391	1,412,446	—	2,719,244	1,099,788	4,873,117	—	727,191	266,819
	(19) 省支军费	—	—	—	—	—	2,697,882	888,490	—	—	—	1,196,403
	(20) 其他支出	3,512,458	1,101,418	740,695	3,153,859	8,605,162	3,729,759	693,469	584,709	91,175	4,045,006	1,349,789
	(21) 经付国家各费	—	—	2,037,999	—	—	278,257	2,761,220	—	—	—	4,353

历年各省财政收支总表

国民政府主计处《统计月报》第六十七、六十八号合刊(单位:国币圆)

省别		江苏	浙江	安徽	江西	湖北	湖南	四川	河北	山东	山西
二十年度	收入	20,534,064	32,598,929	8,398,980	4,471,207	24,418,803	16,908,606	—	18,461,981	21,410,770	—
	支出	21,453,810	32,560,387	8,489,423	4,460,370	24,465,265	19,908,751	—	18,195,331	22,896,803	—
二十一年度	收入	23,293,957	42,868,693	11,793,678	16,644,217	23,833,953	24,453,935	—	24,315,194	24,714,196	—
	支出	23,284,719	43,123,446	10,993,676	8,532,133	23,685,788	24,453,992	—	24,860,182	24,036,475	—
二十二年度	收入	29,769,781	31,238,960	11,479,463	19,837,944	25,040,657	10,668,582	—	25,508,476	23,371,173	—
	支出	27,507,989	31,241,156	11,481,475	19,309,481	25,201,653	225,091	—	25,945,469	23,736,045	—
二十三年度	收入	33,204,835	49,993,840	12,372,692	27,175,331	28,108,092	15,272,511	—	36,064,063	23,038,588	10,614,273
	支出	23,298,995	44,988,512	12,314,086	27,702,742	27,956,839	15,272,438	—	35,201,912	22,673,272	12,702,911
二十四年度	收入	45,662,753	33,127,033	13,771,542	25,567,850	24,506,750	21,820,630	—	26,540,338	24,247,342	962,822
	支出	43,993,054	32,975,586	13,823,775	25,480,761	24,506,768	21,820,681	—	26,673,256	24,897,350	13,347,793
二十五年度	收入	46,894,014	40,116,205	21,612,413	—	23,304,366	27,321,679	—	26,465,818	25,589,857	—
	支出	46,537,677	40,526,232	21,636,899	—	33,543,623	27,221,703	—	26,065,605	25,425,341	—
二十六年度	收入	—	22,764,708	13,198,571	—	16,061,124	49,027,509	—	—	—	—
	支出	—	19,040,242	13,228,598	—	16,003,585	48,339,602	—	—	—	—
二十七年度	收入	4,424,413	23,690,958	—	—	8,438,363	24,321,095	26,545,539	—	—	—
	支出	—	16,336,360	4,653,256	—	4,992,113	23,492,555	41,936,639	—	—	—
二十八年度	收入	—	73,829,633	10,972,960	—	17,735,791	46,686,951	32,614,976	—	—	—
	支出	—	39,225,527	10,431,869	—	21,570,118	46,392,182	26,254,369	—	—	—
二十九年度	收入	—	43,229,971	17,312,523	—	23,697,667	38,336,072	58,843,374	—	—	—
	支出	—	43,659,086	14,912,919	—	23,251,643	31,904,113	53,330,539	—	—	—
三十年度	收入	14,400,000	80,619,626	23,007,540	55,076,180	31,258,323	46,902,147	139,823,243	—	28,998,995	265,279,038
	支出	14,400,000	80,619,626	23,007,540	55,076,180	31,258,323	46,902,147	139,833,243	—	28,998,995	26,509,038
三十一年度	岁出	17,420,279	90,999,977	36,810,102	84,789,148	66,270,278	78,786,350	184,524,675	—	35,006,980	31,526,002

续表

省别		河南	陕西	甘肃	青海	福建	广东	广西	云南	贵州	宁夏	察哈尔
二十年度	收入	9,918,184	13,789,389	4,812,803	857,774	—	57,937,078	—	—	—	2,534,116	5,842,226
	支出	10,150,441	14,495,664	4,553,673	1,491,680	—	54,930,067	—	—	—	2,715,084	3,433,931
二十一年度	收入	12,946,745	13,543,946	5,787,321	2,127,011	—	57,203,493	—	—	—	3,251,201	3,719,960
	支出	12,322,182	13,611,185	6,289,216	1,516,115	—	53,733,206	—	—	—	3,251,201	3,766,142
二十二年度	收入	15,622,111	17,693,128	6,571,642	1,445,808	—	64,734,096	—	—	—	2,602,475	2,582,971
	支出	15,531,303	12,909,070	5,793,231	1,309,002	—	59,518,582	—	—	—	3,848,598	3,016,817
二十三年度	收入	14,918,570	15,501,080	8,839,220	1,153,775	13,740,194	82,072,175	26,788,135	—	—	3,482,280	—
	支出	12,939,323	15,393,729	7,415,223	1,307,443	13,768,281	80,032,106	17,250,557	—	—	3,934,201	—
二十四年度	收入	22,022,381	19,190,124	93,052,401	—	19,308,562	—	26,103,739	—	—	6,148,523	—
	支出	24,742,546	13,453,046	9,802,272	—	19,216,271	—	22,270,290	—	—	5,412,713	—
二十五年度	收入	26,740,054	18,171,522	8,407,358	1,297,330	25,241,581	50,053,123	46,146,264	—	9,339,677	5,667,556	—
	支出	23,539,991	13,479,230	8,487,677	1,557,856	25,133,016	50,789,078	48,553,087	—	9,971,259	5,508,913	—
二十六年度	收入	28,547,019	9,927,863	10,385,301	—	68,556,396	32,207,685	27,452,206	—	7,104,331	9,182,687	—
	支出	31,148,153	16,984,932	11,217,964	—	68,623,370	30,027,798	16,723,451	—	5,734,600	7,546,070	—
二十七年度	收入	8,051,986	9,402,268	6,110,561	—	56,322,744	14,317,092	10,370,446	—	4,639,145	3,603,405	—
	支出	7,407,584	9,353,173	6,369,705	—	56,182,519	15,006,555	9,227,386	—	4,500,780	2,527,607	—
二十八年度	收入	—	25,921,117	12,077,405	—	150,970,814	27,716,154	37,151,785	—	12,453,500	5,137,514	—
	支出	—	26,124,388	9,075,709	—	152,926,360	27,755,449	34,012,310	—	12,512,619	5,182,725	—
二十九年度	收入	—	26,850,974	13,106,923	—	231,535,463	—	48,194,711	—	12,303,985	5,021,374	—
	支出	—	27,779,662	14,372,816	—	45,677,630	—	41,951,681	—	17,036,135	3,815,062	—
三十年度	收入	26,937,715	14,670,392	18,897,565	2,386,152	47,279,172	—	37,300,000	—	1,551	—	—
	支出	26,954,715	44,690,392	18,899,565	2,386,152	47,279,172	—	51,680,000	—	—	—	—
三十一年度	岁出	40,580,911	51,611,551	37,130,132	4,471,792	81,981,308	95,887,906	85,590,331	129,799,396	43,345,174	20,000,000	7,254,367

各省历年度支出总额比较表(单位国币圆)

省别	二年度	三年度	五年度	十四年度	二十年度	二十一年度	二十二年度	二十七半年度	二十八年度	二十九年度
山西	3,511,632	2,336,064	887,472	8,021,263	17,766,116	13,681,686	—	11,999,161	—	18,259,613
山东	1,403,172	1,778,675	977,385	17,306,301	24,575,130	24,531,301	23,575,394	—	—	—
四川	6,306,379	1,077,397	1,017,146	30,061,790	—	—	—	27,737,953	61,927,033	84,032,567
甘肃	1,691,000	453,786	351,978	5,258,741	—	12,130,370	—	3,652,156	11,355,016	8,435,608
江西	3,008,038	1,708,339	885,525	12,156,409	—	17,693,036	17,143,974	12,529,357	36,590,217	30,103,376
江苏	8,529,778	3,115,246	2,571,094	14,892,393	26,176,187	25,617,544	21,852,854	16,124,351	—	30,694,792
吉林	2,270,332	407,709	306,219	11,930,995	—	—	—	—	—	—
西康	—	—	—	2,208,563	—	—	—	—	5,378,071	11,441,720
安徽	2,253,815	872,100	581,203	6,472,491	15,585,856	9,839,139	11,127,934	7,748,246	15,782,252	15,664,464
河北	5,546,938	2,154,119	1,581,599	10,961,692	38,153,413	23,224,718	25,772,821	—	—	2,012,900
河南	7,396,738	1,202,958	916,557	19,827,137	17,848,752	10,126,658	11,346,711	9,758,620	14,465,349	17,006,603
青海	—	—	—	—	9,200,009	26,189	926,659	640,594	2,000,624	2,079,937
陕西	4,433,024	384,279	482,163	4,328,662	20,781,164	—	—	8,510,679	20,839,945	21,170,358
浙江	2,339,805	1,959,374	1,672,599	4,371,463	25,195,393	24,699,454	23,135,939	16,253,150	39,474,543	32,652,096
湖北	2,959,048	1,915,275	907,259	10,974,811	28,006,874	17,023,521	17,619,814	13,085,383	25,732,787	19,318,311

续表

省别	二年度	三年度	五年度	十四年度	二十年度	二十一年度	二十二年度	二十七半年度	二十八年度	二十九年度
湖南	1,131,360	1,424,519	832,502	6,989,338	17,123,714	15,410,726	14,312,383	13,570,366	24,006,036	29,818,586
贵州	579,199	394,852	296,126	4,489,078	8,925,669	6,003,119	6,083,120	3,604,444	10,3880,184	13,594,384
云南	1,718,154	2,868,411	688,227	4,260,138	5,430,819	4,319,395	3,625,492	4,379,639	8,813,513	—
黑龙江	1,504,356	254,269	194,650	7,818,513	—	—	—	—	—	—
宁夏	—	—	—	—	3,260,809	2,203,659	1,434,704	2,484,340	3,722,940	3,355,729
绥远	—	—	—	1,072,115	—	—	—	—	—	—
新疆	259,428	181,524	122,096	4,882,907	8,947,367	—	—	—	—	—
福建	1,193,579	8,126,940	644,362	13,204,829	30,838,820	26,180,299	16,904,137	15,418,392	30,332,139	31,194,789
广西	830,891	87,934	91,264	7,469,452	11,015,916	13,243,295	—	16,708,080	30,803,487	33,905,279
广东	—	26,424,375	2,319,103	19,662,053	43,095,243	—	—	17,916,739	30,070,406	39,709,851
热河	339,326	—	—	1,575,683	2,359,462	2,639,005	—	—	—	—
察哈尔	543,923	—	—	1,726,439	2,348,154	3,058,043	3,884,653	—	506,000	667,800
辽宁	—	2,971,285	463,865	10,131,248	—	—	—	—	—	—

三　债

（1）总述

政府收入不敷支出，辄举债以为弥补。债为财政上之一种负担，必须于一定期内清偿。政府为清偿今日之债务，势必增加明日之收入，故举债不啻将未来之收入迁移为现时之收入也。就预算之观点言之，现时之债为现时之收入，并为未来之支出。债之性质如此，故举债不可无度。举债之合理情形有四：（一）办理生产事业；（二）办理建设事业；（三）平衡预算收入；（四）应付紧急事变。债为政府财政负担，须有偿还确保，生产事业本身有盈利，举债办理，即可以其本身盈利偿付，故为合理之债。建设事业，类皆直接对于少数之一部分人民有益，根据财政原理，政府可向此一部分人民征收特赋，以抵偿建设费用（见前“收入”），建设费用，既有此项特赋抵偿，则举债办理建设事业，即可以其收入清还，不啻预先征收，实际对于金库并无负担。故办理建设事业之债，亦为合理之债。编制预算，收入之数与支出之数完全相等。然事实上实际收入之数必不能与预算所列支出之数无所出入，因此政府实际收入之数与实际支出之数必不能平衡。其不平衡之情形有两种，即或收入超过支出，或支出超过收入，自不待解释。此种情形，于健全财政行政之下，可由财政机关自由操纵，但亦不易完全操纵。未克操纵时，或支出超过收入，或收入超过支出，盖无待言，若可操纵，则究属何一情形发生，自依财政机关意向而定。惟多数学者主张支出略超收入者为佳，以其可以和缓用度也。依此理论，预算收入之少数不敷殆为财政学上之要求，其弥补此不敷而举之债非独无害，抑更有益矣。姑舍此理论，但言不加操纵无意之中预算支出超过预算支出，亦属必然之事，举债以求平衡，亦云合理也。然此种不平衡之差额决不可过高，过高不独表示财政之失败，若举债弥补，实以现时之负担加于将来，最为财政学所不许也。此类之债，又当禁止耳。又政府财务与个人财务之别，在前者量出为入而后者量入为出。其理何在？个人收入固定，不能听其支配，但支出则一部分虽固定不可缺少，一部分则可由个人控制之，故个人财务中收入为恒数，支出为变数，则支出自当随收入为转移也。政府则反是。政府有一定的公务，有一定的公务乃有一定的支出，有一定的支出，乃谋各项收入以应付之，故政府财务中收入为恒数，支出为变数，则收入随支出为转移矣。此政府财政遵循之法则也。虽然，政府公务并非悉为固定，若干公务实不能固定也。不能固定之公务，则其经费亦不能固定，经费不能固定，自不能预谋其收入，因此不固定的公务之支出不能设立于预算之中，惟有俟其发生，临时举债充之，于下次预算再为补谋收入以偿债务，此又必然之理也。然何类公务为不固定的公务，则紧急事变之处理及救济是也。何为紧急事变，即外患、内乱、水灾、旱灾、虫灾之类是也，为处理及救济此类事变之债，不独为合理之债，实当然之债也。此就财政收支原理而言也。从债之本质观之，为应付紧急事变而举之债，亦为合理之债。盖债为将来之负担，必有益于将来，或至少无害于将来。如此则为合理之债，否则为不合理之债。紧急灾急，非独祸于现时，实影响整个社会国家生存，亦贻祸于将来也。故处理及救济紧急灾变，不独有益于现时，且有益于将来，则所举之债，为合理之债矣。政府合理之债，凡此四类，亦可谓债之四项功用或价值也，于此四种情况之外，举债非宜也。惟任何债务，皆信用之寄托，必须确保偿还，不能偿还之债，为财政之巨蠹也。

政府之债，可别为国内债与国外债两类，共有下列各种方式：

国外债：

(一) 向外国政府借款——(1) 信用借款；(2) 抵押借款。

(二) 向外国银行借款——(1) 信用借款；(2) 抵押借款。

(三) 于国外发行公债券。

国内债：

(一) 向银行借款——(1) 信用借款；(2) 抵押借款。

(二) 发行公债券。

无论国外债与国内债，就债之性质观之，债凡有借款与发行公债券两种。借款与公债互有优劣。借款于短时之内即可得款，惟数额则不易甚大。公债可定较大数额，然必须待人自由认购公债券，故需时较长。借款无须管理，然必有一具体的抵押品，或其他无形利益及坚强信用为抵押或基础。公债无须抵押，但其管理则颇费筹措。采用之道，惟择其宜耳。然近代公债发行，亦成变态。就经济学之立场观之，债为信用之转移，并非信用之增加。债之流行，不能增加社会通货数量也。近代公债已不然。近代公债，可由政府立法赋予若干通货之性质，如自由买卖、抵付税赋、抵付债务等[18]，甚至又以抵充贴现票据，可以抵充银行准备者，盖其实际功用虽稍异于通货，而其效用价值已与通货等矣。故发行公债，必增加社会通货与扩大社会信用也。公债之发行，亦非如理论公诸自由市场任人认购，而为将公债支配与公、私银行，立时兑款，其可抵充银行准备者，银行即以所配公债按额定倍率扩充其信用。银行发行钞票尚须一定数额之准备金，发行公债并此不需，由此一点，公债不独增加通货，且其增加之率较钞票为大矣。至若公债券本身可充银行准备者，其增加通货之度又当更甚也。[19]公债不独增加通货与膨胀信用，公债由政府发行后可为贴现票据或有其他法律赋与充特殊功用，能于市场公开买卖，其实际买卖价值恒不能依照票面价值，而以政治之隆替为升抑，如此公债活动于市场必然引起物价之起伏不稳。故公债非独为一财政问题，实一严重之经济问题也。公债之变态发生，则发行公债诚须慎重考虑也。

发行公债为政府财政权之一部分。健全之财政权，除征收税、费之外，必须有发行公债之权。惟各级政府之实际财政权如何，完全由立法规定。自由主义学者，佥以债为私人行为，必具有法律上之人格者方能举债，即除有完全行为能力之自然人外唯法人可以举债。若政府无法人资格则不能举债，政府举债，必须具有法人资格。此种理论至于今日仍深入公法学及行政学者心理之中。若稍加研讨，殊嫌偏执。盖法规为国家意志之最高表现，法律欲于“人”之外赋与某种团体、或组织——例如政府——以举债之能力，何不可耶？自由主义者实囿于英、美制度不能自拔。英、美无行政法院，一切公、私债行为皆由普通法院审理，普通法院奉行者为所谓“通行法”（Common laws），通行法只承认人有债之能力也。

此为英、美特殊情形，原非法学定理，则不可不知也。虽英、美特殊情形如此，英、美仍不能拘于此习，设英、美最高法律授权若干非法人之团体举债、负债，即英、美人亦不能非之也。此本末之辨，凡社会科学学者宜认识之。省是否法人，尚无定论，惟三十年冬改订财政收支系统以前省有举债之权，此事实也。其权何自，实法律许之也。[20]自由主义者必曰省于我国公法习惯中为法人；或曰省为国家法人（按北京政府大理院曾判定我国国家为法人）之代表，遂得独立或代表国家举债，盖殊无学术价值耳。

政府举债，为救济税收之穷。但补充税收之不足，除举债外，尚可募捐。近来各省救济灾荒，每有募捐之举，如三十二年河南及三十三年云南灾荒是也。其募捐之区域，并不以辖境为限。二十六年抗战以后每年七月七日全国人民均举行献金，又迭有募捐慰劳作战官兵之举，实皆国家对国民之募捐也。又我国法律奖励人民捐资兴办学校及卫生、救济事业，可谓法律上正式向人民劝捐也。[21]捐资兴学之对象或为国立学校，或为私立学校，或为公立——省立县立或市立——学校，其募捐之性质，亦或为国家募捐，或为私人募捐，或为地方政府募捐也。

(2) 省债之历史

我国帝政时代政府尊临臣民之上，卖官鬻爵，时或有之，然向人民举债殆不可也。帝廷复自以为天朝，四夷当然听其统御，故外债亦断不存在也。且帝政时代公务简单，建设与生产事业，均少举办，预算则尚节余——根本无现代式预算，则实亦无举债之必要耳。我国政府债盖始于清季，而省债盖先于国债。庚子战争，我国败于八国联军，《辛丑条约》所定赔款，达银四万五千万两。此项赔款，清室摊于各省，分年筹措，以为偿付，各省每年派额，自二十万两至二百余万两不等。[22]此项派款，于各省实为极重大之负担。同时各省当局，凛于连年国耻，均奋办生产、建设事业，即所谓“新政”，又需款孔巨。因此正常税赋，不克度用，乃举债补充之，此我国有债亦即我国政府债之始也。当时债款所出或为国民，或为外商，已包括国内债及国外债也。光绪三十二年直隶始发行公债，盖最早之省公债也。

北京政府时代，内乱频仍，中央、地方，竞相举债，尤以民六而后为甚

（六年以前袁世凯主政，行政尚能稳定一时）。贾士毅先生据凌植支先生所著《省债》于《民国债财政史》作北京政府时代各省内债、外债二表，总计各省内债达七千余万元；外债达日金22,240,000圆，规银5,620,000两，英金五十万镑及银圆四十五万圆，而短期借款无与焉。其用途主要为二：一为抵充军实，一为偿还旧债，皆非合理用途也。各省举债，始渐加管理。其管理约有三端：即（一）限制外债，（二）规定用途，（三）债之成立须经中央备案或核准。十七年十二月十一日国民政府通令各省，以限制举外债为题，文曰："借用外贷，易滋流弊。民元以来，北方军阀，每多省自为政，滥举外债，供其吞没者有之。此弊若不革除，不独增加人民之负担，抑且妨碍主权之统一。自今以往，各地方政府，绝对不得有关于政治之种种借款；其为发展各种事业之实业借款，必须呈请国民政府核准始得签约，否则绝对不予承认。特此通令知之。"此为国民政府对于地方举借外债第一次之取缔。惟二十三年六月行政院复申前令，则实行效果，似未彻底也。[23]二十六年抗战以后，地方借用外资，盖未尝闻也（举世战乱，地方政府举外债殆亦不可能矣）。十八年六月二十六日，中国国民党中央执行委员会政治会议通过《公债法原则》，二十五年五月行政院训令"嗣后各级政府发行公债、库券，均应依照《公债法原则》之规定"，故法律虽未成立，原则已具效力。该《原则》第三条规定公债以不得充经常政费为原则，此消极的对于公债用途之限制。第四条复规定政府一切债均须以下列四项用途为限：

（一）充实生产事业上资产的投资，但以具有偿付债务能力而不增加国库负担之生产事业为限（如筑铁路，兴水利及开发富源等皆是，惟富有冒险性质之事业不在此例）；

（二）充国家重要设备之创办用费，但以对于国家人民有长久利益之事业为限（如大规模之国防设备、教育设备、卫生设备等类，虽无经济收入而对于国家、人民确有永久利益者属之）；

（三）充非常紧急需要（如对外战争及重大天灾，特别事变等类皆属之）；

（四）充整理债务之用，但能以减轻负担为限。

虽用途正当，而数目过大之债，亦不得举行："各级政府所募公债总额最高限度以不致紊乱财政、因而妨碍其他政务进行之常态及能使公债本息均得按期偿还为准。”(第八条)省债之核准,国民政府特为重视。十七年七月初旬全国财政会议通过《发行公债及订借款限制办法》,经国民政府备案后同年九月由财政部咨行各省遵照。该《办法》第五条规定:“属于省市公债,由省、市政府将详细用途指定确实基金分别函转财政部核明,认为正当,加具按语,提呈国民政府议决办理;如财政部认为不正当,得驳覆之。”借款亦然。但“省、市库借款在五十万元以下者,不受本案之限制,第偿还期限至多不得过一年”(第十条)。此为省自由举债之范围也。《财政部监督地方财政条例》(十八年一月行政院备案)第五条规定:“省地方收、支及特别市收、支遇有新设税目暨增加支出或募集公债时,均应由财政部核准施行之。……”《国民政府监督地方财政暂行法》(同年四月八日公布)第四条第一项规定:“省及特别市地方遇有新设税目、增高税率或募集公债时均应呈报国民政府行政院交财政部审核签注意见,呈请国民政府行政院送交立法院议决再由国民政府行政院分别令行。……”此二规定均系就公债而设,并无数额大小之别,一概依照办理。二十一年十二月十三日该法修正,修正后同条规定如下:“各省及直隶于行政院之市遇有变更税目、增加税率或募集公债时应依法由省、市政府拟具计划,咨由财政部审核签注呈由行政院核转立法院议决,呈请国民政府令行”,程序略异,精神实无改变。二十年五月《公债法原则》施行,其第七条规定:“省政府非经中央核准,不得募集一百万元以上之公债”,则公债数额一百万元以内者无须中央核准。其实非然。此项规定中所谓核准,仍指《暂行法》所规定之程序而言,即立法核准是也。行政核准实依然存在,盖行政院及财政部依其职权,若地方公债不送请核准,可予撤销也(见后中央监督)。立法程序完成后,例由国民政府公布一“公债条例”,行政程序完成后则由省政府公布其条例。有时一百万元以上之公债,先由省政府发行,再请立法院及国民政府分别作形式上之追认议决及备案,此由中央实力不足控制地方之故也。今后国家管理省债之动向,可于《财政收支系统法》观之。该法第四十二条规定:

各级政府非依法律之规定，并经其立法机关之议决，不得发行公债，或为一年以上之长期赊欠。

省、市、县政府对外资之借赊应先经中央政府之许可。

省、市、县之立法机关得制定单行规则限制其行政机关之借债及赊欠。

“其立法机关尚未成立者应先经上级政府之核准”(同法《施行条例》第十七条)。除国外债须中央核准外，国内债可由各级政府自由设立，只须同级立法机关之许可并依照法律规定之程序，盖各国政府举债之通例也。

上述各种限制，主要以公债为对象，借款之限制甚少，良以借款多有担保或凭政府威力办理，发生问题较少。公债管理复杂，影响政治经济均复不小，每演成严重财政问题也。各省均设有省银行，自可自由向省银行借款。除地方银行外，各省又可向国家银行借款。惟向国家银行借款，只可用为办理生产及建设事业，向本省地方银行借款，除亦办理生产及建设事业外，并充一般政费之用。各省省政府对于各该省地方银行，几无有不借款充政费之用者，并带有强迫性质；惟此类借款，向不公开。省政府公开之借款专属办理生产及建设事业用者。例如甘肃省政府主办之甘肃水利林牧公司(三十年八月一日成立)，其办理整治旧渠水利工程全部费用均系借自中国农民银行(见许敦楷:《甘肃水利林牧公司概况》,《旅行杂志》第十八卷第一期，三十三年一月出版)。其他各省办理各项经济事业，无不向国家或地方银行借贷。四行联合总处核准之中、中、交、农四国家银行地方财政放款二十九年度总达 19,940,000 元，三十年度总达 2,565,000 元(见国民政府《统计月报》第七十七号)。三十年十月至三十一年九月期内中央、中国、交通及中国农民四国家银行放出协助各省建设事业贷款凡达 17,680,000 元(三十二年七月《国民政府年鉴》第八十三页)。三十二年七月“中国农民银行为配合鄂省本年度行政设施起见，与鄂省府洽定大型农回水利贷款五百万元，生产贷款一千五百万元，农村副业贷款六十万元，土地金融贷款六百八十万元，共计五千九百四十万元。……”(三十二年中央社恩施七月二十五日电)。云南富滇新银行放出云南省营事业贷款二十九年度凡 61,820,000 元，三十年度凡

58,170,000元（见郭荣生：《抗战中之云南富滇新银行》，《经济汇报》第八卷第五期），二十九年度至三十一年度湖北省银行协助公营事业贷款凡43,400,000元（《国民政府年鉴》）。抗战以后，国民政府并奖励国家及地方银行办理农工业放款，其对象不分政府、人民。关于农业借款，国民政府尤其提倡。"财政部与四联总处督饬中央信托局暨中国、交通、中国农民三银行与各省政府洽订合约，承办农业贷款，并由四联总处于每年度开始时订定每年度农贷办法纲要暨各种农贷准则，俾有遵循。三十年度内四行办理农贷，在后方注重食粮之增加及垦殖、水利、农村手工业等事业，在前方注重食粮生产之自给并协助有关机关办理农产品产销事务，在收复战区内注重农业生产之复兴事业。新定贷款种类为农业生产、农田水利、贫农耕犊、耕地、农村副业、农业推广、农业供销、农村运输工具、农村消费合作、农村公用合作等九项。迨三十一年度开始，适值太平洋战事爆发，为适应新局势，经规定四行、局办理农贷应依照'紧缩放款'与'直接增加农业生产'二原则为最合理之运用，并与农业行政农业技术等机关密切配合进行。贷款种类，定为农业生产、农田水利、农业推广、农村副业、农产运销等五项。嗣为实现中、中、交、农四行专业化，经于三十一年九月起，将农贷事宜移中国农民银行办理，俾得专力从事以期更有改进。兹将四行局三十年十二月底及三十一年八月底农贷结余数额附列简表，以备参考。"（《国民政府年鉴》页八三——八四）

四行、局农贷结余数额表

时间 行局名	三十年十二月底	三十一年八月底
中央信托局	26,853,185.00	25,949,042.60
中国银行	181,830,000.00	230,584,000.00
交通银行	36,239,203.55	14,638,546.08
中国农民银行	220,379,967.00	283,816,269.00
合　　计	465,302,355.55	554,987,856.28

三十一年六月底四行、局农贷总数为567,832,000元，分类如下：

名　　称	数　　额	百分率
农业生产	414,668,000元	73
农田水利	71,337,000元	12.6
农业推广	9,367,000元	1.6
农业运销	42,622,000元	7.5
土　　地	477,000元	0.1
战　　区	24,071,000元	4.3
农　　区	4,330,000元	0.8
其　　他	958,000元	0.2

其分配于各省如下：

省　　别	数额(国币一千元)	百分率
川	192,424	33.9
康	8,748	1.5
黔	18,879	3.3
滇	36,552	6.4
桂	61,029	10.8
粤	7,828	1.4
湘	51,806	9.1
鄂	12,430	2.0
赣	25,248	4.4
皖	18,218	3.2
苏	2,102	0.4
浙	22,261	3.9
闽	3,873	1.0
豫	10,687	1.9
冀	1,414	0.3
鲁	3,226	0.6
陕	42,099	7.4
甘	41,281	7.3
宁	3,706	0.7
绥	1,362	0.2
晋	1,001	0.2
其他	664	0.1

(俱见四联总处报告)。

近年来中央配合财政统一，指挥国家银行办理对于省营事业(农业及工业)之放款或与各省省政府合办各项农、工事业，表面协助地方行政，实即加强地方行政之控制也。

省政府各种借款，尤以农业借款，非以用于省公务为限，所属市、县皆可以分配；盖国人心理只以市、县政府为省政府指挥命令之下属机关，不以市、县政府为省政府监督下之另级地方政府也。此不可不加注意。

银行之外，中央政府机关亦可借款与省政府，例如《管理全国茶出口贸易办法大纲》(二十八年五月五日财政部修正公布)第七项规定："各省对制茶厂及合作社需要资本时得向贸易委员会订立贷款合约，贸易委员会至多负担十分之八，省方至少应担负十分之二"是。

(3) 省公债

公债性质已变态为半通货，较之借款纯属债务者不同，而其管理，亦复繁细，特补述其大概。

(一) 省公债之成立——举借公债属财政，其发动当在财政厅。自《省政府组织法》列举各厅职掌以来，关于省公债事项素列入财政厅职掌，故省公债省计划及草案，必须由财政厅订拟。又发行公债，为重大之财政事项，必须经省政府委员会之议决。草案经省政府议决后，如公债数额不满一百万元，即由省政府制成条例，公布施行，是为成立。其数额在一百万元以上者，由省政府制成条例草案，作初步之公债设定。再依法将条例草案咨送财政部审核后由财政部呈行政院提交立法院审议。依《行政院组织法》，提送立法院之前尚须经行政院会议议决，但此种议决实际上为一形式，无不通过也。立法院审议通过，条例即告成立，呈由国民政府公布施行。行政院为省公债之核准尚须送请中国国民党中央执行委员会政治委员会审查，因该会职权上可加审查也(抗战后该会职权由国防最高委员会代行)，此党与政府间之关系固非正式法律问题也。国民政府时代各省成立之公债，可见附表，其中有不依法定程序者，皆例外也(《公债法原则》实施以前省公债核准之程序见前)。

(二) 省公债管理——公债成立后继之为管理。管理之第一项工作

国民政府历年核准各省公债表

年别	省别	名称	成立日期	发行额（单位国币圆）	用途	附注
十六年	湖北	整理金融公债	三月十三日	20,000,000	整理金融、收回旧票、清理新债	
	福建	地方善后公债	十月二十五日	3,000,000	地方善后并整理金库券	国民政府备案
十七年	浙江	偿还旧欠公债	三月四日	6,000,000	偿还旧欠	财政部核准
		公路债券	九月二十七日	2,500,000	建筑公路	财政部核准
十八年	辽宁	整理金融公债	十月十五日	20,000,000	整理奉票	
	山西	赈灾短期公债	十月二十二日	3,000,000	赈济旱灾	
	浙江	建设公债	十月二十二日	10,000,000	兴筑杭江铁路、杭征公路、扩充电气事业修治铁江水利	
十九年	浙江	杭州市自来水公债	五月二十八日	2,500,000	建设杭州市自来水厂	
		赈灾公债	六月九日	1,000,000		
	江苏	建设公债	八月四日	7,000,000	建设公路省会及长途电话、改良巷埠	
二十年	湖北	善后公债	二月九日	3,000,000	办理善后	
	广东	整理金融公债	四月二十五日	15,000,000（毫洋）		十九年八月发行、二十年四月十八日立法院追认、同月二十五日国府令准
	浙江	清理旧欠公债	六月二十九日	8,000,000		
	四川	善后公债	七月二十五日	20,000,000	办理四川善后	

续表

年别	省别	名称	成立日期	发行额（单位国币圆）	用途	附注
二十年	河南	善后公债	八月八日	3,000,000		
	江苏	运河工程短期公债	十月二十三日	5,000,000	修筑运河堤	
二十一年	安徽	建设公路短期公债	一月十五日	1,000,000		
	浙江	金库券	七月一日	6,000,000	调济省金库	二十二年九月十五日立法院追认同月二十七日国府令准
	江苏及浙江	丝业短期公债	九月十五日	3,000,000		
	湖北	善后公债	十月一日	3,000,000	办理绥绥善后	
		续发善后公债		1,500,000		二十四年九月二十四日立法院追认同年十月八日国府令准
二十二年	湖南	湖南省公债	七月三日	5,000,000	绥□地方	
		建设公债	十二月十九日	10,000,000	修筑公路并清偿银行旧欠	
二十三年	湖北	整理金融公债	三月二日	4,000,000	整理十五年前旧欠及赎回生成里房产	
	江苏	水利建设公债	十月一日	20,000,000	兴治水利举办公债	十一月二十日立法院追认
	浙江	地方公债	十月四日	20,000,000	发展生产事业整理债务	十一月九日立法院追认
二十四年	湖南	建设公债	三月十九日	10,000,000	筑路及清偿银行旧欠	
	福建	地方建设公债	七月二十六日	3,000,000	设立省银行整理纸币办理交通、农林、水利、护航、清丈	

续表

年别	省别	名称	成立日期	发行额（单位国币圆）	用途	附注
二十四年	广东	建设公债	七月二十九日	5,000,000	办理蔗糖、苏打、硫酸、纺织、造纸、饮料、水电各项事业	
	安徽	公路公债	九月二十一日	,800,000		行政院核准
二十五年	浙江	整理债务公债	六月十三日	60,000,000		
	四川	建设及换旧债公债	八月三十一日	30,000,000	(1) 办理交通及生产建设事业 (2) 换偿旧债	公债三分之二供(1)三分之一供(2)
	江西	整理土地公债	九月二十八日	3,000,000		
	福建	省会自来水公债	十二月十五日	900,000	改善公共卫生建设自来水工程	行政院核准
	山西	省公债	十二月二十一日	10,000,000	偿还银行垫款	
二十六年	四川	振灾公债	六月十九日	6,000,000	办理移垦水利等项工赈	
	福建	公路公债	七月六日	900,000	扩展公路	
	湖北	建设公债	九月一十九日	5,000,000	续筑公路、整理内河航业、拨缴银行股本、办理武昌市政及非常时期建设	
	山东	整理土地公债	十一月六日	2,500,000	办理土地陈报并试办地籍图测量	
	安徽	完成公路建设公债	十一月八日	2,000,000		
	广西	整理金融公债	十二月一日	17,000,000	整理金融充实桂钞准备	
	江西	建设公债	十二月二十日	20,000,000	发展生产建设事业	

续表

年别	省别	名称	成立日期	发行额（单位国币圆）	用途	附注
二十七年	广东	国防公债	三月一日	15,000,000	巩固广东省国防	
	福建	短期库券	五月十六日	900,000	调整非常时期财政	国防最高会议核准
		充实金库短期库券	七月四日	480,000	调整非常时期财政充实金库	国民政府备案
		五厘公债	七月七日	980,000	筹办紧急措施	行政院核准
		建设公债	七月二十五日	8,000,000	筹办紧要设施及建设事业	
	湖南	建设公债	七月一日	18,000,000	筹办建设事业、充实金融机构应付紧急需要	
	河南	六厘公债	七月二十一日	5,000,000	供应紧急需要、发展农村经济	
	甘肃	建设公债	七月二十一日	2,000,000	办理建设事业	
	浙江	六厘公债	七月二十六日	10,000,000	战时特种用费调整社会经济	
	陕西	建设公债	十月二十八日	8,000,000	调整金融增进生产、救济农村兴办军需事业	
二十八年	福建	土地陈报短期债券	一月六日	360,000	整理土地、推行陈报	国民政府备案
		充实金库短期库券	三月十四日	480,000	充实省库便利战时财政调度	国民政府备案
		金融短期债券	三月十四日	480,000	调剂战时金融	国民政府备案
		短期库券	六月二十四日	900,000	调整战时财政金融	国民政府备案
		第二期充实金库短期债券	九月二十一日	480,000	补充金库便利战时财政调度	国民政府备案
	广东	短期公债	二月十日	4,800,000	均衡战时省金库收支	

续表

年别	省别	名称	成立日期	发行额（单位国币圆）	用途	附注
二十八年	江苏	整理地方财政公债	四月十五日	8,000,000	整理地方财政调整农村金融	
	广西	六厘公债	五月二十七日	8,000,000	调整省库收支	
	湖北	金融公债	八月一日	8,000,000	办理农民贷款拨缴湘鄂粮食管理处基金	
	四川	建设公债	八月三十一日	7,500,000	办理交通及生产事业	
二十九年	江苏	整理地方财政公债	三月一日	10,000,000	整理地方财政调整农村金融	
	福建	生产公债	三月四日	20,000,000	办理生产及建设事业	
	西康	地方金融公债	四月二十九日	5,000,000	充实省银行资本活泼地方金融	
	广东	六厘公债	六月二十九日	15,000,000	充实省库调剂金融	
	四川	兴业公债	九月五日	40,000,000	兴办建设事业及整理土地	
		建设公债	十一月十五日	7,500,000	办理交通生产及建设事业	
		整理债务公债	十二月三十一日	35,000,000		
	安徽	金融公债	九月五日	8,000,000	充实地方银行基金、调剂农村经济、谋经济之发展	
三十年	甘肃	建设公债	二月十日	8,000,000	加强金融组织、发展生产事业	
		水利农贷公债	九月一日	15,000,000	筹办水利农贷事业	
	江西	建设公债	九月一日	15,000,000	发展建设事业	
	四川	整理债务公债	十一月一日	35,000,000	整理二十七年五月三十一日以前之债务	

（此表乃据著者查获者所列，有错误及遗漏可能）。

各省历年公债发行额表（单位国币一千元）

省别	二十年	二十一年	二十二年	二十三年	二十四年	二十五年	二十六年	二十七年	二十八年	二十九年	三十年
江苏	3,189	2,361	—	20,000	—	2,000	—	—	—	10,000	—
浙江	8,000	7,500	—	20,000	2,000	60,000	—	10,000	—	8,000	—
安徽	331	500	750	—	800	—	2,000	—	—	—	—
江西	400	—	—	—	—	3,000	—	20,000	—	—	1,500
湖北	3,000	4,500	—	4,000	6,000	—	5,000	—	8,000	—	—
湖南	—	—	3,000	—	10,000	—	—	8,000	—	—	—
四川	—	—	—	—	131,500	30,000	6,000	—	7,500	47,500	35,000
西康	—	—	—	—	—	—	—	—	—	5,000	—
山东	—	—	—	—	—	—	500	2,000	—	—	—
山西	—	2,000	—	4,000	—	—	10,000	—	—	—	—
河南	—	—	—	—	—	—	5,000	—	—	—	—
陕西	—	—	—	—	—	—	18,600	8,000	—	—	—
甘肃	—	—	—	—	—	—	—	2,000	—	—	—
福建	8,500	131	—	003	9,900	—	—	11,560	5,300	20,000	—
广东	8,738	11,000	7,000	2,000	15,500	—	—	15,000	4,800	15,000	—
广西	—	—	2,080	—	2,000	—	—	—	8,000	—	—

（国民政府《统计月报》第六十七及六十八号合刊）

厥为发行债券并出销。债券票面价值大小不等，例如二十八年广西省六厘公债分十元、百元、千元、万元四种，皆无记名式。债券发行后即交省银行兑取债款，再由银行销诸市场。此种派销，皆属强迫或半强迫，盖省银行由省政府管辖也。其他公、私银行省政府所能支配者自亦可派销。债款取得后即配拨于指定用途。《公债法》原则第五条规定："凡经指定用途之公债收入不得移作别用途。"债款配用后随即筹集基金，以资还本付息。《发行公债及订借款项限制办法》第五条规定公债必须有确定基金。各公债条例皆有公债基金或担保条款，担保亦即基金之来源也。例如二十三年九月江西省整理土地公债以全省土地登记证图费收入及因整理土地增收之田赋为基金；二十八年五月广西省六厘公债以该省营业税收入为基金；二十八年八月四川省建设公债以田赋为基金；二十九年三月福建省生产建设公债以田赋为第一担保，省营业盈利为第二担保；二十九年四月西康省地方金融公债以田赋及营业税收入为基金；三十年二月甘肃省建设公债以田赋收入为第一担保，本公司所办各项生产事业盈余为第二担保等等，皆明白规定于各该《条例》之中。基金来源必须配合公债用途（见前第一节），方为合理之公债也。公债基金应组织委员会负责保管（原《办法》第八条），此项委员会之组织亦有规定于公债条例之中者。省公债基金保管委员会，例由省政府（债务人），省银行界及商界（债权人）、审计部、财政部（中央监督机关）四方人选组成：如二十八年五月广西省六厘公债基金保管委员会由财政部、审计部、广西省政府及广西省政府财政厅各派代表一人，另由关系银行推选代表一人组织之；二十九年四月西康省地方金融公债基金保管委员会由财政部、审计部、西康省政府、西康省政府财政厅、西康省银行及银钱业商会各推派代表一人组织之等是。惟初期省公债基金保管委员会无财政部参加，如二十年浙江省清理旧欠公债基金保管委员会由浙江省政府、审计机关、银行公会、钱业公会及商会代表各一人组织之，二十一年湖北省善后基金保管委员会由省政府财政厅民政厅审计机关，汉口市政府，汉口、武昌、汉阳三商会，汉口银行公会，汉口钱业公会代表各一人组织之。《公债法原则》第九条规定："公债收支均须编入预算，决算并应由募集机关与监察院每年会同报告一次并公布之。”监察院自不能与省政府会同报告，当由审计部代为也。依《预算法》及《决算法》之规定，公债基金尚须另立预算及决算，附入总预算书之中。《发行公债及订借款项限制办法》第九条规定：“各省、市收入债款及拨付基金及还本付息数应按月报告财政部查核。”公债为省预算中收入或支出之一部，一般关于财政收支之规定亦均通用也（见第七章中央监督）。公债之稽核必要得由债权者推举代表申请参加（《公债法原则》第十条后段）。又公债基金，不得流用（《预算法》第五十五条及其《施行细则》第五十一条）。

公债之偿还，亦为管理中之要项。我国中央及各省公债还本付息均用分期抽签法。初期省债之年利息有达八厘或一分者，近年省公债利息，几悉为六厘，间有五厘者。公债抽签期限多为半年，间亦有一年者。半年期者多以每年六月底及十二月底为限，亦有以一月底及七月底，四月底及十月底，或三月底及九月底为限者。然短期公债常以一个月为期，以每月月终为限。每期届至由省政府抽定本期应行偿付之债票号数，公告债权人至指定代理银行按票面价值兑领本息。分还偿还表照例附于公债条例之末，每期应付款均由表规定。附二十八年湖北省金融公债还本付息表，以资参证，其他皆同一形式。

民国二十八年至1951年湖北省金融公债还本付息表

年	月	日	现付款	次数	还本数	期数	付息数	本息共数
二八	一二	三一	8,000,000			一	240,000	240,000
二九	六	三〇	8,000,000			2	240,000	240,000
二九	一二	三一	8,000,000	1	160,000	3	240,000	400,000
三〇	六	三〇	7,840,000	2	160,000	4	235,200	395,200
三〇	一二	三一	7,680,000	3	160,000	5	230,400	390,400
三一	六	三〇	7,520,000	4	320,000	6	325,600	545,600
三一	一二	三一	7,200,000	5	320,000	7	216,000	536,000
三二	六	三〇	6,880,000	6	320,000	8	206,400	526,400
三二	一二	三一	6,560,000	7	320,000	9	196,800	516,800
三三	六	三〇	6,240,000	8	320,000	10	178,200	507,200

续表

年	月	日	现付款	次数	还本数	期数	付息数	本息共数
三三	一二	三一	5,920,000	9	320,000	11	177,600	497,600
三四	六	三〇	5,600,000	10	320,000	12	168,000	488,000
三四	一二	三一	5,280,000	11	320,000	13	158,400	478,400
三五	六	三〇	4,960,000	12	400,000	14	148,800	458,800
三五	一二	三一	4,560,000	13	400,000	15	136,800	536,800
三六	六	三〇	4,160,000	14	400,000	16	124,800	524,800
三六	一二	三一	3,760,000	15	400,000	17	112,800	512,800
三七	六	三〇	3,360,000	16	480,000	18	100,800	520,800
三七	一二	三一	2,880,000	17	480,000	19	86,400	566,400
三八	六	三〇	2,400,000	78	480,000	20	72,000	552,000
三八	一二	三一	1,920,000	19	480,000	21	57,600	537,600
一九五〇	六	三〇	1,440,000	20	480,000	12	44, 200	523,200
一九五〇	一二	三一	960,000	21	480,000	23	28,800	508,800
一九五一	六	三〇	480,000	22	480,000	24	14,400	494,400
							3,648,000	11,648,000

三十年财政收支系统改订后，行政院即于是年十二月六日通令各省省政府不得再发行公债，其原发公债由财政部接收。[24]“自三十年十月起于该部内设置整理省公债委员会，办理各省公债之接收与整理。……截至三十一年八月止，已由该会办理接收者计有粤、桂、湘、鄂、皖、赣、浙、陕、甘、晋、豫、川、康等十四省公债三十八种，债额达四亿一千七百七十四万元，其中用为抵押品或未售出之余额债票，仍令各省缴送国库，而实际发行者共为二亿零四百八十一万余元，除历年已中签还本者外，截至三十一年底止，核计共负债额一亿七千三百六十七万余元。此项债票已由财部发行民国三十二年整理省债公债一亿七千五百万元，以便分别换偿”(三十三年一月九日中央社重庆电讯)。三十二年六月二日国民政府公布《民国三十二年整理省债公债条例》，定是年七月一日发行。该公债分为四类，分别偿清各省公债，每年年终抽签还本一次。

第一类：

数额：国币五千二百九十万元。

偿还期限：九年。

换偿债券：

(1) 二十五年浙江省整理公债第一类及第二类债票；

(2) 二十四年湖南建设公债；

(3) 二十三年湖北省整理金融公债；

(4) 二十四年湖北省建设公债；

(5) 二十六年湖北省建设公债；

(6) 二十八年湖北省金融公债；

(7) 二十八年广西省六厘公债；

(8) 二十四年福建省地方建设公债；

(9) 二十五年四川省建设及换偿旧债公债。

第二类：

数额：国币六千六百七十万元。

偿还期限：十九年。

偿还债券：

(1) 二十五年浙江省整理公债第三类及第四类债票；

(2) 二十六年安徽省完成公路公债；

(3) 二十九年安徽省金融公债；

(4) 二十七年湖南省建设公债；

(5) 二十年福建省建设公债；

(6) 二十七年福建省五厘公债；

(7) 二十六年四川省赈灾公债；

(8) 三十年四川省整理债务公债；

(9) 二十九年西康地方金融公债。

第三类：

数额：国币四千一百万元。

偿还期限：二十九年。

换偿债券：

(1) 二十二年湖南省公债；

(2) 二十九年福建省生产建设公债；

(3) 二十七年甘肃省建设公债；

(4) 三十年甘肃省建设公债；

(5) 三十年甘肃省水利农矿公债。

第四类：

数额：国币一千四百四十万元。

偿还期限：三十九年。

换偿债券：二十七年广东省国防公债。

三十三年五月十一日行政院会议复通过《民国三十二年项理省债公债换偿各省债券办法》七项，照录如下：

(一) 民国三十二年整理省偿公债换偿旧有各省债券依本《办法》之规定。

(二) 换偿事务，由财政部委托中央银行代办，并由财政部及各省财政厅负协助及指定旧债之责。

前项换偿日期，由财政部规定，饬各省财政厅分别公告。

(三) 所有应换之旧有债券，重庆不分省份，其他各省中央银行指定之分行，专换发各该本省旧有债券。除已中签抽出余存及其他指定号码之债券不得换偿外，均按同类债券券面现足本金数额依换偿旧债名称一览表所列之应换票别，以同类券额之整理省债公债票，每类均以百元票为最低额，其应换之旧有各类债券，如持票人所有同类债同现足本金数额合计不满百元者，得按九八计算以现款凑足，换领整理省债公债百元票一张，如不愿凑足者，由财政部发给换票证，另候核办，各省财政厅填发之换票证，由财政部印发。

(四) 旧有债券，换发新券时其应付债息票如有短缺，应以现款按面额十足补缴。

（五）旧有债券之仅发预约券者，按其现足本金数额申请换偿时应先取得各该省财政厅证明其十足金额之文件。

（六）财政部备发之整理省债票，由财政部委托中央银行保管，各省应配发数额，由中央银行照财政部通知先分运各省指定之分行保管，以便随时换发。

（七）自开始换偿公布之日起，限八个月内换偿完竣，逾限不再换发。

按末项开始换偿之日期，经财政部公告为三十三年八月一日，此日起八个月后，各省旧有债券将不复存在矣。

四 预 算

（1）□□□□

预算者政府收、支之计划也。各国预算率以一年为期，故预算亦即政府一年之收、支计划也。政府支出，实为公务之数字表示，支出计划即为公务计划，预算包括支出计划，亦即含有行政计划矣。近代预算无不公布，所以示收入取自人民支出用于人民，而公务以益民为旨也，则又寓民主意义焉。我国历代素重岁计，然现代预算制度则自清季始兴。宣统三年筹备立宪，始有国家预算之编制，中央、地方，悉纳其中。民国成立，海内初定，故元年不编预算。二年预算成立，其时中央与地方收支开始划分，故二年以后中央与地方预算乃分别编制。四年地方预算中断，五年又继续。六年又停，八年各省又造预算，不久复又敛迹。十四年善后会议财政总长《宣言》称："各省区预算京兆、直隶、吉林、黑龙江、山东、河南、山西、江苏、安徽、江西、湖北、甘肃、新疆、广西、绥远、察哈尔均已造送至十二年度；陕西、福建、浙江、热河、奉天、湖南六省区造送至九、十、十一等年度不等；广东、四川、云南、贵州等省八年度编制预算照五年度原数开列，迄今尚未造送。"可知十二年以后各省即未编造预算。国民政府成立，财政部乃先后拟订编制十六年度、十七年度《预算例言》及《预算书式》，呈请国民政府公布，惟未实行。十八年二月十六日财政部公布《财务机关编制十八年度预算办法》,其《弁言》云:"……民国十七年会计年度时逾半稔,不但国家总预算事实上难于编制,即本部所辖财务机关亦未能依时办竣。……而十八年度预算已届编制之期,财务预算,尤关重要,不能不先其所急,为部分的规划,先行试办,一以期十八年度财务预算得较良之成绩,一以凭我财务机关试办之效果为推行全国之基础。……"由此观之,十六、十七、十八三年度不但各省无预算,即中央亦无预算也。十八年十一月该部复拟具《十九年度试办预算章程》,于十九年二月由国民政府公布施行。二十年度国家及地方预算,仍依该章程办理。[25]二十年四月主计处成立,旋即拟具《预算章程》,经中央执行委员会政治会议通过后于十一月二日由国民政府公布施行(二十三年四月二日修正第三十四及第三十九条,同年八月二十日修正第四十二第四十三及第四十四条)。二十一年九月二十四日国民政府将《预算法》大事修正,次年元旦乃施行生效。但《预算法》表面上虽已施行,事实上则尚未也。二十七年及二十八年仍适用《预算章程》[26],二十九年以后,每年度均有特别之变通办法[27],至乎今日《预算法》实难完全实施也。

预算以一年为一期,其期间不必与历年相同。预算起、讫之年,名曰财政年度或会计年度。各国财政年度之起、讫,或为四月一日至三月三十一日,或为七月一日至六月三十日,或同历年,即一月一日至十二月三十一日。我国二年始编预算,以二年七月一日及三年六月三十一日为起、讫日期。三年三月大总统公布《会计条例》,十月二日又公布《会计法》,均定七月一日至六月三十日为财政年度。四年九月修正《会计法》,再改以历年为财政年度。六年一月三十一日,以众议院咨称财政年度起一月一日讫十二月末日与国会会期不相衔接,极应改正,大总统乃令仍以七月一日至六月三十日为财政年度。国民政府成立后《预算章程》及初公布之《预算法》均载明预算年度为七月一日至六月三十日,至二十五年十一月二十六日国民政府准中国国民党中央执行委员会政治委员会决议,又令财政年度改用历年制。惟二十六年度及二十七年半年度预算,均起自七月一日,至二十八年一月一日始开始实行历年制。财政年度,各级政府均适用之。[28]

六年财政部第九〇七号《训令》公布《整理预算编制方法》，其第一项云："编制预算，应于年度未开始以前，提交国会议决，以便年度开始实行。现在会计年度，已暂定起七月一日讫次年末日为一年度，国会开会日期，虽未确定，大约总在四月，预算即须于三月一日编成。近年各省造报岁入、岁出表册，多未能如期送部，遂至编成交议，已在年度开始之后，致误实行时期。现拟定各省区岁入清册，每年限年前十二月三十日以前咨送到部；岁出清册，限一月三十日以前到部。如逾期限，各财政厅长有应得之处分"（该部呈大总统原文，业奉核准）。然省预算成立详情，未克考征。十八年一月财政部公布《监督地方财政条例》第三条规定："省地方财政……应于每年会计年度施行前依照法定程序编定预算，呈报国民政府行政院财政部审核之，财政部应即签注审核意见呈国民政府行政院送交立法院议决，再由国民政府分别令行。……"此两规定，俱未获实施。省预算程序之最早详细规定，盖为《预算章程》。

《预算章程》凡分四章：曰总则，曰国家预算，曰地方预算，曰附则。地方预算，省、县不分，实即省预算而市、县兼并其中也。制成之后即称某某省总预算书。地方预算之编制，可分三步骤：即（一）编拟概算，（二）编拟预算案，（三）预算案立法。概算分为三级：各机关所编本机关（包括附属机关）岁入、岁出概算为第一级概算；……省政府汇合第一级地方概算编成之（各）该省（市）总概算（均）为第二级概算；国民政府主计处汇合第二级概算编成之总概算为第三级概算（第八条）。第一级概算由省内各机关依照中央制定之表格填具三份，于十一年三十日以前（二十八年度施行历年制，改为五月三十一日以前）送达省政府财政厅。财政厅审核后汇编概算案两份，连同各第一级概算一份于一月十五日以前（二十八年度为七月十五日以前）呈送省政府，省政府依据全年行政计划及收、支平衡原则议定后于一月三十一日（二十八年度为七月三十一日）以前发还财政厅编制第二级概算，限二月十五日以前（二十八年度另改）连同全年行政计划缮具五份，以一份送行政院，以一份送财政部，以三份连同各第一级概算一份送主计处。行政院应即召集各主管部会开审查会议，作成审查意见书，提出行政院会议通过于三月十五日(二十八年度改为九月十五日)以前转送主计处。主计处根据省政府财政厅及行政院送交各件编成最后总概算书,即第三级概算。概算成立后于三月三十一日(二十八年度改为九月三十日)以前呈由国民政府转送中央政治会议审核;政治会议核准后于四月三十日(二十八年度为十月三十一日)以前发还主计处,主计处即据以编成总预案总预算案。主计处应于五月十五日(二十八年度为十一月十五日)以前呈请国民政府交行政院提出立法院核议。立法院应于六月十五日(二十八年度为十二月十五日)以前通过,呈请国民政府公布。公布者为总预算书,而预算程序即告完成。二十九年度开始通用《预算法》,但每年度尚有变通办法,实未彻底施行也。

(2) 现行预算制度——《预算法》

预算之成立凡经三段:(一)概算,(二)拟定预算,(三)法定预算。概算之编制仍如《预算章程》用分级法,但次序适相反。《预算法》第七十一条第一项规定:

省政府概算及预算之机关单位分级如下:

第一级机关单位:

省政府与其直辖机关及其所属各级机关;

各厅与其直辖机关及其所属各级机关;

第二级机关单位:

省政府之直辖机关及其所辖各级机关;

各厅之直辖机关及其所属各级机关;

省政府或各厅本机关。

第三级以下各级机关单位依次递推。

省第一级机关单位之主管机关应于每年三月底以前拟编该机关单位下年度之岁入、岁出全部概算送该省主计机关,并另备一份径送该省财政厅(《预算法施行细则》第十六条第一项)。省主计机关为省政府会计处,其未设置者,由财政厅代理(《细则》第五十九条)。“省第一级机关单位之主管机关拟编该第一级机关单位概算如需以下各机关单位之各项概数为参考应于前项期日酌定期限通令其所属机关呈报，逾期不呈报及无须呈报者，均代为拟定概数，列如其概算”(《细则》第十六条第二项)。依此规定，第二级以下机关无编拟概算之必要，非奉命令则无义务也。“财政厅应于每年四月十日以前就该省第一级机关编送该厅之概算岁入部分及该厅主管之各种岁入拟编该省下年度岁入总概算送该省主计机关”(《细则》第十七条)。“省主计机关应于每年四月二十日以前汇集该省第一级机关单位拟编之概算及财政厅拟编之岁入总概算编造该省下年度岁入、岁出总概算书，缮具四份呈送该省政府议定之。省政府应于每年五月以前将该省政府议定之下年度总概算书以三份送中央主计机关，以一份送财政部”(《细则》第十八条)。“财政部对于省总概算书如有意见应于每年五月十五日以前通知中央主计机关”(第十九条)。“中央主计机关应于五月底以前将各省总概算书审核完竣，检同原概算书各二份连同审查意见书各二份转送行政院”(第二十条)。行政院收到中央主计机关上项送件后，应即分别交送各主管部、会、署、局签注意见，由行政院会议审定其计划及概数[29]，并于六月十日以前将其审定之计划及概数检同原概算书及中央主计机关原审查意见各一份送交中央核定概算之最高机关，即中国国民党执行委员会政治委员会。[30]各第一级机关单位概算应列第一预备金，其数额相当于经常概算数百分之一至百分之二；省总概算应列第二预备金，其数额相当于总概算经常数百分之一至百分之三(《细则》第五十三条)。政治委员会(现其职权由国防最高委员会代行)核定省总概算书后应于七月十日以前发交中央主计机关于七月底以前转交省主计机关(《预算法》第七十四条，《细则》第二十二及第二十三条)。省主计机关即应于十日内将各第一级机关单位概算核定各数分别通知各该单位之主管机关(《细则》第二十三条)。然后第一级及第二级各机关单位据以编造拟定单位预算，及拟定附属单位预算，于八月底以前送回省主计机关(《细则》第二十五条)。省主计机关再于九月十五日以前编就拟定总预算书，缮具两份呈送省政府决定后于十月十日以前送达中央主计机关，其届期不送达者则由中央主计机关代为编制(第二十六条)。若省总概算书因交通不便或其他原因致中央核定概算之最高机关逾期核定者中央主计机关得根据核定数代为编制者拟定总预算，于预算成立后再由省政府分配细数(《细则》第二十七条)拟定预算无论由省或中央主计机关编拟均应于十月底以前连同中央核定概算意见由中央主计机关送立法院审议[31]，立法院应从速议决呈请国民政府于十一月十五日以前公布总预算书(《预算法》第七十六条、《细则》第二十八条)，即法定预算是也。

(3) 预算变通办法

前述《预算法》所定各项程序，自施行之初即有变通办法。二十九年度预算，国民政府于二十八年六月二十二日公布《办理二十九年度预算办法》以资办理。三十年度预算，又以“《预算法》实施甫经一年，兼在抗战期间，关于三十年度各级概算、预算编审事项，自难悉依法定程序进行”，由主计处参酌二十九年度办法拟具《编审三十年度预算变通办法》，经国防最高委员会核议后，由国民政府于二十九年三月十四日训令公布。三十一年至三十三年度均各有特殊办法，三十三年六月国防最高委员会制定《战时国家总预算编审办法》，于战事终止前每年度均可适用。惟三十一年度起各省预算悉并入国家预算之中，不复独立存在矣(各省岁出预算的由国民政府分省公布)。兹将上述各办法照录于后。

《办理民国二十九年度预算办法》：

(乙) 关于地方预算者：

(一) 各省、市总概算应于八月底以前送达主计处(三份)及财政部(一份)。

(二) 主计处于九月二十日以前将各省、市概算审编完竣，连同审查意见送达行政院。

(三) 行政院于十月十五日以前审定各省、市总概算，送达国防最高委员会。

(四) 国防最高委员会于十月底以前核定各省、市总概算发回主计处，并同时通知行政院。

(五) 主计处参照《预算法施行细则》第二十七条及第四十二条之规

定，依据核定各省、市总概算数，代编各省、市拟定总预算，于十一月二十日以前提出立法院。

（六）立法院于十二月五日以前议决各省、市总预算呈请国民政府公布。

（七）各省、市总概算经国防最高委员会核定后，为应非常时期之需要。得以命令准先执行（见后）。

（八）（略）

《编审三十年度预算变通办法》：

（乙）地方预算之编制：

（一）省、市第一级主管机关依照省、市政府之施政计划及事业计划编制概算，于七月一日以前呈送省、市政府。

（二）省、市政府应于七月十五日以前核定各类概算交会计处汇编总概算。

（三）各省、市总概算应于七月底以前送达主计处（三份）及财政部（一份），财政部如有意见应于八月二十日以前通知主计处。

（四）主计处于八月底以前将各省、市总概算审编完竣送达行政院。

（五）行政院于九月十五日以前审定各省、市总概算送达国防最高委员会。

（六）国防最高委员会于十月十五日以前核定各省、市总预算发回主计处并同时通知行政院。

（七）主计处参照《预算法施行细则》第二十七条及第四十一条之规定得依据核定各省、市总概算数代编各省、市拟定总预算于十一月十五日以前提出立法院。

（八）立法院于十二月五日以前议决各省、市总预算呈请国民政府公布。

（九）各省、市总概算经国防最高委员会核定后，为应非常时期之需要，得以命令准先执行。

（十）（略）

（十一）（略）

《战时国家总预算编审办法》：

（一）战时国家总预算之编审依本《办法》办理。

（二）中央设计局于六月底以前拟定下年度施政方针提请国防最高委员会于七月十五日以前核定，送由政府发交各主管机关依据编制计划及概算。

（三）各第二级主管机关（包括省及院辖市）依据核定施政方针及第一级主管机关之指示编具其所主管之计划及概算于八月十五日以前，以二份送主计处，同时以二份送第一级主管机关，以二份送中央设计局并以岁入概算一份送达财政部。

前项所称第二级主管之范围以其实际管辖者为限。

（四）各类支出应按第二级主管机关岁出经常门概算总额酌列百分之五之第一预备金。

（五）各机关公务员生活补助费应依当年七月份标准核计，列入各机关岁出临时概算。

各机关公粮支出应依支给标准核计实物数量编列各机关岁出临时概算。

（六）第一级主管机关应将其所属各第二级机关（包括省及院辖市）单位之概算及计划分类审定，随时分送主计处及中央设计局，至迟以九月十日为限。

第一级主管机关分类审定时应通知其第二级机关派员陈述意见。

（七）各机关及其主管范围内本年应有之一切收入均应估计编入概算。

（八）财政部应将各机关所送岁入概算连同本部主管岁入概算编制岁入总概算于九月十日以前送达主计处及中央设计局。

（九）主计处将岁入总概算及各类岁出概算，汇核整理，编成国家总预算案于九月底以前呈请国民政府转送国防最高委员会。

中央设计局应于九月底以前整理各类计划连同审查意见呈报国防最

高委员会。

（十）国防最高委员会以五院院长、中央执行委员会秘书长、国防最高委员会秘书长、参谋总长、国民政府主计长、财政部部长、中央设计局秘书长、财政专门委员会主任委员组织“总预算审议委员会”审议总预算案，并先付财政专门委员会审查。

财政专门委员会审查时，应会同中央设计局配合计划一并审查，并通知主计处、行政院、财政部各派代表参加。

（十一）国防最高委员会于十月底以前核定总预算案及计划案送国民政府，即由国民政府将预算案发交立法院审议，并附交计划案。

（十二）立法院于十月底以前议决总预算呈请国民政府施行。

（十三）（略）

（十四）（略）

（十五）（略）

（十六）《预算法》之规定与本《办法》不抵触者仍适用之。

预算贵能依限制成，无论如何，一年度之预算必须于上年度末公布。顾我国省预算，则鲜能依期完成，甚且有年度已过而预算尚未成立者。例如：

二十八年度预算公布日期(应为二十七年十二月十五日以前)

省　别	公布日期	省　别	公布日期
河　南	二十八年十二月十四日	陕　西	二十九年五月二日
宁　夏	二十九年一月十一日	四　川	二十九年七月十八日
青　海	二十九年一月三十日	湖　北	二十九年九月二十日

二十九年度预算公布日期(应为二十八年十二月五日以前)

省　别	公布日期	省　别	公布日期
青　海	二十九年七月十八日	察哈尔	二十九年十一月十三日
宁　夏	二十九年十月十九日	广　西	三十年一月十六日
河　南	二十九年十月十九日	湖　南	三十年三月十七日

续表

省别	公布日期	省别	公布日期
四川	三十年四月十一日	安徽	三十年十月四日
福建	三十年四月二十九日	陕西	三十年九月八日
西康	三十年四月三十日	察哈尔	三十年十一月四日

三十年度预算公布日期(应为二十九年十二月五日以前)

省别	公布日期	省别	公布日期
江苏	三十年十二月二十日	贵州	三十一年一月十日
宁夏	三十年十二月二十日	四川	三十一年三月四日
山东	三十一年一月九日	湖北	三十一年三月四日
江西	三十一年一月九日	山西	三十一年五月二十九日
湖南	三十一年一月十日	河南	三十一年六月十日

尚有数省未曾公布预算者。三十三年度川、康、鄂、赣、皖、苏、冀、陕、甘、宁、察、湘等十二省岁出预算于一月十八日始经行政院通过概算,已超过预算成立之期一月半以上矣。由此观之,我国省预算盖始终未曾走上轨道也。

(4) 预算之执行

预算为政府每一年度之收入与支出计划。但政府各项收入之经理,并非以年度为期,皆无期限,亦不可有期限。各项收入之经收,均有法令规定,实不因预算之有无而变更。支出不然。支出必须以年度或其他特定期限为基本,各项经费之支用,必须依预算为指导。因此,预算之执行,主要为经费支用问题。

关于预算之执行,有两项最高原则。第一,政府支出必须依照预算:"各级政府不得于预算所定外动用公款,处分公有财物,或为投资之行为"(《预算法》第二条第二项)。第二,各项基金之经费不得互相流用(第五十五条及《细则》第五十一条)。依《预算法》第五条之规定,基金者,"谓已定用途而已发生或尚未发生之金钱及其他财产岁入"。基金凡分两类:其供一般用途者,称为普通基金;其供特种用途者,称为特种基金。特种基金又有下列各种:(一)供营业循环之用者为营业基金;(二)依法定或约定之条件供公债还本付息之用者为公债基金（见前）；（三）凡经用去仍须还原或经付出仍可收回而非用于营业者为非营业循环基金；（四）依法、令、契约或遗嘱之所定仅以孳息充指定用途者为留本基金；（五）为机关团体或私人之利益依所定条件管理或处分者为信托基金；（六）其他特种基金各依用途定其名称。

至于预算执行之程序，第一步为编造分配预算。第一机关单位均“应按其法定预算之数额所入依来源别科目，经费依用途别科目，编造分配预算。属于各门之常时部分者应造按月分配预算，于预算公布后半个月内为之；属于各门之常时部分者，应按实施计划编造按期分配预算，于计划实施一个月前为之”（《预算法》第四十八条）。各机关单位编造之分配预算均由第一级机关单位核定（第一级单位之分配预算自行决定）（第七十七条）。分配预算成立之后各机关即依照实行收、支。原则上分配预算不得变更，各科目亦不得互相流用。但分配预算于年度中或计划实施中有修改之必要时，或分配预算科目中有一科目不足而他科目有剩余时，支用机关得呈请第一级机关单位核准后修正或流用之（第五十一及第七十七条）。又经费支出以不超过分配预算中数目限度为原则，但确有不足之情形时支出机关经第一级机关单位核准后得支用第一预备金（第五十二条及《细则》第五十五条）。惟第一预备金之支用绝对不得超过其限度而再有不足之情形，否则一再不足，预算将无法执行也。

政府各级机关为支出者，但金钱保管应由公库担任。我国公库制度实行甚晚，二十七年六月九日始有《公库法》之公布，当时尚未施行。二十八年六月二十四日国民政府始以命令规定《公库法》：“除新疆、云南、青海、宁夏等四省暂予展缓施行，及游击区域或接近战区地方事实上确有特殊障碍者准由公库主管机关（依该法第二条第二项之规定省公库主管机关为财政厅）临时酌予变通外，其余均着自二十八年十月一日施行，……”但尚有数省经请求后特准展缓者。[32]依该法之规定，政府现金、票据证券及其他财物统须交公库保管。“中央政府之公库称国库，以财政部为主管机关；省政府之公库称省库，以财政厅为主管机关；市政府之公库称市库，县政府之公库称县库，各以其财政局为主管机关，不设财政局者，以各该市、县政府为主管机关”（第二条第二项）。各省未设省库之时，以财政厅兼办公库事务。国库由中央银行代理，省、市、县库均由各该库主管机关指定地方银行代理，无银行者应由邮政机关代理（第三条）。“政府各机关关于现金、票据、证券之出纳、保管、移转、及财产之契据等保管事务切应由代理公库之银行或邮政机关办理之，不得自由办理”（第七条），但下列各种收入为例外：（一）零星收入；（二）机关所在地距离代理公库之银行或邮政机关在规定里程以外者其收入；（三）在经征地点随征随纳经主管机关认为应予便利者其收入；（四）机关无固定地点者其收入（第四条）。[33]政府现金、财物等由代理公库之银行保管者即为政府于该银行之存款（第八条）。公库存款应分三类：（一）收入总存款；（二）各普通经费存款；（三）各特种基金存款（第十条）。“政府一均收入以现金、票据、证券缴纳者均由代理公库之银行或邮政机关代收或由其派员于收入机关代收之，按科目别机关分别报告收入机关及该管审计机关，并由代理公库之银行或邮政机关及收入机关分别递报至公库主管机关”（第十二条）。“一切经费应依据预算由收入总存款拨入普通经费存款或特种基金存款后始得支出”；但不依预算依紧急命令亦可“由收入总存款拨入普通经费存款支出之，仍应于支出后补行追加预算程序”（第十三条）。省政府发布上项命令须经省政府委员会议决，并须电呈行政院核准[34]，方能生效。普通经费存款及特种经费存款之收付如下：

（一）普通经费存款　凡由收入总存款拨入普通经费存款应先由主计机关（按在省政府为会计处，无会计处者为财政厅）将各机关之核定分配预算通知公库主管机关。公库主管机关即据以填具支付书。支付书分命令、通知及存款三联，均应送交审计机关会签。会签后命令联由公库主管机关送发公库，通知联由其送致请领经费之机关，存根自行保留。“支用机关之主管机关对于各该支用机关之经费认为有停拨、减拨或缓拨之必要时得于期前分别通知该管主计机关及公库主管机关查照办理”。支付书命令联送达公库后，公库即“照数由收入总存款拨入请领机关普通经费存款账户，并填发通知单送请领机关”。“领款机关收到公库主管机关所送前项支付书通知联应即填具领款收据向代理公库之银行，或邮政机关具领”。“代理公库之银行或邮政机关收到领款机关所送领款收据核与支付命令联相符后照数拨付”。公库拨付，以支票为之。(《公库法》第十四及第十五条，《公库法施行细则》第二十三条及第二十六条)。

(二) 特种经费存款　特种经费存款之支用与普通经费存款同；但法律、条约或设定基金之命令、契约或遗嘱有特殊规定时从其规定(《公库法》第十九条)。

预算之执行大概如此。今省预算虽已取消，但国家预算中各省部分之执行仍相同也。

注　释

[1]《印花税法》已于元年十月二十一日公布，其《施行细则》亦于同年十二月一日公布，故印花税当时已为现行税。三年一月十一日大总统公布《所得税条例》，十年一月七日财政部公布《所得税条例施行细则》、《所得税分别先后收税日》、《所得税征收规则》及《所得税储拨章程》，四月即实行征收该税，惟仍委包各省办理，只就官俸一项征课，仅收一万余元，办理一次后即告停顿。

[2] 各省之内地税、煤油税及进口卷烟税并入海关，由中央征收。此外常关税、印花税、麦粉税及内地制造之卷烟税等由中央派员赴各省征收。

[3] 各年度中央收支报告表，税款或税项收入中十七年列“各省收解税额”14,543,819元；十八年列“各省收解税款”111,284,782元；十九年列“各省及特派员征解税款”3,547,906元；二十年列“特派员征解税款”174,571元。按特派员系由财政部派遣，于未设局征收前，负责督征中央在地方之税收。二十五年仅广东、四川两省特派员存在，抗战后俱裁。

[4] 元年至十五年内债(逐年递加)总达381,166,243元，外债(逐年递减)总达3,034,961,374元。

[5]《营业税法》(二十年六月十三日公布)第二条规定：“中央征收之烟酒牌照税收入，除由中央留十分之一外，其余应拨归各该省、市作为地方收入。”烟酒牌照税由财政部直属各省烟酒税局征收。二十三年夏第二次全国财政会议议决改由各省市征收，而成为地方收入。

[6]《规程》只于第七条规定：“财政厅对于所管各税按月须将实收之额结算清讫，并于次月下旬汇齐列表呈部备核”，并未规定经收之款必须缴部。

[7] 十八年二月一日国民政府核准财政部原拟之《财政特派员暂行章程》，规定各省财政特派员职务如下：(一)执行部令指挥所管区域内之中央直辖税收机关；(二)接管各省财政厅代管之一切国税及其机关；(三)保管国税税款；(四)支拨支汇解国库款项；(五)稽核及册报所管区域内一切国税之账目及情况；(六)计划所管区域内一切国税之整理办法(第二条)。“财政特派员之办公机关称公署……”(第六条)。“未经简派财政派员省分财政部得

提请暂令财政厅长兼任但须另设财政特派员公署……”(第十条)。

[8] 该法第九条规定下列各项收入为市收入:(一)土地税;(二)房捐;(三)营业税;(四)牌照税;(五)广告税;(六)公产收入;(七)公营业收入;(八)其他依法规特许征收之税捐。就中土地税、牌照税、广告税皆未列入二十年《标准》中,可谓新税。营业税房捐标准皆列为地方收入,今确定为市收入。

[9] 十八年一月财政部公布《监督地方财政条例》,其第三条规定:“地方财政分两级:甲、省地方财政及特别市财政,乙、县地方财政及普通市财政”,然县与市之收入尚未确定。

[10] 原法“附表一”列省收入之科目如下:(一)税课收入;(二)特赋收入;(三)惩罚之赔款收入;(四)规费收入;(五)代管项下收入;(六)代办项下收入;(七)物品售价收入;(八)租金使用及特许费之收入;(九)利息及利润收入;(十)公有营业及事业之盈余收入;(十一)补助及协助收入;(十二)赠与及遗赠收入;(十三)财产及权利售价收入;(十四)收回资本收入;(十五)公债收入;(十六)长期赊欠收入。

[11]《纲要》丁(一八)规定下列各款为县收入:(一)土地税之一部(在《土地法》未实施之县为各种属于县有之田赋附加金额);(二)土地陈报后正、附溢额田赋之全部;(三)中央划补县地方之印花税三成;(四)土地改良物税(在《土地法》未实施之县为房捐);(五)营业税之一部(在未依《营业税法》改定税以前为屠宰税全额及其他营业税百分之二十以上);(六)县公产收入;(七)其他依法许可之税捐。

[12] 民国三年七月二十四日,大总统公布《特种营业税执照税条例》,未克实行。后闽、鲁、冀诸省曾试办营业税,皆不久而罢。

[13] 十六年七月二十三日,国民政府公布《裁撤国内通过税条例》,其第二条规定云:内地应行裁撤各项通过税如下:

一、厘金、统捐、统税、货物税、铁路货捐、邮包厘金;

二、商埠五十里内外、常关税及其他内地常关税,但陆路边境常关所征国境进、出口税不在此例;

三、正杂各税捐中含有通过税性质者。

该《条例》第九条规定自十六年九月一日施行,惟实际并未施行。

[14] 省政府尚可于正式收入之外,如同私人,向外募捐。例如二十四年冬江西省政府重修滕王阁,即函请各省省政府募捐(《江西年鉴》)。三十三年十一月河南灾荒,“豫省委员李××赴老河口与鄂省当局商洽购粮、移民等事,据云,第×战区李司令长官××对豫省灾情极为关切,允拨五十万元作为振济专款之用,又豫省委李××为救济灾黎计,除征购实粮六十石如期交纳外,并将历年储粮二百六十石扫数捐送豫救灾会以充民食。豫省政府主席李××除自捐一万元,其夫人捐一千元振济豫灾外,并恤发捐册,分向省外各有关人士劝募”(中央社鲁山二十日电)。

[15] 第三项至第六项如下:

三、自治财政以市、县为单位,包括市、县、乡、镇之一切支出。

四、国家税课收入分配于市、县者依下列之标准:

(一) 印花税按纯收入以百分之三十拨市县;

(二) 遗产税按纯收入以百分之二十五拨市、县;

(三) 营业税按纯收入以百分之三十至五十拨市、县;

(四) 土地税(在《土地法》未实施前仍称田赋)原属省收入部分悉归中央,其原属市、县收入部分暂仍其旧,但在征收实物悉归中央,原属市县收入部分由中央参酌原收入金额拨付之;

(五) 契税原属省收入部分悉归中央,其原属市、县部分暂仍其旧;

(六) 屠宰税从营业税内划出，金额归市、县。

五、所得税悉归中央。

六、市、县之补助金由中央核定发给之。

[16] 三十二年八月二日行政院公布《清查国有财产暂行办法》，规定："凡属国家财政系统内，中央及省市各机关所有之不动产均为国财产"（第二条），并授权《财政部》清查（第二条），殆《财政部》接管省公产之先声欤？

[17] 十七年五月二十三日《内政部》公布，三十三年十一月内政、社会两部予以废止。

[18] 我国各省公债条例多有下列规定："本公债债票得自由买卖抵押；凡本省公务上须缴纳保证金时，得作为替代品；其中签债票、到期息票并得用以完纳一切省税。"

[19] 三十三年五月十二日行政院会议通过之《整理省公债办法》第二项规定云："依法发行现行有效之省公债券，其全部应由中央接收整理。凡接收整理之省公债，依其发出情形分为实际发行与非实际发行两种。实际发行之债券，为售出者，换偿旧债者，拨充金融及建设事业之资金或经费者；非实际发行之债券，为拨充借款抵押品者，借充地方银行领券或发钞准备者，所有三十年底止，实际尚未发出者。"又三十二年六月二日《整理省债公债条例》第十条规定云："本省公债票得自由买卖抵押，凡公务上须缴纳保证金时得作为替代品，并得为银行之保证准备金。"

[20] 我国法律明文授权省政府举债者如十八年四月十六日前卫生部公布《提倡兴办自来水办法》，于第二项规定："各省于普通市或省会地方筹设自来水无力举办时得依法发行省公债或市公债。"然法律中此类规定殊不多见，我国省发行公债，或借款之权盖基于法律之默认。清季公布《各省谘议局章程》，列谘议局职权第三项即为"议决本省税法及公债"，盖省公债早经承认矣。

[21] 十七年三月十日国民政府公布《直鲁赈灾委员会》组织规程第三条规定："赈灾用款，除由政府发给外，委员会得设法募捐。"同年十一月十五日国民政府公布《豫陕甘赈灾委员会条例》及十二月三十一日国民政府公布《两粤赈灾委员会条例》第三条有同样的规定。十八年一月二十九日国民政府公布《捐资奖学条例》，同年四月公布《捐资举办救济事业褒奖条例》。

[22] 庚子赔款由各省摊筹，解交沪海关道汇收交付。各省每年摊解银两数额如下：

省　别	数　额	省　别	数　额
直　隶	858,000	浙　江	1,564,000
江　苏	2,973,500	江　西	2,166,000
安　徽	1,257,000	湖　北	1,674,000
山　东	993,000	湖　南	1,004,000
山　西	1,163,000	四　川	2,618,000
海　南	1,268,000	广　东	2,319,000
陕　西	704,000	广　西	300,000
甘　肃	300,000	云　南	300,000
新　疆	400,000	贵　州	200,000
福　建	990,000		

[23]《公债法原则》第六条:“各级地方政府,非经立法院核议通过,不得募集外债。”

[24] 三十年六月十六日,第三次全国财政会议《宣言》有云:“各省债务,债权俱由中央接收,施以整理。”

[25] 二十年度未编预算者有辽、吉、黑、绥、赣、川、康等省。

[26] 二十七年四月四日国民政府训令云:“……所有二十七年分自七月一日起至十二月三十一日止半年度预算,遵令将二十六年度预算延长适用。……关法编审二十八年度预算事项,似宜如请变通,暂依《预算法》办理,并饬各主管机关不必求备第一级概算手续,准径编送第二级预算,以资简捷(核准行政院呈文)。……”

[27] 亦不无例外。如广东省三十年度预算,仍依照《预算章程》编制。

[28]《监督地方财政条例》第四条及《监督地方财政暂行法》第三条均规定地方财政年度以国家财政年度为年度。

[29]“(中央政府)省政府(及直隶于行政院之市政府)之各级机关单位之主管机关……编送各该机关单位概算时应将其施政计划及事业计划同时附送(其份数与各机关单位应送概算份数同)”(《细则》第四十三条)。

[30]《中央执行委员会组织大纲》第十条第一项,《中央执行委员会政治委员会组织条例》第三条。

[31]《预算法》第二十六条:“立法机关审议拟定预算时不得于拟定预算外为增加经费之议决。”

[32] 国民政府先后令准《公库法》展缓开始施行日期:贵州二十九年七月一日,后再展至三十年一月一日;四川二十九年四月一日,后再展至同年七月一日;广西、西康、浙江,二十九年七月一日;湖北、甘肃、湖南、河南、陕西,二十九年四月一日。

[33] 下列各种支出得按规定期间预向公库具领自行保管并支用:(一)额定零用金内之零星支出;(二)机关所在地距代理公库之银行或邮政机关在规定里程以外者其经费;(三)机关无固定地点者其经费;(四)其他经法定许可之估付,包付金额(第五条)。

[34] 二十八年十月十六日国民政府训令颁布《限制紧急命令办法》。

第六章　中央与省行政之关系

中央行政与省行政之关系可别为两类：曰合作，曰监督。中央行政与省行政同为国家行政之一环，各有特殊范围，犹如家庭中之兄、弟然。两者常以兄弟平等之地位发生种种关系，此种种之关系均为合作关系。又省行政常受中央政府之指导监督，中央行政与省行政又如家庭中之父、子，此种关系名为监督。中、外学者研究单一制中之地方制度，咸知中央政府与地方政府之监督关系而忽其合作关系，殊为不足。兹就合作与监督分述之。

（甲）合作

中央与省合作关系可分为关于间接行政之合作及关于直接行政之合作两方面。

（子）关于间接行政之合作

关于间接行政之合作又可分为人事合作、财政合作、研究及设计合作暨沟通意见四部分。

（1）人事合作

人事合作就事实观察凡有四种：即兼任、调用、中央代省考试人员及省代中央训练人员。

（一）兼任——兼任之情形又有三种：或中央人员兼任省行政职务；或省行政人员兼任中央职务；或中央行政人员与省行政人员互兼。

（1）中央行政人员兼任省行政职务　古代中央官吏领地方郡守、州牧或知州、知府者多（见第一章），可于史乘中寻之。十九年三月四日中国国民党第三届中央执行委员会第三次全体会议通过“限制官吏兼任案”第二项办法即规定：“中央官吏不得兼任地方官吏”，此项“办法”，业由国民政府训令施行。同年十二月四日国民政府复训令中央政务官不得兼任地方行政职务。二十六年三月四日行政院又训令内政部云："查兼职不得兼薪，及中央官吏之不得兼任地方官吏，迭经国民政府明令饬遵，自应遵照。"是以中央人员兼任省行政职务固在禁止之例也。顾事实不然。二十八年九月四日四川省政府主席请缨抗战，十九日国民政府任命军事委员会委员长兼理该省主席，二十九年十一月十三日行政院议决改派国防最高委员会秘书长兼军事委员会委员长成都行营主任兼任。至今该主席仍称"兼理主席"。二十七年三月浙江省政府置交通处，依其组织，副处长由军事委员会后方勤务部驻浙江办事处主任兼任，处长由浙建设厅长兼任。虽然，中央人员兼任地方职务者，今日尚不多见也。

(2) 省政府人员兼任中央行政职务　其例甚多。十八年二月一日国民政府核准之《财政特派员暂行章程》第十条规定："未经简派财政特派员省份，财政部得提请暂令财厅长兼任财政特派员，但须另设财政特派员公署，按本《章程》办理。"二十四年七月三十一日国民政府公布《典试法》，其第七条末规定："高等考试或普通考试在中央举行时，以考选委员会委员长或副委员长任试务处处长，在各省或考试院所指定之区域以各省政府主席、委员或厅长或所在地最高行政长官任试务处处长。"《检定考试规程》(考试院二十四年九月二十六日修正公布)第二条第一项规定，检定考试委员会由考试院就下列人员组织之：(一)普通检定考试以省教育厅厅长(或市教育局长)为委员长，该省(市)所属中等以上学校教职员若干人为委员；(二)高等检定考试以省教育厅长(或市教育局长)为委员长，该省(市)区域内之大学或专科学校教职员若干人为委员。《县长考试条例》第四条规定各省县长考试试务处处长由国民政府特派各该省政府主席兼任，联合两省考试时以考试所在地之省省主席兼任。《国民大会选举法》(二十五年四月公布，七月一日施行)第四十三条第一项规定："各省设选举总监督，以民政厅厅长充任"。《伤兵管理处组织规程》(军事委员会公布，约于二十七年春)规定各地方之伤兵管理处处长或伤兵联合管理委员会主任委员由各地方警备司令、戒严司令、兵役各管区司令、保安处长、保安区司令、固定驻军长官及行政长官兼任之。"《战时粮食管理处组织规程》第三条规定："战时粮食管理处（按直隶于所在地战区司令长官部）置处长一人，由战区司令长官遴员充任，并以战区内各省政府民政厅厅长兼任副处长，必要时并得设专任副处一人。"《军管区司令部组织条例》（军事委员会二十七年一月公布，同年七月二十六日修正，二十八年十月又修正）第二条规定："军管区司令（按属于军政部）以省政府主席兼任为原则；必要时得以驻该省之绥靖主任兼任司令，省主席兼任副司令。……"二十七年二月三日财政部派河北财政厅长兼办河北盐务，同年十二月十七日派山东财政厅长兼办山东盐务，二十八年二月六日派安徽财政厅长兼办皖北盐务，同年六月三十一日派江苏财政厅长兼办江苏省内原有之两淮盐务。二十八年五月军事委员会公布《军事委员会公路交通指挥部组织大纲》，规定各省公路交通指挥部由各该公路经建之各省份公路处、局长兼任副指挥官（二人至四人）。二十八年十一月一日该会又修正公布《调整全国防空机构办法》，第十条规定各省防空司令由省政府主席兼任，或当地负警备责任之长官兼任，各地防空指挥由当地驻军长官或负警备责任之长官，或行政督察专员等兼任（行政督察专员之其他兼职另详）。古代地方有加朝廷官衔者，与兼职相似。三十四年四月十日国民政府公布《调度司法警察条例》，依其第一、二两条规定，省政府所属一切警官、警长、警士均为司法警察官、长、士，受法院检察官之推事之命执行司法警察事务，实最广泛之兼任也。

(3) 中央行政人员与省行政人员互兼　中央人员兼省职者，实该省职有该中央人员兼任之需要；省行政人员兼任中央职务者，实该中央职务有由该省行政人员兼任之需要。此种需要，或基于经费之节省，或基于办事之便利，或基于历史之传统（如省主席兼任省保安司令），皆非无正当原因而有法令根据也。此外尚有纯因政治上或人事上之理由，并无法令根据，一人兼中央及省政府之职务者，其最著之例，厥为各省省主席几无不兼有中央及省政府之职务者。二十九年春行政院公布编印一《战时省制之变迁》小册，内载：

战时各省为厉行军、民分治，省府人员多以非军职人员担任之

> (按与事实不符),《省政府组织法》第四条并有明文规定。抗战发生,各省除通常政务外,军事任务日益繁剧,尤以战区各省为然。为使军事、政治得以统一筹划起见,战区各省主席,遂均以现任军职人员兼任。如河南主席为第一战区司令长官——,山西为第二战区司令长官——,江苏为第三战区司令长官——,广东为第四战区副司令长官——,绥远为第八战区副司令长官——,湖北为第九战区司令长官——,湖南为第九战区副司令长官——,安徽为第二十一集团军总司令——(按该员死后另由第五战区副司令长官——继任),山东为苏鲁战区副司令——(按后调),河北为冀察战区总司令——(按后调)。其他非战区各省除贵州一省外,(按贵州省政府主席亦兼滇黔副绥靖主任)亦均由军职者兼任主席,如四川省主席由军事委员会委员长兼任(见前),甘肃主席由第八战区司令长官——兼任(按后调),云南主席由第三预备军司令长官——兼任(按又兼军事委员会委员长昆明行营主任及滇黔绥靖主任)。惟战区司令长官,或以军务繁重,省政不克兼顾,常由省府委员代理主席职务,如江苏×主席即由委员——代理,湖北×主席即由委员兼建设厅长——代理。

其中所述各项兼任,除四川而外,皆无法律根据也。谓某某司令长官或某某总司令亦可,总之数职互兼是已。此外二十二年七月军事委员会委员长南昌行营设立特种教育处、粮食管理处及食盐火油管理局,其主管人员皆由江西省政府委员兼任。二十八年军事委员会设战地党政委员会,并于各战区设分会(今均裁撤),其各分会委员有由各省政府委员充任者。二十九年七月五日国民政府特派二十九年高等考试财政金融人员考试初试典试委员中,就作者所知有浙江民政厅长及云南教育厅长。二十九年七月八日财政部设云南税务局,其局长即由云南财政厅长兼任。田赋收归中央后各省田赋管理处长(属财政部)甚多由财政厅长兼任者。又今日西康农业改进所所长,同时任农林部专门委员。他例不克枚举。

兼职无论有无法律根据仅为行政上一种权宜措施,不可为常例也。

(二) 调用——政府机关执行某项临时性公务,可向其他机关调用人员，以省开支。此种调用常发生于中央行政机关及省行政机关之间。例如二十五年八月五日国民政府公布《调度司法警察章程》，其第十四条规定："法院得向警察机关商调警长、警士若干名驻院，听候指挥命令，执行司法警察职务，其薪饷等费由法院负担。"《军事委员会公路交通总指挥部组织大纲》第三条规定各公路交通指挥部职员除副官、书记得自行遴委外，均由沿线警备及公路主管机关调用。又例如三十年九月八日国民政府公布《财政部各省田赋管理处组织规程》，其第十二条第二项规定各省田赋管理处职员应尽先由财政厅及土地陈报处（按该处亦属财政部）原有人员调用之。再如《善后救济总署组织法》（三十四年一月二十一日公布）第二十条规定："善后救济总署职员，经商得有关机关同意，并呈准行政院后，得调用中央及地方机关相当之职员或技术人员充任之。"至于前节省行政人员兼管中央临时机关之事务者，此机关之职员多由该兼管人员就原省行政机关中调用。此皆中央机关调用省人员也。至省政府依传统办法，遇境内暴乱，得调用国家武力协助防剿（见第二及第三章及本章"中央协助省行政"），可视为省政府调用中央人员。

三十年四月二十五日国民政府公布《公务员内外互调条例》，三十四年三月十九日修改为《公务人员内外调任条例》，于调用中创一新例。寻常调用，或在节省经费，便利行政，或于行政上有必要（省政府调请国军，亦系节省编练警团经费），而此《条例》则以加强中央与地方之连系为目的。[1][2]互调人员，中央以行政院及所属部、会、署现任简任及荐任职为限，但立法、司法、考试、监察各院暨其所属部、会简任及荐任人员志愿外调者，亦得由各该院保送行政院调派，地方以各省省政府厅长及各直辖市市政府局长，各曾任现职满三年，或成绩优良堪任所拟调任之职务者为限（《互调条例》第一、第二及第十条）。公务员互调每三年举行一次，其实施之机关及应行互调员额、职务由行政院视事实需要会商考试院定之（第三条）。二院会商完毕，行政院即通饬应调人员机关遴选适当人员调派（第四条）。调任以三年为期，调任人员于调任期中除政务官外非依法律不得停职或免职，期满各回原职（第六条）。三十四年十一月十五日行政院与考试院会同公布《公务员内外调任条例施行细则》，复规定互调人员非因下列各情势之一不得呈请辞职：(一)有患疾病非短时期内所能治愈，经公立医院证明属实者；(二)其他经调任机关长官认为有辞职之正当理由者(第九条)。至“互调人员任期届满后，如因原机关裁撤、合并或组织变更致原职不存在时，或因其他原因致不能回原职时，行政院或其他保送院应派其他相当职务”。(第十条)。三十二年开始实行互调，互调人员为中央各院、部、会简任及荐任以上人员，各省省政府厅长，各直辖市市长及各县县长，名额定为五十名至一百名，内三分之一为简任人员，三分之二为荐任人员，并定三十二年一月至三月为请求期间[3]，惟实行结果，尚难判明也。互调原为沟通中央及地方政情，似应由政府主动，且调任期间亦不可预定，今调任由官吏自行请求，并调任期间定为三年，则其作用似以调剂官吏职务为主，距国家行政之立场尚远耳。三十四年《内外调任条例》则于三年定期之调任外，规定一种临时调任，由行政院决定举行(第一条)，此弊大见减轻。惟其第九条仍规定：“每次举行定期内外调任时，每省应有五人以上之员额”，似仍着重调剂中央官吏也。其规定大致不变。

(三) 中央代省考试人员——依《考试法》(三十四年七月三十一日公布)第四条第一项之规定，考试院得举行各类特种考试，特种考试之举行以中央各部、会及各省省政府需要而定，凡中央各部会及各省省政府需要某类行政人员，均可呈请考试院举行特种考试。[4]抗战以前，考试院为各省省政府举行之特种考试甚少，抗战以后，屡有举行，就中以四川省考试人员最多，计有二十七年九月十日成立之“特种考试四川省各县土地陈报指导人员考试”，二十八年十二月二十九日成立之“特种考试四川省会计人员考试”，二十九年四月十九日成立之“特种考试四川省统计人员考试”，同年十月五日成立之“特种考试四川省垦殖人员考试”等。为其他省举行者有二十九年六月八日成立之“特种考试福建省公务人员考试”，同年十一月一日成立之“特种考试浙江省会计人员考试”，三十年八月二十九日成立之“特种考试江西省会计人员考试”等。[5]除特种考试外，考试院尚可为各省办理其他考试，例如民国二十八年八月三十日成立广西省普通考试，九月二十五日成立云南省普通考试，十月二十一日成立陕西省普通考试等。[6]我国考试权集中于中央考试院，各省行政人员之考试非请考试院办理不可也。[7]

二十九年四月五日考试院公布《委托任用机关办理特种考试办法》，依其规定，考试院为各机关(亦即考试及格人员任用机关)办理特种考试时，得委托该机关办理，如此，则所谓考试院办理考试，仅有名义，实际上仍为任用机关自行考试也。

(四) 省代中央训练人员——二十八年十二月二日内政部公布《各省市警察教育机关代募代训特种警察办法》，规定中央各机关需用特种警察(按例如矿业警察铁道警察空航警察等)，得委托就近省、市警察教育机关代为招募训练，其费用由委托机关担负(第二及第五条)，可知中央虽为各省训练人员(见后监督)，省亦可代中央训练人员也。

(2) 财政合作

中央与省关于财政之合作约有三项，即：(一)中央代省发行公债；(二)中央财政补助；(三)各省财政协助。

(一) 中央代省发行公债——省公债虽由中央核准并公布条例，实由省自行发行，其债务由省负担。此外中央又为省发行公债，债款用在办理省事业，但债务由中央负担。例如十八年五月五日国民政府发行疏浚河北省海河工程短期公债四百万元，交河北海河整理委员会使用。二十年三月十日国民政府发行江浙丝业公债六百万元(五月二十二日增为八百万元)，兴办江浙两省丝业。二十四年六月三日发行四川省金融库券三千万元，用以整理四川金融，并便利该省剿匪。二十五年三月二十一日再发行第二次四川善后公债一千五百万元，以完成该省剿匪及建设工作。二十六年五月一日财政部及铁道部合发公债二百七十万英镑，以建设广东省铁道等等。凡此皆中央发行公债为各省地方之用者也。抗战后中央甚少代省发行公债，以中央本身负担增加之故也。

(二) 中央财政补助——各省经费不足时，每由中央加以补助。故中央补助，辄由地方策动，向中央请求。然有时中央为增加对于地方行政之控制，亦有自动补助各省者，盖补助经费之后，即可附带提出监督之条件也。英美等自由主义国家，地方政府法律上享有之自由权限甚大，中央政府欲增加控制监督，法律上不易达到，常以补助办法实现之，此实际政治也。[8]我国中央政府于行政上对于各省有无限之监督权，其补助各省，盖多基于财政上之动机也。事实上，我国中央补助发展于各省厘金裁撤、收入短缩之后，其纯为补助财政不足，益明矣。[9]

中央对省财政补助，可分为两类：其一可称为经常补助，又可称为预算补助；其二可称为临时补助，又可称为事业补助。经常补助或预算补助，为中央对省之例行补助，即照例省预算收入不敷支出，由中央补助之，其补助款项并列入省预算（收入项）及中央预算（支出项）之中。临时补助或事业补助，为中央临时拨款，补助省之某项事业，此项补助款项，中央及省预算均不列入，但中央各行政部、会对各省每年之临时补助款项最高数额则列入中央预算，作为核准补助之最大限度。

（一）经常补助——经常补助又有一般补助及特种补助。后者以教育及司法为主，然司法补助完全给予市、县，故省所得者只有教育补助。虽然，教育补助及一般补助款中仍有一部分用之市、县，因省、市、县财政过去未曾划分，今日尚未完全划分也。十七年度中央对各省补助款总数达3,627,936元；十八年度达5,802,691元；十九年度达19,232,193元；二十年度达22,983,973元；其中有无特种补助，无考。二十一年度一般补助达70,963,041元；追加一般补助1,100,000元；又追加一般补助200,000元；追加特别补助45,900元（又司法补助2,691,996元）。二十二年度一般补助28,588,449元；补助皖、闽、冀教育经费3,840,000元（司法补助3,355,703元）。二十三年度一般补助28,290,854元；教育经费补助4,284,000元，边省留用国税达38,000,000元（司法补助4,220,482元）。二十四年度一般补助20,729,195元；教育补助4,664,000元；边省留用国税38,083,011元（特种补助2,145,409元，追加一般补助760,000元，二十五年度湘、粤、桂特种事业补助21,600,000元；一般补助苏1,644,000元；浙1,691,653元；皖2,356,000元；赣4,030,000元；鄂

2,400,000元;湘2,205,000元;豫1,042,360元;闽1,200,000元;晋2,472,180元;绥674,400元;晋绥两省追加3,600,000元;甘800,000元;宁820,000元;康120,000元;鲁600,000元;教育、文化补助皖1,200,000元;闽1,440,000元;冀1,200,000元;陕444,000元;付二十一年江、浙丝业短期公债本息190,313元(司法经费3,513,849元,司法建设费950,995元),补助福建省筑路经费180,000元;福建省保安队护盐经费240,000元;湖北省赈灾筑路经费600,000元;江西省筑路基金600,000元;河南省筑路开河补助费360,000元;边省留用国税33,650,000元。二十六年度补助苏省2,444,000元;浙2,723,753元;皖3,556,000元;赣3,500,000元;鄂3,100,000元;湘2,763,700元;闽2,882,334元;陕1,344,000元;豫2,105,570元;宁840,000元;黔840,000元;康1,440,000元;鲁1,000,000元;冀1,280,000元;察242,553元。二十七年半年度及二十八年度中央补助各省、市及团体私人各共12,380,879元及58,150,281元;二十九年度中央补助苏省5,950,800元;浙省1,176,000元;皖5,762,400元;赣1,960,000元;鄂7,100,000元;湘1,934,730元;闽1,128,000元;陕6,630,000元;豫350,000元;甘560,000元;宁588,000元;青530,000元;滇3,180,000元;黔3,056,000元;桂6,764,200元;康5,007,400元;鲁2,160,000元;冀1,400,000元;察600,000元;绥216,000元。"三十年度各省、市临时补助费(按补助费在中央预算为岁出临时门)原核定五千万元,迭经两次追加一万万元,合计壹万万伍千万元。兹查财政部以各省、市申请动支者纷至沓来,仍感不敷应付,请再追加一千伍百万元,案经行政院会议通过,似可照准;惟三十年度追加概算最后核定之期已过,应改作三十一年度支出,在总预算第二预备金项下动支……"[10](国民政府三十一年三月二十日《训令》)。三十一年度以后省预算收入部分并入国家预算,自无经常补助可言。

(二)临时补助——临时补助多由法令规定,其例甚多。二十四年五月二十八日行政院公布《实施义务教育暂行办法大纲》,其第六条规定:"义务教育经费以地方负担为原则,但对于边远贫瘠省份及其他有特殊情形之省、市得由中央酌量补助之”。二十五年八月二十二日教育部公布《各省市实施电影教育办法》，其第六项规定：“……经费确系困难之省份得由教育部斟酌情形补助其购置机械费用之一部分）。”二十六年八月行政院公布《发放赈款规程》，规定：“一省地方发生灾害，除灾情特别严重、救济刻不容缓者外，其普通灾害被灾人口达全省人口三分之一以上，或被灾区域占全省半数以上，省救灾金额不敷补助时，省政府应根据复查结果，拟定方案尽力筹款救济。如财力尚有不及时，得造具被灾区域名称、面积及被灾户口清册，并将省救灾原有准备金数额及补助数目呈经行政院核准，在中央救灾准备金内拨款补助之；但必要时应先由赈务委员会（按后改振济委员会）会同内政部先行派员复查灾情，再议拨助赈款”（第四条）。该《规程》并定有监督办法，中央所拨赈款未满五万元者，交由省政府督同省赈务会（按即今振济委员会）负责散放，在五万元以上者得由赈务委员会派员会同省政府督同省赈务会办理散发，其在十万元以上者，应由振务委员会妥拟人选会同内政部财政部呈请行政院令派为监放人员……”（第六条）。二十七年三月三日行政院公布《难民垦殖实施办法大纲》，其第十一条云：“垦殖事业除中央指定区域自行办理外，以地方办理为原则，中央对地方办理之垦殖事业应予以经济上及技术上之协助。”所谓经济上协助，即款项补助是也。二十七年五月经济部为补助各省农业改进经费特公布《经济部补助各省农业改进经费办法》，特将主要各项抄录于下。

（二）各省农业改进经费因特殊情形得请求本部补助，或本部认为酌为补助之核定，以不超过各省自筹之费额为准；

（四）补助费以一年为一期，期满视本部预算概况及受补助机关之工作成绩再核定应否继续或增减其数额；

（七）农业改进机关请求补助时，应将事业进行计划及补助费支配概算送请本部核定，并将该年度全部经费预算送部备考；

（八）受补助之机关应将（补助款）……每月终造具收支报告于次月十日以前，送部审核，逾期不送者，补助费暂行停发；

（九）补助费如有节余，应于期满时缴还本部，但经核准作其他重要用途者不在期限；

（十）凡受补助机关经办之事业或本部指办之事业，其事业上之收入除按月报备查外，补助期满时应按照部、省经费比例或全部或一部缴本部，非核准不得移用；

（十一）受补助之机关所办事业或本部指定之事业，每半年应将办理情形报告本部一次；

（十二）本部得随时派员考核受补助机关之工作，及补助费支用情形或指定事项令其报告；

（十三）受补助机关高级技术人员于依法任免前，应请本部核准；

（十五）受补助机关如违反本办法第四、八、九、十、十一、十三各项之规定，本部即停止补助。

类似之补助办法实含有推行特种政策或公务之意也（见后）。二十七年十一月九日行政院会议通过一决议："戒烟经费不得挪移，如有不敷，请院补助。"二十八年五月五日财政部修正公布《各省茶叶管理机关组织通则》，其第六项规定："茶叶管理机关之经常费由省政府与财政部贸易委员会各拨半数充之，其预算由省政府商得贸易委员会同意核定之。"二十八年五月六日国民政府公布《非常时期难民移垦条例》，其第二十条规定：难民移垦由省政府主办者其经费得呈请行政院补助。同日内政、财政、经济三部与赈济委员会会同订定《中央补助各省难民移垦经费办法》，规定："各省办理难民移垦请求补助时，应将垦区状况、垦殖计划及事业费支概算，连同全部经费预算送请中央垦务机关审核后转呈行政院核定之"（第四项）。"补助数额核定后，如移殖人数不足原计划所列或省政府将原定经费减少时，中央垦务主管机关得将补助费核减或停发"（第六项）。关于补助费之使用，定有各种监督办法。第一，"受补助垦区应将主办人员及高级技术人员姓名履历呈经中央垦务主管机关核准，其更换时亦同"（第十一项）。其次，"受补助之垦区应将补助费作为专款存储，支用时专册登记，每月终造具补助费收支报告正、副本，由省垦务主管机关于次月二十日前将副本呈送中央垦务主管机关查核，并将正本连同单据呈送省政府核转审计机关核销”（第七项）。除帐册外，“受补助之垦区每月应将办理情形呈由省垦务主管机关转报中央垦务主管机关一次，每年终作总报告一次”（第九项）。此外，“中央垦务主管机关得随时派员指导及考核受补助垦区之工作及补助费支用及专款或节余存储情形，并得指定事项令受补助垦区提出报告”（第十项）。三十年二月十三日国民政府公布《户口普查条例》，其第十八条规定：“各级政府举行户口……必要时上级政府对下级政府之普查经费得酌予补助。”三十年四月二十七日农林部公布《农林部补助各省农业改进经费办法》（见前）[11]，其重要条文如下：

（二）各省农业机关由举办事业缺少经费时，得于年度开始前三个月具备事业进行计划书，须包括逐月进度表及预期成效及请求补助费支配概算，送请本部审核酌给补助费或由本部指定事业范围或种类予补助。

（三）补助费之用途，以经本部核定或指定之事业为限，不得移充一般经常费之用。

（四）受补助之机关除经本部特准外，必须有自筹之经费，其数额不得少于本部补助之经费。

（五）补助以一年为一期，期满视本部预算情况，本部政策及受补助机关之需要与工作成绩再核定应否继续补助或增减其数额。

（六）补助费数额确定后，在有效年限内，如本部经费预算缩减时，得将补助费核减或停止。

（八）受补助之机关应将补助费作为专款存储，支用时专册登记，每月编造收、支计算书二份，于次月底以前送部审核，其逾期不送者补助费暂行停发。

（九）补助费如有节余，应于年底时缴还本部，但经核准作其他用途者不在此限。

（十）以补助费经办之事业，其所有收入除按月报部备查外，年度终了时。并应按补助费所占该事业全部用费之比例核计、补助费应得收入总数汇报本部，非经核准不得移用。

（十一）受补助之机关应参照送经本部核定之事业进行计划书或照本部所指定事业每月编造工作进度表两份，于次月底以前送部审核，并于每年四月、八月及十二月各编送工作期报一次，每次二份，其逾期不送者补助费暂行停发。

（十四）以补助经办之事业及所用之人员应受本部指定机关之监督指导。

（十五）本部得随时派员考核受补助机关之工作及补助费支用情形或指定事项令其报告。

（十六）受补助之机关得由本部令其派员入本部所属机关研究训练，并得由本部或所属机关派遣技术人员常驻该机关协同工作。

三十年七月十六日农林部又公布《农林部粮食增产委员会三十年度补助各省奖励耕牛繁殖暂行办法》，规定："本年度本会奖励耕牛繁殖经费暂定为十四万元，由本会酌斟各省需要情形妥为支配，补助各省粮食增产主管机关办理之"，并规定各项具体奖励办法，不啻出资委托各省代办然。临时补助款项，多在国家预算准备金项下支付，但亦有以他种方法支付者，例如二十七年七月中央发行赈济公债一万万元，随时用于中央举办之救济事业及补助各省办理之救济事业。三十一年度起省收入归并中央，各项临时补助，经中央规定由行政院统筹分配，盖即取消也。[12]惟《传染病防治条例》第五条规定上级卫生主管官署必要时应拨助下级机关防治传染病药品、器材，盖实物补助仍可存在也。

（三）各省财政协助——各省对于中央亦有经常协助及临时协助。[13]经常协助例如二十九年度各省预算所列协助款，川省凡5,474,118元；豫6,000元，追加116,289元，又追加52,215元；皖1,713,791元，又充实各县司法机构175,000元；三十年度赣314,585元，追加2,520,748元；川1,547,100元等是。此外中央在各省之司法、保安、防空等公务经费例于省预算开支，实皆各省协助也。临时协助例如二十一年各省协助国立大学经费共达842,199元（三十一年《中华民国统计提要》）。二十七年九月十二日教育部制定《省立云南大学改为国立云南大学办法》，规定："该校经费由国库、省库各担负二十五万元……”(一、经费文配第一项)。三十年七月二十三日行政院公布《省营工业矿业监理规则》,其第三条规定:“重要国防工业、矿业由主管部或其直辖机关主办,但特许省政府加入资本或与省政府合办。……”所谓加入资本,形式上则为协助也。惟省临时协助,一如中央临时协助,皆非以真正协助为本旨,每别有作用也。

(3) 研究与设计合作

十七年十月二十三日铁道部成立国道设计委员会,负国道设计之责任。依其《组织规程》之规定,该会“以铁道部派委员三人,各省建设厅荐请铁道部委派每省各一人组织之,主任委员由铁道部长指定”(第二条)。并其人选“以现任本部及各省建设厅负责人员有经济及工程知识者为限”(第三条)。该会工作系临时性质,以三个月为期(第四条),期满即告裁撤(第五条)。十九年交通部公布《扬子江水道整理委员会章程》(二十三年四月修正),成立扬子江水道整理委员会,策划并研究扬子江水道整理。依该《章程》第二及第三条之规定,该会委员长由交通部长或次长就下列人员中派任:(一)内政、外交、财政、实业四部及全国经济委员会、建设委员会……推荐职员各一人;(二)四川、湖南、湖北、江苏、安徽、江西六省建设厅长及南京、上海两市工务局长;(三)交通部航政司司长及该会总务、工务二处处长;(四)专家四人。二十年八月前实业部公布《江浙农作物改良委员会组织规则》,规定该会由下列各委员组织之:(一)实业部一人并聘专家三人;(二)江苏农矿厅、浙江建设厅代表各一人;(三)中央大学农学院、浙江大学农学院、金陵大学农学院各院长或其代表;(四)江、浙农作物改良总技师(第二条),并由实业部部长就委员中指定一人为委员长(第三条),掌理下列各职务:(一)决定江、浙农作物改良方针;(二)审定江、浙农作物改良计划,协助本会所定计划之实施(第四条)。二十二年五月该部又公布《江浙区渔业改进委员会组织规程》,依其规定,该委员会办理江、浙区渔业建设之设计、指导及建议渔业建设经费之筹措、保管、稽核及分配(第三条),设主席委员一人,由实业部部长兼任,委员十二人,由实业部就下列各项人员分别派充或委任之:(一)江、浙、沪省、市渔业主管厅、局长，江浙区沿海渔业管理局局长；(二)渔业界推选代表六人；(三)水产专家二人(第二条)。同年十月该部复制定《冀鲁区渔业改进委员会组织规程》，该会任务与江浙区委员会相同，组织亦相似[14]，均为中央与省合作设计研究之机关。二十三年“华北水利委员会、黄河水利委员会、导淮委员会太湖流域水利委员会、河北省政府建设厅、山东省政府建设厅、江苏省政府建设厅及浙江省政府建设厅为统筹设计整理北平至宁波间运河发展，纵贯南北水道，复兴农村起见，合组整理运河讨论会”(内政部核定《章程》第一条)，其主要办理之事务如下：(一)搜集整理已有之运河绘测及水文等资料；(二)补办应需之运河测绘及水文测验；(三)调查统计运河各段之航运及其他水利事业状况；(四)调查研究运河水量来源并设计蓄水建置；(五)统筹设计运河路线宽、深及坡度船闸标准及开坝位置与其详细计划；(六)统筹设计运河大泛期间维持航道所需之排洪计划；(七)统筹设计运河沿线灌溉事业之建置(第二条)，实为一研究与设计之机关也。二十四年四月十一日教育部公布《赣鄂皖豫闽等省特种教育委员会组织规程》，成立赣鄂皖豫闽等省特种教育委员会。该委员会由下列人员为当然委员：(一)行政院指定一人为代表；(二)军事委员会指定之代表一人；(三)教育部政务次长或常务次长；(四)管理中英庚款董事会中、英代表各一人；(五)中法庚款董事会代表一人；(六)教育部社会教育、普通教育、总务各司司长；(七)教育部指定之参事、督学各一人；(八)办理特种教育各省教育厅厅长，并由教育部加聘熟悉特种教育省区情形及热心教育人士三人至五人为委员(《规程》第二条)。该委员会任务有三：(一)计划特种教育施行方案；(二)办理特种教育推进之经费；(三)研究关于特种教育各项问题。二十九年六月三日行政院公布《川康建设委员会组织规程》，规定该会执掌：(一)关于经济建设之设计及审核事项；(二)关于经济事业之提倡及协助事项；(三)关于有关经济建设机构之联系事项(第二条)。该会设委员长一人，由行政院指定之，委员若干人，以下列各项人员充任，并就委员中指定八人至十人为常务委员：(一)川、康两省省政府主席；(二)川康绥靖主任、副主任；(三)军事委员会委员长成都及西昌两行辕主任；（四）川、康两省建设厅厅长；（五）川、康两省财政厅厅长；（六）川、康两省省银行董事长；（七）川康兴业公司董事长及总经理；（八）经济部代表；（九）交通部代表；（十）农林部代表；（十一）财政部代表；（十二）水利委员会代表；（十三）委员长遴聘之代表若干人（第三条）。三十年四月财政部设立整理田赋筹备委员会，负责研究中央接管田赋征收征物各项办法，除财政部主管人员外，各省财政厅厅长均邀请参加（三十年四月十四日昆明《云南日报》重庆专电）。三十四年三月二十日国民政府公布《中央畜牧实验所组织条例》，规定该所"得与……公私立畜牧、兽医组织合作解决特种畜牧、兽医问题"（第十六条）。凡此皆中央与各省合作从事研究与设计之例也。

（4）沟通意见

中央政府与地方政府同为整个国家行政机构之一部分，意见不容分歧，常须使其沟通，以期一致而利行政。中央与各省沟通意见之方式凡有三种：（一）中央征询各省意见；（二）会议；（三）会商，会商又分临时会商（行政会商）及经常会商（政治会商）两项，今分述之。

（一）中央征询各省意见——例如逊清道光十八年阴历闰四月鸿胪守卿黄爵滋奏请严禁鸦片输入以培国本，皇上帝谕各有总督及巡督抒所见妥议章程迅速奏复（李剑农：《中国近百年政治史》页二〇）。光绪十年清廷与英国协订《禁烟条约》，亦曾广征各督、抚意见。此时督、抚法律上为中央官吏，各省于法律亦为监司区域，然实际省已成为一地方区域，而督、抚为最高级地方长官也。十九年二月三日《省政府组织法》修正以前中国国民党中央执行委员会政治会议曾分电各省省政府关于修订之意见。二十五年五月三十日前国民政府建设委员会公布《奖励民营电气事业办法》（二十六年七月一日修正，该会于二十七年一月一日裁并经济部），其第五条规定："本会按电气事业人每年呈送到会之各项报告，详加考核，调查其是否属实，并征询地方监督机关之意见择优给奖。"二十一年内政部以立法院拟修正《市组织法》曾分电各省及直辖市政府请将该法实施上有无困难情形，详加考虑，拟具意见，咨部研究。《国民大会代表选举法》(二十五年五月十四日公布,七月一日施行)第十四条规定:"省政府对于各选举区所推定之候选人在呈报国民政府指定前得签注意见",此中央政府以法律征询各省意见也。再例如二十八年(月日不详)内政部以《各地方建仓积谷办法大纲》及《各省建仓积谷实施方案》均系于民国二十五年间公布,施行以来,渐觉积谷标准、仓厂建筑、积谷保管费用、积谷耗损等问题均须另行考虑,以图改进,乃咨行各省及直辖市府,征询意见,以资修正。此外尚有其他例证,不克枚举。

(二) 会议——民国成立后,中央政府各部门时举行全国性之会议,其出席人员,常包括三类人员:(一)中央有关行政人员;(二)各省有关行政人员;(三)有关专家[15],故此种会议,不但可以沟通中央与各省间之意见,亦可沟通政府与人民间之意见,为我国开明政治之表征也。会议纯为咨询的,决议听凭中央政府自由采择,然各项会议之决议多不见实施也。[16]

五年十月十三日教育部公布《教育行政会议规则》,召集是项教育会议,以"谋地方教育行政之改良进步"(第一条),其出席人员为教育部暨京师学务局职员,及各省教育科职员(第三条),其正、副主席由教育总长指定(第四条),议决案由总长酌择施行(第十条)。六年一月十二日财政部公布《财政会议章程》,定六年三月一日至十五日召开财政会议(第四条),以讨论关于"发展富源,革除苛杂"诸问题(第一条),其出席人员定为:(一)财政部次长、参事、司长;(二)各省区财政厅长、分厅长或其代表;(三)各省区监督财政长官各派代表一人;(四)财政总长遴派财政部职员八人(第二条)。由财政总长兼任议长,并就出席人员中指派二人为副长(第三条),议决案由财政总长核定施行(第八条)。六年二月二十四日内务部公布《警务会议规则》,规定警务会议由下列人员组成:(一)内务部次长、参事、司长、警政司科长及总长所指派之人员;(二)京师警察厅总监、处长、督察长;(三)各省区警务处长、警察厅厅长、警察局局长;(四)各省区特种警察机关所指派之人员,各省警务处处长及警察厅、局长,因故不能参加时,得派代表出席(第二条)。内务部次长为议长(第五条第一项)。

七年二月二十二日内务部公布《全国河务会议章程》，依其规定，该会议之目的在征求关于整理全国河工、塘工之意见（第一条），其会员为：（一）河务研究会会员；（二）各省河务局局长、总办等或其代表；（三）矿工局局长；（四）水利局[17]特派人员；（五）内务总长派定之人员（第二条）。河务研究会会长为主席（第三条），议决案件由内务总长核定施行（第八条）。十年四月十五日内务部制定《地方行政会议组织规则》，规定地方行政会议会员如下：（一）各省长官遣派者；（二）各省省议会推举者；（三）内务部遴派者；（四）关系各部、署遴派者（第二条），由内务部于会员中拟定二人呈请大总统派充议长及副议长（第三条）。其会议期间以一个月为限，但内务部认为必要时得延长之（第四条）。议决事项"由会长送经内务部呈请大总统核定施行"（第六条）。

国民政府成立后仍继续北京政府之精神举行各项咨询会议，可别为下列各类：

（一）关于内政之会议——十七年十二月内政部召集赣、闽、皖、苏、浙五省民政厅长开第一次民政会议。二十三年三月十八日南昌行营召开第一次地方行政会议，为期三日，出席苏、浙、皖、湘、鄂、陕、甘、豫、闽、赣十省长官共六十六人，列席四十人。二十四年五月复有第二次地方行政会议之举行，由行政院召集，出席中央主管部、会长官及各省省政府厅长、行政督察专员等。三十三年五月二十九日至六月一日举行全国行政会议，由行政院主持、讨论：（一）中央与地方行政关系；（二）加强地方自治之推行；（三）安定物价、稳定经济；（四）收复沦陷区域战后复员；（五）其他重要行政事项，出席中央各院、部、会首长及各省省政府主席、厅长、秘书长，院辖市市长等一百一十余人。[18]同年六月四日、五日内政部藉前项会议各地方长官来京之便，召集一县政检讨会。以上各次会议，皆属内政性质也。

（二）关于财政之会议——十七年六月二十六日财政部公布《全国财政会议规程》，规定："国民政府财政部为财政之统一，税制之革新，国家、地方收入之划分，预算决算之励行，金融制度之改进，召集全国财政会议

（第一条）。该会议于七月间举行，其会员规定如下：（一）财政监理委员会委员；（二）总司令部及各集团军代表；（三）政治分会代表；（四）各省省政府代表；（五）财政部部长、次长、秘书长、参事及各会、署、司、处、局长官；（六）各省财政厅厅长或其代表；（七）财政部直辖各机关长官或其代表；（八）各特别市财政局长；（九）财政部选聘之专家（第二条），并以财政部部长为主席，次长为副主席（第五条）。其议决案由财政部采择施行（第十三条）。此次会议之实际成果为国、地财政之划分及厘金之撤废。二十三年五月财政部再召集第二次全国财政会议，其主要议题为：（一）裁并田赋各项附加；（二）举办土地陈报；（三）废除苛捐杂税；（四）改革税制并整理地方收入；（五）确立地方预算；（六）发展生产及建设事项。其出席人员与第一次会议大致无异。三十年六月十五日财政部为讨论田赋征实及改订财政系统，又召集第三次全国财政会议，至二十二日完毕。其出席人员规定如下：（一）国防最高委员会财政专门委员会委员及党政工作考核委员会、行政院、军事委员会战地党政委员会及行政院所属关系各部、会代表；（二）各省省政府主席及院辖市市长或其代表；（三）财政部部长、次长、主任秘书、参事及各署、司、处、局、会长官；（四）各省财政厅厅长；（五）院辖市财政局局长；（六）各省粮食管理局局长、地政局局长、营业税局局长；（七）财政部指定之直辖税务机关长官；（八）财政部遴选之专家；（九）中中交农四行联合办事总处代表及四行之代表（《会议规程》第二条）。实际到会人员共达 317 人。[19]除三次财政会议外，尚有两次地方金融会议，第一次地方金融会议于二十七年六月举行于汉口，讨论调整地方金融机构及领用一元券问题；第二次地方金融会议于二十八年三月六日举行于重庆，讨论地方银行发行币、钞，扶助地方工矿业之贴现放款问题。两次均出席财政部及各省财政厅人员，中央及各地方银行经理、行长、董事及经济金融专家。

（三）关于教育之会议——十七年五月前大学院召开第一次全国教育会议，十九年四月教育部召开第二次全国教育会议[20]，二十八年教育部召开第三次全国教育会议[21]，二十九年十月召开全国国民体育会议及全国训导会议，三十一年二月教育部召开四项教育工作检讨会议及边疆教育会议，十月召开全国训导会议，三十二年五月二十四日至二十八日召开各省市教育行政工作检讨会议。各次会议出席人员大率均为教育部部长、次长及各高级人员，各省、市教育主管长官，学校或学术机关人员，中央有关机关代表并教育部邀请之专家。

（四）关于人事之会议——二十三年十一月一日考试院召开全国考铨会议，其出席人员规定如下：(一)中央执行委员会秘书处代表一人至二人；(二)国民政府主计、文官二处代表各一人；(三)立法、司法、行政、监察四院及与考铨有关之各部、会代表一人或二人，并得携同主管职员一人或二人列席；(四)国立各大学代表各一人；(五)各省省政府代表一人或二人，以民政厅长、教育厅长或兼任公务员委托审察委员会委员之省委为准，并得携同主管职员一人或二人列席；(六)行政院各直辖市代表一人，以局长以上职员为准，并得携同主管职员一人或二人列席；(七)各省省政府选派市、县代表一人至三人，以市、县长为限；(八)考试院秘书、参事及院长指派之人员，考选委员会委员长、副委员长，铨叙部部长、次长、司长；(九)考试院聘请之专家十人(《会议程序》第二条)。并设主席团，以五院院长、考试院副院长、考选委员会委员长及铨叙部部长任主席(第三条)。实际参加人数计出席160人，列席38人，共198人，提案以机关为准，但不以出席机关为限。依《规程》第六条之规定，下列各机关均有提案权：(一)中央党部；(二)国民政府；(三)考试院；(四)出席机关；(五)其他中央行政机关。“议决事项由考试院呈请中央政治会议分别采择施行”(第九条)。二十九年二月二日考试院又召集中央人事行政会议，但此次会议无地方人员参加。

（五）关于粮政之会议——二十二年十月军事委员会委员长蒋在南昌召集湘、鄂、豫、皖、冀、浙、苏、赣八省政府代表及上海市政府代表等举行粮食会议，议决兴办仓储一案，转由行政院令饬内政、实业两部依照原案计划……迅速令各省、市应依此原则并查照内政部前颁《各地方仓储管理规则》认真办理(《内政年鉴》)。三十年二月十日至二十五日于前全国粮食管理局召集之下举行全国粮食会议，各省粮食管理局长均参加。三十年六月一日至七日粮食部召集粮食会议，讨论征购粮食之实施问题，出席者为该部高级职员及各省粮政局局长。三十一年六月粮食部又召开全国粮政会议，有十五省粮政主管人员参加。

（六）关于经济之会议——二十八年五月七日至十五日，行政院召开第一次全国生产会议，依其《规程》之规定，出席会员如下：（一）行政院院长（主席）、副院长（副主席）、经济部部长（副主席）、教育部部长（副主席）、财政部部长及以上各部之次长；（二）经济部代表三人，教育部、内政部、交通部、财政部、振济委员会、农业促进会（人民团体）、中国工业合作协会（人民团体）、经济部附属农、工、矿业机关（中央农业实验所、农本局、工、矿调查处、中央工业试验处、资源委员会、矿冶研究所）财政部贸易委员会代表各一人；（三）中央党部社会部代表一人（按社会部当时尚未改隶）；（四）各省省政府建设厅厅长；（五）农、工、矿生产机关或团体之主管人员或代表；（六）国立、省立或立案之私立大学农、工学院院长及农、工专科科学校校长；（七）行政院遴聘之专家四十人；（八）行政院指定之人员（第二及第三条），计实到 140 人。三十二年六月一日至七日行政院又召集第二次全国生产会议，参加人员有产业界代表 160 余人，各省代表 40 余人，中央各机关代表 60 余人，共计 250 余人。同月十一日至十二日农林部同月十五日经济部乘各省代表参加生产会议之便分别召集农林工作检讨会议及各省经济检讨会议，前者出席川、湘、鄂、桂、赣、粤、皖等十二省代表及有关农林各机关代表 60 余人，后者出席经济部部、次长及各省建设厅厅长及代表 30 余人。

（七）关于社会行政之会议——三十年四月三日社会部召开全国合作会议，讨论合作社之推广等问题，出席者为该部及各省合作事业主管人员，三十一年十月十一日至十八日社会部又召开全国社会行政会议，与会者有中央各有关机关代表，各省、市主管社会行政人员，各省、市主管合作事业人员及专家共 240 人，其收获为人口政策、农民政策及劳工政策之决定。三十三年三月十六日至二十二日社会部为贯彻中央政令，解决地方困难，增进行政效率，再召开社会行政设计会议，出席川、滇、黔、陕、甘、赣、浙、闽、粤、鄂十省社会处长，皖省民政厅长，渝市社会局长，湘、桂、豫、晋、康五省民政厅社会科长及该部高级职员共40余人。

（八）其他会议——例如二十三年三月南昌行营召集各省高级行政人员，商讨专员制度之改善，议定专员公署之分等编制（见后）。二十八年二月第九战区司令部召集赣、湘两省行政人员举行兵粮会议。三十二年五月十七日卫生署召集防疫会议，出席中央各机关代表，各省、市卫生处、局长，卫生署所属有关防疫各机关及专家等，共80余人。

以上所述各种会议均属临时性质，此外尚有若干种经常举行之会议。（一）十七年七月十八日，国民政府公布《全国禁烟会议组织条例》，规定全国禁烟会议每年举行一次或两次，由国民政府定期召集之（第五条）。其出席人员为：(1)中央禁烟委员会委员；(2)各省省政府代表每省一人；(3)各特别市市政府代表每市一人；(4)各地最高军事长官每地一人；(5)禁烟团体代表三人；(6)各省总商会代表每省一人，（第二条）。主席及主副主席由国民政府指定（第三条），其议决事项“由国民政府核交禁烟委员会执行之”（第九条）。（二）十七年七月二十五日内政部公布《全国内政会议规程》规定：“国民政府内政部为励行训政工作，统一内务行政并征集各方意见，特召集全国内政会议”（第一条），“……每年举行一次……”（第七条）。其会员如下：(1)各省民政厅厅长；(2)各特别市市政府之公安、卫生等局局长；(3)国民政府选派之代表二人；(4)其他与内政有关之各部、院、会临时选派之代表一人；(5)内政部选派之专家五人；(6)内政部部长、次长、秘书长，参事、司长、处长（第三条）。“……设主席、副主席各一人，主席由内政部部长任之，副主席由次长任之”（第五条）。其议决事项由内政部采择施行（第十四条）。惟实际全国内政会议仅举行三次，第一次举行于二十一年二月十五日，其讨论中心为县组织及地方自治，第二次举行于同年十二月十日，继续讨论地方自治之推进并研究《市组织法》之修改，第三次举行于三十年十二月五日，讨论新县制之实施等问题，而其出席人员较原定增加甚多。[22]（三）十九年十月十七日工商部公布《全国度量衡会议规程》，规定全国度量衡会议每年由工商部（按二十年以后改组为实业部，二十七年以后改组为经济部）召集之……”（第四条），其会员为：(1)工商部主管司长、科长、技监、主管技正，全国度量衡局局长、科长，度量衡制造所所长，度量衡检定人员养成所所长；(2)中央各部、会及各省、市政府代表各一人；(3)工商部遴聘若干人（第二条），“……会议时互推一人为主席”（第四条）。此项会议实际亦仅举行三次，其时期分别为十九年，二十六年（七七事变以后）及三十一年（十月六日至八日）。（四）依《主计处组织法》（十九年十一月二十五日公布，二十年六月二十九日，二十三年五月二十五日，二十九年十月十二日，三十三年一月十三日先后修正）之规定，主计处得召集全国主计会议，以下列人员主持之：(1)主计长、主计官、及主计处专门人员；(2)各主要机关（按各省省政府必包括在内），主办岁计、会计、统计之人员；(3)各主要机关之长官或其代表，并以主计长为主席（第二十条）。（五）二十五年三月前实业部公布《中央农业实验所与各地方农场技术合作办法》，其第二项第三款规定：“中央农业实验所就实际需要情形分别举办各项讨论会，召集各地方农场主管人员参加讨论，其办法临时拟定通告”，讨论会亦会议也。其他例证可随时注意补入。

二十九年至三十一年之间举行之全国性会议，至为频繁（其中有一部分无省人员参加者，本篇未述），一部召集，他部效颦，若非召集一全国会议则不足显示政治才能者，因此第三届国民参政会议第一次大会议决之“厉行裁员以节开支而利行政效率案”中有“……非绝对必要不得召集全国性会议”之句，此项决议业由国民政府于三十一年一月十三日令行。

二十二年四月十八日行政院公布《农村复兴委员会章程》（二十二年五月九日及同年八月八日修正），其第三条云：“委员会委员由行政院院长聘任之，行政院正、副院长暨有关之各部部长为当然委员，院长兼任委员长。开会时，有关各部得派次长一员出席，其他各部部长、委员会委员长，各省省政府主席各直辖市市长、行政院秘书长，政务处长得随时参加。”二十八年三月国民政府颁布《战时党、政、军联席会议通则》，规定战区司令长官在作战关系上为谋区内党、政与军事配合及迅速实施，得组织战区党政军联席会议，由下列各项人员组织之：(一)战区司令长官及其参谋长；(二)战区政治部主任；(三)战区内省政府委员一人至三人；(四)战区内省党部委员一人至二人，开会时以战区司令长官为主席。其讨论事项如下：(一)治安；(二)(交通)；(三)兵役；(四)民众组织及训练；(五)征发；(六)人口疏散；(七)物资调剂及疏散；(八)国防工程；(九)地方抗战工作人员之训练，其议决案由战区司令长官送各主管机关执行。凡此会议其精神实与本节所论会议者相同。

会商——中央与各省于行政有互相协助或谅解之必要时，常事先会商，以期一致，俾免阻碍。有依法令规定者，亦有无法令委任或许可而由关系官署自行发起者。法令规定者例如九年九月二十一日大总统公布《各省筹赈办法大纲》，其第一条规定："凡被灾省份由中央简派人员，会商行政长官，设立筹赈机关，综理全省赈务事宜。"十六年十一月二十二日国民政府公布《外交部特派各省交涉员及各埠交涉员服务条例》，其第五条规定："各省特派交涉员，及各埠交涉员于职务上遇有与地方行政或军事关系事项，除呈报外交部外，得随时商请省政府或军事长官办理。"三十二年二月十日行政院公布《外交部驻各省特派员公署暂行章程》，仍规定："特派员为执行职务时得随时与地方最高行政或军事长官接洽，其情节重者须先向部请示"(第四条)，又规定："特派员于营务所关事项，得随时与地方行政、司法及军事各机关接洽办理……"(第五条)。二十四年三月南昌行营公布《禁烟实施办法》，其第七条规定："各省、市土膏店由禁烟督察处于各省、市烟民补行登记完成后两个月内与各省、市政府确切商定全省、市准设之家数。……"二十四年九月三十日国民政府公布《卫戍条例》，其第十条规定："卫戍司令官对于卫戍地区内治安与地方官协议办理、斟酌情形，妥慎处置"。《中央农业试验所与各地方农业技术合作办法》(见前)第二项第(2)款云："中央农业实验所就地方农场需要情形，随时派员视察，以便商讨。"二十六年六月行政院制定《各省灾荒根本救济办法》，其关于救灾事项规定有云："……由农本局与各被灾省份省政府商洽于适当地点设立合作金库，办理农业贷款"(甲(第三)项)。又云："……由实业部令农本局与各被灾省份商洽筹设农产运销仓库，代为购运食粮办理平粜……”二十七年二月一日国民政府公布（三十年十二月十七日修正）《非常时期工、矿业奖励暂行条例》，其第九条规定：“第三条第三款至第七款之奖助，经济部依非常时期工矿奖助委员会之审查报告，商经主管部或工厂、矿场所在地之省、市政府核定之。”[23]二十九年三月五日国民政府公布《绥远省境内蒙古各盟旗地方自治政务委员会组织大纲》，其第三条规定该委员会遇有关涉省务之事件，应与省政府会同办理。二十九年三月行政院与军事委员会会同订定《调整省政府与绥靖公署职权原则》，其第（五）项规定：“绥靖公署对于一般行政事项认为有施以特殊措置之必要时，应商请省政府办理”，第（六）项规定：“绥靖公署处理主管事项与一般行政有关者，或省政府处理主管事项有关绥靖权责者，应视其事件之性质，事前会商，或事后彼此通知。”凡此皆法令所委任或许可会商之例也。其未经法令规定，而由关系官署自行以书面、口头或其他方式进行会商者其例至多。如三十年九月卫生署为训练滇缅路抗疟工作人员，电邀云南省卫生实验处长、缅滇铁路卫生处长及芒市疟疾研究所长会商办理。三十一年五月十四日中缅运输局邀请云南省公路总局及昆明汽车业同业公会会商改善滇缅路运输办法。同年十二月四日至八日，外交部部长飞抵昆明与云南省政府商讨重要问题。同月二十一日江西财政厅长赴陪都商请中央增加预算。三十二年六月十日至二十四日云南省粮政局局长于陪都与有关机关洽商云南省军粮、民食之供应问题。其以公文会商者，至为寻常，无庸赘述。三十二年七月九日国民政府公布《战时全国技术员工管制办法》，规定：“因军事或行政机关之特殊需要，劳动局得商同各主管机关实施紧急征调”（第十五条），“各机关场厂自行从海外或沦陷区招收技术员工，与劳动局商洽办理”（第二十条）。

以上所述，皆临时遇事发生，专就其事，由主管机关直接举行之商洽。此外，约于二十年以后，尚有各省省政府所设驻京办事处，经常与中央政府保持联络，随时受该省政府之委任，与中央政府会商政务，三十四年十月三十日行政院会议议决予以裁撤（按实际仍存在）。二十八年五月国防最高委员会制定《非常时期国防最高委员会秘书厅与各省政府联系办法》，似有意将各省驻京代表办法，加以确定，而使之正式成为正常代表省政府与中央接洽《会商》之机构，兹将原办法照录于后：

（一）国防最高委员会为使中央、地方政治非常时期切实联系起见，特订定本《办法》。

（二）各省政府主席得指定一人或二人为代表，呈报国防最高委员会备案。

（三）各省政府代表经指定后，即向国防最高委员会秘书厅报到，指派专人随时与之接洽。

（四）各省主席代表与秘书厅指派人员，每星期至少应会谈一次，秘书厅人员负传达中央意旨之责，省政府主席代表负报告地方情形之责。

（五）各省政府主席代表报告地方情形应注意下列各项目：

（1）关于民政、财政、建设、教育各种施政情形；

（2）奉命执行各项业务之经过及结果；

（3）依照计划执行各项业务之进展程度；

（4）地方对中央各种措施之舆论；

（5）地方上各种人事问题；

（6）地方上各种兴革问题。

（六）各省政府主席代表报告地方情形，应备具简单说明书，但其不能以书面报告者，得口头报告。

（七）秘书厅指派人员与各省主席代表间之谈话或接洽办理事件，应严守秘密，违者以渎职论。

（八）各省政府代表有重要机密事件面呈秘书长时，秘书厅指派人员应即代为转呈，不得稽延。

（九）秘书厅每月得召集各省政府主席代表举行谈话会一次，除分别传达中央意旨及报告地方重要情形外，对于下列事项，得交换意见（按谈话会仍为会商）：

（1）委员长批交研究事项；

(2) 对于省政府共同关系事项；

(3) 其他中央与地方联系事项。

(十) 谈话会以国防最高委员会秘书长为主席。秘书长因故不能出席时，得指定人员代理。

(十一) 秘书厅指派与各省联系之人员得出席谈话会。

(十二) 秘书长认为必要得召集临时谈话会。

(十三) 各省政府主席代表对于秘书厅所传达之中央意旨及谈话会之纪录应随时报告各该省政府主席，其性质重要者应先送秘书厅指派人员核阅。

(十四) 本《办法》自核准之日施行。

观察各条规定，可谓会商之制度化也矣。

(丑) 关于直接行政之合作

中央与各省关于直接行政之合作关系约有以下七种：(1)中央代理省行政；(2)省代理中央行政；(3)中央及省联合行政；(4)中央人员参加省行政；(5)省人员参加中央行政；(6)省政府协助中央行政；(7)中央政府协助省行政。兹分述之。

(1) 中央代理省行政

依法属于省公务之事项每因省方经济、技术或其他缺陷，或求行政效率及便利，由中央代理执行。例如十八年七月二十四日国民政府公布《广东治河委员会组织条例》，于国民政府设立广东治河委员会，“掌理广东全省河、海之疏浚、筑堤、建港、开埠以及一切预防水患，发展水利筹款施工事项第”(第一条)。[24]“民国二十三年间(江西省政府)主席为恢复农村秩序及生活，商由经济委员会设立(按时为八月间)农村服务区于浮梁、南城、丰城、新淦、高安、永修、南昌、吉安、上饶、宁都十所；后浮梁、丰城、高安、永修、南昌等处因战事而停顿，乃改设雩都、瑞金两处，并(二十四年三月)由中央派专员主持其事。其意旨在协助当地政府推行各项基层建设，如管、教、养、卫等工作，即教导农民、管理农民、协助农民，以解决各种困难，介绍投资，培养农民的自助能力。由中央倡导，逐渐交由地方接办”(三十年十二月十二日江西省政府出版《赣政十年》)。二十五年八月二十二日教育部颁行《各省市实施电影教育办法》,其第五项云:“放映机件……由教育部统筹定购或定制发给各省、市教育厅局备价领用。”凡此皆中央代理各省行政也。[25]

(2) 省代理中央行政

依法属于中央政府执行之公务得由省政府代理执行。各省代理中央行政又可分为下列四种:(一)委任行政;(二)委托行政;(三)委任监督;(四)传达政令。兹分述之。

(一) 委任行政——委任行政者上级政府根据法令将本身公务强制下级政府执行之谓也。委任行政为强制的,故下级政府必须接受执行,但上级政府亦必须根据法令,不得任便交委。古代中央与地方观念及其职权划分,均不甚清晰,中央委任行政不必有法令之根据,驯至地方政府以办理委任行政为当然,反置地方公务于不顾。因此地方自治之要求以生,地方政府办理地方行政之观念渐固,而委任行政必须有法令根据成为委任行政不可缺少之元素矣。地方自治存在,地方议事机关得于相当限度之内设立地方公务,地方行政人员亦由地方人民自行选任、自行监督,故所受中央控制较无自治地方为小,中央控制力小,委任行政自少方便。凡地方自治发达之国家委任行政数量较少,厥以此故也。联邦国家中联邦政府对各邦政府毫无控制之权(指完全联邦制而言),故联邦政府对各邦政府无委任行政之权(除非宪法另有规定)。

我国省无自治权,自法律立场观之,中央政府对于省政府有完全控制之权及无限制之委任行政权,虽实际政治上不然。自十九年二月三日修正后《省政府组织法》第五条列举省政府委员会处理事件中即有“关于执行国民政府委托事项”(十九年二月三日以前《省政府组织法》未规定省政府委员会之职掌),所谓委托,实指委任而言,故《省政府组织法》实承认委任行政之存在也。今举数例以明之。《矿业法》第四十八条规定:“国营矿业由农矿部(按今为经济部)管理之”,但“国营矿业权之出租或解租经济部应随时令交省主管官署登记”(同法《施行细则》第五十七条)。《国民政府政务官惩戒委员会处务规程》(二十一年十二月二十六日修正公布)第七条云:"国民政府政务官惩戒委员会得委托行政或司法官署调查案件,必要时并得报请国民政府以命令行之",行政官署当包括省政府,以命令行之即委任也。原公布《森林法》第三条第一项规定:"森林用地于《土地法》(二十五年三月一日施行,惟事实上未实行)未施行前应由主管部令该管地方官署调查荒山、荒地之宜于造林者编写公布之。"二十四年二月行政院修正公布《电影检查法施行规则》,其第十二条规定:"电影检查委员会(按属于行政院)得委各地教育主管机关派员携带本会发给之检查证至放映电影之场所就近施行检查。"二十七年十月六日国民政府公布《非常时期农矿工商管理条例》,规定经济部管理有关国防之农、矿、工、商企业及物品时或设专门机构管理(第三条),或委任省、市政府管理(第二条第二项)。二十八年六月十四日经济部公布《植物油掺合及替代柴油暂行规则》,委任地方农业改进机关办理有关之检验(见交选行政)。二十九年六月二十一日国民政府训令规定在考选分机关未设立前各省、市考选行政事务除四川由考选委员会直接办理外其余各省、市由教育厅、局承考选委员会之指示、监督负责兼办,此由国民政府将考选行政委任各省也。三十年二月二十九日国民政府公布《禁烟禁毒治罪暂行条例》,其第二十二条第一项规定:"犯本《条例》各条之罪者由军事委员会委员长指定有军法职权之机关审判之,或委任各级地方政府代为审判。"又同条第二项规定:"依前项规定所为之裁判,非经呈奉军事委员会委员长核准不得执行",则代审判后尚可代执行也。三十三年六月二日行政院接受"社会部三十三年五月十日呈,为战时交通困难,各国营厂、矿分散后方各省,依照《非常时期厂矿工人受雇解雇限制办法》办理工人之受雇、解雇,颇感不便,拟将此等事项授权各该厂、矿所在地之省、县、市主管机关就近代为核定后转报主管部及该部备查,其情节重大者仍应先行请示……"并予照准,训令各省、市政府遵照。同年八月五日国民政府训令公布《普通考试分为初试再试并加训练办法》,其第四项规定:"初试及格人员除技术训练或因特殊情形呈准送由其他机关训练外均分别由中央政治学校或各省训练机关负责训练。”

（二）委托行政——中央政府公务得委托省政府代为执行。委托不带强制性，但亦须有法令根据，以资限制，否则任便委托，对于行政系统极有影响也。例如十八年四月二十九日司法行政部公布《假释管束规则》，其第一条规定：“假释者由交付假释证书之监狱监督之，但监狱得以其监督权委托假释者居留地之公安局（按即今警察局）。……”又《矿业法施行细则》第七十一条规定：“矿区税由经济部征收；或委托省主管官署代为征收，……随时转解经济部。……”其第七十二条规定：“矿业税由财政部会商经济部委托省主管官署代为征收，或另行指定征收机关办理。”二十年三月国民政府公布《银行法》，其第二十三条规定：“财政部得于必要情形派员或委托所在地主管官署检查银行之营业情形及财产状况。”《国民政府惩戒委员会处务规程》第七条规定：“国民政府政务官惩戒委员会得委托行政或司法官署调查案件，……”已见前述。《公务员惩戒法》（二十年六月八日公布）亦规定：“惩戒机关对于受移送之事件除依职权自行调查外并得委托行政或司法官署调查之”（第十四条）。《森林法施行细则》第十一条规定：“国有林之经营管理……得由实业部（今经济部）委托地方主管官署为之。”二十二年三月铨叙部制定《各省公务员委托审查办法》[26]，规定：“凡县政府及各省、市政府所在地以外各厅、局附属或直属机关委任公务员之任用均委托各省政府办理”（第一项）。“各省政府办理上项审查，以省政府委员、厅长、秘书长组织审查委员会依法审查”并“以省政府主席为主席……”（第二项）。惟察其规定之意，名为委托，实带委任色彩也。二十六年四月七日行政院令颁《行政督察专员资格审查委员会考询办法》，其第五项规定：“被审查人员如确在边远地方不能即时来京接受考询，得声明理由呈请本会核准展期考询或由本会斟酌情形委托当地省政府主席代为考询。”二十二年七月二十四日交通部公布《委托省政府代办长途电话原则》，规定长途电话得委托各省省政府代办（第一项），但各省代办长途电话于敷设前须将工程计划咨送交通部核定（第二项），于敷设时交通部并得派员监视（第四项）。又各省代办长途电话之收费价目及业务办法须由交通部核定（第五项）。其营业状况应按月具报交通部，交通部并可随时派员查察（第七项）。营业收入归省，但应由部、省协议提出相当百分数解部。委托代办之长途电话，交通部于必要时得收回，其机械、厂屋、器具各物概依时价折旧给偿（第十项）。二十八年一月二十五日经济部公布《汞业管理规则》，其第四条规定经济部资源委员会办理汞及其矿产品之定价、收买、运销及调节生产等事暨核准汞及其矿产品之购、销均“得因事实便利委托当地地方机关执行之”。同年五月五日财政部公布《各省市茶叶管理机关组织通则》，其列举各省茶叶管理机关之职掌（第四项）中有受财政部贸易委员会之委托办理茶叶收购事项（己款）之规定。同月二十日财政部又公布《委托战区各省政府暂时代征统矿烟酒各税办法》，规定“财政部于事实上之需要得指定地区委托战区各省政府暂行代征统、矿、烟酒各税”（第一条），至代征各税所需经费就征收税款按百分之十实支（第七条）。同月十二日及二十二日经济部又先后公布《管理煤炭办法大纲》及《水泥管理委员会章程》，前者规定经济部燃料管理处“对于各重要产煤及用煤区域因管理上之必要得酌设办事处或管理员，或委托地方机关代为管理”（第三条）；后者规定：“本会对于水泥之管理得于各地方设办事处或委托当地主管机关办理”（第十一条）。同年六月十四日该部再公布《管理锡业规则》，其第三条规定：“资源委员会得于适宜地点设立锡业管理及稽查机关，或委托其他机关代行职权。”二十九年一月二十四日该部公布《钢铁管理规则》，其第七条规定：“管理委员会（按直属该部，由该部派委员三人及军政部派委员二人组织之，并由该部指定主任委员）为执行管理之便利得于指定管理区域设置管理机关，或委托地方机关代为管理。三十年七月十六日农林部公布《办法》，委托各省寄养耕牛。三十一年四月三十日经济部公布《工矿调整处奖助钢铁料材内运暂行办法》，其第五条规定：凡由各战区内运者可向该处委托之省建设厅领运输执照（按该处于三十四年一月并入行政院战时生产局，旋撤）。三十一年八月十一日国民政府公布《麻醉药品管理条例》，其第九条第一项云：“麻醉药品经理处因业务上之需要得呈准卫生署指定地点设立分处，或委托地方卫生主管机关代办分销事宜”。凡此规定，皆委托行政也。

（三）委任监督——中央驻设各省之机关，得以法令委任当地省政府代为监督。例如元年十二月十二日大总统公布《各省陆军测量局编制大纲》，其第一条规定：“各省陆军测量总局隶属于参谋本部第六局，兼隶于本省都督。……”都督本非地方官，然十六年十二月十日军事委员会公布《陆军测量局组织条例》，因其意规定：“各省陆军测量局直隶于国民政府军事委员会参谋厅，兼受各该省军事厅（在军事厅未成立前受各该省政府之监察指导）之监察指导办理全省陆地测量各项业务，印制兵要地图及其他关于土地测勘事宜”（第一条）。十八年二月十九日国民政府公布《各省陆地测量局组织大纲》（十九年二月二十七日修正），二十五年十一月九日公布《各省陆军测量局组织条例》，均于首条规定各省陆军测量局直隶于参谋本部，兼受各该省省政府之指导。《省官制》于首条规定省巡按使“受政府之特别委任监督财政及司法行政暨其他特别官署之行政事务”（按其时各厅均直属于中央各部）。二年五月二十一日大总统公布《交涉员职务通则》，规定各省特派交涉员暨各埠交涉员均兼受各该省行政长官之监督（第二条第一项）。十六年十二月二十二日国民政府公布《外交部特派各省交涉员服务条例》，亦规定“各省特派交涉员及各埠交涉员均兼受该省政府之监督”[27]（第二条）。十二年四月二十三日前农商部公布《青海劝业专员职掌规则》，其第一条规定：“青海劝业专员由大总统简任，秉承农商总长并商承该管地方行政长官执行青海全区实业行政并劝导青海人民振兴实业。”此时青海为一特别区域，然实相等于省也。以上皆省政府就某一中央官署行使代监督。十六年十月二十五日修正《省政府组织法》第十三条规定：“省政府对省内各机关简任官吏认为有溺职行为时得向国民政府弹劾。”所谓省内各机关，实包括驻省中央机关而言也。惟十七年四月二十五日修正以后之《省政府组织法》，则将此项规定取消。三十一年十二月二十三日行政院制定《行政院所属各部会署派驻甘肃各机关监督考核办法》，实为一项新的试验，兹将其原文照录如下：

（一）行政院所属各部、会、署派驻甘肃各机关（以下简称各机关）由行政院院长责成甘肃省政府主席就近予以监督考核。

（二）各机关之设置或裁并应由各主管部、会、署通知甘肃省政府主席。

（三）各主管部、会、署核定之各机关之工作计划及预算应同时分送甘肃省政府主席查考。

（四）各机关办理工作计划之进度或执行业务情形应按月报告甘肃省政府主席一次，关于人事动态并应随同报告。

（五）为实行各机关之监督考核，甘肃省政府主席得随时前往视察，或派员视察，并得调阅有关文卷。

（六）甘肃省政府主席监督考核各机关之意见除特殊情形外应按月呈报行政院，并分送各主管部、会、署。

（七）甘肃省政府主席监督考核各机关时应与各主管部、会、署密切联系。

（八）各机关人员如有违反法纪、废弛职务或有失公务员身份者应由甘肃省政府主席随时密报行政院依法核办。

其执行情形未悉，惟三十三年八月行政院即令颁《行政院所属各部会署派驻各省办事人员监督考核办法》，原文如下：

（一）行政院所属各部、会、署派驻各省之办事人员（以下简称派驻人员）由行政院责成各该省主席负责指导监督。

（二）派驻人员由行政院就其中阶级较高、品望较孚者指定一人为指导员，主持监督联系事宜，省会以外城市之派驻人员，由该省指导员指定级高望优者一人主持该区督导联系事宜。

（三）派驻人员应每月举行联合小组会议一次，由指导员召集，省政府主席得莅会指导，或派员出席指导之。

（四）联合小组会议除准用党政军事机关人员小组会议与公、私生活行为辅导办法之规定外应注意下列事项：

（甲）各派驻人员报告工作进度及业务状况；

（乙）各部、会、署驻省各机关工作之相互联系；

（丙）与地方各机关之联系及与地方人士感情之融洽。

（五）派驻机关之设置、裁并或派驻人员之更调应由各主管部、会、署通知指导员转报各该省政府主席。

（六）各主管部、会、署核定各派驻机关之工作计划及预算时应分送各该省政府主席查考。

（七）派驻人员办理工作计划之进度或执行业务情形应按月报告该省政府主席一次。

（八）省政府主席对于派驻人员之公、私生活及业务执行情形事得就近考察指导。

（九）派驻人员对于省政府之考察指导如不置理时得由该省主席通知主管部、会、署饬遵或报院核夺。

（十）省政府主席之考察意见有特殊重要者得随时报告行政院，并分送各主管部、会、署。

（十一）派驻人员如有违反《公务人员服务法》之情事时应由该省政府随时报告行政院依法核办。指导员应随时切实考察举发，其失察或徇隐者按情节轻重由院依法惩处。

（十二）省会以外城市之派驻人员应分别就地密切联系，每月照驻省人员例举行联合小组会议一次，以指导员所指定主持该区督导联系之人员为召集人。举行会议时省政府得派员出席指导，其会议情形由召集人报告指导员报省政府查考。

（十三）驻在各省之司法机关及军政机关人员得由司法行政部、军政部分别另订考察监督办法。

其施行情形亦无考，恐徒具文耳。惟法制上不失省政府对于省内中央派驻人员有概括的监督权也。其地位似若行政院之代表也。又三十二年三月十五日修正公布之《兵役法》规定省政府主席为省征兵监督（第十三条第二项）。再同年四月二十七日行政院制立之《各省市田赋粮食管理处组织规程》规定："本处隶属财政、粮食两部，并受省政府主席之指挥、监督"（第二条）。凡此皆委任监督也。[28]

（四）传达政令——依行政阶层原理，省为高级行政区域，县、市为低级行政区域，县、市行政，应由省政府直接监督。基此理论，凡中央对于县、市行政有所指挥，或对县、市政府作行政上之委任，其政令必由省政府代为传达。（同样县、市政府对中央政府有所请求、请示，亦必请省政府代为传达。）例如《矿业法施行细则》规定："经济部依《矿业法》第十条划定国家保留区时应指明矿质及区域令知省主管官署转令所在地县、市政府分别公告"（第十一条第一项）；"依《矿业法》第四十九条之规定经济部因设定国营矿业权呈请备案时……应附矿区图二份由省主管官署转发一份于所在地县、市政府并分别公告之"（第五十四条）。二十八年三月赈济委员会通电各省政府请"转饬各县、市政府会同赈济机关、慈善团体组设空袭救济联合办事处，限二十八年三月底以前成立"。四月军政部电各省政府请将兵役会议议决案中归纳办法七项转达各县、市政府遵照；又咨各省政府以实施兵役以来承办人员多不按法定手续办理请转饬县、市政府遵照注意。同月第三战区司令部电咨江西省政府为保藏寺庙金类神像钟鼎等物，希即转饬所属各县县政府遵照。五月，赈济委员会电各省政府云："前订办法，督促各省之各市、县利用原有机构改设儿童教养、保育院、所、并限定于四月至六月办理。兹以限期将届，请转饬各县先将原有之孤儿院及育婴堂分别改名为儿童教养所及儿童保育所，限于六月底报由贵府汇转本会，以凭查核。"六月教育部制定《各县、市社会教育推行委员会组织纲要》，即咨送各省政府转发所属各县、市遵办。七月，江西军管区司令部咨告江西省政府规定普通工人录用三十岁以上壮丁改为录用三十六岁以上，请转令所属专员公署及县政府遵照。类似之例时常可见，不胜枚举。

大凡中央各院、部、会、署对于各县、市政府政令均由省政府转行，殆无例外。惟各院、部、会、署派驻或分设各地方之机关每仿省政府各厅、处例直接指挥县、市政府，其政令殊少由省政府转达者。其故或因中央院、部命令或咨行省政府传达，省政府位居卑下，不得不传达，而此类机关地位多不及省政府，所请传达不必邀允，不若直达为便也。至若中央分设地方军事机关多自以为拥有实力，不屑受省政府牵制，或欠法定条件，顾忌间接传达阻碍，莫不径行指挥市、县也。按中央派驻或分设地方机关各有职掌，各有公务，与县、市政府各有职掌各有公务相同，实无指挥县、市政府之权力，亦无指挥县、市政府之理由。而事实上一县、市政府同受多数机关指挥监督（有时多至三四十），亦莫能行政。同此，中央迭有限制之规定。二十九年三月《调整省政府与绥靖公署职权原则》，第四项即规定："绥靖公署直接指挥省政府所属机关（按法令中县、市政府均视为省政府管辖之机关）以基于军事或绥靖上之急迫情事为限"。三十一年二月五日国民政府再公布《中央各机关及各部队对县政府行文用令限制办法》，原则上规定："中央各机关及各部队如有必须县政府办理事务时，应经由省政府转令遵办，不得直接用令"（第三条）；同时"各地县政府遇有中央各机关及各部队长官擅权滥发命令时，除拒绝接受外，并得呈省政府核办"（第四条）。该《办法》并规定"关于滥发命令之官员，由该管上级机关分别议处"（第十条），惟"因县长兼任其他职务，该管上级机关须直接用令时，应对其兼职为之"（第九条）。又下列各项情形中央机关得临时对县政府用令：

（一）"沦陷区或作战区内之战区司令长官或集团军总司令及该防区内之驻军军长以上官员，关于作战上之紧急情事，为达成任务，指挥便利，对该管辖区内之县政府，得直接用令，同时，并应电达省政府查照；但其他事务，仍按第三条办理"（第五条）。

（二）"关于沦陷区或作战区内之党政工作事宜，战地党政委员会（按已撤）所属分会及区会对该管辖区内各县政府得直接用令，并应电达省政府查照；但已恢复建制并经省政府接收之县，不得援例"（第六条）。

（三）卫戍或戒严区、绥靖区内之卫戍总司令、戒严司令、绥靖主任关于卫戍、戒严、绥靖等军事行动，为统一指挥便利，对该管辖区内之县政府得直接用令，并应同时电达省政府查照；但其他与军事无关事件不得援例"（第七条）。

（四）"各省防空司令关于防空紧急事宜，对于该省各县政府得直接用令；但其他指导事项不得援例"（第八条）。

此项限制办法，若果严格执行，传达中央政令将为一项重要工作矣。关于传达政令，省政府有无裁酌权之问题，颇值研究。就实际政治而论，凡有权指挥监督省行政之机关，如各院及行政院所属各部、会暨国民政府直辖机关等，其政令殆无不传达者，其他中央机关之政令则省政府未必予以传达。平心论之，理论上亦殊应如是，盖省政府传达过多实不胜其繁，而县政府政出多门，尤难处理也。惟省政府或传达，或不传达，断不可将政令内容加以修改也。省政府对于传达与否，宜有裁酌之权；然对于政令本身，则无权裁酌，否则侵犯中央行政与事权矣。

(3) 中央及省联合行政

中央及省联合行政又可分为：(一)会同行政；(二)连串行政；(三)交选行政；(四)合并行政四种。凡一事务自始至终由中央政府及省政府共同负责办理者为会同行政。凡一事务自始至终由中央政府及省政府先后各办理一段而对所办一段负责者为连串行政。凡一事务同时归属于中央行政及省行政范围，由中央政府或省政府办理均可者为交选行政。凡一行政由独立之中央行政与独立之省行政合并构成者为合并行政。兹分别举例说明之。

(一) 会同行政——十七年七月二日财政部公布《江浙渔业事务局章程》，依其规定，该局因受财政部及江、浙两省省政府管辖，由财政部派任局长，两省省府各派稽察员一人共同负责办理该局事务(第一、第三及第四条)。二十二年三月二十一日国民政府公布《各省市国民军事训练委员会暂行规程》，规定于各省教育厅内设国民军事训练委员会(第一条)，由训练总监部(抗战后改为军训部，训练总监部直属于国民政府，军训部属于军事委员会)派兼任委员二人，省教育厅派兼任委员二人，省军事最高机关派兼任委员一人，均须荐任以上人员组成之，并以训练总监部所派委员中之高级者为主任委员(第二条)，掌考核全省高中以上学校军事教育之成绩，指导督促其进行、并指导全省学校以外之国民军事教育事宜(第四条)。二十二年行政院公布《扬子江防汛委员会简章》，规定由国民政府全国经济委员会、交通部扬子江水道整理委员会及湘、鄂、赣、皖、苏、京五省、市政府共同组织扬子江防汛委员会，办理扬子江临时防护及抢险工程事宜（第一条）。该会设委员八人，以全国经济委员会筹备处主任，扬子江水道整理委员会委员长，湘、鄂、赣、皖、苏五省建设厅厅长及南京市长充任之，并以扬子江水道整理委员会委员长主持一切会务（第二条）。二十三年二月内政部与河北省政府会同公布《整理海河善后工程处章程》，规定部、省两方为完成海河治标工程会同组织整理海河善后工程处（第一条），会派正、副处长，会计主任及秘书各一人及工程师一人至三人掌其事（第三、四、五条）。二十三年三月行政院公布《浙赣铁路联合公司组织规程》，规定浙赣铁路由铁道部与浙、赣两省省政府合筑合营。联合公司设理事会，置理事十一人，铁道部及浙、赣两省府各派二人，银行界四人及浙赣铁道局局长（理事会聘），任期均为三年，互推一人为理事长（第四条）。铁路建筑经费杭州至江山段由浙江省政府担负，玉山至萍乡段由铁道部及江西省政府各发公债一千二百万元充之（第六条）。两段经费收、支各自独立（第八条），但玉萍段建筑经费不足或须整理债务时公司得以全路财产抵押借款或担保发行公司债票（第七条）。二十四年二月南昌行营制定“查禁种禁特派员行文程序”，其第（二）项规定：“在总检举期内省政府颁布文告凡关于禁种事项特派员应一律会衔办理。……”二十四年六月四日国民政府公布《中国农民银行条例》，其第二条称：“中国农民银行资本总额定为国币一千万元，分为十万股，每股国币一百元，一次缴足。除由财政部认二万五千股及各省、市政府分别认股外，余由人民承购（第一项）。各省市政府所认股款均不得少于二千五百股（第二项）。”由此观之，中国农民银行实财政部与各省、市政府合办之银行也。二十五年六月三日《禁烟禁毒实施规程》第八条规定：“查禁种烟，每年分为两期，烟苗下种时期为第一期，烟苗出土时为第二期，由特派员会同省政府切实查禁。”二十六年六月行政院制定之《各省灾荒根本救济办法》（甲）“救灾事项”中规定“应由实业部令农本局、财政部令中国农民银行，筹拨的款，会同地方政府切实办理”（第三项）；（乙）“防灾事项”中规定“应由中央政府会同省政府筹款设立国营垦场”（第一项）。二十七年一月国民政府制定《特许川滇铁路股份有限公司条例》，二月制定《特许湘桂铁路股份有限公司条例》，分别规定川滇铁路公司建筑及经营自昆明至叙府之铁路干线及展长线支线，湘桂铁路公司建筑并经营自衡阳经桂林至柳州之铁路干线及展长线、支线；两公司经铁道部（今交通部）核准后得建筑及经营其他铁路线，并经铁道部及其他事业主管机关之核准兼营铁路沿线附带有关事业（均第二条）。川滇铁路公司资本总额定为国币二千万元，分二十万股，每股国币一百元，由铁道部认十万股，云南、四川两省政府各认五万股；湘桂铁路公司资本总额定为国币三万元，分为三十万股，每股国币一百元，由铁道部认十万股，湖南、广西两省政府各认五万股，其余十万股由理事会议决定期募集（均第五条）。[29]两公司均设理事会，包括理事九人至十一人，内铁道部派三人，财政部派一人，关系省政府各派二人，理事会聘请之公司总经理为当然理事，并由商股（无商股时为省政府）选任二人（增加资本时理事人数比例增加，官股售与商股时官股理事照比例改为商股理事）（均第八条）。又均设监事五人，由铁道部及关系省政府各派一人，商股选任二人（第九条）。二十七年三月经济部与贵州省政府合设贵州省农业改进所，行政属贵州省政府建设厅管辖，技术归经济部中央农业实验所管辖，置所长一人，由中央农业实验所向贵州省政府建设厅推荐，呈请贵州省政府派充，技术专员五人至十五人，由所长商经中央农业实验所同意后呈请贵州省政府建设厅转请贵州省政府派充。六月浙江省政府与浙江军管区司令部会同订定《浙江省新兵征集费用支配暂行办法》，并与财政部贸易委员会会同订定《处理浙属茶叶产销办法》。七月浙江省政府与财政部为救济盐荒并增加税收联合设立浙区战时食盐运销处（后改收运处），其处长由财政部委派，浙江省政府加委，副处长由浙江省政府委派，财政部加委；其所需流动资金由部省平均负担。同年十二月十五日经济部公布《国营矿区管理规则》，规定国营矿区依《矿业法》第四十八条至第五十一条之规定采下列三种方式：（一）经济部直接管理；（二）委托其他中央官署办理；（三）出租（第二条），其（一）（二）两种方式均可与省政府合办，惟中央所占资本不得少于半数，若组织公司并允许商股加入时则不得少于百分之三十四(第三条)。依此规定经济部资源委员会与各省合办之矿区计有:江西天河煤矿、江西萍乡煤矿、湖南辰溪煤矿、湖南江华锡矿、南桐煤矿、禹县煤矿、彭县铜矿、陕北石油矿、广西平桂矿务局、滇北矿务公司、川康铜业管理处等。二十八年三月二十四日经济部公布《采金局组织规程》,其第十二条云:“采金局为事实需要得与矿区所在地之省政府商定合作办法。”依此规定办理者有青海及西康金矿,云南永平金矿则由局单独办理。同年同月云南省政府建设厅、军事委员会西南物资进出口运输总经理处、交通部驮运管理所昆明办事处、交通部西南公路运输管理局昆明段办事处、云南全省公路总局汽车营业办事处、昆明市政府、云南省会警察局、昆明市商会九机关团体合组云南全省运输事业调整委员会,办理下列各项事务:(一)联络省内外各运输机关,交换意见,共谋运输事业之进展及推行办法之划一;(二)代各运输机关招雇人力、兽力;以备各机关自行输运;(三)管理省会运输同业公会及脚夫、人力行车、船公会等团体,遇有必要时得以命令调雇各该公会所有一切运输工具;(四)指挥各县军运代办所及驮运襄办所办理各县境内之运输事宜;(五)调查及设计有关运输事件;(六)调查运输建议事件;(七)其他有关调整运输之各项事件。同年八月六日《非常时期难民移垦条例》第九条规定:“移垦难民之编制、移送、保护、管理及衣、食、医药之供给由赈济委员会会同有关系机关及地方政府办理,同月交通部、经济部、云南省政府建设厅、军事委员会西南物资进出口运输总经理处及水陆联运委员会合组红河水运查勘队。”同年六月江西省政府与财政部西岸盐务办事处,合组江西战时食盐接运处(其《组织规程》于四月二十八日经江西省政府委员会会议通过,五月二十三日财政部修正),以办理江西食盐之运输事宜。该处设处长一人,由财政部(派员充任或)指派西岸盐务办事处处长兼任;副处长二人,由江西省政府及财政部盐务总局(三十四年一月三十日改为盐政局)各推荐一人,分别咨、呈财政部派充之(《规程》第四条);均兼受财政部及江西省政府之指挥、监督(第三条)。该处资本国币二百万元,由部、省平均拨付(第二条)。同年七月二十七日行政院核定《云南省抗疟委员会组织简章》,依其规定,云南抗疟委员会委员九人，其人选如下：(一)云南省政府指派四人；(二)卫生署(当时属于内政部，今属于行政院)指派四人；(三)云南全省卫生实验处处长(属于民政厅)(第二条)。同年十月二日行政院公布《查禁种烟督察团组织简则》，规定各督察团"设团长一人，副团长一人，由行政院会同军事委员会派员兼任；团员若干人，由内政部、省政府、绥靖主任公署、省党部及禁烟委员会分别派员兼任"(第二条)。各团督察禁烟工作，以六个月为期(第十二条)。十一月设立四川、西康、云南、贵州、福建、陕甘六团，二十九年六月结束。二十八年十一月四川省政府与内政部合组警政视察团，视察四川各地警政。三十年七月十四日军政经济两部会同公布《各省市工矿业技术员工缓役审查委员会章程》，规定各省该项委员会由省建设厅派委员两人、民政厅一人、军管区司令部两人及经济部资源委员会、工矿调整处各派一人组成(第二条)，故该会掌理之事务，为中央及省会同公务。同月二十三日《省营工业矿业监理规则》，第三条规定："重要国防工业、矿业由主管部或其直辖之机关主办，但得许省政府加入资本、或与省政府合办。……"中央与省合办之矿业，已述于前。至于合办之工业有资源委员会与各省省政府合办之四川酒精厂，贵阳、兰州、万县、西京四电厂，云南酒精厂等。此类部、省合办之工、矿业均须由部、省双方合组理事会或公司管理之(《规则》第四条第二项)。同月农林部与广东、广西、甘肃、贵州、云南等省省政府合办蒸制骨粉厂，各一所，其资本由部、省共同负担，部负担每省以国币拾万元为限，省至少负担与部同数。每厂由部派会计一人，其技术人员由省派用，但办事人员之不称职者得由部、省会商更换之。三十一年行政院修正公布《办理土地陈报纲要》，其第三条规定："各省办理土地陈报由省田赋管理处(按属于财政部，惟三十四年一月田赋改归粮食部管辖)主办，其设有地政机关省份并应会同办理。……"同年八月十一日《麻醉药品管理条例》第十一条第三项："麻醉药经理处于必要时……得会同地方政府及卫生机关稽查购用人之使用情形，及现存品量。"同年四月九日经济部公布(同年十月三十一日修正)《统筹棉花管理制运销办法》，其第二条规定："在陕棉运销管制区域以内(按即川、陕两省）本《办法》施行前各银行、公司、商号购囤陕棉超过五十市担以上，各纱厂购储陕棉超过一年之需用者，由物价局（按属于经济部、今撤）会同地方主管官署清查，限期限价征购。”[30]三十二年七月九日国民政府公布《战时全国技术人员管制条例》，其第十三条规定：“全国各机关场厂技术员工之待遇应力谋划一，由劳动局会同各有关机关统筹规划，拟订标准，转呈行政院核定施行。”三十三年八月一日行政院国家总动员会议通过《战时公营私营企业请求请调整价或政府补贴考核办法》，其第三条第二项规定各项考核“由国家总动员会议邀同四联总处及该企业之主管机关派员会同办理之”。三十四年九月二十九日行政院制定《各省市停止外人游历居住实施办法》，其第二条规定：“凡停止外人游历或居住之区域应由该省、市政府会同当地最高军事机关指定之。”凡此皆中央与省会同行政之例也。国人笃守中庸，遇职权相连，不易划分之时常以会同行政调解之，故会同行政得以发达也。

（二）连串行政——依十八年二月五日《国籍法施行条例》之规定，凡取得、丧失及回复我国国籍之声请均由声请人居住地所在之省、市政府核转内政部备案（法定取得及丧失）或核准（归化取得及回复）并由内政部于国民政府公报公布之。所谓“核转”决非传达，而为审核后传达。省、市政府核转内政部备案与省、市政府核转内政部核准皆为连串行政。惟于前者省、市政府操决定之权而内政部有修正之权；于后者省、市政府有审议之权而内政部操决定之权。此种连串行政中之“连串”作用尚存于政府。《矿业法》第十七条第一项规定下列事项应呈经经济部核准并应于核准后呈请省主管官署登记：（一）矿业之设定、变更、移转；（二）采矿权作抵押时其抵押权之设定、变更、移转。此亦为连串行政，惟其连串作用非主使于行使连串行政机关之本身也。连串行政可先中央后地方，亦可先地方而后中央，亦可于此两例中见之。由地方至中央者可名为“上行连串行政”，由中央至地方者可名为“下行连串行政”。其他连串行政之例甚多。如《矿业法》尚规定：“呈请设定矿业权者应具呈请书附矿区图呈由省主管官署转”（见《施行细则》第四十四至四十七条）经济部核准：“如系呈请采矿时并应添具矿床说明书”(第十九条第一项)。其所谓“转”亦非单纯的转:因(一)“省主管官署(或经济部)认为必要时得派员……查勘”(同条第二项);(二)“矿业呈请人所具呈请书,矿区图、矿床说明书有不完备时省主管机关(或经济部)得限期令其更正或补呈,如不依限更正或补呈应将呈请案撤销”(第二十一条);(三)“(经济部或)省主管官署对于探矿呈请地确认为适当于采矿者得限期令原呈请人呈请采矿;如不依限呈请得撤销其呈请案,另许他人呈请采矿”,其采矿呈请地仍须探矿者亦同(第二十四条);(四)“二以上之矿业呈请地相重复,如矿质为同种,其重复部分应以呈请省主管官署在先者有取得矿业权”,其日期同者,省主管官署限各呈请人协商后再行呈请,其不能协商时由省主管机关抽签决定之(第二十五条);(五)“矿业呈请地之位置、形状与矿床之位置、形状不合致损矿利时,(经济部或)省主管官署得限期令呈请人更正,如不依限呈请更正应撤销其呈请”(第三十三条);(六)“(经济部或)省主管官署认矿业呈请地为妨害公益或无经管之价值时得不予核准”(第三十四条)。又“矿业权者对于核准之矿区呈请增、减、订正、合并、分割时应具呈请书并附新、旧关系矿区图及理由书呈经省主管官署转经济部核准”(第三十六条第一项);但如查勘之必要或图件不完备时部、省均可分别派员查勘或令饬补正(同条第二项)。又“呈请设定小矿业权者应具呈请书并附矿区图呈请省主管官署核准登记,发给小矿业执照,但须同时呈报经济部备案”(第六十三条第一项),“……小矿业执照由经济部预先颁发省主管官署”(同条第二项),而经济部认为违背其设定条件时得将省核准撤销(第六十四条)。《矿业法施行细则》规定民营或地方政府所营矿业加入外国政府改组公司时应将公司章程及契约草案呈送省政府审查附具意见转呈经济部核转行政院核准(第十四条);又矿业权之撤销应由经济部核准后转令省主管官署公布之(第二十五条)。森林管理中亦有若干连串行政之事务。关于保安林之编入或解除由森林所在地之自治团体或其他有直接利害关系者呈请地方主管官署[31]核转主管部核准之(《森林法》第十二条)。地方官署于接收呈请后即通知森林所有人,土地所有权人及土地他项权利人,并公告之;

公告期内其森林之开垦及砍伐应经地方官署之许可(第十二条)。公告期满地方官署即进行审核,审核完毕再附具意见将原呈请主管部核定(第十五条第一项),地方官署审核时并得交保安林委员会审议,以备参考(第十四条),主管部核定后再发交地方官署公告通知森林所有人(第十五条第二项)。此项连串行政为先自地方至中央,再自中央反至地方,谓之为“循环连串行政”可也。《森林法施行细则》规定云:“地方主管官署于本法施行后(按《森林法》于二十四年三月十二日施行)应即从事森林用地之调查……”(第四条),“……调查程序完毕后地方主管官署须将调查结果于三个月内编制表册,加具说明,并附简单之实测图或目测之略图二份呈送实业部及中央地政机关(按今为行政院地政署)会核,转请行政院备案后交地方主管官署公布之”(第六条)[32],此亦循环连串行政也。又同《细则》规定:“……请求减税或免税者应具声请书……呈请地方主管官署核加意见转呈实业部会同内政财政两部拟定免税年限呈请国民政府核准……”(第五十二条);又规定承领国有荒山、荒地造林者应呈请地方主管官署核加意见于两个月内呈由实业部转呈行政院核定(第五十五条);此皆上行连串行政也。国民政府核准或行政院核定后原呈请可能仍发回地方主管机关通知呈请者;然此一发还不可视为循环连串行政,盖行政程序,法律上至国民政府核准或行政院核定已告完毕,不待发还已生效力,此一发还,性质上纯为传达也。此实循环连串行政与上行连串行政之基本区别,不可不加注意也。

二十二年十一月国民政府修正公布《民营公用事业监督条例》,规定“民营公用事业经核准登记后如逾核定之筹备期限仍不开始营业者除因特别情形经呈准展限者外地方监督机关得呈请中央主管机关撤销之”(第五条)。又规定民营公用事业收费及其他规章之订定与修正均须呈请地方监督机关签注意见后转呈中央主管机关核准(第七条)。二十五年三月军事委员会(按二十七年元旦以前资源委员会属于该会)制定《钨业管理处(今属经济部)湖南分处管理规程》,其第五条规定:“矿业权者由产地运钨砂至长沙,或其他交易地点,须先将湖南省建设厅所发印证向厅缴纳原有捐税，领取凭单，来分处验明后，填发资源委员会护照。”二十九年八月四日国防最高委员会核准交通部原拟《战时管制经售汽车公司商行及修理厂暂行办法》，其第二项规定：“凡在全国各省、市之县经营公司、厂行者应向各该省、市、县交通主管机关申请登记，转报交通部核准，领有‘战时经售汽车公司商行及修理厂行登记证’后方准营业。……”三十年五月十二日国民政府公布之《非常时期违反粮食管理治罪暂行条例》第十四条规定：“依本《条例》治罪之案件由有军法审判权之机关（按为中央军事机关，各省行政督察专员及各县、市政府等）审判，呈经中央最高军事机关核准执行之。关于没收、罚金之执行，由原审判机关移送当地粮食主管机关（按包括各级粮食主管机关）执行之。”三十一年九月行政院对各省省政府训令规定军粮运输之方法，云：“……以后各省应严令各县将缴粮交（省）粮政局所指定之地点，粮政局更应尽其本身之责任将军粮集中以后分别送至与军粮局协定之地点，军粮局则应妥为配交各兵站，由兵站部向前方兵站所在地输送交军队收，……”此即所谓“三段输运”，实自县经省至中央之三次连串行政也。

以上所述为中央与省连串行政之概略，其他事例，可随时辨察之。

（三）交迭行政——例如十九年四月六日前农矿部公布《农产奖励条例施行细则》，其第三条云：“依《条例》第二条第三项之规定（按为‘地方自治机关或农民团体依调查视察或其他报告认定其成绩优良者’）应分别改良成绩限度之大小呈请农矿部或地方机关核奖。”《矿业法》规定：“经济部或省主管官署认为必要时得令采矿权者随时将施工计划及工程报告书呈候审核”（第九十五条第一项）；“前项施工计划及工程报告书经济部或省主管官署认为必须变更时令矿业权者变更之”（同条第二项）；“经济部或省主管官署对于矿业工程认为有危险或妨害公益时应令矿业权者设法预防或暂停止工作”（第九十六条）。“矿业权消灭后一年内经济部或省管官署认为必要时得令原矿业权者为预防危险之设备”（第九十七条）。“矿业权者所用主要技术人员应就依《技师登记法》登记合格者选任之”（第一〇一条第一项），其有“不合格或不称职者经济部或主管官署得令其解任”

(同条第二项)。“凡专门以上学校矿科学生愿在矿场实习者经经济部或省主管官署令知后各该矿业权者不得无故拒绝……”(第一〇五条)。“矿业权者遇有事故有查勘邻接矿区以必要时得呈请经济部或省主管官署派员会同各该矿业权者实地查勘”(第一〇三条)。《矿业法施行细则》规定:“同一呈请人于毗连地域同时或先后呈请设定二以上同种矿质之矿业权,如无充分理由及资力,经济部或省主管官署得令其自行选择一个,呈请之”(第十七条)。“矿业呈请人得呈请变更其名义但须经省主管官署或经济部核准”(第二十三条第一项);“矿业呈请人一部分或代表人之变更应随时呈报省主管官署或经济部”(同条第二项)。“矿业权消灭后原矿业权者对于保护矿利及预防危险之设备非得经济部或主管官署之许可不得自由处分”(第三十九条)。“矿业权者中途停工及复工时应分别呈报经济部及省主管官署,并声明其原因”(第八十五条第一项);“……经济部或主管官署查明认为其原因不确当或消灭时得限期令其复工”(同条第二项)。《森林法》规定:“农林部或林业管理机关得依森林所在地之状况指定一定处所及期间限制或禁止土、石、草皮、树根、草根之采取或采掘”(第三十一条)。《民营公用事业监督条例》第十三条云:“民营公用事业如于业务、工务或财务上发生困难时得请求中央或地方监督机关予以协助。”《植物油掺和及替代柴油暂行规则》(经济部二十八年六月二十四日公布)第三条规定植物油掺和应至该部所属各地商品检验局及中央农业实验所工作站及各地方农业改进所暨其他农业机关及该部委托学校施行检验(当然择一即可)。三十年二月四日国民政府修正《非常时期难民移垦条例》第二十四及第二十八条,于第二十四条新条文中规定垦民兴办水利“……得请中央或省水利主管机关派水利工程人员指导协助。……”又第二十八条新条文云:“垦区农业畜牧之经营及技术改良,由农林部及各省农业改进机关派技术人员指导协助之”,其意垦区内农产畜牧之经营及改良所需技术人员可由农林部派遣,亦可由各省农业改进机关派遣也。《度量衡法施行细则》(十八年四月十一日前工商部公布,二十年十二月五日前实业部修正,三十三年五月二十九日经济部再修正)规定:“各种度、量、衡器具制造后应受全国度量衡局或地方(按即省及直辖市)度量衡检定所或分所之检定”(第四十条);[33]又“检定合格之度、量、衡器具应定期或随时受全国度量衡局或地方度量衡检定所或分所之检查”(第四十五条)。[34]三十年四月十四日经济部公布《非常时期工商业提存特别准备办法》,其第六项规定:“经济部及主管官署得随时向各工商业抽查提存特别准备情形。”[35]三十三年六月十日行政院颁布《战时民营内河打捞业管理规则》,其第八条规定:“中央或地方官署遇必要时得命令打捞业紧急出动打捞沉没物品。”同年十二月六日《传染病防治条例》第二十九条规定:“传染病流行时卫生主管机关得施行检疫必要时中央卫生署设置临时检疫机构。”凡此皆交迭行政也。

交迭行政可再分为两种。其一种,中央及省虽有同样行政权,但不能同时行使,如同时行使,可生冲突,例如《矿业法》所规定变更采矿施工计划及工程报告书,命令解任主要技术人员,《森林法》所规定指定处所,期限限制或禁止土、石、草皮、树根、草根之采取或采掘等等,均不便由中央与省同时执行。此种交迭行政可名为“对斥交迭行政”。另一种则可由中央与省同时行使,决无冲突发生,例如《矿业法》所规定命令矿业权为预防危险之设备,会同矿业权者查勘邻接矿区,《非常时期难民移垦条例》所规定指导协助垦民兴办水利及经营农产畜牧等等。此种交迭行政,可名为“互容交迭行政”。对斥交迭行政虽不可同时由中央及省行使,然先后行使仍无妨也。

(四)合并行政——例如十七年六月十四日前工商部公布《发给国货证书规则》(二十一年四月九日及二十六年八月十四日前实业部修正,二十七年九月二十三日经济部再修正),其第一条规定国货证明书之呈请或直接向部为之,或呈请地方官署代为转达。复依第二条之规定,直接向部呈请时,其各项表式及笨重工业品之影片须“由当地主管机关(或合法团体)查明确实后加盖印章以资证明”(第二条)。此项证明与中央主管审核呈请为两件独立之行政行为,但前者为构成后者之一部分,斯即合并行政。再如十八年十一月五日前农矿部公布《农产奖励条例》,其第四条第一项规定:“凡依本《条例》请奖者应具呈请书呈请农商部核办。”然该《条例施行细则》(十九年四月六日该部公布)规定:“凡自愿请奖之农民须……向当地农业机关先行报告登记以便查验”(第七条第一项);又“其奖励依各该地方所在邻境公立农事试验场历年平均成绩或邻近农事机关农产调查之成绩为标准,然后视其成绩超过该标准程度高、下分别详定奖励之等级”(第八条)。二十八年十二月二日经济部公布《矿产品运输出口管理规则》,其第四条规定:“凡经指定之矿产品在内地……报关、请领护照时应缴验矿照或省主管机关证明文件”(按依第一条由经济部指定)。三十一年五月十一日国民政府公布《战时管理进口出口物品条例》(三十三年十月十四日修正),其第八条规定该《条例》“附表乙”所载第一类(寅)(卯)两项物品具有下列条件之一者得向财政部申请特许出口:(一)经财政部查核种类、数量于对外贸易及对沦陷区经济封锁政策确无妨碍者;(二)经各省、市政府证明确为当地土产过剩、调剂农村经济者。凡此三例,皆省行政合并于中央行政者也。二十八年二月二十七日行政院公布《管理营造业规则》(三十二年一月二十八日修正),规定经营营造业者应呈请所在地县、市政府核转省建设厅审查登记、第三(第四及第十一条);但甲等营造业之登记须其厂主或代表人经经济部核准登记为土木或建筑科技师,乙等及丙等为技师或技副(第六至第八条)。此中央行政合并于省行政者也。[36]

(4) 中央人员参加省行政

例如各省警察训练所均由内政部委派教务主任,其薪金亦由内政部发给。二十七年十月行政院制定《非常时期难民移垦规则》(二十八年五月六日国民政府修改为《条例》),其第三条规定:“各省得设垦务委员会,办理全省难民移垦事宜,并得由中央垦务主管机关(按依原《规则》或《条例》第二条之规定中央垦务主管机关为经济部、内政部、财政部及赈济委员会,又按农林部成立后经济部当改为农林部)派员参加。”二十八年七月五日行政院颁发《垦务总局组织规程》,其第六条云:“垦务总局(按属于行政院、农林部成立后并于该部)对于省政府主办之垦区得派员协助指导。”

同年五月一日国民政府公布《各省市县禁烟委员会组织通则》，其第四条曰："各省、市禁烟委员会得由内政部禁烟委员会派员参加……随时督同办理禁烟事务。"二十九年四月中国国民党中央执行委员会中央训练委员会(按我国施行党治，中央党部实际上可视为中央政府之一部分)制定《各省地方行政干部训练团教育长派任办法》，规定各省地方行政干部训练团教育长由中央训练委员会派任(第一项)，其薪俸并得由中央训练委员会核发(第二项第十款)。三十三年八月一日《各省管制物价及物资实施纲要》第十一条云："中央驻在各省物资管制机关之主管人员应参加省物价管制委员会、借收中央与地方管制物资相互联系之效。"[37]

(5) 省人员参加中央行政

例如《公务员惩戒委员会组织法》(二十一年六月二十九日公布，二十三年五月二十二日，二十五年十一月六日及二十六年六月八日先后修正)第五条云："地方公务员惩戒委员分设于各省，各置委员长一人，由高等法院院长兼任；委员七人至九人……"(第一项)，"……由司法院就高等法院庭长及推事中遴派三人至五人，余就省政府各厅、处现任荐任职公务员中遴派"(第二项)。二十七年二月二十二日教育部公布《教育部民众教育巡回施教车施教办法》，其第六项规定："巡回施教车到达某省时得请省教育厅指派负责人员一人协助。……"依《军事委员会战地党政委员会分会组织纲要》(二十七年公布，二十八年九月修正)之规定，战地党政委员会各分会所在地之省政府主席为其当然委员。三十一年十月十七日修正公布之《黄河水利委员会组织法》第三条第二项云："沿河各省省政府主席为当然委员，共负河防修守职责，协助本会办理各该省有关黄河河务事宜。"三十年四月十五日国民政府公布《水陆交通统一检查条例》(三十一年四月二十四日修正)，规定："运输检查由军事委员会运输统制局(案已撤)监察处所属之检查所、站主持办理，货物检查由财政部所属海关，或货运稽查处主持办理"(第三条)。"凡在监察处已设检查所、站各线路所有原设有关军事运输交通违章及人事之检查机构或类似组织，不论属于中央或地方或部队者，概行撤废，其原有检查人员，如有必要时，得参加各检查所、站工作……"(第五条)。"财政部于全国各货运要道分别设立海关卡或货运稽查分、支处、站,所有各地原设之有关货物检查机构或类似组织,不论属于中央或地方之机关或团体者,概行裁撤,其中税收机关原有检查事项,如有必要时,得准其派员参加……"(第六条)。

无论中央人员参加省行政,抑省人员参加中央行政,均基于法令之委任或许可,但机关自行邀请者亦无不可也。[38]

(6) 省政府协助中央行政

例如《财政部直辖各省烟酒事务局组织章程》(十八年五月二十日财政部公布)第五条规定:"各省财政厅对于烟酒事务局稽征税费有辅助进行之责,各省局长得以随时咨行财政厅协助办理。"《兵役法》(国民政府二十二年六月公布,二十五年三月施行,三十二年三月十五日修正)第十三条第一项规定:"省政府、院辖市市政府受军政部、内政部之指示、监督协助管区司令办理兵役及其有关事务。"[39]二十三年十月前国民政府全国经济委员会制定《各省政府协助土地调查工作办法》三项,其第二项规定省政府各厅应供给有关各种材料。《黄河水利委员会组织法》(原公布日期不考,二十四年七月一日,三十一年十月十七日先后修正)、《扬子江水利委员会组织法》(二十四年七月一日公布为《条例》,三十一年十月十七日修正)、《导淮委员会组织法》(十八年一月公布,同年八月二日,二十一年十月二十五日,二十二年五月八日,三十一年十月十七日先后修正,最后修正前为《条例》)及《华北水利委员会组织法》(三十一年十月十七日修正)均于第十三条规定:"本会执行主管事务各该地行政机关及驻在军队有协助、保护之责。"《防空法》(二十六年八月 19 日公布)第二条规定:"全国防空事宜由国民政府最高军事机关主办之;其有关各院、部、会、署及地方机关者由各该关系机关协同执行。"二十六年十月军事委员会颁发《中央与地方关于增进生产调整贸易事宜划清界限明定权责办法》,规定军事委员会调整委员会得在各省、市重要地方设立分会或办事处,地方政府应予充分协助(丁一、三)。《审计法》(二十七年五月三日公布)第十三条第二项规定:"审计机关查视账务时得知照(司法或)警察机关协助。"二十七年十月三日内政部公布《战区警察处理大纲》，其中规定有警察协助国军作战之方法。战区警察应受当地上级机关命令担任防守或其他军事任务，非奉命令不得撤退（第五项）。撤退之后仍须拣择机警干练员、警潜伏区内担任情报工作（第六项）；并应随时听候驻军司令长官指挥调遣（注意：此并非将作战事务委任地方警察）。二十八年五月十二日经济部公布《管理煤炭办法大纲》，其第七条云："各矿场如因缺乏采运工人，不能增加生产或不能维持原有产额时，燃料管理处得商得地方主管机关及军事机关设法保护、招徕工人。"三十年十月云南省政府设协修滇缅铁路征工处，嗣又设协修中印公路募工处，分别协助两路建筑工程。三十年十二月军事委员会"亥删令一亨绥"电云："中央电信机关遇有需要可请地方警察团队保卫。"三十一年二月十四日行政院修正公布《统一缉私办法》，其第九项规定"各地机关得有走私情报应随时密报就近缉私处、所或海关迅派员队前往查缉"。同年十月三十一日经济部修正公布《统筹棉花管制运销办法》，其第九项规定："陕棉运销管制区域（按为陕、川两省）棉花运输物资局得请驿运管理处（按属于交通部）或其他运输机关（按或为中央或为地方）负责协助。"三十二年二月十日行政院公布《外交部驻各省特派员公署暂行规程》，其第五条规定："特派员于职务上所关事项得随时与地方行政、司法及军事各机关接洽办理、或请予协助。……"

（7）中央政府协助省行政

省政府委员会职掌中有咨调省内国军一项，即省于维持治安必要时得请求省内国军予以协助也。三十年六月二日行政院据财政部呈训令各省不得径调税警，必须事先与该部会商乃可，则于国军之外尚可请求中央税警协助也。请调国军或税警实不限驻在本省以内者，十七年十月《省防军组织条例》第九条规定："省防军司令官遇匪势猖獗或发生重大变乱，兵力不敷调用时得电请军事委员会或该省最高军事长官派遣国军协助之"，固未指定该省境内国军也。为治安以外目的省政府亦可请求中央军事协助，如《肃清烟毒善后办法》第二条规定："肃清烟毒善后事宜由内政部督促各省、市、县负责办理，各级军事机关有随时协助办理之责"，军事以外中央对于各省其他方面均可协助或有协助之责。二十三年十二月国民政府训练总监部（二十七年改名军训部并改隶军事委员会）会同军政、教育两部公布《地方军政长官协助学校军事教育办法》，第三条规定高中以上学校学生暂时性资之各项军事演习所需干部、马匹、器材等，军队遇有请求时应借给之（枪枝以二十枝为限，子弹每名以五发为限）。《中央农业实验所与各地方农场技术合作办法》第二项第一款规定中央农业实验所应将试验研究已具成效之改良作物种子，各项病、虫害防治方法及输入或制造之各项牲畜血清等交与各地方农场，用以推广。[40]《中央与地方关于增进生产调整贸易事宜划清界限明定权责办法》规定："地方调整机关办理农、矿、工、商调整事项，于必要时得向中央调整委员会就近分会或办事处请求协助，各分会或办事处对于地方调整机关负协助之责"（丁二）。二十七年三月行政院公布《难民移垦实施办法大纲》，其第十一项规定难民移垦以地方办理为原则，但中央应予经济上及技术上之协助。二十七年四月经济部派技正、技士各二人常驻滇协助该省农业改进工作。同年十月十四日经济部又公布《协助各省办理水利工程办法》如下[41]：

（一）各省政府或其他实业机关办理水利工程如确已筹有的款技术上需要协助时得商请本部指派所属水利机关或水利专员前往协助之。

（二）水利机关或水利专员秉承本部之命协助办理水利工程之勘查、测量、设计等事宜，如有必要得呈请本部酌派设计测量队分赴各工程地点工作，并受其指挥监督。

（三）水利机关或水利专员设计完成后送由原请求机关依照施工并报部查核。如施工时技术方面发生困难，原请求机关得商请本部指派原设计人员前往指导。

（四）各省政府或其他实业机关如商请本部指派水利机关或水利专员代办施工事宜，得由水利机关或水利专员呈准本部于施工地点设置工务所并受其指挥、监督，工程完竣后由本部派员会同原请求机关验收。

（五）本部指派之水利专员遇必要时得呈请本部酌派技术及事务人员若干人襄助办理各项事务。

（六）本部因指派水利机关，水利专员设计测量队等所需费用除有特殊情形者外由请求协助之机关担负；其代办施工事宜者所需工款及工务所需经费全部由请求协助之机关负担。

（七）水利机关或水利专员请领经费应呈经本部核准，由本部通知原请求机关拨发。

（八）水利机关或水利专员于工程设计完毕或工竣验收后应将经办事宜于一个月内完全结束并编制报告呈部查核。

水利委员会成立后[42]，此项《办法》，自当移该会执行。二十八年八月十二日军政部公布《种马借贷暂行规则》，规定各省、市、县、公、私立牧场，畜牧机关、团体，学校等得于每年八月至十月向该部所属各牧场请求将剩余之种公马、驴无代价借作配种之用，其期间为一年，但期满后得续请（第一、第二及第五条）。三十年二月十三日《户口普查条例》规定："省及直隶于行政院之市普查户口时，国民政府主计处应派员前往巡视指导"（第十三条第三项），又规定："省或直隶于行政院之市户口普查之统计工作应由国民政府主计处派定统计人员前往指导，集中于各该省、市办理之"（第十六条）。其所谓指导并非监督而为技术的协助也（监督权属于内政部）。三十年三月七日行政院公布《赈济委员会赈抚工作总队暂行组织大纲》，规定该队任务专为协助各地方办理难民之抢救，安置及发放救济费，抚慰及指导，儿童之救护运送及其他紧急救济事宜（第一及第二项）。三十年九月十日国民政府公布《中央卫生实验院组织条例》，其第十四条规定："中央卫生实验院于必要时……协助省、市卫生机关办理各项卫生干部人员之训练事宜。……"三十三年四月八日农林部公布《农林部派驻各省垦务导专员暂行办法》，依其规定，农林部于"每区设视导专员一人，遇有特殊情形，增设技术专员一人"（第二条）。视导专员办理下列各项工作：(一)关于公营、民营垦殖机关及团体之视察，指导与业务检讨事项；(二)关于民营垦殖团体之组织及资金贷协助事项；(三)关于可垦荒地之调查事项；(四)关于建议并协助各省、市、县垦务主管机关策动民力开垦零星荒地事项（第三条）。"技术专员商承视导专员处理有关公营、民营垦务技术事宜”（第四条）。观此规定，农林部各区视导及技术专员实居于协助省行政之地位也。又三十二年《国民政府年鉴》云：“各省农田水利工程，多……由水利委员会（行政院）于测量、设计方面加以协助。”再三十四年十二月十三日行政院公布之《肃清烟毒善后办法》规定云：“肃清烟、毒以各级地方政府为主办机关，各地驻军（案属于中央）及交通、财务、教育、卫生、社会、救济机关等（案其中可有属于中央者，至从法意言，盖尽指中央机关而言）为协助机关”（第四条）。凡此种种，皆中央行政协助省行政之例也。

（乙）监督

中央行政与地方行政均为国家行政之一部分，故各级行政必须和谐一致，然后国家行政，得保完整，整个国家行政精神，得以贯彻。因此各级行政，虽各有法定范围，不得不求互相协调联系，以维持整个国家行政之基本精神于不乱。各级行政范围之划分，或基于宪法（联邦制），或基于法律（单一制），各国互异，然协调联系之具，各国无不相同。其具为何？即宪法与中央法律是也。我国亦然。国民政府于十四年七月一日最初制定《省政府组织法》，即于第一条规定：“省政府于中国国民党指导、监督之下，受国民政府之命令，处理全省政务。”我国无成文宪法，亦无正式制度化之立宪机关，而中国国民党代表全国人民行使“革命统治权”（即我国法律主权），中国国民党之意旨即为我国宪法。又我国无民选议会，国民政府即为我国立法（兼行政）机关。故此一项规定实揭橥省行政必须合乎宪法与国家法律之原则也。十五年十一月十日《省政府组织法》第一次修正，该条改为：“省政府于中国国民党中央执行委员会及省执行委员会指导之下，受国民政府之命令，管理全省政务。”中央执行委员会为中国国民党之代表机关，而省执行委员会为该会驻省代表机关，故此项修改仍继续初次规定法意，特加具体约束耳。然省执行委员会既为中央执行委员会代表，其意志当为中央执行委员会意志，实无标列之必要，故十六年七月八日第二次修正，乃将“省执行委员会”字样删去。中国国民党与普通政党有别：普通政党可以自行决定其意志，中国国民党则奉行其总理孙先生意志，即“党义”是也。故十六年十月二十五日第三次修正，该条即改为“省置省政府，依中国国民党党义及国民政府法令综理全省政务”。惟此一修改之后，似若中央执行会立宪行为无所拘束者，故十七年四月二十七日第四次修正，又改“国民政府法令”为“中央法令”，后者实包括中国国民党所制立之法令及国民政府法令也。但中国国民党党义多关中央国策，与地方行政直接有关者仅有一《国民政府建国大纲》，由此十九年二月三日第五次修正，乃将原条文改为：“省政府依《国民政府建国大纲》及中央法令综理全省政务”，二十年三月二十三日第六次修正后此条即未再改。其实地方行政应合乎宪法及法律乃行政法中基本原则及各国行政不易之理，不必明文规定亦可。各次规定虽内容互异，省行政须以国家宪法及法律为范围，则为共同精神所在也。

不独地方行政之范围为宪法与法律，中央行政亦然，实为各国政治制度之一基本原理也。监督云者，所以使各级行政不越此范围之谓也。[43]监督之法，不外两方面。其一存于宪法及法律本身，凡行政逾越宪法及法律所定范围，则受宪法与法律自动之制裁，此种监督，可名为“法律的监督”（按今日一般学者所称立法监督及司法监督即包括其中）。[44]另一监督方式为由宪法及法律授权上级政府监督，可名为“行政的监督”。[45]各国中央行政因无上级政府，其监督当然均为法律的监督。联邦国家中，中央政府与各邦处于平等地位，各邦行政亦只受法律的监督而不受行政的监督。惟其法律的监督有两重，一为联邦宪法及中央法律，一为邦本身宪法及法律。然邦宪法及法律仍不能逾越联邦宪法及法律之范围，此一重监督，实间接的联邦法律监督也。单一国家中任何地方政府必受上级政府之行政监督，但在自由主义国家中又兼受法律监督。例如英国地方行政违反中央法律者（英国无成文宪法）法院可予以撤销，此即法律的监督也。我国省、市、县行政皆只受行政的监督，而不受法律的监督。监督省行政者为中央政府；监督县、市行政者主为省政府，中央政府亦操部分的监督。我国虽有行政法院，但人民诉讼于行政法院以前必须诉愿于上级政府，故严格言之，行政诉讼之对象为诉愿决定之上级政府，而非行为当事之政府，而行为当事政府实不受行政法院所执行之法律监督也。

我国省行政所受之唯一监督，即为中央政府之行政监督，故监督实为合作以外中央与省之一项重要关系也。兹就中央政府监督之方式及执行监督之机关分别讨论之。

（子）监督方法

一、关于人事之监督

关于人事方面中央对于省行政之监督可分：(1)任、免；(2)训练；(3)考绩；(4)弹劾；(5)奖、惩（附刑事处分）；(6)退休、抚恤及进修（福利）；(7)其他。兹分详之。

(1) 任、免

（一）普通人员——凡简任及荐任职行政人员皆由行政院会议议决后呈请国民政府任命。[46]省政府简任职人员有省政府主席、委员、厅长、秘书长及其省政府专管机关之长官，行政督察专员则由国民政府简派，派而不任者，以其为临时职务也。《省政府组织法》原规定省政府主席由委员互选，十六年十月二十五日修正后改为由国民政府就委员中指定之，省政府主席之任、免始受中央之控制，十九年二月三日修正更指定省政府主席由国民政府就委员中任命之。委员、厅长及秘书长素由《省政府组织法》规定由国民政府任命。原公布之《组织法》仅设厅长而无委员，厅长皆由国民政府任命。十五年十一月十日修正，始设省政府委员，由国民政府任命，厅长由国民政府任命委员兼任。十七年四月二十七日修正，将厅长由省政府委员兼任之规定取消，另规定厅长为简任职及“省政府各厅长之任、免得由各主管部、院及委员会呈请国民政府核准行之”。十九年二月三日乃改厅长由“行政院就省政府委员中提请国民政府任命之”。《组织法》最初只规定省政府设秘书处；十五年十一月十日修正后规定秘书处秘书由省政府自行任命；十六年七月八日修正始设秘书长；十七年四月二十七日修正规定秘书长由国民政府任命；十九年二月三日规定秘书长为简任。十九年十一月行政院制定《省政府各厅长选任规则》，其第二条规定：“行政院得将各委员履历表发交主管部、会召集审查会审查之”，则除行政院会议外，行政院主管部、会对于省政府厅长之任命尚有控制之权也。十七年六月国民政府公布《简任人员来京接受任命通则》，规定兼任主席及厅长之省政府委员应于任命之后赴京至国民政府谒见主席亲受任命，其他简任职人员暂不适用（第一条第五条第一项及第十二条），此又加重控制也。关于省政府荐任人员之任用，《省政府组织法》最初公布时曾规定："省政府得任、免荐任官吏，各厅长得任、免委任官吏。"第一次修正仍规定："省政府得任、免省内各机关荐任官吏"；第二次修正规定："省政府有任、免省属各机关荐任官吏之任、免应依省政府委员会之议决呈请国民政府核准行之"，则已受限制；至第四次修正以后省政府任、免荐任官吏之权即行删去，而归由国民政府办理矣。[47]

（二）特种人员——中央政府对于省政府若干特种人员之任、免较之普通人员，控制尤为严格，而径行任、免。例如《警察官任用条例》（国民政府二十四年十一月九日公布，二十六年六月十五日修正）第九条（该条又于三十四年四月二十七日修正）规定："简任警察官之任用由内政部呈行政院转请国民政府交铨叙部审查合格后呈请行政院转呈国民政府任命之，……"委任职警察官任机关主管或主持警察教育者由内政部送经铨叙部审查合格后任用之。《主计人员任用条例》（国民政府二十五年十月三十日公布二十六年三月九日二十八年五月三日及三十二年十二月二十二日先后修正）规定："简任职主计人员（按在省政府包括会计人员及统计人员）之任用由国民政府交铨叙部审查合格后任命之，荐任职主计人员之任用由国民政府主计处送铨叙部审查合格后呈荐之，中央机关、各省政府及院辖市政府主计机关中委任职主计人员之任用由国民政府主计处送铨叙部审查合格后委任之"（第十一条第一项）。[48]《度量衡检定员任用规程》（三十一年八月二十九日考试院公布）第六条第二项规定："各省、市、县检定员由主管厅、局遴选省、市政府委任转请经济部备案，并由省、市检定所呈报全国度量衡局备案。《人事管理条例》（国民政府三十一年九月二日公布）规定[49]："人事主管人员之任、免由铨叙部依法办理，佐理人员之任、免由各该主管人员拟请铨叙部或铨叙处依法办理"（第八条）。[50]至于以前省防军及省政府保安处官、佐均为军职，其任用实与中央军官、佐无异也。

省政府简任职人员由中央政府任、免，荐任职人员提请中央政府任、免，仅委任职人员自行任、免；而特种人员，无论简任、荐任、委任，概由中央政府任、免；则中央政府对于省政府人员之任、免，法律上控制殊为严格（虽然实际至无控制权）。不独如此，无论何种何等人员，于任命之时，尚普遍受中央两种其他管制，即考试与铨叙是也（免职之管制见后奖惩）。

（三）考试——《考试法》（二十二年二月二十三日公布，二十四年七月一日修正）第二条规定："公职候选人，任命人员及依法应领证书之专门职业或技术人员均应经考试，定其资格。"而据同法第一条之规定考试权由国民政府考试院集中行使（复依《考选委员会组织法》第一条之规定[51]，此项考试权交与该会行使）。除经考试院之委任省政府得自行办理特种考试（见前"委任行政"）及省训练机关招考学员外[52]，省政府无权考试人员。省政府简任人员及特种人员已皆由中央任、免，且简任人员亦无须经过考试，不必申论。省政府所能支配者仅一般荐任及委任人员之任用，此类人员皆受《考试法》之管辖。至于聘用人员皆专门或技术人员，派用人员属于任命人员，亦无例外。只雇员之用、革，省政府可以自由决定。

惟《考试法》虽规定各级政府公务人员须经考试定其资格，然《公务员任用法》规定各级公务员之任用并不以考试及格人员为限，故中央考试对于省政府任、免员吏并无绝对的支配权也。

实际上中央考试只有两项作用。第一，依《公务员任用法》之规定，考试及格为公务员任用之第一项资格，则各级政府对于考试及格人员自应优先任用。[53]第二，依《高等考试及格人员分发规程》（国民政府二十二年十月十七日公布，三十一年十月二十一日修正），第三条及《普通考试及格人员分发规程》（国民政府二十三年三月十七日公布）第四条第一项之规定，高等及普通考试及格人员应由铨叙部呈请考试院转呈国民政府分发各级政府任用，此项分发有强制作用。中央考试对于省政府之实际效力止于此矣。

（四）铨叙（即任用资格审查）——《公务员任用法》第七条第一项规定："简任职公务员之任用，由国民政府交铨叙机关审查合格后任命之。荐任职、委任职公务员之任用，由该主管长官送铨叙机关审察合格后分别呈荐、委任之。"《聘用派用人员管理条例》（国民政府三十三年四月二十日公布）第七条规定："聘用或派用人员，兼任本机关有官等之职务时仍应依法送铨叙机关审查合格后始得任用。""在请简、呈荐、拟委之期间，该管长官于必要时得派有相当资格之人员代理，但代理期间不得逾三个月"（《任用法》第八条）。铨叙机关审查各级任用人员之资格，并同时核定其等级（见任用审查表，又实际情形如此）。故省政府各级人员之任用，皆须经过中央铨叙，而无完全自由也。惟雇员不须铨叙，故仅雇员一级省政府可自由任用，然雇员于行政，殊无作用也。

（五）其他任、免有关事项——省政府各厅、处秘书、科长、科员之名额均由《省政府组织法》规定，省政府不得自由裁酌。技术人员及视察员之名额虽由省政府自行决定，然例须呈请行政院核准。[54]至于各专管机关官职员额皆规定于各该组织法规中，此类法规皆或由中央直接订定或由省政府拟订呈请中央核准而非省政府所可自决者也。[55]特种人员，限制尤严，例如《国民政府主计处设置各机关岁计会计统计人员条例》（国民政府三十三年一月十三日公布）规定中央及地方各机关岁计、会计、统计人员及其佐理人员之名额及等级统"由主计处按其事务之需要定之"（第三及第四条）。[56]

又法律保障全国公务人员之任期，故省政府对于属员之免除（雇员系雇用，自然例外）非依法律程序不得为之（见后"惩戒"）。

《经济部补助各省农业改进经费办法》[57]（经济部二十七年五月十八日公布，见前"补助"）第十三项规定："受补助机关之高级技术人员之依法任、免前应请本部核准。"此为省政府因接受中央财政补助而自愿接受之中央人事控制也。

（2）训练

训练可分为两种：其一为中央调集各省现任人员加以训练，使之明了行政内容及程序；其二为中央训练各项行政人员，以供省政府任用。前者可名为“行政训练”，后者可名为“任用训练”。兹分述之。

(一) 行政训练——例如二十五年三月前实业部公布《中央农业实验所与各地方农场技术合作办法》，其第二项第十款规定：“由中央农业实验所就实际需要情形分别举行各项讲习会，召集各地方农场技术人员予以短期训练，以求技术进步与统一。……”二十六年七月国民政府全国经济委员会办理公路技术人员讲习班及水利讲习班，函请各省省政府保送现任职员入班受训。[58]二十七年五月六日经济部公布《农本局合作指导室规程》，其第六条规定：“农本局为改进合作事业得呈请经济部调派各省办理合作人员并举行讲习或施以短期训练。”二十八年内政部于中央警官学校内举办警察教育讲习班，调训各省办理警察教育人员。二十七年五月教育部设立社会教育督导员训练班，并令各省、市教育厅、局保送合格人员前往受训[59]，旋又办理各省民众教育馆馆长训练班，自二十八年十二月二十五日起分期抽调各省、县、市立民众教育馆馆长及省立民众教育馆各部主任一律受训，每期训练两月，然共办几期及是否继续，均不克查考。二十九年经济部合作事业管理局(社会部成立后即改隶社会部)调训各省合作管理人员。[60]三十年七月农林部呈准行政院开办农场经营指导员训练班，选调各省农业继续人员，加以训练以为办理农场经营指导基本干部。同年十一月考试院于中央政治学校内设立人事训练班，由考试院院长兼任班长，考试院铨叙部部长及军事委员会铨叙厅厅长兼任副班长，经常召集中央及地方政府机关办理人事人员施以一个月短期训练。

以上皆系局部人员之训练，二十四年五月十六日军事委员会公布《庐山暑期训练团办法大纲》(中国国民党中央执行委员会备案)，于会内设立庐山暑期训练团，分期调集中央及各省各种行政人员施以训练。第一期为二十四年七月一日至三十一日，第二期为同年八月一日至三十一日，以后即停止。第一期规定受训人员中各省送训人员凡有：(1)赣、闽、苏、浙、皖，湘、鄂、川、豫、陕、甘、鲁、晋、冀十四省警务处长、公安科长、省会公安局长、市及特种公安局长、水上公安局、队长；(2)粤、桂、滇、黔、宁、青、新、察、绥九省民政厅科长及省会公安局长。又各省省政府委员不兼厅长者亦一律参加受训。二十七年六月十六日中国国民党中央执行委员会通过《中央训练委员会组织条例》，即成立中央训练委员会及中央训练团，办理全国党、政、军人员之行政训练，“使全国党、政、军人员实行总理遗教，服从革命领袖，发扬民族德性，锻炼健全体格，加强卫国智能，增进服务精神，养成领导群众之人格，具体组织宣传之技能，以完成抗战、建国、复兴民族之使命”（二十七年六月二十三日中国国民党中央执行委员会常务委员会通过，《中央训练委员会训练纲要》第二条）。训练委员会属于中央执行委员会，中央训练团属于训练委员会，委员会委员长及训练团主任均由中国国民党总裁兼任，分别另设主任委员及教育长实际办事。委员会职司指导筹划，训练团实施训练。其训练定为每期不得少于一个月（《纲要》第九条），实际每期皆为五星期，中央及地方各级人员皆随时调集训练，惟中央各院、部、会、署长官及次、副，各省省政府主席未曾调训，但中央长官均担任该团讲师，精神上实庐山训练团之继续也。此种普遍式之训练，政治作用实重于行政，故另称为“政治训练”，亦无不可也。但中央训练团之训练，仅党政训练班及高级班为政治训练，其余各班仍为行政训练，与前述各部、会主办者相同也。三十年九月十七日社会部制定《社会工作人员训练暂行办法》（十月二日行政院备案），规定社会部得商同中央训练委员会就中央训练团内设班或自行设所训练社会工作人员（包括各省社会处秘书、科长、视察），故中央政府各部会尚可借训练团之便利实施各项特殊行政训练也。

行政训练之目的，在增加训练人员处理本职之能力，故训练完毕回返原职或就原职升迁，实为行政训练之必要条件，否则为任用训练矣。[61]

（二）任用训练——例如四年一月二十二日前内务部公布《地方警察传习所章程》，规定该所学员“以现任警职人员或曾修警、法各学熟悉地方情形者为合格，由内务部分行各省巡按使、京兆户饬属选送，视各该地方之需要、配置之适宜，选送员额以十人以上二十人以下为限”（第三条），“……并由内务部酌选具有警察经验或中央警察学校毕业人员特送入所……”(第四条),“学员毕业后由内务部送回各该地方分配所属各处,每处组织警察模范传习所一所,即以中央毕业学员担任教授……”(第八条)。九年三月六日该部又公布《统计讲习所章程》,规定“该所学员由各省区行政长官就省、道及警察厅各公署办理统计现职人员或法政专门毕业生及委任职以上人员选送之,其名额由各该长官酌定,但一省区至少须送八员”(第二条),训练期间为六个月(第五条),毕业后“仍咨回原省区由各该区长官酌量派充各公署统计员”(第六条)。十九年一月九日前工商部公布《全国度量衡划一程序》,其第八条规定:“各省区及各特别市所需要之度、量、衡检定人员得由该政府依照《工商部全国度量衡检定人员养成所规则》第六条之规定咨送人员至养成所训练。”二十三年七月《各省保安制度改进大纲》,第十八条规定:“保安团队之官长由行营(按指南昌行营)特设教育机关训练,但由各省自设干部训练班经军事委员会核准者不在此限。……”二十五年一月三日国民政府军事委员会训令各省省政府考选大学或专门学校毕业并现任合作指导工作之人员两人至中央政治学校合作学院训练,“其未设合作指导工作人员各省即将大学毕业者选取,均须由各该省政府初试党义、国文、算学、英文各基本学科,限于本年十二月底以前……到校复试,训练一年毕业”,毕业后各返原省任职,同年八月教育部训令各省省政府教育厅云:“本部自二十五年度起,积极推行播音教育及电影教育,以利社教。兹为训练各省、市教育机关无线电收音机技术人员及教育电影放映人员,俾便实施电化教育起见,特在京开办电化教育人员训练班,分‘播音教育’与‘电影教育’两组训练,所有两组学员,概由各省、市教育厅、局选送,训练期满仍回各该省、市担任电化教育工作。……”三十年八月六日行政院核准(卫生署制定)《西北卫生干部人员训练所组织规程》,其第一条规定该所之任务为“训练公共卫生干部工作人员,以应西北各省之需要”。三十三年七月十九日国民政府公布《西北卫生实验院组织条例》,其第十三条规定:“西北卫生实验院于必要时得设立各项卫生专门人员讲习班或卫生干部人员训练所,并协助省、市卫生机关办理各项卫生干部人员之训练事宜。”凡此皆任用训练也。其规定由各省现职人员选送训练者可以视为一种“入学资格”，亦可谓含有行政训练之意也。

(3) 考绩

考绩者考核工作成绩之谓也。省政府人员之考绩，依法均由中央政府执行，或由中央政府作最后核定。考绩又分三种，即考绩、考成与考核。考绩为一般人员之考绩，考成为特殊人员之考绩，考核为特殊工作之考绩。分述如下：

(一) 考绩(一般人员之考绩)——二十八年十二月八日国民政府公布《非常时期公务员考绩暂行条例》，三十二年二月二十六日修正为《非常时期公务员考绩条例》，规定一般公务人员之考绩事宜。依其规定，考绩于每年年终举行之(第一条)，受考绩之公务员“以任现职至考绩时满一年，并于考绩核定前经依法审查合格为限，任职不满一年，得以同一机关所任审查合格之同官等职务合并计算……”(第二条)。考绩方法以工作(百分之五十)、操行、学识(各百分之二十五)决定其成绩分数(第四条)，依分数之多寡决定奖惩如下：

(一) 八十分以上者简任晋一级，荐任、委任晋二级；

(二) 七十分以上者简任给一个月俸额以内之一次奖金，荐任、委任晋一级；

(三) 六十分以上者留级；

(四) 不满六十分者降一级；

(五) 不满五十分者免职(第五条)。

“公务员考绩分初核、复核，由各机关主管长官就高级职员中指定若干人组织考绩委员会，并以一人为主席，执行初核，主管长官执行复核。但长官仅有一级，或机关在战地，不能组织考核委员会者，得径由长官考核。考核委员会执行初核，应斟酌被考绩人员直接长官之意见，比较本机关全部被考绩人员之成绩，根据平时记录及奖、惩，于考绩表评定分数，报由主管长官复核，决定奖惩。考绩表经主管长官复核后，依其官等编册密封汇送铨叙机关核定登记……”(第六条)。所谓“核定登记”，实为全部考绩最重要之部分，故等十二条径云："公务员考绩由铨叙部、省铨叙处或各省委任职公务员铨叙委托审查委员会分别办理。……"铨叙机关实可决定一切，初核及复核均不过供其参考，其对考绩分数或奖、惩有疑问时"得派员查核，或通知本机关详叙事迹或提出确实证明"(第十三条)。除分数外，平时所记大功与大过之抵销，亦须由本机关主管长官详叙意见，报请铨叙部核定(见第三条)。

(二) 考成(特殊人员之考绩)——《非常时期公务考绩条例》第十七条规定："各机关聘任、派任或准予任用人员及其他不适用本《条例》考绩之人员得由各该主管长官参照本《条例》之规定，酌予考成。"考成程序容与考绩不同，然决定之权在中央铨叙机关，定不易也。[62] 二十九年一月五日国民政府公布《各省市政绩考核暂行条例》(同年四月五日修正)，规定各省省政府主席、委员、厅长、处长等由行政院考成。行政院各部、会对主管事项每年应派高级人员前往各省(市)详细视察，并应根据该省(市)政府呈经核定之行政计划(包括中心工作、实施方案及进度表)及总概算考核其实施情形与实际效果(第二条)。每年年终各部、会即根据视察报告并各省(市)政府行政报告考核其施行成绩，呈报行政院核定分别奖、惩(第三条)。又三十四年六月十三日财政部制定《战时授权各省财政厅长处理国家财政办法》，其第十三条规定各省财政厅长战时处理国家财政由财政部按年予以考成。凡此皆考成之例也。

(三) 考核(特殊工作之考绩)——考绩与考成皆以人为对象，考核则以事为对象。但考核虽以事为对象，其效力仍加于办事之人也。又考绩与考成之关系为补缺的，即英文 Complementary：有考绩则无考成，有考成则无考绩。而考核对于考绩及考成则为补充的，即英文 Supplementary；易言之，考核之作用在补充考绩及考成之不足。虽然，使考绩办理严格，考核不独不必要，抑且增加办理考绩之困难也。二十七年八月三十一日内政部公布《各省、市国民工役工作成绩考核及奖惩办法》，其第四项第一款规定："各省、市办理国民工役主管机关工作成绩之优、劣，由内政部会同各关系部、会考核，呈报行政院奖、惩之。"三十年八月二日行政院公布

《肃清烟毒考成规则》,其第七条规定:“各级专办或兼办肃清烟、毒善后之人员由各该管长官于每年终汇报内政部举行考核、分别奖、惩,但遇特别事件由各该管长官随时报部分别奖、惩。”三十二年十二月教育部制定,《各省、市教育厅、局年度政绩考核标准及奖惩办法》,所规定亦为特别考核办法。此皆考核之例也。

就目前事实论,考绩有考绩、考成、考核三种,不论法意如何互相补缺、补充,如用统一办法办理,必多便利也。

(4) 弹劾

检发公务员之违法或失职行为谓之弹劾。依《监察院组织法》(十七年十月二十日公布,十八年九月十七日,二十一年六月二十四日及同年十月十七日,二十二年四月二十四日,二十四年三月九日,二十五年四月十四日及同年十月三十一日,二十六年一月十九日,三十年三月十九日分后修正)第一条第一项及《弹劾法》(十八年五月二十九日公布,二十一年六月二十四日修正)第二条之规定,全国公务员之弹劾悉由监察院监察委员行使之。监察委员联合抑集体弹劾,法律并无限制,但“监察委员得单独提出弹劾案”于监察院(《弹劾法》第二条)。弹劾案提出后,由提案委员以外之监察委员三人审查,经多数认为应付惩戒时,即由监察院将被弹劾人移付惩戒(第五条第一项)。审察委员由全体委员轮流担任(同条第二项)。弹劾案提付审查,经多数认为不应惩戒时应再付其他监察委员五人审查,而为最后之决定(第六条)。必要之时监察院为执行弹劾得向受弹劾人有关官署或机关调查、询问,其主管长官应为详实答复(《监察院组织法》第三条)。又公务员违法或失职之行为情节重大有急速救济之必要者监察院将该弹劾案移付惩戒机关时得通知该主管长官为急速救济之处分(《弹劾法》第十一条第一项)。“主管长官接到前项通知如不为急速救济之处分者于被弹劾人受惩戒时应负责任”(同条第二项)。

原则上弹劾由监察委员行使,然依《监察院组织法》之规定,监察院院长得遴员提请国民政府特派为监察使,任期二年,分赴各监察区内执行巡回弹劾职务(第六条第一及第四项)。[63]监察使系就监察委员以外之人员任派，但得由监察委员兼任之(同条第二项)。[64]

二十六年十二月十七日国民政府公布《非常时期监察权行使暂行办法》(二十七年八月二十七日修正)，另定辅助弹劾之两种办法，即纠举与建议。监察委员或监察使对于公务员违法或失职行为，认为应速去职或为其他急速处分时，得以书面纠举并呈报监察院院长查核：受纠举者为委任职时应于呈报院长之时另以书面通知该员主管长官或上级长官；其他公务员则由监察院院长通知，其涉及刑事或军法者并得交各该管审判机关审理(第二条)。主管长官或上级长官接收纠举书后应即决定撤职或其他处分；如认为不应处分时应据理声复；同时被纠举之公务员亦可提出答辩(第三条)。若被纠举者之主管机关或上级机关不为处分又不声复，或虽声复而无理由，则纠举案即成为弹劾案，由监察院径付惩戒机关办理，不必经过审查，则该主管机关或上级机关长连带负责(第四条)。纠举、弹劾之外，"各机关或公务员对于非常时期内应办事项有奉行不力或失当者监察委员或监察使得以书面提出建议意见，呈经监察院院长审核后送交各该主管机关或上级机关"，"主管机关接受前项建议或意见后应即为适当之计划与处置"(第五条)。惟拒绝建议或意见之制裁则未见规定(九月九日监察院公布《施行细则》，亦无规定)。

(5) 奖、惩(附刑事处分)

奖励与惩戒可分为一般与特殊两种，又一般奖惩复包含考绩奖惩及司法惩戒两项，特殊奖惩分为考绩奖惩与独立奖惩两项，兹分述之。

(一) 一般奖惩

(1) 考绩奖惩——即前述考绩与考成中之奖、惩，实为实施考绩之手段。除前述者外，《非常时期公务员考绩条例》又规定："各机关主管长官平时对于所属公务员，应就其工作、操行及学识，随时严密考核，根据确实事迹，每月详加记录，并得予以记功或记过。公务员平时记功三次者，考绩时以大功一次论，平时记过三次者，考绩时以大过一次论。有大功一次者，由本机关明令嘉奖；二次者由考试院明令嘉奖；三次者由国民政府明令嘉奖。有大过一次者减俸，二次者降级，三次者免职。公务员平时有特

殊功绩应记大功者由本机关主管长官随时详叙确实事迹，报由铨叙部核定嘉奖。……”（第三条）

(2) 司法惩戒——司法惩戒属于司法系统，规定于《公务员惩戒法》（二十年六月八日公布，二十二年六月二十七日修正第十条，二十二年十二月一日修正第三条），其适用“以荐任、委任职以上公务员或由中央及地方各公署聘任之人员为限”（二十八年十一月三十日司法院“院”字第一九四号《训令》）。依该会规定，公务员有下列情形之一者应受惩戒：（一）违法；（二）废弛职务或其他失职行为（第二条）。[65]各省省政府官员之惩戒除委任职以下者之记过或申诫得径由主管长官执行（第十二条）外，主席及委员为政务官，其惩戒由国民政府政务官惩戒委员会审议（第十条第一项）报请国民政府以命令行之（该会《处务规程》第六条；该《规程》由国民政府于二十一年十二月二十六日公布，二十二年九月三十日及三十一年一月十六日先后修正）；其他人员之惩戒简任及荐任职者由司法院公务员惩戒委员会审议（《惩戒法》第十条第一项及《公务员惩戒委员会组织法》第三条第一项，后法于二十年六月八日公布，二十二年五月二十二日、二十五年十一月六日及二十七年五月十二日先后修正）呈由司法院分别转呈国民政府或通知主管长官执行之（《惩戒法》第九条第一项）；委任职公务员由各该省地方公务员惩戒委员会审议[66]（《惩戒法》第十条第一项及《公务员惩戒委员会组织法》第五条第一项），于七日内连同决议书通知主管长官执行之（《惩戒法》第九条第二项）。[67]惩戒之提出，除委任职以下公务员得由主管长官分别径送中央或地方公务员惩戒委员会（第十一条后段）外，须由监察院弹劾后移交或由各院部会长或地方最高行政长官提送监察院审查后移交[68]（第十条第一项及第一条前段）。又《审计法》（二十七年五月三日公布）第十五条规定，“审计人员发觉各机关人员有财务上之不法或不忠于职务之行为应报告该管审计机关通知各机关长官处分之，并得由审计部呈请监察院依法移付惩戒”，故审计人员亦可向公务员移付惩戒。惩戒处分凡有下列五种：

（一）免职，并附带停止任用一年以上；

（二）降级，以一年级或二年级为限，非过两年不得叙进，无级可降者比照每级差额减俸二年；

（三）减俸，以现俸减百分之十至二十为限，其期间为一月至一年；

（四）记过，并自记过之日起一年内不得进级，一年内记过三次者应减俸；

（五）申诫，以书面或言词为之（《惩戒法》第三至第八条）。

惩戒处分非经惩戒委员审议不得执行，但"惩戒机关对于受移送之惩戒事件认为情节重大者得通知该管长官先行停止被付惩戒人之职务"；又"长官对于所属公务员……送请监察院审查或公务员惩戒委员会审议而认为情节重大者亦得依职权先行停止职务"（第十六条第一及第二项）。[69]惩戒案件有刑事嫌疑应移送法院办理（第二十二条）；又"同一行为已在刑事侦查或审判中者不得开始惩戒程序"（第二十三条）及"同一行为在惩戒程序中开始刑事诉讼程序时于刑事确定裁判前停止其惩戒程序"（第二十四条）。惟"就同一行为已为不起诉处分或免诉或无罪之宣告时仍得为惩戒处分"（第二十五条）及"同一行为虽受刑事之宣告而未褫夺公权者仍得为惩戒处分"（第二十六条）。故刑法优于惩戒法也。

关于惩戒之实际效力，三十年十二月第三次全国内政会议中河南省政府民政厅长于"改善公务员惩戒程序"提案中称："现制公务员惩戒委员会非普遍设立，而又组织简单，理事稽延，办理公务员惩戒案件，如照法定程序处理，处分书确定后，事过境迁，人事亦非，已失惩戒作用，故事实上各级主管机关或难依照办理，……"可知惩戒之效用等同于零也。

（二）特殊奖、惩

（1）考绩奖、惩——前述考绩中关于考核之各项奖、惩，可视为执行考核之手段。

（2）独立奖、惩——别于考绩奖、惩而言，为独立的监督方法，非如考绩奖、惩为执行考绩之手段，司法惩戒部分的为贯彻弹劾之手段。例如二十七年三月二十五日国民政府公布《战地守土奖、励条例》，规定战地各级文武官员（及人民）有下列事迹之一者应予奖励：

（一）尽力守土，赖以挽回危局者；

（二）构筑城墙、堡垒及其他防御工事，固守不屈，地方赖以保全者；

（三）因守土死亡者；

（四）毁家守土者；

（五）捐资或计划守土卓有成绩者；

（六）因守土受伤残废者（第一条）。

省行政人员中，省政府主席、委员及警察官员等均有守土之责也。其奖励方法上列第一至第四各款为晋级，授予官职、官衔，及建造纪念坊塔；第三及第六两款发给抚恤金及免除遗族学费；至颁给奖章及题赠匾额，各款皆可通用（第二及第四条）。“守土有特殊功勋，堪资模范者，除给奖外，并将其事迹修入国史或省、县志”（第八条）。该《条例》之中心执行机关，为国民政府军事委员会。同年六月二十七日国民政府公布《惩治贪污暂行条例》，于作战期内惩治全国军人或公务员之贪污行为，由军法机关执行。[70]二十二年十二月二日国民政府公布《颁给勋章条例》，三十年二月十二日修正为《勋章条例》，规定中华民国人民（包括各级公务人员在内）有下列勋劳之一者得授与中山勋章，由国民政府发交主管部、会授与之；襟绶勋章由国民政府递发该管长官授与之（第十条）。三十年十二月四日国民政府公布《国民政府稽勋委员会组织规程》规定勋章之授与应经该会审核（第一条），该会设委员十一至十五人，内内政部、外交部、铨叙部部长及侨务委员会委员长为当然委员，余由国民政府遴聘之（第十二条）。三十四年四月十日国民政府公布《调度司法警察条例》，依其规定，省警务处长办理司法警察事务著有成绩或有废弛职务之情形者由该管首席检查官呈请最高法院检察长或由该管高等法院院长呈请最高法院转请内政部予以奖、惩，内政部应切实办理函复（第十三条）；其他警官、警长、警士有上述情形者“该管首席检察官或法院院长得径予嘉奖、记功、记大功或申诫、记过、记大过，其废弛职务情节重大者并得函请该管长官予以撤职或其他处分”（第十一条）。除上述法规外，尚有临时以命令规定之奖、惩：例如二十七年十一月二十三日国民政府据军事委员会呈请将湖南省政府主席撤职留任;同月四日行政院准军事委员会函,训令全国行政人员不得避居沪、港及国外,违者予以撤职及永不任用处分。此皆特殊独立奖、惩之例也。

(附)刑事处分——旧《刑法》(十七年三月十日公布,同年九月一日施行)于第四章规定"渎职罪",专对公务员而设,实属广义之公务人员惩戒也。除第一百三十八条之规定纯对邮务及电务人员而设外,其余各条于省政府职员均可通用。第一百三十及第一百三十四条原则上对司法人员应用,然省警务人员及省政府人员于执行行政诉愿及处理劳资事件时亦可适用之。至第一百三十三条所称"有追诉犯罪职务之公务员"及第一百三十四条所称:"有执行刑罚职务之公务人员",警务人员亦可以适用。其他条文,皆属普遍性质,任何公务员皆可适用。《刑法》由法院执行,法院属于中央政府,故省公务渎职罪之判处及执行实为一项类似惩戒之监督也。新《刑法》(二十四年一月一日公布,同年七月一日施行)第四章亦为渎职罪,除第一百三十三条专对中央邮务及电务人员外,各条均可对省公务员应用,与旧《刑法》同。兹将各条抄录于下,以备参考:

第一百二十条　公务员不尽其应尽之责而委弃守地者处死刑、无期徒刑或十年以上有期徒刑。

第一百二十一条　公务员或仲裁人对于职务上之行为要求期约或受贿赂或其他不正利益者处七年以下有期徒刑,得并科五千元以下罚金。

犯前项之罪者所收受之贿赂没收之,如全部或一部不能没收时,追征其价额。

第一百二十二条　公务员或仲裁人对于违背职务之行为要求期约或收受贿赂或其他不正利益者处三年以上、十年以下有期徒刑,得并科七千元以下罚金。

因而违背职务之行为者,处无期徒刑,或五年以上有期徒刑,得并科一万元以下罚金。

对于公务员或仲裁人关于违背职务之行为,要求期约或交付贿赂或其他不正利益者,处三年以下有期徒刑,得并科三千元以下罚金,但自首者减轻或免除其刑，在侦查或审判中自白者得减轻其刑。

犯第一项或第二项之罪者所收受之贿赂没收之；如全部或一部不能没收时追征其价额。

第一百二十三条　于未为公务员或仲裁人时，预以职务上之行为，要求期约或收受贿赂或其他不正利益，而于为公务员或仲裁人后履行者，以公务员或仲裁人要求期约或收受贿赂或其他不正利益论。

第一百二十四条　有审判职务之公务员或仲裁人，为枉法之裁判或仲裁者，处一年以上七年以下有期徒刑。

第一百二十五条　有追诉或处罚犯罪职务之公务员为下列行为之一者处一年以上七年以下有期徒刑：

（一）滥用职权为逮捕或羁押者；

（二）意图取供而施强暴胁迫者；

（三）明知为无罪之人，而使其受追诉或处罚，或明知为有罪之人而无故不使其受追诉或处罚者。

因而致人于死者处无期徒刑或七年以上有期徒刑；致重伤者处三年以上十年以下有期徒刑。

第一百二十六条　有管收、解送或拘禁人犯职务之公务员，对于人犯施以凌虐者处一年以上、七年以下有期徒刑：

因而致人于死者，处无期徒刑或七年以上有期徒刑；致重伤者处三年以上、十年以下有期徒刑。

第一百二十七条　有执行刑罚职务之公务员违法执行或不执行刑罚者处五年以下有期徒刑。

因过失而执行不应执行之刑罚者处一年以下有期徒刑、拘役或三百元以下罚金。

第一百二十八条　公务员对于诉讼事件，明知不应受理而受理者，处三年以下有期徒刑。

第一百二十九条　公务员对于租税或其他入款，明知不应征收而征收者，处一年以上、七年以下有期徒刑，得并科七千元以下罚金。

公务员对于职务上发给之款项物品明知应发给而抑留不发克或扣者亦同。

前二项之未遂犯罚之。

第一百三十条　公务员废弛职务，酿成灾害者，处三年以上、十年以下有期徒刑。

第一百三十一条　公务员对于主管或监督之事务，直接或间接图利者，处一年以上、七年以下有期徒刑，得并科七千元以下罚金。

犯前项之罪者所得之利益没收之，如全部或一部不能没收时，追征其价额。

第一百三十二条　公务员泄漏或交付关于中华民国国防以外应秘密之文书、图画、消息或物品者，处三年以下有期徒刑。

因过失犯前项之罪者，处一年以下有期徒刑、拘役或三百元以下罚金。

非公务员因职务或业务知悉或持有第一项之文书、图画、消息或物品而泄漏或交付之者，处一年以下有期徒刑、拘役或三百元以下罚金。

第一百三十四条　公务员假借职务上之权力、机会或方法，以故意犯本章以外各罪者，加重其刑至二分之一，但因公务员之身份已特别规定其刑者，不在此限。

(6) 退休、抚恤及进修(福利)

国民政府于二十三年三月二十六日公布《公务员恤金条例》，三十二年十一月六日将该《条例》修正公布为《公务员抚恤法》，并同时公布《公务员退休法》，分别规定全国各级政府人员之抚恤及退休事宜。依《公务员恤金条例施行细则》(二十三年六月七日铨叙部公布)之规定，各种恤金之给予皆由中央铨叙机关核定，惟恤金则由该管政府之财政机关支付。依《公务员抚恤法施行细则》(三十三年二月十日考试院公布)之规定，公务员抚恤金(按分遗族年恤金与一次年恤金两种[71]，与前《恤金条例》规定者同)应由该员最后服务机关向铨叙部请领核定(第七及第九条)，并省人员恤金亦由国库支给，因省财政已并入国家财政也(参见原《细则》第十及

第十一条)。公务员之退休分声请退休与命令退休两种[72],又退休时应视情形给予年退休金或一次退休金。[73]声请退休人员之退休应经服务机关转向中央铨叙机关声请,命令退休人员由服务机关报铨叙机关办理(三十三年二月十日考试院公布《公务员退休法施行细则》第十条),其匿不通报者铨叙机关得强制办理(第十一条)。退休事件经铨叙机关审定而应给退休金者即由铨叙部核发退休金证书(第十三条);持证即可向该管政府所属之财政公库(按省政府为国库)领取退休金。故省政府人员之退休及抚恤实完全由中央办理。

三十二年六月十日国民政府公布《公务员进修及考察选送条例》,规定中央及省、市(行政院直辖市)优良公务员在同一机关继续任职满五年,最后三次考绩总分数均在八十分以上者得选送至国内或国外进修或考察(第二至第四条)。其名额"各机关考绩人员满五十者应选送一人,每多五十人得加送一人,但至多以三人为限"(第四条第二项)。"各机关选送进修、考察人员时应于考绩核定通知到达后三个月内依规定标准拟定人选并预拟研究科目或考察事项及派赴地点或国别送请铨叙部查核存记,由铨叙部汇报考试院"(第五条)。"每年应派进修、考察之总员额,派赴地点或国别、主要研究科目或考察事项由考试院会商行政院定之"(第六条第一项)。经决定派送进修在国内者由原送机关酌给费用,在国外者由原机关会同铨叙部另编预算呈请核发(第九条)。故公务员之进修亦由中央管理。

(7) 其他

除前述各节人事监督外,中央尚有其他有关人事法令,对于省政府人员具有拘束效力。例如十八年三月十一日国民政府公布《政务官请假条例》,其第五条规定:"各省、市最高政务官请假应电呈国民政府候核。……"十九年五月国民政府通令各级公务人员应学习注音符号。二十年十二月九日国民政府公布《公务员之交代条例》(二十八年十月二十一日修正),规定各级公务员之交代程序。《刑事诉讼法》(二十四年一月一日公布)第二百二十条规定:"公务员因执行职务知有犯罪嫌疑者应为告发。"二十五年十月国民政府公布《公务人员革除婚丧寿宴浪费规则》；二十七年八月十二日国民政府令，告诫全国公务人员敦行节俭。二十八年二月十七日国民政府令，严禁贪污。同年十月二十三日公布《公务员服务法》，规定公务员服务应守之规则。三十年四月二十七日农林部《补助各省农业改进经费办法》第十四项规定："以补助费经办之事业及所用之人员应受本部指定机关之监督指导。"三十一年九月二十五日国防最高委员会训令，严禁公务经商。凡此种种省行政人员均应遵从也。其他事例甚多，不胜沥举。

二　关于财政之监督

(1) 收入与支出

省财政收入与支出昔受中央控制，今更并入中央财政系统，已见前述，兹不赘。

(2) 公债

省公债昔须中央核准，今归由中央办理，亦不赘。

(3) 预算

省预算之编制及执行，昔受中央监督，今更由中央径行办理，前已论及，不加重述。

(4) 财政报告

财政报告可分两种：(一)决算；(二)其他收、支报告，兹分述之。

(一) 决算——决算为政府执行预算之报告，有清算过去及未来参考两项功用。财政部所公布《监督地方财政条例》规定(按北京政府亦定有决算办法)："省地方财政……应于每年会计年度终了时依照法定手续编制决算，报由财政部查核……"(第十条)。《监督地方财政暂行法》亦规定："省……地方财政应于每届会计年度终了后依照法定程序编制决算表册呈报国民政府行政院送交监察院及财政部查核……"(第五条)。二十一年十月中国国民党中央执行委员会政治会议通过《暂行决算章程》，并由国民政府于十二日令行，规定省政府应由财政厅编制决算呈送中央审核公布，其程序如下：省政府各机关应由自行编就上年度岁入及岁出决算于十月三十一日以前齐送财政厅（第十五条）；财政厅分别加具意见后即汇编全省岁入、岁出总决算书，于十二月三十一日以前呈送省政府（第十六条）；省政府审核后于二月二十八日以前发还财政厅，由财政厅于四月三十日以前呈由省政府转送主计处审核（第十七条）；主计处审核完竣，签注意见，于五月三十日以前呈请国民政府公布并分送政治会议及审计部备查（第十八条第一项），设有审计处之省于送主计处之前就先送审计处审定（同条第二项）。决算书应分普通会计及营业会计两部分（第二条），又再各分为岁入岁出，复再各按性质分为经常与临时两门（第三条）。二十七年八月九日国民政府公布《决算法》（尚未施行），决算之编制程序，另有改变。《决算法》规定各级政府决算应依其预算分为五种，即：（一）总决算；（二）单位决算；（三）单位决算之分决算；（四）附属单位决算；（五）附属单位决算之分决算（第三条）。分决算由主办会计人员编就，经机关长官签名盖章后分别呈送该管上级机关及审计机关；其驻有审计人员者应先送审核附注意见（第十八条）。汇编单位决算之机关接到各分决算后应即查核汇编，其有不当或错误者，并应修正；各单位决算编成后送由各级政府主计机关汇编各级政府总决算（第十九条）。总决算编成后应送审计机关为最终审定；审定时得加修正，但须通知原送机关提出答辩，其不答辩者视为同意修正（第二十及第二十一条）。总决算经最后审定后其属于中央政府、省政府及直辖市政府者即由审定机关呈送监察院转呈国民政府公布（第二十三条）。二十七年五月三日国民政府即已公布《审计法》（并同时施行），依其规定，总决算审定后应由审定机关发给核准书（第四十条），并于呈院时加具审查报告（第四十五条）。其未核准部分监察院或该级政府应分别为下列之处理：（一）应赔偿之收、支尚未执行者移送公库主管机关执行之；（二）应付惩戒之事件依法送该管机关惩处之；（三）未尽职责或效能过低应予告戒者通知其上级机关之长官（《决算法》第二十四条）。决算审查权原属于主计处，今移属于审计部矣。虽然，决算本身之性质，仍属财政报告也。

（二）其他收支报告——根据各项特别法令之规定省行政当局尚须编制决算以外种种收、支报告。例如《监督地方财政暂行法》第九条规定各省财政厅应将该省财政情形及收、支状况按月报请财政部、主计处及审计部查核。二十四年十二月二十四日国民政府军事委员会委员长电令各省省政府造送公路图表及汽车总管理处收、支状况。二十六年一月行政院公布《整理江湖沿岸农田水利办法》，其第六项规定各省、市政府就堤间公营农产每事业年度应将事业状况及收、支报告咨送内政、实业、财政三部备案。三十一年十二月行政院公布《国库统一处理各省收支暂行办法》，其第三条规定各省财政厅厅长处理各该省国库行政事务应按月编制收、支报告及工作报告，呈送财政部审核。又省政府接受中央补助者每一补助款之收、支几均须造具报告送呈补助机关查核，殆无例外。此外尚有其他例证，不克枚举。

（5）审计

北京政府即定有审计法规，皆属具文。二十七年五月三日国民政府公布《审计法》，乃重奠我国审计制度。审计之内容，凡有四项：（一）监督预算之执行；（二）核准收、支命令；（三）审核计算、决算；（四）稽查财政上之不法或不忠于职务之行为（第二条）。（一）、（二）两项为事前审计，（三）项为事后审计，皆可谓审计之本体；至（四）项则为附带于审计之监督也。各省（市）政府及其所属机关之审计，原则上由审计部分设于各该省（市）之审计处办理（第五条），未设审计处者由审计部直接办理或指定就近之审计处办理之（第七条）。现在省（市）审计处，计有（二十四年设立者）江苏、浙江、湖北、（上海），（三十五年设立者）陕西、河南、广东，（二十七年设立者）湖南、贵州、四川，（三十年设立者）福建、江西、广西，（二十一年设立者）甘肃、安徽，（三十二年设立者）云南，凡十五（六）处。兹将各项审计事务分述如下：

（一）监督预算之执行——各机关分配预算执行之前应送审计机关审查是否与法定预算相符；如有不符时审计机关应纠正之；分配预算有变

更时应另行送审(第二十九条)。又依该法《施行细则》(二十七年七月二十三日国民政府备案)第十八条之规定,“各机关对分配预算为一部或全部之变更有不合程序或与《预算法》不符时审计机关(亦)应纠正之”。

(二)核定收、支命令——“财政机关发放各项经费之支付书应送审计机关核签,非经核签,公库不得付款或转账”(第三十条)。“各机关收支凭证应连同其他证件送驻公库或驻各机关之审计人员核签,非经核签,不得收、付款项;但未驻有审计人员者不在此限”(第三十一条)。“审计机关或审计人员核签支付书收支凭证发现与预算或其他有关审计法令不符时应拒绝之”(第三十二条);但拒绝签许支付书时审计机关应将其事由分别通知发款机关与领款机关(或领款人),派驻各机关之审计人员拒绝签收、支凭证时除如上通知外并应即时报告该管审计机关(《施行细则》第二十二条)。上项核签或拒绝“除有不得已之事由外”,应自收受之日起两日内决定之(《审计法》第三十三条);其有不得已之事故者应于上项限期内通知请核者(《施行细则》第二十三条)。除正式支付书及收、支凭证外,“财政机关因《预算法》第六十八条各款[74]所列情事得以暂付款支付书送请审计机关核签,在非常预算未成立前其责任由财政机关负之”(《施行细则》第十九条)。“各机关因重大灾变或紧急工程得以暂付款支付书凭证送请驻在审计人员核签在支付法案未成立前其责任由该机关负之”(第二十条)。“又各机关得以暂收款收入凭证送请审计机关核签,在收入法案未成立前其责任由各机关负之”(第二十一条)。惟前两条所称,支出法案与“收入法案”实与我国预算制度不合;我国预算程序中岁入与岁出始终合并处理,非如英、美等国支出与收入分案议立;条文所云,盖准外国制度而言也。

(三)审核计算决算——计算即决算以外各项财政或会计报告。《审计法》规定审计人员及审计机关审查各机关决算,报告应注意下列事项:(一)违法或失职或不当情事之有无;(二)预算数之超过或剩余;(三)施政计划、事业计划或营业计划已成与未成之程序;(四)经济与不经济之程度;(五)施政效能或营业效能之程度及与同类机关或营业之比较等等(第二十二条)。至审计机关审查各级政府编造之年度总决算时应特别注意下列各事项:(一)岁入、岁出是否与预算相符,如不相符其原因;(二)岁入、岁出是否平衡,如不平衡其原因;(三)岁入是否与国民经济能力相适应;(四)岁出是否与国家施政方针相适应;(五)各方所拨关于岁入、岁出应行改善之意见(第二十六条)。所谓注意者实即审计机关及审计人员核准决策、计算之权限也,核准已否之法律效果则为对于机关之制裁(见后节及前决算)。

(四) 稽核财务上不法或不忠于职务之行为——"审计人员发觉各机关人员(按当不论事前、事后)有财务上之不法或不忠于职务之行为应报该管审计机关通知各机关长官处分之,兼得由审计部呈请监察院依法移付惩戒"(第十五条)。"审计人员对于前条情事认为有紧急处分之必要者应立即报告该管审计机关通知该机关长官从速执行之"(第十六条第一项),"该机关长官接到前项通知不为紧急处分时应连带负责"(同条第二项)。

上述为一般审计情形。三十二年十月十四日国民政府又公布《公有营业及公营事业机关审计条例》,对于公有营业及公营事业机关另定审计程序,惟其办法大体上仍与《审计法》之规定相同,名为特殊审计亦可。此外,《审计法》规定:"审计人员为行使职权向各机关查阅簿籍凭证或其他文件,或检查现金、财物时,各该主管人员不得隐匿、拒绝;遇有疑问,应为详实之答复"(第十二条第一项);否则,"审计人员应将其事实报告该管审计机关通知各该机关长官予以处分或呈请监察院核办"(同条第二项)。"对于审计机关通知处分之案件各机关有延压或处分不当情事审计机关应查催或质询之,各该机关应为负责之答复"(第十九条第一项);"审计机关于前项答复仍认为不当时得由审计部呈请监察院核办"(同条第二项)。此为贯彻审计之手段,亦为附带于审计行为之监督行为也。

三 关于直接行政之监督

中央政府对于省政府直接行政监督可分为八项:(一)核准及备案;

(二)报告;(三)指示及请示;(四)视察、考查、调查;(五)常驻监督;(六)停止或撤销省政府命令、处分;(七)裁定;(八)示范。兹分论之。

(1) 核准及备案

省政府行政行为有时须中央同意方能成立。中央同意有时得于行为之先,有时得于行为之后。如无特别注明,大抵事先行同意称核准或核定,事后同意称备案或备查,然无确切之界线可资分办。[75]同意之对象或为一种行政行为,或为一项行政计划,但行政行为之同意亦即行政行为之事先同意也。同意之形式,或就一种处分为之,或就一种计划,或方案为之,或就一种单行条例、规程为之。最后一种形式,已于讨论省政府命令权时述及,兹就前两种形式说明之。二十三年一月二十一日行政院据内政部呈训令各省(市)政府依照中央各部会办法一律就每一会计年度造拟行政计划,于年度开始前一个月呈送审核,并自二十三年七月一日起施行。二十四年六月军事委员会委员长南昌行营规定,豫、鄂、皖、赣、闽五省省政府应自二十五年三月起每三月造具"建设中心工作计划"一次报请核定(二十五年八月八日行政院训令,此项计划改呈报行政院)。同年十一月行政院公布《公营铁道条例》,其第四条规定公营铁道之兴筑应将以下各项图说送请铁道部(按二十七年一月一日以后为交通部)核准转呈行政院备案后方可兴办:(一)铁道名称及建筑理由计划书;(二)路线预测图及说明书;(三)路线经济状况说明书;(四)建筑费用概算书;(五)行车动力之种类;(六)营业收支概算书;(七)管理机关之组织;(八)资本总额及款项来源或筹募计划。第六条规定:"公营铁道如由地方政府借款、发行库券或募集公债(按三十一年度以后省政府无此权)应将该项债款性质、债额利率、募集与偿还方法以及其他条件送请铁道、财政两部查核,会同转呈国民政府核准。"第七条规定公营铁道之筹备应依限将以下各类图说送铁道部核准备案:(一)路线实测平面剖图及说明书;(二)各项工程及机车车辆图式说明书;(三)建筑用费预算书;(四)开工、竣工时期及分段施工计划;(五)资本总数,已收款数及其余续收期限;(六)管理组织之系统及规程;(七)高级职员姓名及其资历。第十条规定:"公营铁道如因延长路线或扩充、改良须增加资本时应将理由及筹款计划送请铁道部核准呈行政院备案，如须募债时并应依第六条之规定办理。”第十一条规定：公营铁道职员有任用外国人员之必要时应将所拟合同草案送请铁道部核准方得签订。第三十二条规定全路工程因不可抗力或其他正当理由不能于铁道部核定期间完工须延长期限时应声请铁道部核准。第三十二条规定："公营铁道如变更组织、更改路线、租借营业、低押财产、移转管理权或宣告停办均应先呈铁道部核准。”依《禁烟禁毒实施规程》第二十一条之规定，分期禁种特许牌之式样及其登记办法由各省省政府拟定呈请禁烟总监察核。二十五年七月二十五日行政院公布《各级警察机关编制纲要》，其第十项规定各省省会警察局、分局及分驻所或派出所之设置及裁并均应呈报内政部备案。二十六年一月行政院公布《整理江湖沿岸农田水利办法》，其第五项规定各省(市)政府就堤间经营公营农场应先调查其区域内佃农与自耕农之户数及公私熟地与荒地，将以下各端拟具详细计划咨送内政、实业(按二十七年一月一日以后为经济)、财政三部核饬备案施行：(一)农场范围，(二)管理区域，(三)经营事业及进行步骤，(四)农民编制及待遇，(五)水利建设，(六)编余农民之安插，(七)预算，(八)收益分配及其他应报事项。二十八年九月二十一日中国国民党中央执行委员会常务委员会通过《中央训练委员会统一各地训练机关办法》(同年十月十六日国民政府令行)其第三项规定全国党、政、军机关筹办各种训练时应将下列各项报请中央训练委员会核准、备案后方能开始办理：(一)训练机关名称，(二)主管机关及筹备员姓名、资历，(三)设置地点，(四)训练性质，(五)训练期间，(六)教育计划，(七)经费预算及其来源，(八)受训人员名额、选调及待遇办法。二十九年八月七日财政部公布《非常时期管理银行暂行办法》，其第二条第二项规定："银行非呈奉财政部特准不得买、卖外汇”。《非常时期省营贸易监理规则》(三十年五月十八日行政院公布)规定："各省政府举办省营贸易应拟具计划连同业务范围、资本来源报经济部查核许可”(第四条第一项)，其“业务范围与他部、会、署、局有关者由经济部会商之”(同条第二项)。《省营工业矿业监理规则》(三十年七月二十三日行政院公布)第六条规定:“省营工业、矿业由省政府先拟定组织章程、事业计划咨请经济部会商财政部及其他有关机关核定;其章程、计划有重大变更时亦同。……”又第七条第二项规定:“省营工业、矿业,非专案呈请经经济部核准,不得专利。”凡此皆中央核准与备案之例也。其他甚多,不胜枚举。

(2) 报告

省行政内容常须定期报告中央政府查考。严格言之,报告本身并非监督,因报告本身对于所报告之事项不能影响或具有任何法律效果。然因报告之存在,省行政当局对于所报告之行政事项于处理之时不得不善加注意。故从实际之观点,报告可视为一种监督也。或谓核准、备案、报告构成一种等差级次——核准为事先请求同意,备案为事后请求追认、报告为事后通知,实非通论也。非独理论上三者不能视为同一性质之等差级次,事实上亦不然;因若依其说则经过核准及备案之事项当无须报告,而事实非如此也。报告可分为一般报告及特殊报告两种,前者为就一切省行政而作之报告,后者为某种行政而作之报告。兹分别说明之。

(一) 一般报告——十六年七月八日修正公布之《省政府组织法》于第十条规定:“省政府于每月终须将施政情形报告政治会议及国民政府”。同年十月二十五日《省政府组织法》再修正,复于第十六条规定:“省政府于每月月终须将施政情形报告国民政府”。以后历次修正虽将此项规定删去,然各省省政府每月仍须将施政成绩报告行政院。顾每月报告,事实上各省难以遵办,行政院乃于三十一年六月以“顺一”字第一二七四一号训令规定各省省政府每三月编造工作报告一次,于每年三月、六月及九月终办理,其年终一次免造(见下)。同年九月又训令规定每期——一至三、四至六、七至九、十至十二月——工作报告于终了后一个月内呈报,并将有关法规附录。分期报告之外,即为年度报告。年度报告原为行政总报告,由省政府于每年度终了后将全年度一切行政总成绩报告于行政院。二十九年九月七日中国国民党中央执行委员会通过《党政工作考核委员会组织大纲》,其第十八条规定:“中央及各省、市党、政机关工作实施报告应于每年年终呈送国防最高委员会发交本会考核。”然各省省政府不能与国防最高委员会直接行文而须由行政院转呈，故有此规定之后，行政院接收各省行政总报告后只须再转报该会一次，省政府之报告工作，实无改变。三十年六月二十五日国民政府公布国防最高委员会通过之《党政工作考核办法》，依该《办法》之规定，省政府应于每年度终了后造具年度政绩比较表，于一年度终了后一个月内报告行政院转国防最高委员会党政工作考核委员会查核。故省政府每年将中央报告者有行政或工作报告及政绩比较表两种。又依该《办法》之规定，省政府主席更换或省政府委员有重大更调时，省政府尚须造具政绩交代比较表，惟事实上无办理者。

（二）特殊报告——各种特殊报告甚多。例如《公营铁道条例》第九条规定：“公营铁道于筹备及工程时期应将进行状况及经济情形每月呈报铁道部查核，在营业时期应将营业状况及改进计划每三个月呈报铁道部查核。”《非常时期管理银行暂行办法》第十条规定：“银行每旬应造具存款、放款、汇款报告表呈送财政部查核。……”《经济部管理煤炭业办法大纲》第二条规定地方政府设置之煤炭业管理机关应将工作情形按月具报。三十年三月十五日农林部公布《各省粮食增产工作报告暂行办法》，规定各省省政府应责成各该省粮食增产总督导及副总督导将粮食增产工作按月编具工作月报，送由粮食增产委员会转呈该部查核（按该委员会及各省督导均经三十四年三月九日行政院会议议决撤裁）。同年四月二十七日该部公布《各省农业改进机关编造工作报告简则》，规定：“各省立农业改进机关应依照呈准本部备案之工作计划于每年四月、八月及十二月各编具工作报告，分别呈送主管机关及本部审核”（第三项）。《省营工业矿业监理规则》第十条规定：“省营工业矿业每年度终了应造具业务报告，连同资产负债表、损益计算书由省政府咨送经济部会商财政部及其他有关机关审核。”《地方金融机关办理小工业贷款通则》第十八条规定：“各地方金融机关……按月办理贷款情形应呈由省政府转报财政、经济两部备查。”其他特殊报告之规定，不胜枚举。

工作报告自以详实为贵，惟实际每多官式文章，含混其词，殊失报告意义。因此《党政工作考核办法》规定:“各级机关工作报告应注意统计数字,并应从数字中切实表示其工作之进度”(第九条),此项规定,实至重要也。

(3) 指示及请示[76]

中央政府对于省政府之性质、内容、方法、程序等常予指示,省行政当局亦每请求中央政府予以指示,其方式如下:

(一) 解释法令——依《司法院组织法》第三条之规定[77],司法院掌全国法令之解释,故省政府于执行法令有疑义时应向司法院请示。然司法院解释全国法令系就最后归宿而言,通常省政府自动请求解释者均与司法有关之法令方请求司法院解释,其他法令则多请求有关之其他院、部、会、署解释。至省政府本身所制立之单行条例、规程等,向无请求中央解释者。

中央不基于请求亦可自动为法令之解释,其情形亦分两种。司法院可对任何法令予以解释,惟须于处理行政诉讼或其他案件时办理,而不能纯粹出于自动,此虽无明文规定,盖按诸一般司法惯例不能不如此也。其他中央机关只能就主管之法令为解释,但可纯粹出于自动。

所解释或属内容,或属方法,或属性质,或属程序,盖无不可也。

(二) 颁发行政规则——中央颁发之各种行政规则有增减或改变公务本身者,亦有只规定执行公务程序或方法者。前者属于行政本体,后者则为监督。

(三) 制定各种表式——中央制定之各种表式有时属于行政之内容,有时属于行政之方法,其属于方法者亦为一种监督。

(四) 一般指示——中央所为之一般指示或属于行政之内容,或属于行政之程序及方法,后者亦属于监督。

指示及请示实为日常例行公事,其处理即以训令、指示、咨、函、电、代电等为之,故无庸举例。

(4) 视察、考查、调查

中央政府为明了省行政起见,常派员至省政府视察、考查、或调查。视察、考查、调查与报告同,性质上并非监督而具有监督之效力,实际上可视为一种监督。或严格言之，报告与视察考查、调查为辅助监督，盖二者只可备为其他监督之资料，而又不完全为其他监督之资料，其本身亦能发生实际上之监督力量也。[78]视察、考查、调查可分为一般的与特殊的两种，前者以全部省行政为对象，后者以某一项或某类项省行政为对象，兹分论之。

（一）一般视察、考查、调查——二十三年四月国民政府公布《国民政府特派大员巡视地方暂行规则》，规定特派大员巡视地方，其任务如下：（一）宣达中央政策；（二）促进地方自治；（三）视察行政、考询政绩；（四）博访舆情、问民疾苦；（五）处理特别交办之政治事项（第二条），虽以视察为主尚附有其他目的也。特派大员以资望隆重之中央实职人员充任（第三条），由行政院院长提请国民政府特派之，其巡视区域临时规定（第四条）。“特派大员为行使职权得向巡视区域内各官署及其他公立机关调阅档案册籍，遇有疑问事项得随时查询”（第九条）。“特别大员所至地方遇有人民申诉痛苦及呈控官吏情事时得将其书状分别通知主管机关核办，但不批答”（第十条）。其“所至地方发现公务员有违法失职之行为认为情节重大须急速救济者得分别通知该管长官予以急速救急之处分”（第十一条）；其“发现重大事故认为紧急处分者得随时开明事由附呈处理意见密呈行政院院长核办”（第十二条）。惟此类大员实际派出几次，人数及地域如何均无查考。二十五年三月二十七日行政院另颁《行政院派员视察地方暂行章程》，规定所派视察人员之任务为：（一）宣达行政院施政方针，视察各级地方政府行政；（二）视察行政督察专员办事情形；（三）考询各项人员政绩；（四）调查国民生计及其经济状况；（五）处理特别交办之政治或经济事项（第二条）。视查人员由行政院院长就院内高级职员派充（第三条）。其进行职务得向各级地方机关调阅案卷，以资参考（第五条）。其实察派遣情形亦无考。二十六年十二月十七日国民政府公布《非常时期监察权行使办法》（二十七年八月二十七日修正），其第六条规定：“监察院为依本《办法》行使职务得使用特别调查证，随时指派监察委员、监察使或调查专员持证视察各机关及公立团体，并调查其档案册籍及其他文件，各该机关团体不得拒绝。”旋即“迭派监察委员多人，分赴四川、贵州两省视察，对兵役、粮食、交通、防空、难民、伤兵、捐税、生产建设、战时教育等，逐一视察。三十年十二月，又令监察委员×××赴山东视察。三十一年七月间派监察委员××、科长×××视察西康政治、宗教、地方建设及富源开发情形……”(三十二年七月，《国民政府年鉴》)。监察院虽非行政机关，然上述视察事项则纯属行政事务。又监察院虽非行政机关，其监察之对象实为各级政府一切机关，故其视察有其监察权(弹劾、纠举、建议、审计)为后盾而可成为一种辅助监督。若立法院派员至地方政府考察[79]，除供立法参考外，则别无监督作用(立法为公务本身性质或内容上之问题，非监督问题)。[80]除监察委员外，三十年九月监察院院长亦赴甘、陕、青、宁四省视察。又除各县视察外，二十九年十月监察院制定《监察院战区巡察团组织规程》，并成立战区巡察团第一团及第二团，分别巡察长江以南及长江以北之战区。依其《规程》之规定。每巡察团由监察委员三人组成，巡察区内之监察使并为当然委员，由监察院于委员之中指定一人为主任委员。其任务除视察一般行政外，并得接受人民控告公务员之书状，及指挥当地所驻宪兵及警察，此附带的监督也(指挥警察就公务之性质言已非省行政，就中央与地方之关系言为地方协助中央)。巡察团至今仍存在。行政院前定派员视察地方办法，抗战之后似已停止，二十九年一月二十五日乃公布《行政院政务视察团规程》，重建另一视察制度。依该《规程》之规定，行政院政务巡视团为常设机关(第一条)，设委员十五人至二十一人，由行政院指派大员及聘请学识经验丰富之人员充任(第三条)。其职务如下:(一)考核各种计划实施之进度;(二)检验各种工作报告之成绩;(三)考核预算之执行;(四)督导各省行政及建设之设施;(五)指导新县之实施;(六)促进地方自治之推行;(七)调查各种法令实施之利、弊;(八)考核中央各机关派驻各省办事人员之成绩;(九)其他交办事项;亦不独视察考查调查而已也。该团分为三组至五组，每组设主任一人，由行政院指定委员兼任(第四条)，分赴全国各地巡视，为期每年至少两月(第五条)。巡视之时得由行政院商请监察院及中国国民党中央党部派员参加(第三条第二项)。巡视委员得请组主任通知调阅各机关案卷(第七条)，其有紧急事件应随时电请行政院核办(第六条)。同年五月行政院即成三巡视组，分赴湘、赣、闽、桂、粤五省，西北各省及西南各省巡视。三十年八月又成立康、青巡视组。惟三十年六月二十五日国防最高委员会即通过《党政工作考核办法》，其第十条规定国防最高委员会党政工作考核委员会考核中央及地方行政机关得组织考察团每年至少考察一次，考察团得由中央设计局(属于中国国民党中央执行委员会国防最高委员会)派员参加。同年九月该会即成立滇、黔、甘、宁、青及陕、豫、晋、鄂三考查团，其后每年均派考察专员分驻各省考察。此外，该会委员亦可出外考察，例如三十二年一月有委员一人出发考察滇、黔、粤、桂、湘、赣六省政务及中国国民党党务。自该项视察实施后，行政院巡视团即未再派委员视察。以上所述一般行政之视察、考查、调查均具有相当之制度性，此外尚有其他临时视察，例如三十年十月国民政府军事委员会战地党政委员会组织战地党政工作视察团三团分赴各战区视察。

(二) 特殊视察、考查、调查——特殊视察、考查、调查由中央主管机关为之。前述一般行政之视察、考查、调查仅党政工作考核委员会为专办机关，其余人员均非专负此责之人员。然行政院所属各部、会、署及直属机关多设有视察人员，专负视查之责。例如内政部有视察十人至十六人，财政部有视察六人至十人，教育部有督学四人至六人，粮食部有督察四人至六人、视察十六人至二十人，卫生署有视察三人，地政署有视察三人至五人，社会部合作事业管理局有视察八人至十二人，社会部劳动局有视导六人至十人等等。此类视察人员，除视察中央本身行政外，对于主管之省行政亦可视察。但特殊视察虽有专办人员，然并非限以此类人员执行视察考查等事务也。

《各省市政绩考成暂行条例》第二条云：“行政院各部、会对于其主管事项每年应派高级人员前往各省、市详细视察，并应根据该省、市政府呈经核定之行政计划(包括中心工作，实施方案及进度表)及总概算考核其实施情形与实际效果”，此项规定，可谓规定的视察。惟其余特殊视察考查等则殊少规定也。兹举数例以明之。《振济委员会组织法》第九条规定该会委员应轮流分往各地视察。《公营铁道条例》第三十三要规定：“铁道部得随时派员公营铁道调查工程、材料、营业、运输、会计、财产实况及各项情形。公营铁道应予以调查上之一切便利。遇必要时并得检阅有关文件账册；如认为办理不善铁道部得随时纠正之。”《经济部全国度量衡局组织条例》第十六条规定：“全国度量衡局应分期派员至各省各直隶于行政院之市及各县、市视察度量衡状况。”《非常时期管理银行暂行办法》第十一条规定：“财政部得随时派员检查银行账册、簿籍、库存状况及其他有关文件。”以上规定皆纯属视察方面。《财政部监督地方财政条例》第六条规定：“本部于省地方及特别市之公共企业有调验资本清查指示之责。……”《监察院组织法》第三条规定：“监察院为行使职权向各官署及其他公立机关查询或调查档案、册籍遇有疑问时该主管人员应负责为详实之答复。”此以调查为主之规定也。然中央官署对于主管地方行政不依特殊法令之规定亦可进行视察、考查、调查，并较法令有规定者更为普通。例如二十八年三月内政部派禁烟委员会委员一人视察湘、鄂两省禁烟实施情形，既而又组织川康滇黔陕甘闽七省查禁种烟督察团。次年九月该部复派员分赴四川、福建、湖南、江西、湖北、河南、广东、广西、安徽、绥远各省视察禁烟，并组织康滇黔陕甘五省禁烟督察团，同年十月又成立湖南禁烟检查团，三十年九月成立河南禁烟检查团，三十一年二月，成立川康滇黔区烟毒检查团。二十九年十月交通部长视察陕、豫两省。三十年一月教育部组织滇黔教育视察团，十一月组织滇黔职教视察团。同年七月内政部政务次长出发视察陕、甘、宁、青、川、康、豫、鄂八省，三十二年十一月又出发视察赣、闽、湘、桂、黔、浙、粤七省。三十一年二月行政院水利委员会技正一人及四行联合办事处专员一人同视察考查云南水利。同时经济部政务次长视察云南工、矿行政。同年十二月农林部长赴陕、甘、青三省视察。三十三年十月前行政院国家动员会议，成立三组分往各地调查考查物价管制情形，第一组赴陕、甘、宁等省，第二组赴黔、滇两省，第三组赴四川省之成都市、自贡市等地。同年十月中国国民党中央执行委员会训练委员会派专门委员一人视察陕、甘二省训练机关。其他事例，多不胜举。

一般行政之视察、考查、调查常与各项特殊行政视察、考查、调查同时举行，因此二者之间诸多冲突。又现今各项视察、考查、调查实过频繁，致地方政府难以应接，对于地方行政不无影响。再视察、调查多属敷衍，有名无实；有时中央官员冗多，闲散无事者则给以名义派赴地方视察，原亦未存心视察也。此皆应切实改正者也。

(5) 常驻监督

中央政府对于省各项特殊行政可派员常驻于各该行政区域或行政机关或组织，以便直接指挥、监督。此种监督方式可名为“常驻监督”。我国常驻监督，为最古监督之一。周天子派诸侯监国，可称最早之常驻监督，殆与我国地方行政之本身同时产生。秦一天下，国体由封建而始为单一，于各郡置监御史，亦常驻监督也。其后历代地方行政之监督侧重监司，而常驻监督遂罢。惟宋代一度恢复，艺祖惩于五代藩镇权重不制，乾德五年诏于诸州置“通判”(或称“同判”)。凡太守文移奏牍，必须通判副署(时称“通署”或“同署”)方有效力，此监司制兴起后常驻监督之第一次尝试也。然未几通判权力卒不能行使，遂委以茶、盐、香、矾诸项行政，而成为太守之僚属。自此以后，经我国帝政时代不见常驻监督。故常驻监督与监司不能并存，殆我国三千年地方行政史所证明之定律也。[81] 民国肇造，省为最高行政区域，省之上无监司代表中央政府管辖，因此常驻监督余烬复燃。然北京政府时代各省军阀割据，中央最低限度之监督尚不克实施，常驻监督，自无待论。国民政府成立，表面上完成统一，实际上亦能支配若干省区，常驻监督乃告复活。

十七年六月二十八日前农矿部公布《国民政府农矿部设立各矿局公司督办监督条例》，规定：“国民政府农矿部对于各矿局公司(按省办者当包括在内)认为必要时得设置督办或监督一员，常川驻在各矿局、公司处理各项事务”(第一条)。“督办监督由国民政府农矿部长派充，或由农矿部长呈请国民政府简派之”(第二条)。督办或监督执掌事项如下：(一)清查账目、财产；(二)厘定逆股、商股；(三)登记股本；(四)处理官股；(五)审核外资；(六)工程设计及改良；(七)考核营业；(八)管理运输；(九)征收矿税；(十)扩充业务；(十一)发展用途；(十二)其他农矿部长交办事项(第四条)。除办上述各项事务之外,"督办或监督对于各矿局、公司原设有长官之名义与职权得呈请农矿部长核定保留、更换或撤废之"(第六条);……对于各矿局,公司应行兴革事项应条举意见呈明农矿部长核定施行"(第十二条)。此种办法,实极端的常驻监督也。十八年二月一日国民政府核准《财政特派员暂行章程》,其第四条规定:"财政特派员于财政部主管事务范围内对于各地方行政长官之命令或处分认为有不合时得随时呈请财政部核办。"财政特派员所职司之事务尚多,然就此一规定而言,实为常驻监督也。二十六年三月国民政府"为督促、考核、推行禁政起见,依据《国民政府军事委员会禁烟总会组织规程》第七条之规定,由禁烟总监遴派禁烟特派员常驻各省、市"(《各省市禁烟特派员公署组织规程》第一条),其职权至为隆重。"地方禁烟机关在禁烟禁毒法规内所规定应办禁烟、禁毒事项及禁烟总监饬办事件或其他应行举办之禁政,特派员均应随时督促进行,并考核其成绩,呈报查核"(第五条)。"省市政府发布关于禁烟、禁毒命令,公告应由特派员会衡副署;特派员亦得自行发布署令、公告"(第六条)。"各省、市、县禁烟、戒烟机关应造具之禁烟、禁毒统计表,均照规定期限送由特派员公署依照定式汇造总表如期报核;各机关如逾期不报,特派员得径行催报或派员前往督促"(第九条)。二十七年八月三十一日交通部代电咨行各省省政府云:"本部为明了各省公路设施情形并便督促协助起见……规定派员分驻各省办理督察事宜。……本部《管理各省公路工程通则》,前经行政院核准通饬施行,……行查该项《通则》第二条规定,动支本部所发工款,须经本部派驻各区之公路特派员或督察工程司核明。……"特派员与督察工程司,即为驻各省之人员。同年三月十七日该部曾公布《交通部公路总管理处督察公路暂行办法》,依其第三条之规定,督察工程司所司事务如下:(一)公路工程之督促;(二)公路工程设施之考核,或协助规划;(三)督造公路工程请发工款之审核;(四)区内公路工程进展及已造公路交通状况之视察与报告;(五)区内有关车辆与交通工具调整之商洽;(六)其他有关公路方面接洽联络及临时由部交办事项。[82]特派员职务不详,惟与此当不远也。二十八年五月财政部根据全国第二次金融会议之决议公布《省地方银行监理官章程》，规定财政部于每一省银行及重要机关银行内置监理员一人（第一条），办理下列各项事务：（一）监督业务；（二）检查资产及负责状况；（三）审核发行或领用一元券辅币券之数目；（四）检查上项发行或领用之标准金；（五）审核一元券，辅币券之以新换旧；（六）监督已印未发之一元券、辅币券是否照章运用；（七）财政部命令办理之事项（第二条）。“监理员得随时向银行主管人员查询一切情形，并得检查一切簿据文件”（第三条）；“其对于所监理之银行认为有违背法令及章程或其行为有害公益时应从速密呈财政部核办”（第六条）。三十一年七月二十四日财政部复将该章程修正为《财政部派驻银行监理员规程》公布实施，该《规程》规定：“财政部为实施金融政策加强管制全国银行业务，除于重要都市设置银行监理官办公处外，特于省地方银行及重要商业银行设置派驻银行监理员”（第一条）。驻行监理员之任务如下：（一）审核驻在行放款业务；（二）考查驻在行放款用途；（三）审核驻在行日计表及存款、汇兑等表报；（四）督促驻在行提缴普通存款准备金及储蓄存款保证准备；（五）检查驻在行账册、簿籍、仓库库存及其他有关文件；（六）报告驻在行业务状况并陈述改革意见；（七）向财政部建议金融应兴、应革事项；（八）其他部令饬办事项（第二条）。驻省地方银行监理员除上列各项事务之外并办理下列各项事务：（一）审核发行或领用一元券、辅币券数目；（二）检查发行或领用一元券辅币券准备金；（三）审核关于一元券、辅币券以新换旧事项；（四）封存及保管已印未发之一元券、辅币券暨印版□记；（五）监督领用一元券、辅币券是否照章运用；（六）监督信托部受政府委托办理之业务（第三条）。“驻行监理员应遵照修正《非常时期管理银行办法》及其他管制金融法令对驻在行业务严密监督，如查有违反法令情事应立即密报财政部核办”（第四条）。“驻行监理员为执行职务时得临时向驻在行主管人员查询一切情形，如有藉故拒绝或诿延情事应密报财政部核办”（第五条）。“驻省地方银行监理员对于驻在行发行或领用一元券、辅币券交存准备金数目如查与法定不符，或其发行总额超过财政部核准数目，或领用一元券、辅币券运用不合定章，或委办事务轶出委托范围时应即报部查核”（第六条）。“驻行监理员审核驻在行账表后对于该行应为必要之书面指示”（第七条）。“驻行监理员得列席所在行之董、监事会议”（第十六条）。关于重要城市之银行监理官办公处之设置，同年一月财政部即已成立重庆、昆明、内江、宜宾、成都、万县、兰州、西安、洛阳、贵阳、衡阳、桂林、曲江、吉安、屯西、永安、西昌十七区银行监理官办公处，六月二日行政院通过《银行监理官办公处组织规程》。依该规程之规定，银行监理官之职掌如下：（一）事前审核管辖区内银行、钱庄放款业务；（二）事后抽查管辖区内银行、钱庄放款用途；（三）查核管辖区内银行、钱庄日记表及存款、汇兑等表；（四）督促管辖区内银行、钱庄提缴普通存款准备金及储蓄存款保证准备金；（五）检查管辖区内银行、钱庄账目并会同主管官署检查银行钱庄借款厂商之账目；（六）报告管辖区内银行、钱庄业务状况；（七）调查、报告管辖区内金融、经济状况；（八）向部建议金融应兴、应革事项；（九）其他部令饬办事项（第二条），大体仍与驻行监理员职务相同，惟不若其直接。未沦陷各省地方银行及重要商业银行几均在十七监理区域之内，故事实上只有监理官而无监理员。各监理官法定职权虽大，事实上一项不能行使，成为一种赘疣机关，故三十四年三月九日行政院会议议决概予裁撤，其职权移交中央银行行使。二十八年九月一日行政院核定《垦务总局组织规程》，其第六条规定：“垦务总局对于省政府主办之垦区得派员协助指导。”二十九年十月十九日财政部咨贵州省政府为调派该部“驻贵州省督察税务事宜”请查照协助，其派此职亦常驻监督，但特定于一省而非普遍设立耳。凡此皆常驻监督也。今之常驻监督实异于古之常驻监督：前者仅以某一特殊行政为对象，后者则以全部地方行政为对象。故就对象言，后者实与监司同，宜乎不能并存也。但今日无监司而有常驻监督，亦非偶然，盖多数之现代式常驻监督可等于监司，而若有监司亦可无常驻监督也。[83]

(6) 停止或撤销省政府命令、处分

此权专属于中央行政各部、会、署。北京政府时代，大总统所属各部之《官制》均规定各该部总长“于主管事务对于省长及各地方最高行政长官之命令或处分认为违背法令或逾越权限得呈请大总统核夺”。所谓“核夺”自包括停止、修正及撤销也。惟“核夺”二字究欠明晰，故国民政府成立后遂明定为“停止或撤销”。除蒙藏委员会及侨务委员会外，行政院所属各部、会、署（司法行政部今属于行政院，过去则更迭属于行政院及司法院，然无论当其属于何院，此权常存在不变）之《组织法》均于第三条授与此项监督权。各部及各委员会之《组织法》第三条为：“本部、本会就主管事务，对于各地方最高级长官之命令或处分，认为有违背法令或逾越权限者得提经行政院会议议决后停止或撤销之。”《外交部组织法》第三条并增加一段云：“但有紧急情形者得呈请行政院院长先行令饬停止该命令或处分之执行。”卫生署及地政署之第三条规定：“本署就主管事务，对于各级地方政府之命令或处分认为违背法令或逾越权限者得呈请行政院停止或撤销之。”行政院其他直属机关——此类机关均无《组织法》——除特殊法令另有规定外，均无此权。部、会之停止或撤销权只须提经行政院会议议决，其出席者主为各部、会首长，通过自无大难；署之停止、撤销权由署呈请行政院执行，不能如部、会径自办理；故后者较前者为小。至“地方最高级行政长官”究作何种解释，至今尚未确定。意者当有两种含义：一为一般行政之最高机关，即省政府，其代表之长官为省政府主席；一为特殊行政之最高机关，即省政府各厅及直属各专管机关。此两种含义，实际上连为一体，因省政府之命令、处分，除由省政府主席署名外，例由主管厅及专管机关长官副署也。纵若部、会对省政府主席于体制上不能管辖，其对副署之长官尚可支配也。至于署之此权既由行政院执行，并明白规定为“地方政府”，则包括上述两项含义，为无疑矣。“命令或处分”自以对人民所为者而言，地方政府上级机关对下级机关之命令应不在内，虽后者对于前者亦不无影响也。停止或撤销是否包括修改在内，亦值研究。形式上既无修改之规定，当只能停止或撤销而不能修改。责任上地方政府之命令、处分当由地方政府自行决定、自行负责、中央政府未便越俎代庖，以乱行政系统，故不能修改之。再者，撤销或停止为监督，修改则为行政，已超出监督范围，就此观点，亦不能修改。虽然，省政府之命令或处分经中央停止或撤销后，必另为命令或处分以代之，则停止或撤销已具修改之效力矣。至若停止或撤销之时，当可附示修改条件，即言若如何如何修改则不致停止或撤销；或停止或撤销之时说明停止或撤销之理由；如此则直谓修改可也。停止者暂时不予执行，以待恢复执行也。撤销者取消其存在也。停止犹徒刑，撤销则死刑矣。二者均不能追诉过去。行政院其他机关根据特殊法令亦可行使此项监督或类似此项权力之监督权。例如二十九年九月六日《战时图书杂志原稿送审办法》第十五项规定："中央审查委员会如认为各省、市审查机关处理不当时得随时饬令改正。"三十三年六月二十日行政院《图书杂志审查办法》第十五条规定："凡战时书刊之发行人或著作人如认为审查处处理失当时得径呈中央审查委员会核办。中央审查委员会对所属各省、市审查处之决定于必要时得变更或撤销之。"三十四年九月七日国民政府公布《军事委员会委员长东北行营政治委员会组织规程》及《军事委员会委员长东北行营经济委员会组织规程》分别规定"本会对于东北各省政府之命令或处分，认为违背法令、逾越权限或不当者，得呈准行政院院长停止或撤销之"（前《规程》第四条）及"本会对于东北各省政府之经济措施，认为不当者，得呈准行政院院长停止或纠正之"（后《规程》第四条）。至于非行政院所属之机关（上述各委员会均属于行政院）则不能行使此项权力。

(7) 裁定

二十九年九月六日《战时图书杂志原稿送审办法》第十八项规定："送审之书店或出版机关如为各省、市、县审查机关处理失当时得申述理由请求复查，并可径呈中央审查委员会核办。三十三年六月二十日《战时出版品审查办法》第十二条规定："对于解释事项送审人与审查机关意见如有不同时得呈请上级机关裁定后再定检放"，此两项规定造成一独特之监督方法，可名为"裁定"。裁定只宜于出版及著作之管理，其他各项行政均难适用，故不见于其他法令也。

(8) 示范

示范者中央政府欲使某项省行政达到某种标准，即依该标准为模范之行政，以资省政府仿效之谓也。关于直接行政之各项监督中惟示范、常驻监督及训示为正面之监督，余皆反面之监督也。若以习用之“指挥”与“监督”别之，则前上者属于“指挥”，余皆属于“监督”也。农林部成立后即首先于川、滇、康三省设立示范丝厂各一所，三十一年又派员于闽、粤、黔、桂、湘各省办理农田水利示范工程。三十一年九月该部复于湖南洪江设立民林督导实验区，以试行督导提昌民营森林之方法而供各省仿行。再水利委员会成立后设有水利工程示范处专办水利之示范工程。至农田水利之示范工作，仍由农林部办理。三十三年八月至三十四年五月行政院《工作报告》云：“农林部于后方各省受旱较重之地区分别设立工程队或测量队，推进测勘工作，择定适宜地点，举办各种小型农田水利示范工程。……”示范与其他监督不同，因其本身尚为一种中央行政也。但示范又非间接监督，因其目的本为监督，其有行政者其副作用耳。

四　间接监督

若干事件，本意非监督而产生监督之作用，如裁决纠纷、诉愿及行政诉讼、司法，就监督之立场，均可称为间接监督。

（1）裁决纠纷

十七年四月二十七日第四次修正之《省政府组织法》第十六条规定：“省政府各厅处间关于职权发生争议时由省政府呈请国民政府裁决之”，时五院尚未成立。十九年二月三日《省政府组织法》第五次修正，上项规定则改为：“各厅间或与专管机关间发生争议时由省政府呈请行政院裁决之”（第十九条），以后修改，均未变动。就现行法令观之，省政府各机关职掌，诚多混淆，然诉于行政院之争议则绝无仅有，其故则有两事实之存在。其一、争议非由争议者各造径向行政院呈诉，而规定须由省政府呈请：则省政府为顾全体面，当首先为之裁决，无待转请中央矣。且实际上各省省政府主席对于省政府各机关均有绝对的支配力量，以其命令即可解决一切纠纷也。其二、各机关间遇有职掌彼此有机事项常会同办理，故不致引起争执。

(2) 诉愿及行政诉讼

中央行政法院处理有关省行政事项之行政诉讼及中央主管院、部、会、署处理有关省行政之再诉愿案件均可视为对于省行政之监督。其程序已详(第四章),兹不赘。

(3) 司法

诉愿及行政诉讼止于政府之公法行为,至其私法行为,仍受普通司法之管制。私法中属于法人之各种行为如债权、债务、物权一切等等,皆恒见于政府机关之间或政府机关与人民之间。此类行为,除《民法》及其相连法规外,别无法令规范之,其处理除普通司法外,亦别无特殊之办法或程序。此为实际法律应用问题。若普通司法机关对此类之省行政机关行为加以处理,从行政之观点言之,为监督无疑矣。惟事实上政府机关之私法行为多以非正式之调解方式或(对人民)无理由之强制方式解决之,此类方式于法并无决定之效力也。

中央政府对省行政之监督大略如此,而关于间接行政之监督似较关于直接行政之监督为重也。[84][85]

(丑) 监督机关

我国实行党治,因此省行政之监督者除国民政府外,尚有产生并指导国民政府之中国国民党。前述关于间接行政人事、财政之各项监督及关于直接行政之各项监督及各项间接监督,就执行监督之机关论之,实可别为两类。其一类具有特殊之执行程序或方式,因此有固定之监督机关。另一类则无一定之执行程序或方法,并可普遍或相当普遍适用于多数机关。兹即以此标准讨论执行监督之机关。

(一) 执行第一类监督之机关

此类监督之执行程序或方式及执行机关均已述及,兹为标明起见,特约略举列于后。

(1) 任免——一般任、免简任、荐任人员均由主管部、会、署提经行政院会议议决后由国民政府令行之。主计人员由主计处分别委任及呈请国民政府任命或荐任。

(2) 考试——由考试院考选委员会依法办理。

(3) 铨叙、考绩(一部分)及福利——均由考试院铨叙部依法办理之。

(4) 弹劾——由监察院监察委员及监察使依法行使之。

(5) 一般惩戒——分别由国民政府政务官惩戒委员会及司法院公务员惩戒委员会依法执行之。

(6) 授勋——由国民政府令行之。

(7) 刑事处分及司法——由各级普通法院为之。

(8) 收入、支出、公债——均依法由国民政府及行政院及财政部依法层次为之。

(9) 预算由国民政府及立法院及行政院及主计处及财政部及中国国民党中央执行委员会政治委员会依法共同办理之。

(10) 决算及审计——均由监察院审计部依法执行之。

(11) 裁决纠纷——行政院处理之。

(12) 行政诉讼——由司法院行政法院审决之。

(13) 最高及最后效力之解释法令——由司法院依法为之。

停止或撤销命令或处分及诉愿虽有一定或相当一定之程序,俱无一定或完全一定之机关,故属于第二类。至其他有虽从现行法令规定上观察,具有相当固定之程序与机构,而从法制之基本精神观之,仍有变更之余地者,如常驻监督及裁定,亦属于第二类。

(二) 执行第二类监督之机关

此类机关,复可分为两种。其一无一定之监督对象,可名为普通性之监督机关;其二有一定之监督对象,可名为专业性之监督机关。此一分别端在监督之对象,至监督之方法则共同也。例如普通性之机关有视察有指示,专业性之机关亦有视察有指示是也。其有事实上不能共同而依法理可共同者,如停止或撤销命令或处分裁定等则仍视为共同。兹分论之。

(1) 普通性之监督机关

(一) 国民政府——国民政府总揽中华民国之治权,对于全国各级政府机关均有监督之权,省行政机关,自不能例外。惟国民政府对省政府行使监督，须由关系院（部、会、署）承转并须由关系院、部——会、署除外，此我国中央政制之一特色——连带负责。

（二）行政院——行政院总揽全国之行政权，省政府为最高级地方行政单位，故行政院对于各省省政府有监督之权。事实上国人今日视各省省政府为行政院之外署，其地位与行政院各部、会相等，而行政院为省政府最直接之主位监督机关。[86]

（三）军事委员会及其代表机关——此为事实情形，非理论问题。军事委员会形式为一委员会，其实其一切权力皆由委员长行使，故委员会与委员长乃二而一，一而二。委员长之代表机关，亦即委员会之代表机关。就目前事实而论，凡国民政府或行政院对省政府能执行之一切监督，军事委员会及其代表机关皆能执行之。例如行政院有巡视团，军事委员会亦有军风纪巡察团，其权力实兼具前者与监察院之权力。行政院对省政府能指示，该会亦能，而两者指示之范围均可称无限。兹略举军事委员会对各省省政府所为之指示如下：二十七年九月令（全国各党、政、军机关）各级工作人员对有关抗战建国之重要事项，应踊跃从事，各主管人员尤须以身作则，督励奉行；二十八年令禁绝党、政、军各级人员赌博，违以军法惩治；同年六月令各级地方政府对于盐税不得自由征收附加或通过税；同月又令通缉安徽省全椒县县长；同年十二月，令毋庸派员赴海外宣慰华侨，以免增重华侨负担等等。其代表机关二十年十二月设北平分会（其区域为北平、天津两市，河北、察哈尔两省），二十二年六月设委员长南昌行营（其区域为赣、粤、闽、湘、鄂五省，实际尚不止此）。旋设武汉及西安两行营，抗战后均撤。另设委员长天水（陕、甘、宁、青四省），桂林（桂、粤、赣、湘四省），重庆（川、鄂两省）三行营，二十九年五月天水、桂林两行营改为军事委员会办事处，旋又改称为办公厅，并设昆明行营（云南省）。二十八年三月并设有委员长西安、成都两行辕。三十四年二月设汉中行营及赣州行辕，九月设东北北平武汉行营，十月撤销昆明行营。凡此代表机关于其范围之内均可行使军事委员会可以行使之权力。例如重庆行营于二十七年十二月令四川及西康两省省政府将四川省农田水利贷款委员会扩组为川康农田水利贷款委员会，二十八年一月重庆行营令西康省政府分条核示二十八年度行政计划大纲；同年八月指令西康省政府准许设立农村合作委员会并任命其委员；该行营并设有边疆委员会，直接处理川、康两省少数民族地区之行政。二十九年三月天水行营电令陕、甘、宁、青各省省政府颁发《反侵略运动地组织须知》，《分支会简章》及《入会志愿书》等。至抗战前南昌及汉口行营及今日东北行营之管理范围[87]更为广大。此外军事委员会直属机关，如各绥靖主任、边区督办等对于省政府亦有一种“指导权”，其与省政府之关系颇似旧日都督与省长之关系。已撤之该会各战区党政委员会其职机亦为指导党政。[88]我国连年内外战争，实际上处于“乱世”，乱世之中行政必附丽于军事，军事必支配行政，此中外历史之铁律，其效力远超过一切人为法律也。[89]

（四）国民政府直辖分区监督机关——国民政府为适应特殊环境每于相当区域设置自治性之分治机关，其地位与元代之行中书省颇为相似，即代表国民政府就区域之内行使行政治权。例如二十年十二月三十一日设置西南政务委员会于广州，治理粤、桂、滇、黔诸省；二十二年五月四日设置驻平政务整理委员会于北平，二十五年一月十七日改为冀察政务委员会，综理河北、察哈尔两省及北平、天津两省政务。此类机关均直属于国民政府，但实际上国民政府鲜能控制，设置之目的，亦但求表面上之统一耳。于其区域之内，国民政府及其所属中央机关只有名义上及形式上之监督权，而此类机关反操实际监督权，或虽亦不能于本部区域行使实际监督，至少其与区内地方政府精神上之距离较国民政府本身为近。其与行中书省在加强中央统治者迥异其旨；而行省区域系普通区分，此类机关则专用于特殊之区域，亦不同也。抗战军兴，此类机关已均不复存在，虽共产党统治区域内国民政府迭有仿行此制之建议而为该党拒绝。

（五）中国国民党中央党务机关——执行委员会及其所属之政治委员会及代行政治委员会之国防最高委员会及代表执行委员会之执行委员会常务委员会均能就一般有行政行使监督；因从党而言，党为全国行政之最后最高之指导者，而从省而言，历次《省政府组织法》均规定省行政应以党义、执行委员会决议、《建国大纲》为依据也。尤于国民政府初期党颇能实际支配政治，其地位实与民国二十年以后之军事委员会相若。十四年至十九年可谓党支配军与政之时期，二十年以后则为军支配党与政之时期也。第一时期中政治委员会并有广州、武汉、开封、太原四分会指导地方行政。粤、桂属广州分会，湘、鄂、属武汉分会，党、陕、甘属开封分会，晋、绥、察属太原分会，虽亦有特殊之政治背景，然用分会之名义而不设行营者实可征党之力量也，（至党之本质如何不问之）。二十年以后，党虽无力量，但形式上及理论上均仍为省一般政务之一监督者也（抗战后施行总裁制，党已获得军之支持，因此力量稍增，顾此力非本身之力耳）。此一形式上之监督者，抗战前以政治委员会为主，抗战后以国防最高委员会为主。[90]

又第一时期中省党部对省政府尚有相当之监督权，至第二期则不然，而省党部反寄息于省政府矣。

（2）特殊性之监督机关

（一）行政院各部、会、署——中央各行政部、会就主管事务对地方行政施行监督，为单一制度之特色。元年所定各部《官制》均有类同下列之规定；《内务部官制》（元年八月九日公布）第一条，“内务总长……监督所辖各官署及地方长官”，《交通部官制》（元年十月二十日公布）第一条，“交通总长……监督所辖各官署，各全国关于交通电气事业”。三年以后修正之《官制》则有类同下列之规定：《财政部官制》（三年七月十日公布）第十条，“财政总长对于各省巡按使及各地方最高级行政长官之执行本部主管事务有监督、指示之责”；《外交部官制》（十年五月七日公布）第九条，“外交总长对于各省省长及各地方最高级行政长官之执行本部主管事务有监督、指示之责。”国民政府成立后各行政部、会（包括属于司法院时期之司法行政部）之《组织法》均于第二条规定：“本部（会）对于各地方最高级行政长官执行本部主管事务有指导（或指示）监督之责”；侨务与蒙藏两委员会因所常事务与地方行政无关，则为例外。[91]卫生署及地政署之《组织法》第二条则规定：“本署对于地方政府执行本署主管事务有指导、扶助之责。”两种规定，旨趣无异，皆授权监督地方行政者也。又不独为权，既经明文规定，并为其责任也。

省政府合署办公制实行以前，各部、会、署对省行政之监督权较大，省政府合署办公制实行以后，则行政院监督权增加而各部、会、署监督权减少。其理由及事实均可于二十六年六月十九日行政院对各部、会、署及各省省政府之《训令》中见之，文曰："查关于省政府合署办公后，中央各部、会、署对于各省政府各厅、处行文问题，前经本院与军事委员会磋商结果，以后中央政令最重要者，由院令省府一次；要而属于部、会、署专管者则由各部、会、署酌定，或咨省府转饬厅、处，或径以命令行主管厅、处转陈省府具复，或转陈省府转饬遵行，并经本院第一七三次会议议决照办。……兹为力求行文时间与手续迅速，并保持省政府政令之统一起见，特再订定《办法》，嗣后中央各部、会，署对省政府各厅，处得直接发令，各厅、处亦应径行呈复，惟以有时间性及单独性之事件为限，其一般公文，仍以省政府为直接主体……"省政府以省为行文主体，则中央部、会、署对于各厅、处、局关系趋于疏远，关系疏远则监督必弱也。况乎中央方面，行政院又居主体，各部、会、署之监督范围，亦已缩小矣。

若干公务关系数部、会、署者由关系之数部、会、署联合监督之。例如《农业推广规程》(二十二年三月内政、教育及前实业三部会同修正公布)第二十一条第一项规定："全国农业推广行政事务之监督由(前)实业部会同教育部、内政部行之。"《非常时期难民移垦条例》第二条规定："难民移垦事宜，由农林部会同内政部、财政部、振济委员会管理统筹，并督促各省政府办理之。"《战时农地使用管理办法》(三十一年十月二十日行政院会议通过)第三条规定："农林部及地政署对于本《办法》之执行负指挥、监督及考核之责"(按农地使用之管理本为县、市公务，此规定引作参考)。临时由部、会、署咨商之联合监督可时见。

(二) 各部、会、署之直辖机关——各部、会、署之直辖机关就主管事务对于省行政有时亦可施行监督。例如《财政部国库署组织法》第二条规定该署有"监督地方公库行政事务"之权(三十一年以后省无公库)。《全国度量衡局组织条例》(国民政府二十一年五月十四日公布，二十九年五月八日修正)第八条规定:“全国度量衡局对于各省或直隶于行政院之市所设度量衡检定所有指导监督之责。”[92]《行政院液体燃料管理委员会暂行组织规程》第二条规定:“液体燃料管理委员会对于各省、市设立之液体燃料管理机关负指导、监督之责。”《交通部公路总局组织法》(三十二年四月十九日公布,三十四年一月该局并入军事委员会战时运输管理局,胜利后回隶交通部)第一条规定该局之职权为“统一管理全国公路运输、工程及其有关业务”。《农林部中央农业实验所组织条例》(国民政府三十三年十月十一日公布)第十七条规定:“中央农业实验所对于……各省省立农业改进机关……之技术工作得予以指导督促或协助”等等。[93][94]

(三)国民政府直属机关——抗战之前若干行政机关直属于国民政府,例如训练总监部、全国经济委员会、建设委员会,其就主管事务对于各省行政皆能指挥、监督。

(四)军事委员会直属机关——各绥靖主任就区内地方治安对于省政府有监督之权,其实绥靖主任之任务亦即在此。禁烟事务一度由该会设禁烟总监及禁烟总会监理。资源委员会于改隶经济部以前即属该会,其时对于地方行政有监督之权。抗战以后全国运输业务由该会设运输统制局管理(二十九年设立,三十二年四月撤销),三十四年一月又设战时运输管理局(三十四年十一月撤销)继续行使其职权,两属皆直接指挥、监督各省运输及交通行政权。又二十六年十二月国民政府公布《战时农矿工商管理条例》,其第四条规定:“军事委员会第三部、第四部对于各省、市、县、农、矿、工、商主管官署处理战时农、矿、工、商事务有指导监督之权。……”惟经济部成立后此两部均撤并之。又抗战后训练总监部即改隶该部,旋改称军训部,对于各省国民军事教育行政仍继续监督。

(五)中国国民党中央党务机关——三十二年八月二十七日中国国民党中央执行委员会常务委员会通过《训练机关管理办法》(十月一日国民政府令行)规定:“全国各训练机关一律受中央执行委员会训练委员会之指导、监督”(第三条);并规定:“中央及省级机关所举办之训练机关,由中央训练委员会直接督导之……”(第八条)。又著作及出版之管理中央执行委员会宣传部与内政部有同样之监督权。社会部于改隶于行政院之前本隶于中央执行委员会,其时对于各省人民团体之管理亦有监督之权。

此执行第二类监督机关大略也。惟机关虽多,要以行政院及其所属部、会、署等为主。故二十二年十一月行政院以"各省,市政府处理事务,除受本外之监督、指挥及商承各主管部、会外,有时秉承于直属国民政府之各机关如军事委员会、经济委员会等",特以第六二四三号《训令》规定:"各省、市政府凡行政院以外各机关交办之行政事项悉应呈报本院及咨报主管部、会",盖申述此原则也。

注释

[1]《宋史职官志》称:"乾道二年令非曾任守臣不得为郎。"

[2] 二十三年十一月全国考铨会议考试院提"中央与地方公务员选纲案"(原则经大会通过),其"理由"称:"……地方事业或因财政关系不能平均发展,有待于中央之扶助;或发展稍具规模,而以政治、文化、经济之影响,阻碍多端,有赖于中央之统筹兼顾。且另一方面中央一切计划,须根据地方情形、地方各种措施,须不妨中央法令。而中央与地方之间,素少联贯之机能,致内、外情形,动形隔开,则关系有改善之必要。又年来国内智识份子,群向中央奔赴,致贫瘠或边远省份,每苦不能罗致适当人才,致成有事无人办与有人无事办之现象,则人才有调剂之必要。"

[3] 三十三年九月九日考试院及行政院会同公布《公务员内外互调审查委员组织规程》,其第三条规定:"本会设委员七人至九人,由行政院院长及考试院院长就行政院及考试院高级职员遴选派之。"该会于三十二年二月二十八日成立。

[4] 考试院每举行一次特种考试,例公布一"暂行条例"行之。

[5] 所考试之人员包括所属市、县行政人员在内。

[6] 见后"监督:任免"。

[7] 按英国地方收入主为土地税(Rates),税率无定,以地方税额足敷预算支出为度。故英国地方政府实无收入不足之虞,其中央补助,实为一种扩充监督之手段。至于美、加等联邦国家中央与地方行政与财政各自独立,地方财政欠差,当完全由地方自行设法,其中央补助,盖绝对无财政上之目的矣。

[8] 十八年一月《财政部监督地方财政条例》第七条规定:"本部与各省……地方财政有互相量力协助之义务。"

[9] 苏省 1,152,800 元,追加 10,134,880 元;宁 434,940 元,追加 960,000 元;鲁 17,974,000 元;赣 2,897,950 元,追加 8,466,000 元;黔 3,669,000 元,追加 5,734,800 元,又追加 2,370,480 元;湘3,478,239 元,追加 4,827,500 元;川 482,000 元,追加 13,594,509 元;鄂 2,642,400 元,追加 8,426,000 元;晋 8,275,407 元;豫 2,663,430 元,追加 2,072,000 元,又追加 162,140 元。其他不详。

[10] 三十七年五月十八日经济部公布《经济部补助各省农业改进经费办法》,时农业由

经济部主管。

[11] 江西省历年(按指国民政府时代而言)所收中央补助款项截至二十八年度止,共达10,920,000元,内经常补助6,920,000元,临时补助4,000,000元(见《江西统计月刊》)。

[12] 十八年一月财政部《监督地方财政条例》第七条云:"本部与各省……地方财政有互相量力补助之义务……"

[13] 主任委员一人,由实业部部长兼任,委员十四人,冀、鲁、青、省、市渔业主管厅、局长,威海卫行政管理专员,冀鲁区渔业管理局局长,渔业建设费征收处主任,渔业界代表六人,水产专家二人。

[14] 亦有无名省人员参加者,本篇俱不论述。

[15] 会议地点,除特说明外,均在中央政府或召集机关所在地。

[16] 属于内务部。

[17] 注[18]。依该会议《规则》(三十三年五月十四日行政院制定)第四条规定,其出席会员除行政院各部、会、署长官外,为各省政府主席及厅长一人或二人(由主席指定),此外中国国民党中央党部、国民政府及立法、司法、考试、监察各院亦指定负责长官出席。

[18] 一、中央会员

财政部	35人
财政部直属机关	15人
中央各机关	56人
四行总处及四行	9人
合计	115人
二、地方会员	
各省主席(2)或其代表(23)	25人
各省财政厅长或其代表	11人
各省地政局长,粮食管理局长	8人
重庆市长及财政局长	2人
合计	46人
三、专家	156人
总计	317人

[19] 详见教育部编《中国教育年鉴》戊篇一三五面。

[20] 详见《第三次全国教育会议报告》。

[21]《第三次全国内政会议规程》第三条规定其会员如下:(1)中央组织部、中央训练委员会、国防最高委员会秘书厅、中央设计局党政工作考核委员会及主计处代表;(2)行政院长所属各部、会署代表;(3)立法院、监察院及司法行政部、审计部、铨叙部、考察委员会代表,军事委员会□政治部、战地党政委员会、军法行政总监部代表;(4)各省省主席(或其代表)、民政厅厅长、地政局长、统计长、全省警务处长、省会警察局长、省辖市市长及省政府指定之行政督察专员一人;(5)院辖市市长及司长、统计长、简任视察、禁烟委员会常务委员、简任秘书处长、中央警官学校校务、委员会主任委员、教育长、警官总队总队长。实际出席中央会员65人,地方会员61人,专家36人。

[22] 第三条:奖助方法得采用下列各款之一种或数种:

…………

(三) 贷款——由政府借予低利贷或协助向银行贷款;

(四) 减低或免除,出品出口关税及转口关税;

（五）减低或免除原付转口关税；

（六）减低国学交通事业运输费；

（七）税用公有土地兑除地租，以五年为限，免税期满得按照当地租金标准的，但减低之数不得超过租金标准二分之一。

按原公布之第二条第五款为“减低或免除转口税及其他地方税捐”，三十一年度起省财政并入国家，自无地方税捐一项。又与主管部或省市政府会商□就各项情而定，不能交选。

[23] 经济部有泾洛工程局，办理陕西省内水利工程，惟该局成立于何时，不克查考（当在抗战以前，即经济部成立之前）。

[24] 三十三年十月国防最高委员会制定《编审三十四年度国家总预算紧缩标准》，其第四项规定：“中央各部、会在各省、市所办事业，已由省、市举办或其性质以由各省、市办理为适宜者应归并省、市政府办理，其经费移列于省、市预算（地即国家总算中各省、市部分，以别于中央各部、会部分），以免重复”。

[25] 三十四年二月六日修正后该法第三条规定：“荒山荒地之宜于造林者由农林部商请地方官署编为森林用地并公告之”，盖性质上转为委托行政。

[26] 二十五年二月二十一日考试院公布《各省委任职公务员铨叙委托审查办法》（二十六年三月修正），其第一项规定：“铨叙部在各省铨叙分机关未成立之前得将委任职公务员之任用、考绩及登记等事宜委托各省政府组织审查委员会……办理之”。按二十六年十月考试院由西安设第一办事处，办理陕、甘、宁、青、晋、豫、冀、察、绥、辽、吉、黑、热、新十四省考铨事宜；于武昌设立第二办事处，办理湘、鄂、滇、黔、康、粤、桂八省考铨事宜；旋撤。二十九年八月铨叙部设湘、粤、桂（驻湘），赣、浙、闽（驻赣）及豫、陕、冀、晋、鲁、皖（驻豫）三区铨叙处。

[27] 三十二年二月十日行政院公布《外交部驻各省特派员公署暂行章程》及九月十一日国民政府公布《外交部特派员公署组织条例》，均规定各地区特派员只受外交部之指挥监督。且若干特派员事务区域不止一省，例如东北特派员九省，川、康特派员两省，事实上亦不能受省政府之监督。

[28]《台湾省行政长官组织大纲》第三条规定：“行政长……对于在台湾之中央各机关有指挥、监督之权”；惟此为特殊情形。

[29] 省政府所认股本得认与私人，又全部股份均可随时售与私人。

[30] 原公布为“……一百市石以上……六个月之需用……”

[31] 同法《施行细则》第二条云“……地方主管官署在省为林务主管厅……在县、市为县、市政府”。

[32] “森林用地之公布除登载公报及揭示外并通知土地所有权人及其他项权利人”（同《细则》第七条）。

[33] 修正前第三十六条第一项。

[34] 修正前第四十一条。

[35] 原《办法》第二项规定凡依公司组织之工、商业每届年度终了有盈余时除依法令提存公积金等之规定外应依下列标准提存特别准备：（一）盈余在实收资本总额五分之一以上者提盈余百分之十；（二）四分之一以上者百分之二十；（三）三分之一以上者百分之三十。

[36] 严格言之当为省、县连串行政。

[37] 省驿运管理处得由交通部加派副处长一人。

[38] 三十二年九月第十一集团军司令部请云南省政府派一行政联络员驻滇康缅游击区指挥部工作。

[39] 未修正前为：“各地方行政官署及自治机关对于兵役行政官署及自治机关对于兵

役行政有依法令协助之责”(第八条第二项)。

[40] 该所《组织条例》(国民政府三十三年十月十一日修正公布)第十七条云:“中央农业实验所对于……对于各省省立农业改进机关……之技术工作,得予以指导、督促或协助。”

[41] 同年该部咨各省省政府又云:“查近来各处办理水利工程,关于技术方面,每多商请本部协助,所有一切手续,亟应订定划一办法,以利进行而免分歧。……”

[42] 二十九年九月。

[43] 故立法(广义的,包括立宪)、行政与监督在某一行政系统中为三种不同的工作。行政犹若工作之机械,立法犹若机械之动力,监督犹若管理机械之工程师。

[44] 一般所谓“立法监督”名词逻辑上实不能成立,因法律本为行政之范围,所谓行政即为法律之执行,故立法为行政之创造者,立法之作用或为创造某项行政,或为消灭某项行政,或为变更某项行政,而非对于行政之监督也。就某一行政系统而论(例如省行政或县行政),立法、行政与监督,为三种不同的工作,而不能互相包括者也。立法本身不能为监督明矣,或以立法机关之弹劾权或考察权为立法监督之一种方式者亦非也。立法机关行使弹劾,并非利用其立法的功能,而为利用其人民代表机关之地位,因其为人民代表组成之机关,故能为人民立法,为人民弹劾,故弹劾虽为监督之一种而不可视为“立法”的监督也。至于考察只为立法工作之一部分,并非对于受考察者之监督也(虽然亦可发生监督之副作用)。又弹劾无论由立法机关抑司法机关行使,性质上属于行政的监督,执行弹劾之机关,视为受弹劾者上级政府之一部分。

[45] 意谓监督由行政系统中之上级机关行使,非谓监督为行政也,但某一行政系统中上级机关对下级机关之指挥及监督则为该行政系统中之行政。

[46]《国民政府组织法》第二十四条(三十一年十二月十二日修正)第五款规定荐任以上行政及司法官吏之任、免应经行政院会议之议决。《公务员任用法》(二十二年三月十一日公布,同年四月一日施行,二十四年十一月十三日及二十六年一月二十六日先后修正)第七条第一项规定:“简任职公务员之任用,由国民政府交铨叙机关审查合格后任命之。荐任职、委任职公务员之任用,由该主管长送铨叙机关审查合格后,分别呈荐、委任之。”

[47] 关于地政局、图书杂志审查处、行政督察专员公署及茶叶管理机关人员之任、免,见第二章省政府专管机关。

[48] 参见《各省市政府会计处组织及办事处通则》第十一条,《各省市政府所属机关会计室组织及办事通则》第五条,省、市政府统计处《组织规程》第四条,《省政府统计室组织规程》第四条。

[49] 国民政府三十一年十月二十日训令,该条例“自民国三十一年十一月一日起施行,并先以本府各处、局五院,及五院直属之部、会、署暨各部、会、署之直属机关等为实施机关,如地方机关请提前依本《条例》设置人事机构,亦可准其一体办理。”三十二年六月十一日训令,自三十二年七月一日起各级地方政府机关一概遵照施行。

[50] 原《条例》第五条第三项规定:“人事处处长、人事室主任及人事管理员为主管人员,余为佐理人员。”

[51] 十八年八月一日公布,十九年三月十七日、二十五年十一月五日、三十年八月二十一日先后修正。

[52] 法律不许。

[53]《公务员任用法》第十条:“荐任职、委任职公务员,应就分发之考试及格人员尽先任用。”

[54] 若不呈经中央核准，其薪津即不能列入预算。即雇员亦然。

[55] 二十六年七月中国国民党中国执行委员会政治委员会议决《整理官制及厘定官等办法》，其第一项规定地方机关中设有简任荐任官职者“其组织法规应一律由主管院、部、会核转国民政府核准”；其第一及第三项又规定各机关组织法规中应将简荐委各级及聘用派用人员之等级员额规定。

[56] 关于驿运管理处、卫生处、社会处及合作事业管理员额之设置，见第二章省政府专管机关。

[57] 三十年十二月十七日失效。

[58] 云南省政府送公路总局技士一人参加公路讲习班，建设厅水利局局长参加水利讲习班。

[59] 湖南教育厅派省立民众教育馆馆长及省立农民教育馆馆长参加第一期训练，科长、督学共六员参加第二期训练。

[60] 云南省政府一、二、三、四、五、六各期共保送六十名。

[61] 三十年一月中央训练委员会函各机关参加中央训练团人员于受训完毕应各回原职，其意虽在针对受训人员自行离职情事，其应各回原职之原则，则已确定矣。

[62] 三十二年九月二十日国民政府训令施行《雇员支薪考成规则》。

[63] 各区监察使署二十五年四月始设置。

[64] 见后“审计”。

[65]《公务员服务法》(国民政府二十八年十月二十三日公布)第二十二条规定:“公务员有违反本法者应按情节之轻重予以惩戒，其触犯《刑法》者并依《刑法》处罚”；又第二十三条规定:“公务员有违反本法之行为该管长官知情而不依法处理者应受惩戒处分。”

[66] 见前“会同行政”。

[67]“同一惩戒事件被弹劾不止一人而属于同一惩戒机关者应移送官职较高之惩戒机关合并审议”(《惩戒法》第十五条第二项)。

[68]《非常时期公务员考绩条例》第三条:“……其有重大过失应记大过者，除依上述程序惩处外，并得视其情节依法交付惩戒。……”

[69] 其有下列情形之一者当然停止职务:(一)刑事诉讼程序实施中被羁押者；(二)依刑事确定判决受褫夺公权之宣告者；(三)依刑事确定判决受拘役以上之宣告在执行中者(同法第十七条)。

[70] 就刑法之立场观之，此为一种特殊刑法。

[71] 见《公务员抚恤法》第三至五条。

[72] 见《公务员退休法》第三及第四条。

[73] 见同法(《公务员退休法》)第五及第六条。

[74]《预算法》第六十八条:有下列情事之一时行政院得提出非常预算:

(一) 国防紧急设施；

(二) 国家经济上之重大变故；

(三) 重大灾变；

(四) 紧急重大工程。

[75] 有时核准与备案只表示于同意时对原行为控制力大小之差别。

[76] 核准及备案、报告、指示及请示均有通过非正式之方法而为之者，其法或为私函，或为谈话，或利用第三者。

[77] 原文如下:“司法院院长经最高法院院长及所属各庭庭长会议议决后使统一解释

法令及变更判例之权。”

[78] 再视察之时常兼有督导(即指示)及其他监督权力。

[79] 立法院公布《立法院考查团规则》,规定立法院院长得随时指派立法委员组织考察团,出发各地方考察,其考察事项为:(一)现行各种法律实施之情形;(二)省、县、市单行规章之订定及实施有无违反或抵触法律情形;(三)地方自治推行之实况;(四)边疆地方之风俗习惯;(五)兵役、工役之办理情形;(六)土地行政;(七)司法状况;(八)赋税及县、市财政;(九)公用及公营事业之办理情形;(十)物资供应之办理情形;(十一)其他可供立法参考之事项。又国防最高委员会中央设计局于三十二年三月成立西北建设考察团,赴陕、甘、宁、青、新五省考察交通、水利、垦殖、农业、森林、教育、卫生、工业、矿业、文化、社会各情况,亦属同一旨趣。

[80] 司法院及考试院自无视察、考察地方行政之需要。

[81] 监司制度实滥觞于周、秦二代之常驻监督。从监司之观点,周、秦之常驻监督实可谓监司。见前第一章。

[82] 二十三年七月前国民政府全国经济委员会公布《公路工程暂行督察办法》,规定该会公路处“视各省公路情形分区设置公路工程督查处或督查工程司,其督察区域由本处指定之”(第二条)。其办理事项如下:(一)视察公路工程状况;(二)督促公路工程进行;(三)考核指导公路公程之设施;(四)公路处交办事项;(五)其他属于工程督察事项(第三条)。

[83] 扩大言之,谓监司即为一种常驻监督,殆无不可。

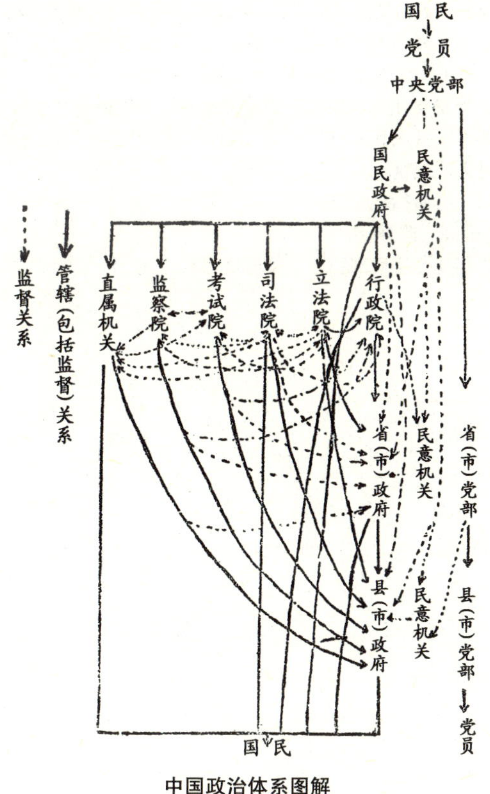

中国政治体系图解

[84] 中央政府对省政府全部事务之监督除对省行政而外尚有两项对象：即：(一)省代理中央之行政；(二)省对于市、县行政之监督。中央对于"省对于县、市行政之监督"，就县、市行政而言，实可名为"再监督"。

[85] 本章前述"省代理中央行政"中之"省代监督"及第二章所述省政府行署审判中央官吏等从监督之观点而论，可称为"反监督"。

[86] 我国政府体系略如第469页之图。

[87] 二十二年六月二十四日军事委员会公布《南昌行营组织大纲》，其第一条规定南昌行营之职权为"处理赣、粤、闽、湘、鄂五省剿匪军事及监督、指挥剿匪区内各省党政事务之便利"。三十四年八月三十一日国民政府制定《收复东北各省处理办法纲要》，规定："国民政府为便于处理东北各省收复事宜，特在长春设立军事委员会委员长东北行营，综理一切"(第一条)，则该行营不啻为一分国民政府。"行营得就近指挥、监督(上列)九省内行政机关"(第五条)。九月七日，国民政府又公布《军事委员会委员长东北行营政治委员组织规程》及《军事委员会委员长东北行营经济委员会组织规程》，规定由行政院于东北行营内设立政治委员会及经济委员会，分别代表行政院综理东北九省政治及经济事务。两委员会委员，均为特派或简派，与中央部、次长相当，行营地位，益形优越。

[88] 军事委员会战地党政委员会及各战区分会于二十六年十二月十八日设立，三十二年六月二十二日撤销。

[89] 各省省政府主席皆为军人，心理上均以军事委员会为直接上峰。

[90] 二十六年十一月中国国民党中央执行委员会常务委员会议决中央政治委员会停开，另设国防最高会议代行其职权，但二者出席人员未变。二十八年一月五日，中央执行委员会通过《国防最高委员会组织大纲》，改国防最高会议为国防最高委员会。

[91] 三十三年十二月成立战时生产局，其《组织法》中亦有同样规定。

[92] 原公布时无此规定。

[93]《农林部补助各省农业改进经费办法》第四十项："以补助费经办之事业及所用之人员应受本部指定机关之监督、指导"。

[94] 省驿运管理处受交通部驿运总管理处之监督、指导，见第二章"省政府专管机关"。

殿　言

我国省行政制度，自民国元年以来，虽形式上北京政府时期与国民政府时期大异其趣，究于实质，无甚改变。组织上，北京政府时期之都督、省长与各厅厅长，即为今日之省政府主席与各厅厅长。公务上，法令虽多更易增订，事实上自元年以至今日我国各级政府并旧式“治安政府”之任务亦未达到，徒为一群“食于人”之“治人”职业“士大夫”阶层之托身所，非现代公务机关也。就整个地方制度言，北京政府实行省、道、县三级制度，国民政府则实行省、县两级制度，但今日行政督察专员之发展，依然有道之回味存焉。

民国三十余年当中省行政制度虽保持一贯风趣，然于我国两千年地方行政制度史中，则为一段特殊时期。第一，我国历代高级地方政府均为独任制，但今日国民政府实行之省政府组织形式上尚为合议制。第二，历代高级地方政区常在三百左右(秦代为时仅十六年，其四十郡之数不足居先例)，而民国时期之省尚未满三十。第三，历代于高级地方政府之上有监司存在，民国鼎立后则省直接通于中央。虽然，今日省行政制度尚有回返古制之强烈倾向，此种倾向，实寄生于我国地方政制史中一牢不可破之观念。此一牢不可破之观念为何？即县政府亲民，所谓县长为亲民之官是也。于此观念之下，县政府为行政机关，有县公务处理；郡或州或府政府并非行政机关，无公务处理，其唯一任务在监督县行政。易言之，我国地方政府虽分两级，而高级地方政府实为一“虚级”也。此一虚级政府，实质上与监司并无差别，只形式上不同耳。于此观念下，高级地方政府以监督县行政为唯一目的，则所监督之县，其数不可过多；因此高级地方政区面积不能过大，而其数目常须二三百之数，以使每一区之县数不致过多，此自然之势也。高级政区多，则中央不易控制，必设监司以资辅助，又为自然之势也。再高级地方政府目的只在监督低级地方政府，本身并无公务，则其组织亦自然以独任制为便。今日国人仍以省为虚级，为中央与县之连锁，以省政府之任务为监督县政府，此一观念存在，我国地方行政制度必复古无疑也。以此为基础之改革，实非改革而为退步也。

事实上，今日地方行政制度之复古倾向，已具体表现于三方面。第一为省财政之取消，第二为省区缩小之议，第三为省政府改革之议。第一点已述于第四章，不赘。关于省区缩小，远肇于民国六年北京政府之内政部拟具《改划全国行政区域书》，主张将我国本部十八省及新疆省改分为四十九省，吉、黑、辽（时辽宁尚称奉天）三省仍旧，惟另划出一辽洮特别区；另设热河、绥远、察哈尔、川边、阿尔泰及青海六特别区；并建议分期实行。时因政局扰攘，未成事实。国民政府成立后，十九年十一月中国国民党第三届中央执行委员会第四次全体会议决议："省区应重新划定并酌量缩小，如何划分及实施方法交由中央政治会议组织专门委员会详细研究，拟具方案，送交中央常务委员会以备提交全国代表大会或国民会议决定之。"二十一年十二月中国国民党第四届中央执行委员会第三次全体会议，关于实行缩小省区，又决议："催促中央政治会议从速办理。"二十八年十一月中国国民党第五届中央执行委员会第六次全体会议，再决议：缩小省区一案"交国防最高委员会研究"。同年十二月八日行政院省制问题设计委员会正式表示："为减少行政层级、提高行政效率及促进国家之统一与建设，本委员会确认应缩小省区。缩小省区，依面积、人口、交通、经济、国防及天然形势划分之。"次年一月二十七日该委员会进而决定缩小省区之办法，即除察、绥、宁、青、康、新六省暂时不改外，其余各省每省分为二省至四省。关于省政府之改革，合署办公已表现其精神，至彻底改革方案则上述中国国民党第四届中央执行委员会第四次全体会议中有数委员提议省政府设省长，下设总务、民政、财政三司及教育、建设二厅，并各司不能行文及不得专设衙署，经决议原则通过，再交中央政治会议研究。二十三年一月第四次全体会议更议决："取消省政府委员制，改为省长制之原则，业经第三次全体会议议决通过，应责成政治会议议定实行日期；本案省制改革部分，交政治会议以供制定省政府组织法原则之参考。”二十九年三月二十八日行政院省制问题设计委员会通过“省政府组织要点”十项，其第(一)项云：“省政府组织采省长制；并现役军人不得兼任省长，但抗战期间可例外。”因我国省政府已由省政府主席独揽大权，此项改革自属形式。

就取消省财政，缩小省区，及实行省长制三事之分别利、害、得、失，暂不讨论。今可追究者，则支配此三事之我国二千年以高级地方政府为监督低级地方政府而本身无行政之“虚级”是也。此种观念，古代自有其历史背景，然今日持之，实为错误。现代政府，莫不以执行公务为主要任务；其他任务，只可附带处理之。此非反对一切改革而拘守故步也。我国今日地方制度诚须彻底改革，然改革之道，须遵循现代行政之原理而已。窃以今日言改革，决非局部省制改革，而为整个行政体系之改革。省行政只为整个国家行政体系之一环，不可亦不能单独以语改革也。今日我国需要者即为此项全面性之改革。其基本出发点则为公务之执行，尤为原始公务之执行。政府为执行公务之机关，故政府之分级与各级政府之组织概须以公务为准。窃以为现代公务之性质，于地大人众之我国，实造成三级行政之必需，其理由即附见于下述公务之分配(着重原始公务)。故中央—省—县三级阶层必须保留。其公务分配如下：

(一) 共同公务——即中央、省、县三级政府并须处理之公务，应各就所辖之范围处理之，计有下列四种：

(一) 教育及文化；

(二) 交通(包括运输及邮信，邮信部分自应分与中央)；

(三) 工业(包括矿业及贸易)(重要矿业及国外与省际贸易自应分与中央)；

(四) 渔牧；

(二) 专业公务——即分别专属每一级政府之公务，分之如下：

(甲) 属于中央政府者：

(五) 司法；

（六）防卫（包括对内警察事务，今日警察为省、县公务，颇不合理，宜与军队同样属于中央）；

（七）外交；

（八）金融及货币；

（乙）属于省政府者：

（九）农业；

（丙）属于县政府者：

（十）社会［计包括：(1)户口；(2)土地；(3)卫生；(4)救济；(5)生活改进等等］。

各级政府均须以执行公务为主要任务，但中央及省政府又以监督下级政府为其第二任务，此实健全行政制度之合理与绝对要求。基此始可再言各级政府之区域与组织问题。中央政府以全国为区域，无须讨论。县之区域，当以能最大效率完成诸项县公务为标准。就现实言，今日县之区域略小，盖尚依古代步行一日之标准，今日当可为之扩增，使其人力与财力足够现代化行政之标准，窃意全国以区分为一千至一千二百县为度，其划分标准应注意人口与土地之平均及习俗之相近，因县之公务主要为社会事务也。省之区域有二标准，其一为能以最大效率完成诸项省公务，其二为能以最大便利监督县行政。省公务厥以农业为主，依经济学原理及农业之性质，农业应区域化并专一化，即就气候与土质之所宜，每一农业区域应发展其最适宜之农作。各省农业，切不可采自给自足主义，而须为整个国家达到各种作物之最高生产额，为此应生产其最适宜之作物。故划分省区之标准，第一为使境内农业单纯化，第二为便利监督县行政。为达到后一标准，则应考虑山川形势，即避免山、川之梗隔。依此标准划分省区，初步将全国分为若干农业区域，例如稻产区域、麦产区域、畜牧区域、棉产区域、丝产区域、林木区域等，以气候及地形、地质为决定标准，盖气候、地形、地质等实决定农作种类之因素。此种区划，全国约可得五区至十区。次于每一农业区域内依山、川形势之便利再分为若干小区域。此类小区域即省区之原始；惟其面积与人口难免相当悬殊，再从而调整之，使全国最后分为三十至四十山、川形势无阻，人口与面积相当均匀之单纯农业区域，此即为我国之省区。或曰：省公务何以须以农业为主？答曰：省公务凡有农业、教育、交通、工业、渔猎诸种，教育等四种实可附从农业之下，而农业则不能附从教育等四种之下也。此又何故？盖依其特征，一合宜之农业区域，必为一合宜或合理之工业区域、交通区域及渔猎区域，而合宜及合理之农业、工业、交通区域又必为合理之教育区域，但反之则不然。且一合宜之农业区域，同时可成为合理之其他四种公务区域；但若择其他四种之任何一种为标准，则不克如是兼顾。故考虑省公务之执行，于诸项省公务当中，可以农业为主体，况乎农业又为省政府之唯一专业公务。至于各级政府之组织，应先根据各该政府任务定其实际执行之机关，再参酌各该机关之性质决定各级政府之最后组成形式。依前所论，中央省及县政府之任务，其分别包含之执行机关可列述于下：

（甲）中央政府：

（1）民政部——指导全国各县执行其事业社会公务。

（2）司法部——处理中央专业司法公务，其实际执行由独立之各级法院任之。

（3）外交部——处理中央专业外交事务。

（4）教育部——执行中央教育公务，并指导省、县执行省、县教育事务。中央教育应以学术研究及高等自由教育为主，省教育应以中等教育及高等技术教育为主，县教育应以社会教育及小学教育为主；但每省政府应设立大学一所，每县政府应设立中学一所。

（5）交通部——执行国家交通公务，并指导省、县执行省、县交通公政。国外交通及两省以上之交通及全国邮传事业为中央交通公务，两县以上之交通为省交通公务，一县以内之交通为县交通公务。

（6）国防部——执行中央专业防卫公务，包括陆防、海防、空防及国内治安。取消今日警察制度，分其职务于各主管机关，例如交通指挥于县政府设交通指挥员执行之，卫生检查于县政府设卫生检查员执行之，违警司法由最低级法院及公益检查官（最低级之检查官）执行之，至于道路及冲要地方之警卫概由国防部执行。

(7) 经济部——执行中央工业及渔猎公务，并指导省、县政府执行工业及渔猎事务及省政府执行农业公务。有关国防及国家财政之工业属于中央，有关省财政之工业属省，有关县财政之工业属县，其余工业各级政府自由执行。工业包括矿业。海洋渔业及两省以上之渔、猎属中央，两县以上者属省，一县以内者属县。

(8) 财政部——执行中央专业金融及货币公务，并办理中央财政及指导省、县财政。中央、省及县政府之收入来源应公允分配。

(9) 职官部——办理全国各级政府之人事。

(乙) 省政府：

(1) 教育厅——执行省教育公务，并指导县政府执行县教育公务。

(2) 交通厅——执行省交通公务，并指导县政府执行县交通公务。

(3) 经济厅——执行省专业农业公务，及省工业及渔猎公务，并指导县政府执行县工业及渔猎公务。

(4) 民政厅——指导县政府执行县专业社会公务。

(5) 财政厅——办理省财政，并指导县政府处理县财政。

(丙) 县政府：

(1) 国本局——执行县专业公务中之户口及土地事务。因户口与土地为国家构成之基本要素，故称。

(2) 卫生局——执行县专业公务中之卫生事务。

(3) 公益局——执行县专业公务中之救济、生活改进及其他事务。

(4) 教育局——执行县教育公务。

(5) 交通局——执行县交通公务。

(6) 经济局——执行县工业及渔猎事务。

(7) 财政局——办理县财政。

至于各级管理性公务，概附属于上列各机关之内，不另设执行机构。执行机关确定后，始可言整个政府组织。关于中央政府之组织，因现代国家公务之性质繁复与数量庞大，中央政府九部行政，决非一人所能支配，殆非采合议制不可。各国内阁制固为合议制，总统制下亦无不有合议之内阁为全国行政之实际指导者。故中央政治应为“行政委员会”，委员人数以十一人至十五人为度，各部部长由委员兼任，其选任方法为由人民代表选举。行政委员会主席兼为国家元首，但仅限于仪式方面。委员不必连带责任，各尽最大能力服务国家。政党活动应严加禁止，盖政党不免以猎官为动机，减损服务观念也。各国每以政党为决策机关，政府反不能决策，实弊胜于利，故“行政委员会”应有绝对自动的及以国家为出发点的决策能力。一县公务较之国家清简十百倍，无疑一人可以胜任，故县政府设县长一人为全县行政之统辖者，再酌设副县长一人或二人以为县长人选之准备，副县长以局长升任为原则，县长以副县长升任为原则。一县之内，人才不易寻觅，故县长及其以下人员均由国家任用。另设直接民选之参议会，以为民意代表机关，其意旨县政府应遵从之。[1]至于省政府公务较中央为繁，较县为简，以县衡之，宜合议制，以中央衡之，可独任制。惟我国省之区域视外国一国，胜任实非易事，仍以合议制为佳，故今日省政府委员会制应予保留，并以委员兼厅长，以利实际公务之推行。委员人数亦以七人至九人为度，均由国家任命，一以尽全国人才之用，一以杜地方封植之弊，并委员间亦不准联带负责。省政府之外设民选之参议会与县同。部、厅、局为国家真正执行公务之机关，应充分授与独立事权，故合署办公之集中判行之办法，应予废除。又各种专管机关，均一律置于部、厅、局之内，以免纷歧，而明责司。至各级间接行政人事集中于中央，财政于各级均有独立机关，余者唯总务与设计二项。总务于中央及省均分散于各部与各厅办理，县政府除各局分别办理外，大量购置及大型建筑（公务以外者）可集中办理。设计事务于中央行政委员会、省政府委员会及县长之下均分别设置各项统计及其他纯属技术研究性之机关或人员，但真正之设计者则为行政委员会、省政府委员会及县长本身也。此外，中央行政委员会、省政府委员会及县长之下均设秘书及视察，分别充任各该机关之手足及耳目。秘书及视察既非处理直接行政，亦非处理间接行政，实非行政人员，而为行政长官（行政人员可分行政长官与行政属员两种）之附从。

行政人员本身均有职司，有独立之行政行为能力；附从人员则无之，其职司属其所附从之长官，其行政行为之能力亦属其所附从之长官。行政人员因有独立之行政行为能力，故自负其行政行为之法律责任；附从人员之行政行为乃代表其所附从之长官所为，故其法律责任由该长官负之。此理中外学者尚无人发现，然不可不知也。

各级政府应严守各自岗位，因此委任行政应受严格限制；否则行政系统，将为大乱。委任行政应于下列原则下为之：

（一）中央政府对省及县委任行政应根据法律许可。省对县委任行政应：(1)根据法律许可；(2)经中央政府核准；(3)经省参议会同意。

（二）办理委任事务之经费应由委任者担负。

（三）委任事务以临时性质者为限。

凡违反此三原则之委任行政即为非法之委任行政，应受行政法院[2]之制裁，并应由非法委任者负法律责任。

上述各段已说明国家行政之整体性及此整体性下各级行政之合理关系。今言改革，必须于此整体性下为之，并须以达到上述合理调整为目的。现行省制之不健全，已完全暴露于吾人所述国家行政整体合理关系之中；但局部省制之改革决不可能，势必依照吾人所述，作全部国家行政整体之改革不可也。至若局部之改革又基于错误观念者，非惟不能，且将导致恶果，诚危险也。今日云改革者，实循旧日官吏役民、临民之传统途径，不啻以改革为伪装之极端保守也。而现代行政固为役于民、听于民之服务也，循此方向乃可得健全合理与进步之行政也。今日实当旧式行政与新式行政之交替时节，故现行省制虽于二千年之传统地方行政为特殊，宁弃之毋惜，弃之务亟也。

注　释

[1] 民主精神在民意之能执行，至民意之执行自应以最有能力者任之。

[2] 行政法院厅与普通法院分开。

附录(一) 各次公布之《省政府组织法》

省政府组织法 中华民国十四年七月一日公布

第一条 省政府于中国国民党指导、监督之下受国民政府之命令处理全省事务。

第二条 省政府以民政、财政、教育、建设、商务、农工、军事各厅组成之。

第三条 省政府各厅各设厅长一人,联合组省务会议,并举一人为主席。各厅长至少每月一次以书面报告其职务经过于省务会议。

第四条 关于省行政之命令经省务会议决定之后由主席及主管厅长署名以省政府名义公布之。

第五条 省政府于不抵触国民政府命令之范围内得发布省单行规程。

第六条 省政府得任、免荐任官吏,各厅长得任、免委任官吏。

省政府认省内官吏之命令为违背法令、逾越权限或妨害公益时得停止或撤销之。

第七条 省政府设秘书处,承省政府命令掌理秘书处事务。

第八条 省政府之各厅官制另定之。

第九条 省务会议规则另定之。

第十条 本法自公布日施行。

省政府组织法 中华民国十五年十一月十日修正公布

第一条 省政府于中国国民党中央执行委员会及省执行委员会指导、监督之下受国民政府之命令管理全省政务。

第二条　省政府职权由国民政府任命省政府委员七人至十一人组织省政府委员会行使之。

第三条　省政府委员会设常务委员三人至五人，由省政府委员会推选之，并由常务委员互推一人为主席。常务委员会按照省政府委员会议决执行日常政务。

第四条　省政府一切命令及公文须经全体常务委员并关系厅厅长之署名行之。

第五条　省政府得制定省单行法令，但不得违反党之决议及国民政府命令。

第六条　省政府得任、免省内各机关荐任官吏。

第七条　省政府下分设民政、财政、建设、教育、司法、军事各厅，于必要时得增设农工、实业、土地、公益等厅，分管行政事务。

第八条　省政府各厅各设厅长一人，由国民政府任命省政府委员兼任之，但委员可以有不兼厅者。

第九条　省政府设秘书处，由省政府任命秘书三人组织之，秉承省政府委员会之命分任秘书事务。

第十条　省政府各厅之组织法另定之。

第十一条　省政府委员会会议规则另定之。

第十二条　省政府秘书处组织条例另定之。

第十三条　本法自公布日施行。

省政府组织法　中华民国十六年七月八日修正公布

第一条　省置省政府，在中国国民党中央执行委员会之下奉国民政府命令综理全省政务。

第二条　省政府由国民政府任命委员九人至十五人组织省政府委员会行使其职权。

第三条　省政府委员会设主席一人，由委员互选之，每日以委员二人轮流值日，协助主席执行日常政务。

第四条　省政府委员不得兼任他省行政职务。

第五条　省政府下分设民政、财政、建设、军事、司法各厅，于必要时得增设教育、农工、实业、土地等分管省行政事务。

厅设厅长一人，由国民政府任命省政府委员兼任之。

第六条　省政府得颁布省单行章程，但不得与政治会议之决定或国民政府之法令抵触。

第七条　省政府对于所辖地方官吏之命令或处分认为违背法令或侵越权限或妨害公益时得停止或撤销之。

第八条　省政府有任、免省属各机关荐任官吏之权。

第九条　省政府有弹劾省属各机关简任官吏之权。

第十条　省政府于每月终须将施政情形报告政治会议及国民政府。

第十一条　省政府设秘书长一人，秘书若干人，组织秘书处，承委员会之命办理秘书事务。

第十二条　省政府各厅组织条例另订之。

第十三条　本法自公布之日施行。

省政府组织法　中华民国十六年十月二十五日修正公布

第一条　省置省政府，依中国国民党党义及国民政府法令综理全省政务。

第二条　省政府由国民政府任命省政府委员九人至十三人组织省政府委员会行使其职权。

第三条　省政府委员不得兼任他省行政职务。

第四条　省政府委员会设主席一人，由国民政府就省政府委员中指定之。

第五条　省政府委员会主席执行省政府委员会之决议案并处理常务。

第六条　省政府委员会之例会由主席召集之，有必要时或委员三人以上之提议应即召集特别会。

第七条　省政府委员会主席因故不能执行职务时得由该委员会互选一人暂行代理主席职务，但须呈报政府核示。

第八条　省政府委员会设秘书处，设秘书长一人，秘书若干人组织之，承省政府委员会主席之命办理省政府委员会秘书处事务。

第九条　省政府下分设民政、财政、建设各厅，于必要时得增设教育、农工、实业、土地等厅，分管省行政事务。

各厅之设置、废止由国民政府决定行之。

各厅设厅长一人，由国民政府任命省政府委员兼任之。

第十条　省政府各厅组织条例另定之。

第十一条　省政府于不抵触国民政府法令范围内对于省行政事项得发省令行之。

第十二条　省政府对于所属各机关荐任官吏之任、免应依省政府委员会之议决呈请国民政府核准行之。

第十三条　省政府对于省内各机关简任官吏认为有溺职行为时得由国民政府弹劾之。

第十四条　省政府对于所属各机关之命令或处分认为有违背法令、侵越权限或其他不当情形时得停止或撤销之。

第十五条　省政府各厅对于主管事务除法令别有规定或省政府委员会别有决议外以厅令行之。

第十六条　省政府于每月终须将施政情形报告国民政府。

第十七条　本《组织法》自公布日施行。

省政府组织法　中华民国十七年四月二十七日修正公布

第一条　省置省政府，依中国国民党党义及中央法令综理全省政务。

第二条　省政府于不抵触中央法令范围内对于省行政事项得发省令。

第三条　省政府各厅对于主管事务除中央法令别有规定或省政府委员会别有决议者外以厅令行之。

第四条　省政府对于所属各机关之命令或处分认为有违背法令逾越权限或其他不当情形时得停止或撤消之。

第五条　省政府由国民政府任命委员九人至十三人，组织省政府委员会行使其职权。

省政府委员会开会时省政府委员不得派代表出席。

省政府委员不得兼任他省行政职务。

省政府委员为简任职。

第六条　省政府下设下列各厅处：

秘书处；

民政厅；

财政厅；

建设厅。

除试行大学区制之省区外省政府之下设教育厅。

省政府于必要时得增设农矿厅、工商厅。

第七条　在试行大学区制之省区本法第十二条所列教育厅事务由该区大学依《大学区组织条例》掌理之。在未设农矿厅或工商厅之省区本法第十三条及第十四条所列各该厅事务由建设厅掌理之。

第八条　秘书处掌理事务如下：

（一）关于一切机要及省政府委员会会议事项；

（二）关于撰拟、保存、收发文件事项；

（三）关于省政府委员会会计事项；

（四）关于编制统计及报告事项；

（五）关于记录省政府各厅处职员之进、退事项；

（六）关于典守印信事项；

（七）其他不属于各厅事项。

第九条　民政厅掌理事务如下：

（一）关于县、市行政官吏之任、免及监督事项；

（二）关于地方自治事项；

（三）关于地方行政区划之确定及变更事项；

（四）关于警政及公共卫生事项；

（五）关于保卫团事项；

（六）关于选举事项；

（七）关于赈灾及其他社会救济事项；

（八）关于礼俗、宗教事项；

（九）关于禁烟事项；

（十）关于各种土地登记、收用及其他土地行政事项。

第十条　财政厅掌理事务如下：

（一）关于省税及省公债事项；

（二）关于省政府预算、决算事项；

（三）关于省库收支事项；

（四）关于公产事项；

（五）其他省财政事项。

第十一条　建设厅掌理事务如下：

（一）关于公路、铁道之建筑事项；

（二）关于河工及其他水利工程事项；

（三）关于建筑新市、新村事项；

（四）关于各种土地之测量及其他土地建筑事项；

（五）其他建筑事项。

第十二条　教育厅掌理事务如下：

（一）关于各级学校事项；

（二）关于教育及学术团体事项；

（三）关于图书馆、博物馆事项；

（四）其他教育行政事项。

第十三条　农矿厅掌理事务如下：

（一）关于农业、渔业、牲畜、森林之一般保护、监督及奖进事项；

（二）关于农业、渔业各团体之组织、指导事项；

（三）关于农村改良事项；

（四）关于佃夫、地主间之争议事项；

（五）关于矿业之一般保护、监督事项；

（六）关于矿务警察及矿工待遇事项。

第十四条　工商厅掌理事务如下：

（一）关于工商业之一般保护、监督及奖进事项；

（二）关于工厂事项；

（三）关于商埠事项；

（四）关于商品之陈列及检查事项；

（五）关于度、量、衡之检查及推行事项；

（六）关于劳工团体事项；

（七）关于商会及其他商人团体事项；

（八）关于劳资争议事项。

第十五条　省政府各厅长之任、免得由各主管部、院及委员会呈请政府核准行之。

第十六条　省政府各厅、处间于职权发生争议时由省政府呈请国民政府裁决之。

第十七条　省政府设主席一人，由国民政府就省政府委员中指定之。

第十八条　省政府主席之职权如下：

（一）执行省政府委员会之决议案；

（二）处理省政府日常事务；

（三）召集省政府委员会之例会。

有委员三人以上之提议或主席认为有必要时得由省政府委员会互选一人暂行代理主席职务。

前项代理除经国民政府明令特许者外其期间以一月为限。

第十九条　省政府秘书处设秘书长一人，由国民政府任命之，承省政府主席之命综理秘书处事务。

秘书长为简任职。

第二十条　省政府各厅设厅长一人，综理各该厅事务，监督所属职员及所辖官署。

厅长为简任职。

第二十一条　省政府各厅、处各设秘书一人至三人，承各该长官之命办理秘书事务。

省政府各厅、处视事务之繁、简酌量分科办事。各科设科长一人，科员若干人，承各该长官之命分掌各科事务。

省政府各厅秘书及科长为荐任职或委任职，科员为委任职。

省政府各厅因职务上之必要得酌设技正、技士及视察员，其员额应由各该厅厅长提出省政府委员会议定之。

第二十二条　省政府各厅、处因缮写文件及其他事务得酌用雇员。

第二十三条　省政府各厅、处办事细则由省政府委员会议定之。

第二十四条　本法自公布日施行。

省政府组织法　中华民国十九年二月三日修正公布

第一条　省政府依《国民政府建国大纲》及中央法令综理全省政务。

第二条　省政府于不抵触中央法令范围内对于省行政事项得发省令，并得制定省单行条例及规程；但关于限制人民自由、增加人民负担者非经国民政府核准不得执行。

第三条　省政府对于所属各机关之命令或处分认为有违背法令、逾越权限或其他不当情形时得停止或撤销之。

第四条　省政府设委员七人至九人，简任，组织省政府委员会行使职权。

省政府设主席一人，由国民政府就省政府委员中任命之。

省政府委员会开会时省政府委员不得派代表出席。

省政府主席及委员不得兼任他省行政职务。

现任军职者不得兼省政府主席或委员。

第五条　下列各款事项应经省政府委员会之议决：

（一）关于本法第二条、第三条规定事项；

（二）关于增加或变更人民负担事项；

（三）关于地方行政区划之确定及变更事项；

（四）关于全省预算、决算事项；

（五）关于处分省公产或筹划省公营业事项；

（六）关于执行国民政府委托事项；

（七）关于地方自治监督事项；

（八）关于省行政设施或变更事项；

（九）关于咨调省内国军及督促所属军、警、团防绥靖地方事项；

（十）关于省政府所属全省官吏任、免事项；

（十一）其他省政府委员会认为应议决事项。

第六条　省政府主席之职权如下：

（一）召集省政府委员会，于会议时为主席；

（二）代表省政府执行省政府委员会之议决案；

（三）代表省政府监督全省行政机关职务之执行；

（四）处理省政府日常及紧急事务。

前项省政府委员会除例会外有委员三人以上之提议或主席认为有必要时应召集临时会。

第七条　省政府主席因故不能执行职务时，得由省政府委员互推一人暂行代理主席职务，其期间以一月为限。

第八条　省政府设下列各厅、处：

秘书处；

民政厅；

财政厅；

教育厅；

建设厅。

省政府于必要时得增设农矿厅、工商厅及其他专管机关。

在未设农矿厅或工商厅之省关于各该厅事务由建设厅掌理之。

第九条　秘书处掌理事务如下：

（一）关于一切机要及省政府委员会会议事项；

（二）关于撰拟、保存、收、发文件事项；

（三）关于会计、庶务事项；

（四）关于编制统计及报告事项；

（五）关于记录省政府各厅、处职员之进、退事项；

（六）关于典守印信事项；

（七）其他不属于各厅之事项。

第十条　民政厅掌理事务如下：

（一）关于县、市行政官吏之提请任、免事项；

（二）关于县、市所属地方自治及其经费事项；

（三）关于警察及保卫事项；

（四）关于卫生行政事项；

（五）关于选举事项；

（六）关于赈灾及其他社会救济事项；

（七）关于劳、资及佃、业之争议事项；

（八）关于礼俗、宗教事项；

（九）关于禁烟事项；

（十）关于各种土地测丈、征收及其他土地行政事项。

第十一条　财政厅掌理事务如下：

（一）关于省税及省公债事项；

（二）关于省政府预算、决算编制事项；

（三）关于省库收、支事项；

（四）关于省公债管理事项；

（五）其他省财政事项。

第十二条　教育厅掌理事务如下：

（一）关于各级学校事项；

（二）关于社会教育事项；

（三）关于教育及学术团体事项；

（四）关于图书馆、博物馆、公共体育场等事项；

（五）其他教育行政事项。

第十三条　建设厅掌理事务如下：

（一）关于公路、铁道之建筑事项；

（二）关于河工及其他航路工程事项；

（三）关于不属土地行政之测丈事项；

（四）其他建设行政事项。

第十四条　农矿厅掌理事务如下：

（一）关于农、林、蚕、桑、渔、牧、矿业之计划、管理及监督、保护、奖进事项；

（二）关于整理耕地及垦荒事项；

（三）关于农田水利整治事项；

（四）关于农桑经济改良事项；

（五）关于防、除动、植物病、虫害及保护益鸟、益虫事项；

（六）关于农业、渔业各团体事项；

（七）其他农、矿行政事项。

第十五条　工商厅掌理事务如下：

（一）关于工、商业之保护、监督及奖进事项；

（二）关于工厂事项；

（三）关于商埠事项；

（四）关于商品之陈列及检查事项；

（五）关于度、量、衡之检查及推进事项；

（六）关于商会、工会及其他工、商业团体事项；

（七）其他工、商行政事项。

第十六条　秘书处设秘书长一人，简任，承省政府主席之命综理秘书处事务。

第十七条　各厅设厅长一人，由行政院就省政府委员中提请国民政府任命之，综理各该厅事务，指挥、监督所属职员及所辖机关。

第十八条　各厅于不抵触中央法令或省政府委员会议决之范围内对于主管事务得发厅令。

第十九条　各厅间或与专管机关间发生职权争议时由省政府呈请行政院裁决之。

第二十条　各厅处各设秘书一人至三人，荐任，承各该长官之命办理机要事务。

各厅视事务之繁、简，分科办事，每科设科长一人，荐任，科员四人至十二人，委任，承长官之命办理各该科事务。

各厅于必要时得酌设技正、技士、技佐及视察员，其名额由各该厅长提出省政府委员会议定之。

第二十一条　各厅、处办事细则由省政府委员会议定之。

第二十二条　本法自公布日施行。

省政府组织法　中华民国二十年三月二十三日修正公布

第一条　省政府依《国民政府建国大纲》及中央法令综理全省政务。

第二条　省政府于不抵触中央法令范围内对于省行政事项得发省令，并得制定省单行条例及规程；但关于限制人民自由、增加人民负担者非经国民政府核准不能执行。

第三条　省政府对于所属各机关之命令或处分认为有违背法令、逾越权限或其他不当情形者得停止或撤销之。

第四条　省政府设委员七人至九人，简任，组织省政府委员会行使职权。

省政府设主席一人，由国民政府就省政府委员中任命之。省政府委员会开会时省政府委员不得派代表出席。

省政府主席及委员不得兼任他省行政职务。

现任军职者不得兼省政府主席或委员。

第五条　下列各款事项应经省政府委员会之议决：

（一）关于本法第二条、第三条规定事项；

（二）关于增加或变更人民负担事项；

（三）关于地方行政区划之确定及变更事项；

（四）关于全省预算、决算事项；

（五）关于处分省公产或筹划省公营事项；

（六）关于执行国民政府委托事项；

（七）关于地方自治监督事项；

（八）关于省行政设施或变更事项；

（九）关于咨调省内国军及督促所属军、警、团防绥靖地方事项；

（十）关于省政府所属全体官吏任、免事项；

（十一）其他省政府委员会认为应议决事项。

第六条　省政府主席之职权如下：

（一）召集省政府委员会，于会议时为主席；

（二）代表省政府执行省政府委员会之议决案；

（三）代表省政府监督全省行政机关职务之执行；

（四）处理省政府日常及紧急事务。

前项省政府委员会除例会外有委员三人以上之提议或主席认为有必要时应召集临时会。

第七条　省政府主席因故不能执行职务时得由省政府委员互推一人暂行代理主席职务，其期间以一月为限。

第八条　省政府设下列各厅处：

（一）秘书处；

（二）民政厅；

（三）财政厅；

（四）教育厅；

（五）建设厅。

省政府于必要时得增设实业厅及其他专管机关。

在未设实业厅之省关于该厅事务由建设厅掌理之。

第九条　秘书处掌理事务如下：

（一）关于一切机要及省政府委员会会议事项；

（二）关于撰拟、保存、收、发文件事项；

（三）关于会计、庶务事项；

（四）关于编制统计及报告事项；

（五）关于记录省政府各厅、处职员之进、退事项；

（六）关于典守印信事项；

（七）其他不属于各厅事项。

第十条　民政厅掌理事务如下：

（一）关于县、市行政官吏之提请任、免事项；

（二）关于县市所属地方自治及经费事项；

（三）关于警察及保卫事项；

（四）关于卫生行政事项；

（五）关于选举事项；

（六）关于赈灾及其他社会救济事项；

（七）关于劳、资及佃、业之争议事项；

（八）关于礼俗、宗教事项；

（九）关于禁烟事项；

（十）关于各种土地测丈、征收及其他土地行政事项。

第十一条　财政厅掌理事务如下：

（一）关于省税及省公债事项；

（二）关于省政府预算、决算编制事项；

（三）关于省库收、支事项；

（四）关于省公产管理事项；

（五）其他省财政事项。

第十二条　教育厅掌理事务如下：

（一）关于各级学校事项；

（二）关于社会教育事项；

（三）关于教育及学术团体事项；

（四）关于图书馆、博物馆、公共体育场等事项；

（五）其他教育行政事项。

第十三条　建设厅掌理事务如下：

（一）关于公路、铁道之建筑事项；

（二）关于河工及其他航路工程事项；

（三）关于不属土地行政之测丈事项；

（四）其他建设行政事项。

第十四条　实业厅掌理事务如下：

（一）关于农、林、蚕、桑、渔、牧、矿业之计划，管理及监督、保护、奖进事项；

（二）关于整理耕地及垦荒事项；

（三）关于农田水利整治事项；

（四）关于农业经济改良事项；

（五）关于防除动、植物病、虫害及保护益鸟、益虫事项；

（六）关于工、商业之保护、监督及奖进事项；

（七）关于工厂及商埠事项；

（八）关于商品之陈列及检查事项；

（九）关于度、量、衡之检查及推行事项；

（十）关于农会、工会、商会、渔会及其他农业、工业、商业、渔业、矿业各团体事项；

（十一）其他实业行政事项。

第十五条　秘书处设秘书长一人，简任，承省政府主席之命综理秘书处事务。

第十六条　各厅设厅长一人，由行政院就省政府委员中提请国民政府任命之，综理各该厅事务，指挥、监督所属职员及所属机关。

第十七条　各厅于不抵触中央法令或省政府委员会议决之范围内对于主管事务得发厅令。

第十八条　各厅间或与专管机关间发生争议由省府呈请行政院裁决之。

第十九条　各厅、处各设秘书一人至三人，荐任，承各该长官之命办理机要事务。

各厅视事务之繁简分科办事，每科设科长一人，荐任；科员四人至十二人，委任：承长官之命办各该科事务。

各厅于必要时得酌设技正、技士、技佐及视察员，其名额由各该厅长提出省政府委员会议定之。

第二十条　各厅办事细则由省政府委员会议定之。

第二十一条　本法自公布日施行。

省政府组织法　中华民国三十三年四月二十八日公布

第一条　省设省政府，综理全省行政事务，并监督地方自治。

第二条　省政府于不抵触中央法令范围内得依法发布命令。

第三条　省政府对于所属各机关及县、市政府之命令或处分，认为有违背法令、逾越权限或其他不当情形时得停止或撤销之。

第四条　省政府置委员七人至十一人，简任，由行政院会议议决，提请国民政府任命，组织省政府委员会，行使职权。

省政府置主席一人，由行政院会议议决，就省政府委员中提请国民政府任命之。

第五条　下列事项应经省政府委员会之议决：

（一）关于发布命令事项；

（二）关于停止或撤销所属各机关及县、市政府之命令或处分事项；

（三）关于建议中央增加或变更人民赋税事项；

（四）关于地方行政区划之确定或变更事项；

（五）关于全省预算事项；

（六）关于处分省公产或筹划省公营事业事项；

（七）关于省行政设施或变更事项；

（八）关于省政府所属全省荐任以上公务员或其他所属机关主管人员之任免事项；

（九）关于咨调省内国军及督促所属团警绥靖地方事项；

（十）关于地方自治监督事项；

（十一）关于提出于省参议会之议案事项；

（十二）关于主席或其他委员提议事项。

第六条　省政府主席之职权如下：

（一）召集省政府委员会，于会议时为主席；

（二）执行省政府委员会之议决案；

（三）监督所属行政机关职务之执行；

（四）处理省政府日常及紧急事务。

省政府主席因故不能执行职务时，得由省政府委员互推一人暂行代理主席职务，其期间以一个月为限。

第七条　省政府设下列各厅、处：

（一）民政厅；

（二）财政厅；

（三）教育厅；

（四）建设厅；

（五）秘书处；

（六）会计处。

省政府于必要时得由行政院提经立法院之议决，设置专管机关，隶属于主管厅，各厅、处之组织另定之。

第八条　民政厅掌下列事项：

（一）关于县、市政府行政人员之提请任、免事项；

（二）关于户籍行政事项；

（三）关于土地行政事项；

（四）关于警察及保卫事项；

（五）关于卫生行政事项；

（六）关于合作、赈济及其他社会行政事项；
（七）关于礼俗、宗教事项；
（八）关于禁烟、禁毒事项；
（九）关于选举、自治事项；
（十）关于地方自治事项；
（十一）关于协助兵役事项；
（十二）其他民政事项。
第九条　财政厅掌下列事项。
（一）关于田赋管理事项；
（二）关于公库金融事项；
（三）关于公库收支事项；
（四）关于粮食行政事项；
（五）关于公产管理事项；
（六）关于自治财政之监督及改进事项；
（七）关于国税稽征之协助事项；
（八）其他财政事项。
第十条　教育厅掌下列事项：
（一）关于学校教育事项；
（二）关于社会教育事项；
（三）关于教育及学术团体目的事业监督事项；
（四）关于图书馆、博物馆、公共体育场筹划及管理事项；
（五）其他教育行政事项。
第十一条　建设厅掌下列事项：
（一）关于建设工程事项；
（二）关于农、林、蚕、桑、渔、牧、矿业事项；
（三）关于农田水利及垦殖事项；
（四）关于农桑经济改良事项；
（五）关于工、商业之保护、监督及奖励事项；

（六）关于度、量、衡之检查及推行事项；

（七）关于农会、工会、商会、渔会及其他农业、工业、商业、渔业、矿业团体目的事业之监督事项；

（八）关于不属土地行政之测量事项；

（九）其他建设行政事项。

第十二条　秘书处掌下列事项：

（一）关于一切机要及会议事项；

（二）关于文书收、发、编制、分配及保管事项；

（三）关于人事管理事项；

（四）关于典守印信事项；

（五）关于规章审核事项；

（六）关于审查各机关行政计划及工作报告事项；

（七）其他不属各厅、处事项。

第十三条　会计处掌下列事项：

（一）关于全省岁计事项；

（二）关于全省会计事项；

（三）关于全省统计事项。

第十四条　各厅置厅长一人，由行政院会议议决，就省政府委员中提请国民政府任命；秘书处置秘书长一人，会计处置会计长一人，均简任：分别综理各该厅、处事务，指挥、监督所属职员及机关。

第十五条　各厅于不抵触中央法令及省政府委员会议决之范围内，得就主管事务，对所辖机关发布命令。

第十六条　各厅长间发生权限争议时由省政府呈请行政院裁决之。

第十七条　省政府委员会议之规则由行政院定之；各厅、处办事细则由省政府委员会议定之。

第十八条　本法自公布日施行。

中央与省政府行政关系原则

三十三年五月二十八日中国国民党第五届中央执行委员会第十二次

全体会议通过。

（一）省政府为一省最高行政机关，奉行中央法令，办理全省行政事务，并监督地方自治。

（二）省政府设秘书处及民政、财政、教育、建设四厅，但经行政院核定得增设其他行政及事业机关。

（三）凡依法应由国民政府办理或须呈经中央核准各省方得办理之事项各省政府不得自行举办。凡依法律应由省政府办理之事项中央政府机关不得径行办理。

（四）中央政府各机关设在各省政府内之机关由各主管机关直接指挥、监督，但其属于行政范围者同时由省政府主管予以指导。中央设在各省之机关，其主管事务与省政府各处厅职权重复者应即将其机关连同经费归并于各处、所之内。

（五）依照上列各项原则，由立法院修正《省政府组织法》。各省依照修正之《省政府组织法》，分别制定省政府组织规程，所有一切省级行政机构均于组织规程内明定其职权及员额。

附录（二）《省参议会组织条例》及《省参议员选举条例》等

省参议会组织条例　国民政府三十三年十二月五日公布，三十四年七月一日起施行

第一条　省设参议会，由县、市参议会选举省参议员组织之。

前项省参议员名额每县、市一人。

第二条　在参议会尚未成立之县、市，其省参议员之产生办法，由行政院定之。

第三条　省参议会之职权如下：

（一）建议省政兴、革事项；

（二）议决有关人民权利、义务之省单行规章事项；

（三）审议省经费支出之分配事项；

（四）议决省政府交议事项；

（五）听取省政府施政报告及向省政府提出询问事项；

（六）接受人民请愿事项；

（七）其他法律赋予之职权。

省参议会议决前项第二款单行规章，应报由中央主管部、会核转行政院备案，并报告立法院。

第四条　省参议会议决事项与中央法令抵触者无效。

第五条　省参议员任期二年，连选得连任。

第六条　省参议员得由选举之县、市参议会过半数之出席，出席人数三分之二之议决罢免之。

第七条　省参议员于任期内因故去职时，由该县、市候补当选人依次

递补，其任期以补足前任未满之期为限。

第八条　省参议会置议长、副议长各一人，由省参议员用无记名投票互选之。

议长或副议长因故去职时，应依前项规定补选。

第九条　省参议会每六个月开会一次，每次会期为十日至十五日，必要时得延长之。

第十条　省参议会开会由议长召集，第一次开会由省政府主席召集之。

第十一条　省参议会开会时议长主席，议长有事故时副议长主席，议长、副议长均有事故时由省参议员互选一人为临时主席。

第十二条　省参议会非有全体省参议员过半数之出席不得开议。

议案之表决以出席参议员过半数之同意行之，可否同数时取决于主席。

第十三条　省参议员对于与本身有利害关系之议案不得参与表决。

第十四条　省政府主席，秘书长，各厅、处、局长及省政府委员列席于省参议会，但不参与表决。

第十五条　省参议会会议公开之，但主席或者参议员三人以上提议经会议通过时得禁止旁听。

第十六条　省参议员为无给职，但在开会期内得按照地方情形酌支膳、宿及交通费。

第十七条　省参议员在会议时所为之言论及表决对外不负责任。

第十八条　省参议员除现行犯外在会期内非经省参议会之许可不得逮捕或拘禁。

第十九条　省参议会决议案咨送省政府执行，如省政府延不执行或执行不当，得请求说明理由，于仍认为不满意时，得报请行政院核办。

第二十条　省政府对于省参议会之决议，如认为不当，得附理由送请复议，对于复议结果如仍认为不当时得呈请行政院核办。

第二十一条　行政院院长对于省参议会之决议案认为有违反三民

主义或国策情事得提经行政院会议通过呈请国民政府予以解散，依法重选。

第二十二条　省参议会休会期间得设置省参议会驻会委员会，由省参议员互选五人至九人组织之，其任务以听取省政府各种报告及省参议会决议案之实施经过为限。

省参议会参议员总额不满三十名者驻会委员名额不得超过五人。

第二十三条　省参议会置秘书处，承议长之命办理省参议会一切事务。秘书处置秘书长一人，由国民政府简派之，置秘书一人或二人，由议长派充之。

第二十四条　省参议会开会期内得向省政府调用人员。

第二十五条　省参议会议事规则及省参议会秘书处组织规则，由行政院定之。

第二十六条　本《条例》施行日期以命令定之。

省参议员选举条例　国民政府三十三年十二月五日公布，三十四年七月一日施行，同年九月二十八日增加第二条第二项

第一章　总　　则

第一条　中华民国公民年满二十五岁，在各该省内居住一年以上经《省、县公职候选人考试法》所定甲种公职候选人试验或检核及格者得被选为省参议员。

第二条　下列各款人员停止其被选举权：

（一）现任公务员；

（二）现役军人或警察；

（三）现在学校之肄业生。

前项第一款之限制，于各级学校校长不适用之。

第三条　省参议员之选举以内政部部长为选举监督。

第四条　省政府于编制选举人名簿时应编制候选人名簿。

选举人名簿及候选人名簿开始编制之日期应于十五日前公告之。

第五条　省参议员选举事务由省政府办理之。

第六条　省参议员选举日期由省政府决定，于一个月前公告之。

第二章　选举人投票

第七条　全省应出之省参议员名额由省政府于选举一个月以前公告，并制成选举票分发各县、市具领。

第八条　县参议会选举省参议员以县、市政府为投票所，用集会方式行之。

第九条　省参议员选举投票开票之事务由县、市政府职员任之，并由出席代表互推三人至五人为监察员在场监视。

第十条　投票时除投票人及投票所职员外他人不得擅入投票场所。

第十一条　票匦应当场启示，再将内层封固。

票匦外层应于投票完毕后严加封锁。

第十二条　投票人领取选举票应在选举人名簿本人姓名下签字或盖章。

第十三条　投票用无记名单记法行之。

第十四条　投票人于投票场所内除关于投票方法得与事务人员问、答外不得与他人接谈。

第三章　开票及检票

第十五条　投票完毕，应即日开票，监视员应监视之。

第十六条　检查票数，应与到场投票人名簿核对有、无错误。

第十七条　选举结果应由各县、市政府投票所连同选举票报送省政府查核。

第十八条　省政府查核选举结果时选举监督或其代表应从场监视。

第十九条　选举有下列情形之一者无效：

（一）不依式书写者；

（二）夹写他事者；

（三）字迹模糊不能认识者；

（四）不用制发之选举票书写者。

第四章　当选即应选

第二十条　省参议员选举以得出席者总额过半数之投票为当选。选举结果无人当选时，应举行再选，以得票较多者为当选。

第二十一条　候补当选人以得票次多者定之，其名额与当选人同，票数相同时以抽签定之。

第二十二条　当选人及候补当选人名单应由省政府公告之，并通知各当选人。

第二十三条　当选人愿否应选应于接到省政府通知后七日内答复，逾期不答复者视为愿应选，愿应选者由选举监督发给当选证书。

第五章　选举无效、当选无效及诉讼

第二十四条　有下列情事之一时选举无效：

(一) 选举舞弊涉及选举人名簿之人数达三分之一以上，经法院判决确定者；

(二) 办理选举违法，经法院判决确定者。

第二十五条　有下列情事之一时当选无效：

(一) 死亡；

(二) 被选举人资格不符，经法院判决确定者；

(三) 当选票数不实，经法院判决确定者。

第二十六条　选举无效经法院判决后应于十日内重行选举。

第二十七条　选举人确认为选举舞弊或当选资格不符、或落选人认为应当选者，得提起诉讼，但应于选举结果揭示后七日内为之。

第二十八条　选举诉讼先于他种诉讼审判，并以一审终结。

第六章　附　　则

第二十九条　本《条例》之解释权属于选举监督。

第三十条　省政府应于选举完毕后十日内将当选人、候补当选人姓名及选举经过情形，报告选举监督，并将有效、无效之选举票保存之，保存期间为六个月。

选举监督应将当选人、候补当选人姓名呈报行政院备案。

第三十一条　本《条例》施行日期以命令定之。

省参议会议事规则　三十四年十一月二十七日行政院公布

第一条　本《规则》依《省参议会组织条例》第二十五条之规定订定之。

第二条　省参议会之开会、休会及散会由主席宣告之。

第三条　省参议员在会场之席次依抽签定之(其他列席人员之座位由主席指定之)。

第四条　出席人及列席人应分别签名于签到簿,开会时主席应报告出席、列席人数。

第五条　省参议会开会时,如出席人不足法定人数,主席或宣告延会或改为谈话会。

第六条　会议时非经主席许可不得退席。

第七条　开会之前须将议事日程表编定,详列应议事件及会议日期。

前项议事日程应于开会前(三日)分发出席人员。

第八条　议事日程之编定顺序如下:

(甲)报告事项。

(乙)讨论事项。

(一)省政府交议事项;

(二)省参议员提议事项;

(三)人民建议或请愿事项。

(丙)临时动议。

第九条　开会应依照议事日程所排定之程序进行,但必要时得以主席之决定或出席人员一人之提议四人附议,经大会表决变更之。

第十条　开会时省政府应将上届议决各案执行经过及闭会期间施政情形提出报告。

第十一条　前条施政报告以书面或口头为之;省参议员如认为有疑义得当场发问。

第十二条　省参议员对省政府之书面询问应详叙事由向主席提出，由主席送请省政府答复。

前项询问案，除因公共利益应守秘密外，省政府应为书面或口头之答复。

第十三条　议案提出，须以书面行之，并须有省参议员三人以上之连署。

第十四条　省参议员得为口头临时提议，但须有省参议员五人之附议始能成立。

第十五条　提案得由主席径付会议讨论，或先交审查委员会审查。

第十六条　省参议会设下列审查委员会，分别审查各项议案：

第一审查委员会：审查关于民政、自治、保安等事项之议案；

第二审查委员会：审查关于财政、经济、建设等事项之议案；

第三审查委员会：审查关于教育、文化等事项之议案。

省参议会对于特殊事项，得依主席决定或议会之决议设置特种审查委员会审查之。

第十七条　议案之内容涉及一个以上审查范围者得交各审查委员会会同审查。

第十八条　各审查委员会之人数、人选及召集人由议长就省参议员中拟定，提交会议通过之。

第十九条　审查委员会开会时不因出席之省参议员未过半数而延会。

第二十条　审查委员会之议决，以出席人过半数之同意为之；如有必要，召集人应将少数人意见一并报告。

第二十一条　审查委员会召集人认为有必要时得请提案人列席说明。

第二十二条　审查委员会开会时得请省政府派员列席发表意见。

第二十三条　各审查委员会审查结果应以书面报告议长，由议长分别提出会议。

第二十四条　议案未付讨论前原提案人如愿将原提案撤销或修正者

得申请撤回或修正之。

第二十五条　省参议员发言时须先报明席次号数，若同时有二人以上发言表示时，由主席指定其先后。

第二十六条　会议时提案人之说明，其发言时间以十五分钟为限，但主席得酌量延长或减少。

省参议员对一议案之发言不得超过二次，每次不得超过十分钟，但经主席特别许可者不在此限。

第二十七条　议案表决方式采用无记名投票，但亦得采取举手或起立方式。

前项表决可、否之人数及议案之通过或否决，均须即时详记，并由主席当场宣布。

第二十八条　议案被否决后在同一会期内不得再行提出。

第二十九条　议案与主席有关者主席应即回避。

第三十条　每次会议完毕后须编就议事录，于下次会议前分送各出席人员。

第三十一条　开会后应将各种决议案制成报告，函由省政府转咨内政部备案。

第三十二条　省参议会开会时秘书长列席，并配置秘书及其他职员，办理会场事务。

第三十三条　议事日程所列报告事项中之前次会议记录由秘书处宣读之。

第三十四条　省参议会之议案、询问案及其他文件由秘书长呈经主席核准后始得发表。

第三十五条　本《规则》准用于院辖市之参议会。

第三十六条　本《规则》自公布之日施行。

省参议会秘书处组织规则　三十四年十一月二十七日行政院公布

第一条　本《规则》依《省参议会组织条例》第二十五条之规定订

定之。

第二条　省参议会秘书处(以下简称秘书处)依《省参议会组织条例》第二十三条之规定置秘书长一人,承议长之命掌理秘书处事务,监督、指挥所属职员;秘书一人或二人,承秘书长之命办理指定事务。

第三条　秘书处设议事、总务两组,分掌下列各款事项:

(甲) 议事组掌理下列事项:

(一) 关于编制议事日程及会议记录事项;

(二) 关于各种议案关系文件之编集事项;

(三) 关于提案、决议案及审查报告整理之协助事项;

(四) 关于会议及各审查会开会之准备及通知事项;

(五) 关于参议员出席、缺席、表决计数及其他协助议事日程进行中一切事项;

(六) 关于新闻之发表及新闻记者之接洽事项。

(乙) 总务组掌理下列事项:

(一) 关于电、文之收、发、撰拟、缮、校、翻译及保管事项;

(二) 关于典守印信事项;

(三) 关于参议会预算、决算之编拟事项;

(四) 关于款项出纳事项;

(五) 关于一切布置事项;

(六) 关于物品购置及保管事项;

(七) 关于出席、列席、旁听等证章之制发等事项;

(八) 关于参议员报到、登记事项;

(九) 关于印刷事项;

(十) 关于会议时之警卫事项;

(十一) 其他庶务事项。

第四条　各组置主任一人,得由秘书兼任,主管本组事务;组员二人至四人,办事员三人至六人,承组主任之命分办事务;必要时得酌用雇员。

秘书处职员,除秘书长、秘书之派任应依《省参议会组织条例》第二十三条之规定办理外，余由秘书长呈请议长派充之。

第五条　秘书处职员，除应常川驻会办事者外，以向各机关调用为原则，常川驻会之职员，不得超过本《规则》所定职员总额三分之一。

第六条　参议会之警卫由所在地之警察机关调用。

第七条　秘书处得自订办事细则。

第八条　本《规则》准用于院辖市市参议会秘书处。

第九条　本《规则》自公布日施行。

图书在版编目(CIP)数据

中国省行政制度/施养成著.—上海:上海人民出版社,2015
(民国政治与行政丛书/王向民主编)
ISBN 978-7-208-12726-5

Ⅰ.①中… Ⅱ.①施… Ⅲ.①省-地方政府-行政管理-研究-中国-民国 Ⅳ.①D693.62

中国版本图书馆 CIP 数据核字(2014)第 301046 号

责任编辑 徐晓明
封面设计 汪 昊

·民国政治与行政丛书·
王向民主编
中国省行政制度
施养成 著
世纪出版集团
上海人民出版社出版
(200001 上海福建中路 193 号 www.ewen.co)
世纪出版集团发行中心发行 上海商务联西印刷有限公司印刷
开本 635×965 1/16 印张 33 插页 2 字数 448,000
2015 年 3 月第 1 版 2015 年 3 月第 1 次印刷
ISBN 978-7-208-12726-5/D·2606
定价 78.00 元

民国政治与行政丛书

中国政府	陈之迈　著
中国省行政制度	施养成　著